本著作得到国家社科基金项目"云贵川特色……策略研究"（17BMZ099）资助
本著作得到"重庆英才·青年拔尖人才计……

U0516055

从"千镇一面"向"因地建镇"转型
——来自云贵川特色小镇的深度调查

熊正贤　吴黎围◎著

经济管理出版社
ECONOMY & MANAGEMENT PUBLISHING HOUSE

图书在版编目（CIP）数据

从"千镇一面"向"因地建镇"转型——来自云贵川特色小镇的深度调查／熊正贤，吴黎围著. —北京：经济管理出版社，2021.3

ISBN 978-7-5096-7887-9

Ⅰ.①从… Ⅱ.①熊… ②吴… Ⅲ.①小城镇—城市—建设—研究—云南、贵州、四川 Ⅳ.①F299.277

中国版本图书馆 CIP 数据核字（2021）第 057828 号

组稿编辑：王格格
责任编辑：王格格　李光萌
责任印制：黄章平
责任校对：张晓燕

出版发行：经济管理出版社
　　　　　（北京市海淀区北蜂窝 8 号中雅大厦 A 座 11 层　100038）
网　　　址：www.E-mp.com.cn
电　　　话：（010）51915602
印　　　刷：唐山昊达印刷有限公司
经　　　销：新华书店
开　　　本：710mm×1000mm/16
印　　　张：22.75
字　　　数：396 千字
版　　　次：2021 年 5 月第 1 版　　2021 年 5 月第 1 次印刷
书　　　号：ISBN 978-7-5096-7887-9
定　　　价：98.00 元

题 记

　　特色小镇是我国新型城镇战略的深化与拓展，是就地城镇化的实践创新，是产—城—镇—乡一体化发展的创新模式，是新常态下全面建成小康社会的内在驱动。2015年底，习近平同志作出重要批示："从浙江和其他一些地方的探索实践看，抓特色小镇、小城镇建设大有可为，对经济转型升级、新型城镇化建设都具有重要意义。"李克强同志要求各地学习浙江经验，重视特色小镇和小城镇的建设发展，着眼供给侧培育小镇经济，走出新型的小城镇之路①。2016年2月25日，国家发展和改革委员会发布《国民经济和社会发展第十三个五年规划纲要》，提出"加快发展中小城市和特色镇，因地制宜发展特色鲜明、产城融合、充满魅力的小城镇"。2016年10月8日，国家发展和改革委员会第2125号文件首次提出特色小镇的类型、建设原则和指导意见。2016年10月11日，住房和城乡建设部、国家发展和改革委员会、财政部三部门联合发文《关于开展特色小镇培育工作的通知》（建村〔2016〕147号）公布了第一批中国特色小镇名单，至此，我国特色小镇建设正式上升成为国家战略。

---

　　① 熊正贤：《特色小镇政策的区域比较与优化研究——以云贵川地区为例》，《云南民族大学学报（哲学社会科学版）》，2019年第3期，第104–116页。

序 一

聚群而居是人类的天性，聚落城邑的出现是人类进入文明的重要标志。《史记·五帝本纪》曰："一年而所居成聚，二年成邑，三年成都。"《汉书·沟洫志》："或久无害，稍筑宅室，遂成聚落。"可见古人早就关注自身的居住空间，并对其形成有了科学的认知。随着社会发展进步，人们对聚落有了更深的认识，乾隆《吴江县志·镇市村》说："民人屯聚之所谓之村，有商贾贸易之所谓之市，设官将禁防者谓之镇。"人们对聚落的层级有了明确的分野。随着社会的发展进步，城镇化的推进，聚落规模越来越大，人口越来越多，设施越来越完备，生活越来越便捷。然而，在都市无限扩大的同时，其隐藏的危机也日益凸显，交通拥挤、住房紧张、供水不足、能源紧缺、环境污染、公共突发事件等城市病严重影响人类的正常生活。在此背景下，统筹推进城乡协调发展、保护特色村镇和历史文化名镇（村）、振兴乡村逐步提到议事日程。党的十八大以来，习近平总书记就城镇规划建设多次作出重要指示批示，2013 年 12 月在中央城镇化工作会议上习近平总书记指出："要实事求是确定城市定位，科学规划和务实行动，避免走弯路；要体现尊重自然、顺应自然、天人合一的理念，依托现有山水脉络等独特风光，让城市融入大自然，让居民望得见山、看得见水、记得住乡愁；要融入现代元素，更要保护和弘扬传统优秀文化，延续城市历史文脉；要融入让群众生活更舒适的理念，体现在每一个细节中。"之后，他在全国各地考察时多次强调要保护好古城镇，强调指出："一个城市的历史遗迹、文化古迹、人文底蕴，是城市生命的一部分。文化底蕴毁掉了，城市建得再新再好，也是缺乏生命力的。"特色小镇建设就是在以上背景下开启的。2014 年首次在浙江杭州云栖小镇提出建设特色小镇的设想，后经过国家发改委、财政部、住建部等三部委力推，上升为国家新型城镇化发展战略。特色小镇建设同样受到习近平总书记的关注，他在批示中说："从浙江和其他一些地方的探索实践看，抓特色小镇、小城镇建设大有可为，对经济转型升级、新型城镇化建设都具有重要意义。"特色小镇建设自 2016 年启动以来，住建部等部委批准了 2 批次国家特色小镇共计 403 个，国家体育总局公布了 96 个体育运动休闲特色小镇，国家农业部提出在 2020 年以前打造 100 个互联网特色小镇。特色小镇建设在全国各地全面推开。

随着特色小镇建设的推进，学术界紧跟其后进行深入的调查研究，形成了一批理论成果。在这些成果中，熊正贤教授承担的国家社科基金项目"从'千镇一面'向'因地建镇'转型——来自云贵川特色小镇的深度调查"以其独有的视角，对特色小镇的规划建设从理论和实践层面进行了有益的探索。该成果具有如下特点：

其一，研究对象的丰富性。该成果所研究的云贵川，地形地貌复杂多样，有高原、山地、盆地、河谷、坝子；自然资源极其丰富，是中国生物多样性典型地区；生计方式多样，有农耕经济、山地复合式经济、牧业经济、农牧混合经济等；是多民族聚居的区域，在云贵川土地上生活着汉藏语系藏缅语族、苗瑶语族、壮侗语族等30多个世居民族，自司马迁在《史记》中首创"西南夷列传"以来，西南各民族的历史文化和交往交流交融情形为历代史家所记载，其中西南各民族的建筑和聚落尤其为史家和文人所热衷，因此，遗留了大量关于云贵川聚落的记载。地形地貌复杂多样、民族众多、生计方式多样，形成了千姿百态的村镇。已故学者管彦波按自然环境把西南民族聚落分为山地、高原、丘陵、台地、谷底、山顶、山腰、山麓、坝区、水域、湖海、跨境等不同类型的聚落，按经济类型又分为农业聚落和非农业聚落，其中农业聚落分为游耕、锄耕、犁耕、渔村、牧村、林业村、狩猎村、采集村等聚落，非农业聚落分为贸易、工业、矿业、军事、宗教、交通、旅游等聚落。研究对象的丰富多样，为该研究提供了丰富的样本。因而，该成果所列举的个案多是具有典型性和代表性的西南少数民族村镇，在历史时期就是富有特色和影响力的市镇。

其二，研究问题的针对性。目前我国无论是城市规划建设，还是村镇建设，最大的问题就是千城一面，千村一样，乡土建筑特色丢失殆尽。该成果针对这一突出问题，从"同质化"入手，通过深入的调查和研究，分析了特色小镇规划建设中同质化形成的深层次原因、具体表象，特别是对云贵川旅游发展型、历史文化型、农业服务型、工业发展型、民族聚居型、商贸流通型以及其他类型的特色小镇的同质化问题进行深度剖析，通过分析认为：云贵川特色小镇建设同质化现象普遍存在，但同质化竞争问题并不突出；同质化的潜在竞争将更多出现在资本密集型和技术密集型特色小镇领域，资源禀赋的同质竞争将越来越少；同质化竞争更多出现在省部级及以下层次，国家级特色小镇之间差异性明显。云贵川特色小镇的同质化是由于资源禀赋、设计团队、行政过度干预、社会资本介入等因素造成。根据云贵川特色小镇建设中存在的问题，结合差异化理论，提出了政府主导与企业主导经营模式的差异化组合、产品单一开发与多元经营模式的差异化搭配、设计创意外部注入与本土原创的差异化选择等建议，具有很强的指导性和参考意义。

其三，宏观视野与典型案例深度结合。该成果虽然研究云贵川特色小镇的同质化问题，但并不局限于云贵川，而是把云贵川特色小镇建设放在全国特色小镇建设的整体背景下展开，在分析全国特色小镇建设背景的基础上，揭示了全国特色小镇的特征，展望了特色小镇发展的未来方向，指出了特色小镇建设存在的问题，让读者对全国特色小镇建设有一个总体把握。在宏观关照的同时，把视角下移至中观，分别对云贵川省级特色小镇的政策支持、总体格局等进行分析。在此前提下，分别选择了云贵川区域 17 个不同类型的特色小镇进行深入调查研究，这些个案都具有一定的典型性和代表性，如旅游发展型特色小镇万山、历史文化型特色小镇青岩、农业服务型特色小镇小草坝、工业发展型特色小镇茅台镇、民族聚居性特色小镇喜洲镇、商贸流通型小镇畹町镇、其他类型特色小镇杨林镇等。通过对以上小镇建设中同质化问题的剖析，查找问题的根源，寻求解决的路径，以事实为依据，有理有据，令人信服。

其四，本土经验与外来示范相互交融。该成果在选取云贵川特色小镇的诸多个案进行深入调查研究的同时，把眼光扩展到全球和发达地区，试图借助海外和发达地区的成功经验，助推云贵川特色小镇的建设。该成果分别介绍和吸纳了英国、美国、德国、日本、法国、韩国、新加坡、丹麦、中国台湾地区以及浙江特色小镇建设的经验和做法，这种开放的思维和世界眼光，无疑对云贵川特色小镇建设具有启示意义

总之，熊正贤教授率领团队所形成的这一成果视野广阔，调研深入，既有理论分析，也有对策建议，值得政府决策部门、企业实践者和理论研究者品读、参考。

黄柏权

2021 年季春于秦园

序 二

　　特色小镇概念于 2014 年首次在浙江杭州云栖小镇被提及，后经过国家住建部等三部委力推，上升为国家新型城镇化发展战略。习近平总书记对特色小镇寄予厚望，并作出过重要批示："从浙江和其他一些地方的探索实践看，抓特色小镇、小城镇建设大有可为，对经济转型升级、新型城镇化建设都具有重要意义。"李克强总理要求各地学习浙江经验，重视特色小镇和小城镇的建设发展，着眼供给侧培育小镇经济，走出新型的小城镇之路。2016 年以来，特色小镇在全国范围内遍地开花，引领了新型城镇化的时代潮流。《住房城乡建设部、国家发展改革委、财政部关于开展特色小镇培育工作的通知》（建村〔2016〕147号）提出到 2020 年，在全国范围内打造 1000 个富有活力、各具特色的特色小镇，并从产业形态、环境宜居、传统文化、设施服务、体制机制 5 个方面提出了具体要求。截至 2018 年底，住建部发布了 2 批次国家特色小镇，共计 403 个，国家体育总局发布了 96 个体育运动休闲特色小镇，国家农业部提出在 2020 年以前打造 100 个互联网特色小镇，此外，全国省域层面的特色小镇建设如火如荼，拟建、在建和已建特色小镇超过了 3000 个。从新型城镇化发展趋势来看，特色小镇建设是"产城人文"融合、打造宜居宜业宜游环境、辐射带动乡村地区发展、促进乡村振兴的有效助推器。将农业与生态休闲结合起来，打造集农业、文创、旅游、生态休闲于一体的田园综合体和绿色经济产业链，或将成为未来特色小镇发展的趋势之一。实践表明，特色小镇建设仍将是新时期、新常态下推动新型城镇化和乡村振兴的"创新窗口"和"改革风口"。

　　然而，特色小镇的建设是参差不齐的，有些成效显著，有些是鱼目混珠的"冒牌"小镇。最近，一份"中国特色小镇死亡名单"在网络流传，文章称，不少特色小镇资金链断裂、商户逃离甚至沦为"空城"，至少有 100 个"文旅小镇"处于烂尾、倒闭状态。特色小镇从"扎堆开建"到"批量倒闭"，最终沦为"空心镇""鬼镇"，表面看多是客流减少或项目烂尾所致，根本原因则是规划建设、产业结构、文化底蕴、项目定位、运行模式等方面先天不足。在此背景下，长江师范学院熊正贤教授在国家社科基金"云贵川特色小镇同质化问题调查与差异化策略研究"的资助下，对云贵川地区的特色小镇进行了深入系统的调查，通过现象观察和实地调研，提炼出特色小镇同质化的核心要素和内在逻辑，从生物多样性、无线电干扰等跨学科视野构建了特色小镇同质化问题的分析框架，通过国内外经验借鉴、比较分析和归纳演绎分析法，提出特色小镇同质化问题的破解之策，具有很强的理论创新性和实践指导性。创新之一：从抽象到具体，精准地归纳了特色小镇同质化的核心要素。从项目同质、产品类似、文化同源、政策同性、建筑同调等方面将特色小镇的同质化现象归纳为三种情形：产品生产泛化导致产业发展千篇一律、文化内核泛化导致建筑风格千镇一面、经营理念泛化导致建设模式如出一辙。作者团队的调研是深入的，理性思维是深刻的。创新之二：采用跨学科思维分析特色小镇的差异化发展。例如，采用生物多样性的对比分析方法，提出特色小镇建设需要借鉴生物多样性思维，建立特色小镇"基因库"，防止"基因"的不良变异，保持类型定位的稳定性，规划布局考虑自然地理环境特征等。又如，根据无线电辐射与干扰原理建立同质化特色小镇"有效辐射"模型。并提出充分释放自身的"个性存量"，提高发射频率，增大辐射半径，错开与周边同质性特色小镇的频率，实现错位竞争等，这些思维很有启发性。创新之三：政策层面，从土地政策、人口流动与人才政策、财税政策、金融政策四个方面系统梳理和比较了国家层面和云贵川三省特色小镇的政策体系，对特色小镇后续的制度设计、实践运营均具有重要现实价值。创新之四：案例剖析层面，从商贸流通型、工业发展型、农业服务型、旅游发展型、历史文化型、民族聚居型7大类型分别作了17个典型案例分析，内容深刻而详实，具有代表性和典型性。创新之五：经验借鉴方面，系统梳理了英、美、德、日、法、韩、新加坡、丹麦等发达国家城镇化建设的模式和经验，借鉴了我国台湾地区、浙江省的先进做法和创新模式，做足了"它山之石可以攻玉"的工作。创新之六：提出了系统性的对策建议。认为我国特色小城镇建设是自下而上的需求推动和自上而下的制度供给推动的混合产物，只有遵循个性化定位，特色小城镇才能实现可持续发展，只有在产业上具有特色，特色小城镇才能有生命力，只有实施路径上因地制宜地运作，才能实现特色小城镇的百花齐放。

读万卷书不如行万里路，该研究团队走访了云贵川地区大量的特色小镇，深入特色小镇建设的规划管理部门和一线干部群体，对特色小镇的规划、建设、管理工作做了细致的调查和访谈，对小镇社区居民和来访游客进行了深入访谈，成果有血有肉。纵观该专著成果，从理论构建、政策梳理到实地案例的考察都见证了作者团队的研究功底和脚踏实地的研究素养，该书是一部高质量的著述，值得政府决策部门、企业实践者和理论研究者收藏阅读。

郑长德
2021 年 4 月于成都

目 录

第一章 特色小镇建设的时代背景、基本格局与同质化现象

特色小镇是新时期我国小城镇建设的创新模式，它不是国外舶来品，更不是国外"田园城市"的简单重复，而是当今中国新型城乡关系背景下的一种崭新的新型城镇化体系的构建，具有鲜明的时代背景和中国特色。

一、特色小镇建设的时代背景

特色小镇是我国新型城镇化建设的阶段性产物，与我国历来的城镇化建设是一脉相承的。改革开放以来，我国小城镇发展经历了以下四个阶段：

第一阶段：小城镇优先发展阶段（1978~1990年）。改革开放之初，我国城镇化的指导思想是"控制大城市规模，合理发展中等城市，积极发展小城市"。《中华人民共和国国民经济和社会发展第六个五年计划（1981-1985）》提出"新建大中型工业项目一般不要放在大城市，尽量放到中小城市或郊区。特大城市和部分有条件的大城市，要有计划地建设卫星城镇"。《中华人民共和国国民经济和社会发展第七个五年计划（1986-1990）》提出继续贯彻执行"控制大城市规模，合理发展中等城市，积极发展小城市"的方针，切实防止大城市人口规模的过度膨胀，有重点地发展一批中等城市和小城市，并提出到1990年，我国设市城市发展到400多个，建制镇发展到10000多个。20世纪80年代，我国城市化建设以小城市优先发展为宗旨，在此时期，我国改革开放还不久，工业化水平正在起步阶段，工业比较分散，以乡镇企业为代表的工业形态全国普及，在此背景下，小城镇发展进入快速发展阶段。小城镇优先发展战略推动了小城镇的数量增加，乡镇企业的火热发展，对农村地区的就业带动和经济发展起到了很好的促进作用，也一定程度缓解了我国城乡二元结构矛盾，但是限于当时乡镇企业的生产力水平较低、资源配置的制度安排以及对城镇化发展规律

的认识不足等原因，小城镇发展潜力没有被全部挖掘出来。

第二阶段：小城镇合理发展阶段（1991~2000年）。20世纪90年代以后，我国小城镇建设的指导思想由积极发展向合理发展转变。《中华人民共和国国民经济和社会发展第八个五年计划（1991-1995）》提出"坚持实行严格控制大城市规模、合理发展中等城市和小城市的方针，有计划地推进我国城市化进程，并使之同国民经济协调发展"，首次提出"以集镇为重点，以乡镇企业为依托，建设一批布局合理，节约土地，设施配套，交通方便，文明卫生，具有地方特点的新型乡镇"。该表述是经过十年优先发展之后，国家对小城镇发展战略的重新定位，标志着我国小城镇发展战略的转向。《中华人民共和国国民经济和社会发展第九个五年计划（1996-2000）》提出"逐步形成大中小城市和城镇规模适度，布局和结构合理的城镇体系"，"有序地发展一批小城镇，引导少数基础较好的小城镇发展成为小城市"，并强调继续把发展乡镇企业作为繁荣农村经济的战略重点，努力提高乡镇企业的素质和水平。引导乡镇企业适当集中，把发展乡镇企业与建设小城镇结合起来。20世纪90年代的小城镇发展处于持续稳定扩张阶段，与此同时，小城镇建设中的问题也逐步显露出来，部分小城镇经过多年的建设已经初具规模，具备了小城市的基础，乡镇企业经过优胜劣汰之后，部分转型转行，部分入驻大城市，小城镇合理发展成为该阶段的主要矛盾。

第三阶段：小城镇与大中城市协调发展阶段（2001~2014年）。2000年以后，城市群建设成为了我国城镇化建设的主流，国家层面抛弃了之前"控制大城市规模"的说法，在小城镇发展方面，调整为合理布局、结构优化和多元化战略。《中华人民共和国国民经济和社会发展第十个五年计划（2001-2005）》提出"走符合我国国情、大中小城市和小城镇协调发展的多样化城镇化道路，逐步形成合理的城镇体系。有重点地发展小城镇，积极发展中小城市，完善区域性中心城市功能，发挥大城市的辐射带动作用，引导城镇密集区有序发展"。《中华人民共和国国民经济和社会发展第十一个五年规划（2006-2010）》提出"坚持大中小城市和小城镇协调发展，提高城镇综合承载能力，按照循序渐进、节约土地、集约发展、合理布局的原则，积极稳妥地推进城镇化，逐步改变城乡二元结构"。2013年中央城镇化工作会议上，习近平同志强调要以人为本，推进以人为核心的城镇化，提高城镇人口素质和居民生活质量，把促进有能力在城镇稳定就业和生活的常住人口有序实现市民化作为首要任务；要优化布局，根据资源环境承载能力构建科学合理的城镇化宏观布局，把城市群作为主体形态，促进大中小城市和小城镇合理分工、功能互补、协同发展①。《中华人民共和国国民经济和社会发展第十二个五年规划（2011-2015）》提出"按照统筹规划、合理布局、完善功能、以大带小的原则，遵循城市发展客观规律，以大城市为依托，以中小城市为重点，逐步形成辐射作用大的城市群，促进大中小城市和小城镇协调发展"。不难看出，2000年以后的10多年时间，我国城镇化战略主要强调小城镇与大中小城市之间的协调发展和多元化发展，既要发挥大城市和城市群的辐射带动作用，也要合理发展小城镇，强调结构合理和优化。

第四阶段：小城镇高质量发展阶段（2014年以后）。经过几十年的快速城镇化建设，2014年我国城镇化率已经达到54.77%，大城市的人口承载力和产业安置能力已经接近饱和，向小城镇转移人口和产业成为了主流。另外，小城镇经过多年的提档升级，在基础设施和产业基础方面具备了良好的基础，小城镇发展方式开始由粗放式发展向高质量发展转变。《国家新型城镇化规划（2014-2020年）》提出"引导人口和产业由特大城市主城区向周边和其他城镇疏散转移""把加快发展中小城市作为优化城镇规模结构的主攻方向，加强产业和公共服务资源布局引导，提升质量，增加数量。鼓励引导产业项目在资源环境承载力强、发展潜力大的中小城市和县城布局，依托优势资源发展特色产业，夯实产业基础""按照控制数量、提高质量、节约用地、体现特色的要求，推动小城镇发展与疏解大城市中心城区功能相结合、与特色产业发展相结合、与服务'三农'相结合。大城市周边的重点镇，要加强与城市发展的统筹规划与功能配套，逐步发展成为卫星城。具有特色资源、区位优势的小城镇，要通过规划引导、市场运作，培育成为文化旅游、商贸物流、资源加工、交通枢纽等专业特色镇。远离中心城市的小城镇和林场、农场等，要完善基础设施和公共服务，发展成为服务农村、带动周边的综合性小城镇。对吸纳人口多、经济实力强的镇，可赋予同人口和经济规模相适应的管理权"。《中华人民共和国国民经济和社会发展第十三个五年规划（2016-2020）》提出"发展一批中心城市，强化区域服务功能。以提升质量、增加数量为方向，加快发展中小城市。因地制宜发展特色鲜明、产城融合、充满魅力的小城镇"。上述政策文件的出台，标志着我国城镇化发展开始由数量向质量转变，由"快"向"好"转变，由"物"向"人"转变，小城镇发展进入了新的历史阶段。

---

① 《中央城镇化会议提出六大任务》，http://news.12371.cn/2013/12/14/ARTI 1387027354 336541.shtml，2013年12月14日。

特色小镇是新时期小城镇建设的产物，是新型城镇化战略的试验田和先行区，它是自下而上需求驱动与自上而下制度供给的结合体。特色小镇与我国历年的城镇化发展战略一脉相承，不是偶然发现的产物，也不是一个孤立的战略，而是国家诸多发展战略交汇背景下的产物。我国城镇化已经迈过了粗放式发展阶段，进入了高质量发展阶段，急需寻找新的发展模式和突破口，特色小镇发展战略恰逢其时；城镇化发展与乡村振兴是一对孪生兄弟，它本质上是一种新型城乡关系的构建，特色小镇似城非城，似镇非镇，是乡非乡，空间上是乡村和城镇的过渡地带，是新型城乡关系构建的特殊区域，特色小镇的建设是解决农村人口、产业和文化空心化的重要抓手；精准扶贫战略在"输血"与"造血"的转换背景下，急需找准产业支撑，激发贫困群体的自我发展能力，推动农村三次产业的融合，特色小镇为此提供了空间载体和产业平台；经济转型发展的关键在于理念的转型和产业结构的转换，乡村传统农业及加工业、物流业、服务业等产业业态急需重新焕发生命力，特色小镇建设是乡村新经济引领、农旅融合、互联网农业发展的"前沿阵地"；绿水青山就是金山银山，而这些金山银山就在广袤的乡镇和农村，只有乡村的山水林田湖草生态系统有序循环才能保证绿水青山，特色小镇首当其冲应成为乡村生态建设与修复的示范区；文化大繁荣大发展需要有广阔和深厚的民众基础，农村和乡镇的优秀传统文化急需传承与创新，特色小镇作为"产城人文"融合发展的综合体，承担着繁荣乡土文化的重要使命。

（一） 特色小镇是新型城镇化高质量发展的突破口

高质量发展是党的十九大首次提出的新概念，强调经济由高速度增长向高质量发展转变，2018 年国务院政府工作报告强调了高质量发展的根本在于经济创新力和活力。城镇体系是产业体系的承载平台，产业高质量发展必然要求城镇化建设的高质量发展。

改革开放以来，我国城镇化发展经历了小城镇优先发展、大城市优先发展、大中小城市并重发展、新型城镇化等发展历程，特色小镇建设是新型城镇战略背景下的崭新尝试。根据已有资料查询，最早提出新型城镇化概念的是《社会科学报》2003 年 7 月 3 日第 4 版上的刊文《新型城镇化：中国城市化道路的新选择》，谢志强教授指出了当时城市发展中的"城市病"问题，如城市摊大饼式膨胀、交通拥堵、城市化与工业化脱节等，提出新型城镇化要具备规划起点高、途径多元化、集聚效益佳、辐射能力强、个性特征明、人本气氛浓、城镇联动紧、城乡互补好八大特征①。《人民日报》两会特刊 2007 年 3 月 10 日第 5 版刊载了江苏省社会科学院院长宋林飞关于"实行新型城镇化"的提案，文中提出新型城镇化要实现五大战略性转变，一是从粗放型向集约型转变；二是从城区摊大饼式扩张向郊区卫星城发展转变；三是从城乡二元结构向城乡一体化发展转变；四是从转移农村贫困人口向农民智力开发转变；五是从城市贫困的"夹生饭"向城市全面推进转变②。2013 年 12 月，中央城镇化工作会议在北京举行，习近平同志发表重要讲话，明确提出推进城镇化的指导思想、主要目标、基本原则和重点任务，李克强同志对新型城镇化工作的着力点和具体部署进行了强调，此次会议为我国新型城镇化战略布局定下了基调。2014 年 3 月，中共中央、国务院印发《国家新型城镇化规划》，提出以人为本、四化同步、优化布局、生态文明、文化传承的中国特色新型城镇化道路。2014 年以来，在《国家新型城镇化规划》的指导下，全国多数省份制定了新型城镇化规划。西部地区的云南省较早出台了《云南省新型城镇化规划（2014-2020 年）》，其他西部省份如甘肃省、青海省、广西壮族自治区、陕西省、四川省、西藏自治区、贵州省等都陆续出台了新型城镇规划，内蒙古自治区、宁夏回族自治区两区出台了新型城镇化的"十三五"规划，见表 1-1。

表 1-1　西部部分地区新型城镇化建设实施意见与规划

地区	新型城镇化规划与实施意见	时间	文件出处
云南	《云南省新型城镇化规划（2014-2020 年）》	2014. 4. 13	中共云南省委、云南省人民政府关于印发《云南省新型城镇化规划（2014-2020 年）》的通知（云发〔2014〕8 号）
甘肃	《甘肃省新型城镇化规划（2014-2020 年）》	2014. 5. 4	甘肃省人民政府关于印发《甘肃省新型城镇化规划（2014-2020 年）》的通知（甘政发〔2014〕53 号）
青海	《青海省新型城镇化规划（2014-2020 年）》	2014. 5. 22	中共青海省委、青海省人民政府关于印发《青海省新型城镇化规划（2014-2020 年）》的通知
广西壮族自治区	《广西壮族自治区新型城镇化规划（2014-2020）》	2014. 7. 22	自治区党委、自治区人民政府关于印发《广西壮族自治区新型城镇化规划（2014-2020）》的通知（桂发〔2014〕13 号）

①　谢志强：《新型城镇化：中国城市化道路的新选择》，《社会科学报》，2003 年 7 月 3 日第 4 版。
②　鲍洪俊、许志峰：《新型城镇化：远离"大城市病"》，《人民日报》，2007 年 3 月 10 日第 5 版。

续表

地区	新型城镇化规划与实施意见	时间	文件出处
陕西	《陕西省新型城镇化规划（2014-2020年）》	2014.9.23	2014年9月23日陕西省发展和改革委员会召开《陕西省新型城镇化规划（2014-2020年）》新闻发布会
四川	《四川省新型城镇化规划（2014-2020年）》	2015.4.21	2015年4月21日，四川省人民政府新闻办公室召开《四川省新型城镇化规划（2014-2020年）》新闻发布会
贵州	《贵州省山地特色新型城镇化规划（2016-2020年）》	2016.5.30	省人民政府关于深入推进新型城镇化建设的实施意见（黔府发〔2016〕14号）
新疆生产建设兵团	《"十三五"时期兵团新型城镇化发展规划》	2016.8.1	新疆生产建设兵团办公厅关于印发《"十三五"时期兵团新型城镇化发展规划》的通知
西藏自治区	《西藏自治区新型城镇化规划（2014-2020年）》	—	《西藏自治区新型城镇化规划（2014-2020年）》（藏党发〔2015〕3号）
内蒙古自治区	《内蒙古自治区"十三五"新型城镇化规划》	2016.12.15	内蒙古自治区人民政府关于印发《内蒙古自治区"十三五"新型城镇化规划》的通知（内政发〔2016〕141号）
宁夏回族自治区	《宁夏回族自治区新型城镇化"十三五"规划》	2017.8.15	关于印发《宁夏回族自治区新型城镇化"十三五"规划》的通知（宁政发〔2017〕67号）

资料来源：根据各省（区）住房和城乡建设厅以及发展和改革委员会公布的正式文件整理。

2014年2月5日，国家发展和改革委员会牵头联合发布了《第一批国家新型城镇化综合试点地区》名单，共计64个城市入选，2015年11月16日，《第二批国家新型城镇化综合试点地区》名单公布，共计59个城市入选，2016年12月7日，《第三批国家新型城镇化综合试点地区》名单公布，共计111个城镇入选，至此，我国新型城镇化试点地区的布局基本形成，见表1-2至表1-4。

表1-2　第一批国家新型城镇化综合试点地区（2014年）

试点地区类型	具体范围和城市
省级区域（2个）	江苏省、安徽省
单列市（3个）	宁波市、大连市和青岛市
省会城市（7个）	长春市、哈尔滨市、石家庄市、武汉市、长沙市、广州市、重庆市主城九区

续表

试点地区类型	具体范围和城市
地级市（25 个）	黑龙江省齐齐哈尔市、黑龙江省牡丹江市、吉林省吉林市、北京市通州区、天津市蓟县、上海市金山区、浙江省嘉兴市、山东省威海市、山东省德州市、河南省洛阳市、福建省莆田市、江西省鹰潭市、湖北省孝感市、湖南省株洲市、广东省东莞市、广东省惠州市、深圳市光明新区、四川省泸州市、贵州省安顺市、广西壮族自治区柳州市、广西壮族自治区来宾市、云南省曲靖市、甘肃省金昌市、青海省海东市、宁夏回族自治区固原市
县级市（25 个）	辽宁省海城市、吉林省延吉市、内蒙古自治区扎兰屯市、河北省定州市、河北省张北县、山西省介休市、浙江省义乌市、福建省晋江市、江西省樟树市、山东省郓城县、河南省禹州市、河南省新郑市、河南省兰考县、湖北省仙桃市、湖北省宜城市、湖南省资兴市、海南省儋州市、云南省大理市、四川省阆中县、贵州省都匀市、西藏自治区日喀则市桑珠孜区、陕西省高陵县、青海省格尔木市、新疆维吾尔自治区伊宁市、新疆维吾尔自治区阿拉尔市
建制镇（2 个）	浙江省苍南县龙港镇、吉林省安图县二道白河镇

　　资料来源：根据 2014 年 2 月 5 日国家发展和改革委员会等 11 个部门联合发布的《第一批国家新型城镇化综合试点地区》整理。

表 1-3　第二批国家新型城镇化综合试点地区（2015 年）

地区	具体城镇
北京	北京市房山区、大兴区
天津	天津市东丽区、中北镇
河北	河北省威县、白沟镇
山西	山西省孝义市、巴公镇、泽州县
内蒙古自治区	内蒙古自治区包头市、宝山区、准格尔旗、和林格尔县
辽宁	辽宁省新民市、前阳镇
吉林	吉林省梨树县、抚松县、林海镇
黑龙江	黑龙江省同江市、青冈县、安达市
上海	上海市浦东新区（临港地区）、松江区
浙江	浙江省台州市、德清县
福建	福建省永安市、邵武市
江西	江西省南昌高新区、艾城镇
山东	山东省章丘市、龙口市、邹城市、义堂镇
河南	河南省濮阳市、长垣县

续表

地区	具体城镇
湖北	湖北省宜都市、松滋市
湖南	湖南省津市市—澧县、芷江县
广东	广东省茂名市、狮山镇、佛山市南海区
广西壮族自治区	广西壮族自治区全州县、平果县、北流市
海南	海南省琼海市、演丰镇、文昌市
重庆	重庆市綦江区、大足区
四川	四川省成都市、绵阳市、眉山市
贵州	贵州省贵安新区、遵义县、玉屏县、湄潭县
云南	云南省红河州、板桥镇
西藏自治区	西藏自治区八一镇、泽当镇、曲水县
陕西	陕西省西咸新区、韩城市
甘肃	甘肃省敦煌市、高台县、陇西县
青海	青海省西宁市、门源县
宁夏回族自治区	宁夏回族自治区平罗县、宁东镇
新疆维吾尔自治区	新疆维吾尔自治区榆树沟镇、北泉镇

资料来源：根据国家发展和改革委员会 2015 年 11 月 28 日公布的《第二批国家新型城镇化综合试点地区》名单整理。

表1-4　第三批国家新型城镇化综合试点地区（2016 年）

地区	具体城镇
北京	北京市顺义区、延庆区、平谷区金海湖镇
天津	天津市西青区张家窝镇、静海区大邱庄镇、静海区团泊镇
河北	河北省唐山市迁安市、秦皇岛市卢龙县、邯郸市涉县、邢台市南和县
山西	山西省临汾市侯马市、吕梁市交城县、太原市古交市马兰镇、晋城市城区北石店镇
内蒙古自治区	内蒙古自治区通辽市科尔沁左翼中旗、巴彦淖尔市乌拉特中旗、呼伦贝尔市鄂伦春旗大杨树镇
辽宁	辽宁省沈阳市辽中区、本溪市本溪县、鞍山市台安县桑林镇、锦州市北镇市沟帮子镇
吉林	吉林省通化市梅河口市、延边州敦化市、四平市公主岭市范家屯镇、延边州珲春市敬信镇
黑龙江	黑龙江省伊春市、黑河市北安市、黑河市逊克县、绥化市绥棱县
上海	上海市奉贤区、宝山区罗店镇、青浦区重固镇

续表

地区	具体城镇
浙江	浙江省衢州市开化县、湖州市吴兴区织里镇、绍兴市柯桥区钱清镇、金华市婺城区汤溪镇
福建	福建省福州市福清市、漳州市长泰县、龙岩市上杭县、宁德市古田县
江西	江西省萍乡市、赣州市、抚州市、吉安市井冈山市
山东	山东省济南市、淄博市、烟台市、聊城市、潍坊市诸城市、临沂经济技术开发区
河南	河南省鹤壁市、郑州市新密市、郑州市登封市、许昌市长葛市
湖北	湖北省荆门市、随州市、宜昌市长阳县、黄石市大冶市、襄阳市老河口市
湖南	湖南省湘潭市、郴州市、永州市祁阳县、永州市东安县芦洪市镇
广东	广东省韶关市、潮州市、肇庆市四会市、梅州市丰顺县留隍镇
广西壮族自治区	广西壮族自治区桂林市荔浦县、钦州市浦北县、百色市靖西市、南宁市横县六景镇
海南	海南省澄迈县福山镇、保亭县三道镇、琼中县湾岭镇
重庆	重庆市永川区、璧山区、潼南区
四川	四川省遂宁市、达州市、自贡市富顺县、巴中市南江县
贵州	贵州省六盘水市盘县、黔西南州兴义市、黔东南州凯里市、黔南州独山县、三都县
云南	云南省保山市腾冲市、楚雄州楚雄市、德宏州瑞丽市、大理州剑川县沙溪镇
西藏自治区	西藏自治区日喀则市拉孜县、山南市扎囊县桑耶镇、林芝市巴宜区鲁朗镇
陕西	陕西省延安市、榆林市神木县、商洛市山阳县、宝鸡市岐山县蔡家坡镇
甘肃	甘肃省白银市会宁县、天水市麦积区、庆阳市华池县
青海	青海省海北州海晏县、海南州贵德县、果洛州玛沁县、海东市循化县街子镇
宁夏回族自治区	宁夏回族自治区银川市、吴忠市盐池县、石嘴山市惠农区红果子镇
新疆维吾尔自治区	新疆维吾尔自治区巴音郭楞州库尔勒市、吐鲁番市鄯善县鲁克沁镇、阿勒泰地区布尔津县冲乎尔镇、新疆生产建设兵团五家渠市

资料来源：根据国家发展和改革委员会 2016 年 11 月 29 日公布的《第三批国家新型城镇化综合试点地区》名单整理。

2018 年 4 月 28 日，《国家发展改革委办公厅关于印发第一批国家新型城镇化综合试点经验的通知》对三批次新型城镇化试点地区的经验进行了总结，归纳为以下几点：一是加快了农业转移人口市民化，探索了大城市和特大城市的落户门槛和条件。深化了"人钱挂钩，钱随人走""人地挂钩，以人定地"的制度安排，改善了农业专业人口的子女教育与住房需求问题。二是深化了农村产权制度改革，明晰了农村资产权属和农村产权流转市场，农民宅基地和农房政策得到改善。三是健全了城镇化投融资机制，如化解地方政府债务、建立城镇化政府引导基金、实体经济与金融联动发展等。四是加快了引导城市要素下乡，如引导工商资本下乡、拓宽农村融资渠道、搭建科技人才下乡平台。五是改革创新行政管理体制，如推进机构精简、职能相近部门功能合并、优化行政管理体制等。同时也提出后续的新型城镇化建设要围绕城乡融合发展问题深入改革和创新，要围绕钱从哪里出，人往哪里去，地从何处来的逻辑进行深入探索。

特色小镇强调"小而特""精而美"，在产、城、人、文方面是新型城镇化实践的前沿阵地，在金融、土地、财税政策方面是制度创新的试验田。一是特色小镇强调产业立镇和产业兴镇，其主导产业是乡镇和农村优势产业的集中体现。二是特色小镇是兼顾大城市优势和乡村特色的联合体，既具备城市便利的基础设施条件，又具有乡村自然宜居的特点，是城乡一体化的最好诠释。三是特色小镇是缓解农村人口涌向大城市的缓冲器，也是乡村地区人力资源截留的最后一道防线。农村剩余劳动力涌向城市的热潮中，特色小镇充当卫星城的作用，既能有效缓解大城市拥挤的弊端，又能起到稳定人口盲流的作用。长期以来，农村的人力资源呈现净流出的特征，留守乡镇的精英人才少之又少，而特色小镇建设既能有效截留部分乡镇精英人才，又能吸引部分外来人才，起到会集人才的作用。四是特色小镇是乡村优秀传统文化抢救和保护的"天然温室"。特色小镇强调旅居和文化传承，对乡村传统优秀文化的挖掘、抢救、保护起到了保驾护航的作用，在现代化的冲击下，乡村优秀传统文化支离破碎、青黄不接，特色小镇建设恰逢其时，是乡村传统文化生产性保护和传承的重要载体。因此，特色小镇建设如果能出典型、出经验，新型城镇化才能出模式、出亮点、出创新方向。

（二）特色小镇是解决乡镇空心化问题的重要抓手

《乡村振兴战略规划（2018-2022 年）》指出"乡村是具有自然、社会、经济特征的地域综合体，兼具生产、生活、生态、文化等多重功能，与城镇互促互进、共生共存，共同构成人类活动的主要空间""因地制宜发展特色鲜明、产城融合、充满魅力的特色小镇和小城镇，加强以乡镇政府驻地为中心的农民生活圈建设，以镇带村、以村促镇，推动镇村联动发展。建设生态宜居的美丽乡村，发挥多重功能，提供优质产品，传承乡村文化，留住乡愁记忆，满足人民日益增长的美好生活需要"。按照中央农村工作会议确定的时间表，到 2020 年，制度框架和政策体系基本形成，乡村振兴取得重要进展；到 2035 年，农业农村现代化基本实现，乡村振兴取得决定性进展；到 2050 年，农业强、农村美、农民富全面实现，乡村全面振兴。当前，乡村地区还存在诸多问题，归纳起来：一是经济疲软乏力，产业空心化；二是人才流失严重，人口空心化；三是文化传承青黄不接，文化空心化。这些问题不能局限于在乡村系统内部去解决，而是要借助乡镇和小城镇的力量，在城乡统筹系统中去解决。

　　第一，乡镇产业空心化问题。由于乡镇产业发展在市场、人才、基础设施等方面的天然缺陷，我国乡镇生产要素长期出现由乡镇到城市的"净流出"现象，很多乡镇产业发展困境重重，项目进不来，自身发展能力提升不了，大多数乡镇主要依靠传统农业和简单农业加工产业，由此造成乡镇产业空心化问题。此外，我国乡镇发展极不均衡，生产要素主要集中在全国重点乡镇，而边区乡镇和民族乡镇出现严重的产业空心化现象。《2017 中国县域统计年鉴（乡镇卷）》的数据显示[①]，反映生产力水平的工业产值方面，全国重点镇遥遥领先于其他类型。2016 年我国重点建制镇 3674 个，工业企业单位数 591255 个，平均每个重点镇有工业企业 160.93 个，而全国边区乡镇平均只有 8.46 个企业，两者相差 19 倍；全国重点镇工业总产值 179810 亿元，平均值达到 48.94 亿元，民族乡仅为 2.72 亿元，两者相差 17.86 倍。反映乡镇产业发展质量方面的指标也呈现类似情况，如 2016 年全国重点镇规模以上工业企业 58565 个，每个镇平均值达到 15.94 个，而边区乡镇仅为 1.18 个，相差 16.05 倍；全国重点镇企业实交税金平均值为 1.39 亿元，民族乡仅为 0.08 亿元，相差 17.38 倍。反映乡镇建设和市场活跃度的指标方面，重点镇建筑业总产值 9900 亿元，民族乡仅为 173 亿元，全国重点镇平均为 2.69 亿元，民族乡仅为 0.18 亿元，相差 14.94 倍；乡镇住宿餐饮企业个数方面，全国重点镇平均有 19.73 个，边区乡镇为 2.76 个，相差 7.15 倍；社会消费品零售总额方面，全国重点镇平均值达到 6.37 亿元，民族乡为 0.69 亿元，相差 9.23 倍；乡镇商品交易市场方面，全国重点镇平均有 3.82 个，边区乡镇为 0.77 个。全国乡、全国边区乡、全国民族乡的社会消费品零售总额平均值均未过亿元，全国边区乡镇的商品交易市场平均数还不到 1 个，这充分说明这些乡镇的经济活跃程度很低，乡镇居民的消费需求水平不高。乡镇精英主体的缺失，工业企业数量的缺乏，经济总体容量不大，经济活跃度不足是当前我国乡镇产业空心化的主要表现，乡镇一二三产业融合发展的最大瓶颈也在于此。见表 1-5 和表 1-6。

---

　　① 《中国县域统计年鉴（乡镇卷）》从 2018 年版开始没有对全国重点镇、非重点镇、乡、老区乡镇、边区乡镇、民族乡等类型的人口进行分类统计，只有分省统计数据，因此，此处仍然采用《2017 中国县域统计年鉴（乡镇卷）》的数据进行计算整理。

表1-5 全国各类型乡镇经济指标情况（2016年）

乡镇类型	个数	常住人口（万人）	企业实交税金（亿元）	工业企业数（个）	工业总产值（亿元）	规模以上工业企业数（个）	建筑业总产值（亿元）	住宿餐饮企业数（个）	社会消费品零售总额（亿元）	商品交易市场数（个）
全国重点镇	3674	17923	5119	591255	179810	58565	9900	71159	23420	14039
全国非重点镇	17144	60092	11625	1373427	383488	141834	33189	181465	65634	45203
全国乡	11200	16730	1138	180218	39061	17801	2221	31642	9783	12452
全国老区乡镇	7867	21607	2546	397319	110443	41669	9112	59066	19800	16533
全国边区乡镇	634	733	117	5365	1988	749	203	1753	551	488
全国民族乡	988	1373	77	13262	2685	1345	173	3266	680	1183

资料来源：《2017中国县域统计年鉴（乡镇卷）》，中国统计出版社，2018年版。

表1-6 全国各类型乡镇经济指标均值情况（2016年）

乡镇类型	每个乡镇企业实交税金平均值（亿元）	乡镇工业企业数平均值（个）	乡镇规模以上企业数平均值（个）	乡镇工业总产值平均值（亿元）	乡镇建筑业平均产值（亿元）	乡镇住宿餐饮企业平均数（个）	社会消费品零售总额平均值（亿元）	乡镇商品交易市场平均数（个）
全国重点镇	1.39	160.93	15.94	48.94	2.69	19.37	6.37	3.82
全国非重点镇	0.68	80.11	8.27	22.37	1.94	10.58	3.83	2.64
全国乡	0.10	16.09	1.59	3.49	0.20	2.83	0.87	1.11
全国老区乡镇	0.32	50.50	5.30	14.04	1.16	7.51	2.52	2.10
全国边区乡镇	0.18	8.46	1.18	3.14	0.32	2.76	0.87	0.77
全国民族乡	0.08	13.42	1.36	2.72	0.18	3.31	0.69	1.20

资料来源：根据表1-5数据计算整理。

第二，乡村人口空心化问题。20世纪90年代初以来，由于农业技术水平的大幅度提高、城乡基础设施差异、城乡居民福利待遇差异、城乡工资效率差异等，我国出现了大规模的农村人口涌向城市的热潮。一批学习能力较强、素质较高，具备一定生产技能的农民基本已经扎根在城市，成为了城市的常住人口；一些技能型大龄农民成为了"候鸟型"群体，过年过节返回农村，平时在城市务工生产生活；选择在县城就近就业的农民属于技能素养较低或者家庭牵挂太重而走不掉的农民群体。根据《2017中国县域统计年鉴（乡镇卷）》数据整理与计算[1]，我国乡镇常住人口 118458 万人，户籍人口 128054 万人，乡镇人口净流出 9596 万人，平均每个乡镇净流出 2312 人，其中全国重点镇平均净流入 122 人，全国非重点镇平均净流出 240 人，全国乡平均流出 240 人，全国老区乡镇平均净流出 379 人，全国边区乡镇平均净流出 14 人，全国民族乡平均净流出 242 人。

国家统计局发布的《2015 年农民工监测调查报告》显示，2011 年以来，我国农民工总量增速下降，但总量仍持续增加，2015 年农民工总量为 2.77 亿人，比 2014 年增加 352 万人，增长 1.3%。从结构上来看，本地农民工 1.0863 亿人，外出农民工 1.6884 亿人，本地农民工占农民工比重为 39.2%。中部地区农民工 0.96 亿人，占比 34.6%，东部地区农民工 1.08 亿人，占比 38.8%，西部农民工 0.74 亿人，占比 26.6%。中部地区城市吸收农民工 0.60 亿人，东部地区城市吸收农民工 1.65 亿人，西部地区城市吸收农民工 0.52 亿人。东部地区有 17.3% 的农民工跨省流动，中部地区有 61.1% 的农民工跨省流动，西部地区有 53.5% 的农民工跨省流动。外出农民工队伍中，有 1.12 亿人流入地级以上城市，占 66.3%，其中 8.6% 的农民工流入直辖市，跨省流动农民工队伍中有 80% 流入地级以上城市，省内流动农民工队伍中有 54.6% 流入地市级以上城市[2]，见图 1-1。由此可见，我国乡村地区的人口空心化特征非常明显，本土精英人才流失比较严重，中青年人口基本都偏向于涌入县城以上城市定居或候鸟式涌入东中部城市，留在本地乡镇务工创业者极少。如何留住本土人才的同时，吸引外来人才，在稳定本土人力资源存量的同时，逐步增加人力资源流量是乡村振兴的关键，只有人丁兴旺，乡镇建设和乡村振兴才会有实质性的进展。

第三，解决乡村发展的文化空心化问题。2013 年，习近平同志在《中央城镇化工作会议》发出号召"让居民望得见山、看得见水、记得住乡愁"。"乡愁"就是乡土文化，是农耕文明，是中华传统文化的重要基因组，有了乡村文化振兴才有完整的乡村振兴。最近几年国家非常重视对传统村落的保护，但是传统村落消失的步伐并没有停下来，随着城市化进展的加快、工业文明对农耕文明的冲击、都市文化对乡土文明的渗透和侵袭，乡村文化传承与创新面临严峻挑战。一是乡村文化的生存环境发生较大变化，特有的乡村景观急剧减少。传统乡村文化的乡愁气息在逐渐消失，"小桥流水人家""采菊东篱下，悠然见

---

① 《中国县域统计年鉴（乡镇卷）》从 2018 年版开始没有对全国重点镇、非重点镇、乡、老区乡镇、边区乡镇、民族乡等类型的人口进行分类统计，只有分省统计数据，因此，此处仍然采用《2017 中国县域统计年鉴（乡镇卷）》的数据进行计算整理。

② 资料来自国家统计局 2016 年 4 月 28 日发布的《2015 年农民工监测调查报告》。

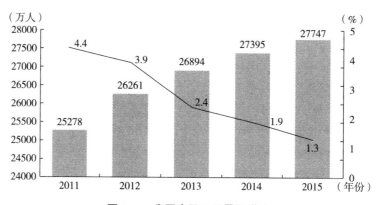

图 1-1　我国农民工总量及增速

资料来源：国家统计局发布的《2015年农民工监测调查报告》。

南山"的温馨宁静乡景逐步退出了人们的视线。乡村原有的农田、山水、青石板、吊脚楼也在慢慢改变，鸡舍、池塘、庭院等农村特有的景观并非随处可见，恰恰是挖掘机施工现场和轰鸣声成为常态。其中既有主观原因，又有客观原因，部分外出务工人员赚钱之后，首先想到的是回家修房子、买房子，赚钱多的在省城或县城买房，脱离农村生活，赚钱少的在乡镇和乡村修房，乡镇和农村的房子越修越高、越修越多，但"乡愁感"却越来越少。此外，资本下乡"圈地"现象越来越普遍，别墅区、商品性建筑的修建不断出现，乡村标志性的传统建筑、传统村落不断丧失。中国传统村落每天消失1.6个，最近15年，传统村落已经锐减了92万个①。二是传统乡村文化伦理价值体系正在瓦解。农村居民外出务工与返乡，不仅带回了物质价值观，也带回了大城市的商业意识、市场经济意识和都市生活文化观，这些思想对农村传统的伦理价值产生了极大的冲击。传统的乡村文化是"生的亲不如住的邻"的邻里价值体系和熟人社会价值体系，是重义轻利的价值观。传统乡村价值体系中，邻里乡亲盛行换工和帮工，谁家红白喜事，大家都去帮忙，不收取分毫，谁家农忙季节忙不过来，大家相互换工，礼来我往。但现在的乡村社会盛行市场经济规则，不论大小事情，都是劳务关系，支付工资，人情味淡了，邻里乡亲之间的串门也减少了。过年过节，乡村人潮涌动不是聚众赌博娱乐，就是耍手机的"低头一族"，唠家常、讲人情故事和乡村文化的少了。三是乡村青壮年人力资源长期的净流出，乡村文化传承出现断层。乡村优秀传统文化能持续几千年，其中最大的保障是文化传承主体相对稳定，但如今乡村的青壮年大量流入城市，定居城市，每年"候鸟"式

---

① 胡彬彬、李向军、王晓波：《中国传统村落蓝皮书》，社会科学文献出版社，2017年版。

地返回家乡，他们对乡村文化的认识和理解出现偏差，传承意识已经丧失。青少年一代接受教育时期，能进县城就不待在乡下中学，能进省城读书就不愿留在县城，老一代的文化传承，不论是言传身教，还是口口相传都面临主体缺失的问题。

综上所述，乡村振兴需要解决产业发展、人口流动和文化传承三大根本性问题。近几年来，在新型城镇化战略的推动下，我国乡村在基础设施、公共服务资源均等化方面已经取得了不错的成效，在产业发展、乡村土地流转方面也推出了很多创新性的制度供给，而特色小镇是城乡融合发展的"牛鼻子"，是城乡一体化发展的重要抓手，是解决乡村产业发展、人口流动、文化传承问题的试验田，将为我国美丽乡村、田园综合体建设打下坚实基础。

（三）特色小镇是后扶贫时期稳定减贫的实践路径

改革开放以来，我国的小城镇建设发展与国家扶贫战略的实施自始至终都是联系在一起的，密不可分，其中也有很多经验值得归纳总结。一是农村经济体制改革背景下的贫困瞄准阶段（1978~1984年）：集市活跃和乡镇企业的兴起。中华人民共和国成立以后，我国经济发展的重点是工业和城市，此时显著的二元经济结构导致广大农村地区处于生存贫困阶段。1978年，农村家庭承包责任制改革以后，农民的生产积极性和生产效率大幅度提高，乡镇企业得到快速发展，农村集贸市场开始活跃起来。1978年到1985年，我国贫困人口从2.5亿减少到1.25亿，减少了一半。在此过程中，小城镇成为农产品和手工艺品交易的主要场域，推动了农村地区部分人"先富起来"，解决了农村部分家庭的生存问题。二是以贫困县瞄准为重点的开发式扶贫阶段（1985~2000年）：乡镇公共服务和基建的辐射带动。国家层面成立了扶贫工作机构，以贫困县为瞄准对象，扶贫理念由广普式扶贫向区域性扶贫转变，扶贫资金重点投向贫困县。2000年底，我国贫困人口减少至3000万人左右，相比1985年，减少了约1亿贫困人口，农村贫困发生率大幅度下降，约为3%，"八七"扶贫攻坚目标基本实现。在扶贫过程中，大量的资金和政策落在了贫困县乡镇地区的基础建设和产业项目上，小城镇发挥了重要的节点和辐射作用。三是以贫困村和连片特困地区为重点的开发式扶贫阶段（2000~2013年）：农村剩余劳动力的就业转移安置。2001年开始，国家扶贫政策开始以村为单位进行瞄准，将全国14.81万个贫困村作为扶贫对象，整村推进。主要模式有劳动力转移培训、产业化扶贫等。截至2010年，我国农村贫困人口减少至2688万（2010年的1274元贫困标准），农村贫困人口占比下降至2.8%。2011年，国家制定了《中国农村扶贫开发纲要（2011-2020年）》，将全国11个集中连片特殊困难地区和西藏、四省藏区、新疆南疆四地州3个实施特殊政策的地区作为扶贫攻坚的主战场。在扶贫过程中，小城镇是农村剩余劳动力转移的重点区域，尤其是离土不离乡的就业转移。四是精准扶贫阶段（2013年之后）：产业带动和社会资本引进。2013年11月，习近平同志在湘西十八洞考察时首次提出精准扶贫概念，并提出切勿好高骛远，要因地制宜，实事求是的扶贫方略。2014年12月，国开发办〔2014〕30号文件《关于印发〈建立精准扶贫工作机制实施方案〉的通知》提出精准识别、精准帮扶、精准管理和精准考核的目标要求。2015年6月，习近平同志在贵阳召开七省市一把手座谈会，提出扶持对象精准、项目安排精准、资金使用精准、措施到户精准、因村派人精准、脱贫成效精准六个精准概念。2015年11月，习近平同志在中央扶贫开发工作会议上提出精准扶贫中"扶持谁""谁来扶""怎么扶"三大核心问题。至此，国家精准扶贫战略成体系、分层次、有步骤、讲效率地全面实施。2017年6月，习近平同志在山西太原市召开的深度贫困地区脱贫攻坚座谈会上提出打好深度贫困地区脱贫攻坚这场硬仗。2017年10月，党的十九大报告提出深入实施东西部扶贫协作，重点攻克深度贫困地区脱贫任务，解决区域性整体贫困，做到脱真贫、真脱贫。2018年2月，习近平同志在四川成都市主持召开打好精准脱贫攻坚战座谈会上提出脱贫攻坚面临的困难挑战依然巨大，形式主义、官僚主义、弄虚作假、急躁和厌战情绪以及消极腐败现象仍然存在，确定将2018年作为脱贫攻坚作风建设年（见表1-7）。在此过程中，乡镇干部驻村蹲守指导是扶贫攻坚的重要保障，其中乡镇镇域经济的产业选择、市场培育、引资环境打造是精准扶贫战略的"前线阵地"。

"后扶贫"时期需要特色小城镇的建设和发展来解决扶贫攻坚的遗留问题。按照国家扶贫攻坚时间表，2020年我国农村贫困人口将全部实现脱贫，贫困县全部摘帽，当前已经处于扶贫攻坚的最后一公里，但这一公里全部是深度贫困群众、极端贫困群体，是最难啃的硬骨头。贫困问题的原因是多元化的，既有就业创业环境不佳的原因，又有自身努力不足的问题；既有生存技能素质不高的原因，又有"等、要、靠"依赖思想的问题；既有扶贫干部激情丧失的原因，又有贪腐思想作祟的问题。在此背景下，通过新型城镇化，尤其是特色小镇建设的方式，带动本土居民就业创业，激发扶贫干部激情，是实现脱贫的一种有益的尝试：一是特色小镇的建设能改善农村交通、水电、互联网、邮政、教育、医院等基础设施水平，改善农村居民的生存环境和创业环境；二是特色小镇的建设必然会吸引资本、项目下乡，有力推动本土居民就业，尤其是旅游类特色小镇，能有效带动住宿、餐饮、交通、商贸等行业的发展；三是特色小镇建设带来的生活宜居、环境优美、产业兴旺能有效激发驻村干部的工作热情，变被动工作为主动作为，促进扶贫攻坚与特色小镇建设融为一体，协同推进。

"后扶贫"时期需要特色小镇缓解"城市贫民窟"和城市贫困问题。"后扶贫"时期的主要矛盾不是解决绝对贫困，而是相对贫困问题，具体区域不再局限在农村地区，而是延伸至城市地区。特色小镇和美丽乡村建设的实施改善了农民的宜居环境，也增强了宜商宜业的市场环境，这无疑会增加乡村居民在就业、投资、财产性收益回报方面的机会，均衡了城市居民和农村居民的差别，甚至部分农村地区可能会出现逆转，农民比市民更容易创业和就业，有利于缓解相对贫困问题。此外，大城市的"贫民窟"将成为"后扶贫"时期的重要问题，外出多年的务工群体，已经习惯了城市的生活，但是城市高昂的房价、教育费用让他们难以真正融入城市，他们是城市的边缘群体、弱势群体和贫困群体。告老还乡和落叶归根是他们的愿望，但他们又不愿意再回到农村，因此，特色小镇的建设和发展是他们最好的归属。

表 1-7　精准扶贫重要政策历程一览表

时间	政策名称	主要内容
2013 年 11 月 3 日	习近平总书记在湘西土家族苗族自治州花垣县排碧乡十八洞村考察时的讲话	首次提出了"精准扶贫"，提出扶贫要实事求是，因地制宜。要精准扶贫，切忌喊口号，也不要定好高骛远的目标
2014 年 5 月 12 日	《关于印发〈建立精准扶贫工作机制实施方案〉的通知》（国开发办〔2014〕30 号）	提出通过对贫困户和贫困村精准识别、精准帮扶、精准管理和精准考核，引导各类扶贫资源优化配置，实现扶贫到村到户，逐步构建精准扶贫工作长效机制，为科学扶贫奠定坚实基础
2015 年 6 月 18 日	习近平总书记在贵州召集 7 省市"一把手"谈扶贫的工作座谈会的讲话	提出扶贫开发贵在精准，重在精准，成败之举在于精准。各地都要在扶持对象精准、项目安排精准、资金使用精准、措施到户精准、因村派人（第一书记）精准、脱贫成效精准上想办法、出实招、见真效
2015 年 11 月 29 日	习近平总书记在中央扶贫开发工作会议上的讲话	要坚持精准扶贫、精准脱贫，重在提高脱贫攻坚成效。关键是要找准路子、构建好的体制机制，在精准施策上出实招、在精准推进上下实功、在精准落地上见实效。要解决好"扶持谁""谁来扶""怎么扶"三大问题

续表

时间	政策名称	主要内容
2017 年 6 月 25 日	习近平在山西太原市召开的深度贫困地区脱贫攻坚座谈会上的讲话	现有贫困大多集中在深度贫困地区。这些地区多是革命老区、民族地区、边疆地区，基础设施和社会事业发展滞后，社会文明程度较低，生态环境脆弱，自然灾害频发，贫困人口占比和贫困发生率高，人均可支配收入低，集体经济薄弱，脱贫任务重，越往后脱贫成本越高、难度越大。脱贫攻坚本来就是一场硬仗，深度贫困地区脱贫攻坚更是这场硬仗中的硬仗，必须给予更加集中的支持，采取更加有效的举措，开展更加有力的工作
2017 年 10 月 18 日	党的十九大报告	要动员全党全国全社会力量，坚持精准扶贫、精准脱贫，坚持中央统筹省负总责市县抓落实的工作机制，强化党政一把手负总责的责任制，坚持大扶贫格局，注重扶贫同扶志、扶智相结合，深入实施东西部扶贫协作，重点攻克深度贫困地区脱贫任务，确保到二〇二〇年我国现行标准下农村贫困人口实现脱贫，贫困县全部摘帽，解决区域性整体贫困，做到脱真贫、真脱贫
2018 年 2 月 12 日	习近平总书记在四川成都市主持召开打好精准脱贫攻坚战座谈会上的讲话	脱贫攻坚面临的困难挑战依然巨大，需要解决的突出问题依然不少。今后 3 年要实现脱贫 3000 多万人，压力不小，难度不小，而且越往后遇到的越是难啃的硬骨头。脱贫攻坚工作中的形式主义、官僚主义、弄虚作假、急躁和厌战情绪以及消极腐败现象仍然存在，有的还很严重

（四）特色小镇是农村新经济业态培育的前沿阵地

党的十九大报告提出，我国经济正处在转变发展方式、优化经济结构、转换增长动力的攻关期。要着力构建市场机制有效、微观主体有活力、宏观调控有度的经济体制，不断增强我国经济创新力和竞争力。我国经济转型重在发展方式的转变，强调从粗放型经济向集约型经济转变，从资源依赖型经济向技术和资本密集型经济转变，从传统经济业态向新兴经济业态转变。2013～2017 年，我国 GDP 保持 7.1% 的年均增长率，2018 年同比增长 6.6%，但经济下行的压力仍然严峻，如何确保经济转型过程有高质量的较快发展，新发展模式、新发展路径、新经济增长点值得探索。乡镇经济是辐射广大农村地区和农民群体的基本单元，是我国区域经济发展的"细胞"组织，它在经济转型和新经济业态培育方面的进展直接影响我国乡村振兴的进程，特色小镇是乡镇体系中的独特单元，是带动我国农村地区发展方式转变的关键区域。

一是通过特色小镇建设促进资源枯竭型城镇产业转型。2013 年，国务院印发的《全国资源型城市可持续发展规划》明确地将全国 262 个资源型城市划分为成长型、成熟型、衰退型、再生型四种类型，并提出统筹协调、分类指导的政策设计。2019 年，国家发展和改革委员会印发的《独立工矿区改造搬迁工程总体实施方案》进一步明确了资源枯竭型城市的工作任务。2008 年以来，国家财政对资源枯竭型城镇加大了支持力度，截至 2019 年上半年，69 个资源枯竭型城市累计获得财政转移支付 1800 亿元，在城市转型发展方面也取得了一定的成效，70%的地区完成了棚户区改造，惠及 750 万人，城镇居民收入增长 2.7 倍，财政收入增长 4.8 倍，资源枯竭带来的历史遗留问题基本得到解决①。产业方面的转型发展初见成效，多数枯竭型城镇对矿产资源的依赖逐年下降，产业结构向多元化发展。

经过十多年的艰苦努力，资源枯竭型地区的产业转型取得了不错的阶段性成果，他们有的自我革命、自我转型创新、摒弃对自然资源的依赖、培育新兴主导产业、大力发展绿色产业、围绕生态转型开展环境治理，有的甚至在破旧矿区的基础上重新建立国家级高新产业园区，实现了凤凰涅槃，重拾产业辉煌。如鄂尔多斯，曾经的煤炭产业占 GDP 总量的 70%，煤炭经济带来了巨额财富，鼎盛时期号称人均 GDP 超过中国香港。2011 年，煤炭量价狂跌，鄂尔多斯房地产烂尾楼频现，债务纠纷不断，一夜之间神话破碎。近年来，通过装备制造业的发展带动，依靠引进高新技术产业和其他非煤产业的加快发展，逐步实现了由资源依赖型向资本技术密集型生产的转变。如陕北神木，同样依靠优质的煤炭资源，一度让神木成为了陕西十强县和中国百强县，并率先建立免费医疗教育等公共服务系统。但随着煤炭资源的枯竭，单一的产业无法支撑区域经济的发展，财政收入急剧下降，目前，神木县也开始积极寻求产业转型。此外，如甘肃玉门的石油产业、湖北黄石的金矿和铁矿产业、云南东川的铜矿产业等都曾鼎盛一时，如今都面临艰难的转型。贵州的万山汞矿区，鼎盛时期为国家做了巨大贡献，偿还了苏联外债，也曾经是职工就业和当地居民心中的"香饽饽"，2001 年因资源枯竭而关闭。2009 年以来，经过 10 余年的转型发展，如今，万山矿区打造成了国家 4A 级景区、国家级特色小镇，成为集旅游、影视、休闲避暑于一体的知名旅游景点，实现了华丽变身（见表 1-8）。

---

① 《中国的 262 个城市，该如何摆脱这个诅咒?》，中国新闻网，http://www.chinanews.com/gn/2019/07-14/8894236.shtml，2019 年 7 月 14 日。

表1-8 我国部分资源枯竭型城市一览表

首批 12 座 （2008 年）	第二批 32 座 （2009 年）	第三批 25 座 （2012 年）	参照享受资源 枯竭城市政策 9 座
辽宁：阜新市、盘锦市 吉林：辽源市、白山市 黑龙江：伊春市、大兴安岭地区 江西：萍乡市 河南：焦作市 湖北：大冶市 云南：个旧市 甘肃：白银市 宁夏回族自治区：石嘴山市	河北：下花园区、鹰手营子矿区 山西：孝义市 内蒙古自治区：阿尔山市 辽宁：抚顺市、北票市、弓长岭区、杨家杖子开发区、南票区 吉林：舒兰市、九台市、敦化市 黑龙江：七台河市、五大连池市 安徽：淮北市、铜陵市 江西：景德镇市 山东：枣庄市 河南：灵宝市 湖北：黄石市、潜江市、钟祥市 湖南：资兴市、冷水江市、耒阳市 广西壮族自治区：合山市 重庆：万盛区 四川：华蓥市 贵州：万山特区 云南：东川区 陕西：铜川市 甘肃：玉门市	河北：井陉矿区 山西：霍州市 内蒙古自治区：乌海市、石拐区 吉林：二道江区、汪清县 黑龙江：鹤岗市、双鸭山市 江苏：贾汪区 江西：新余市、大余县 山东：新泰市、淄川区 河南：濮阳市 湖北：松滋市 湖南：涟源市、常宁市 广东：韶关市 广西壮族自治区：平桂管理区 海南：昌江县 重庆：南川区 四川：泸州市 云南：易门县 陕西：潼关县 甘肃：红古区	内蒙古自治区：牙克石市、额尔古纳市、根河市、鄂伦春旗、扎兰屯市 黑龙江：逊克县、爱辉区、嘉荫县、铁力市

资料来源：根据国家发展和改革委员会官方公布资料统计。

　　二是通过特色小镇引领农村电商互联网新经济业态发展。近年来，电商经济、互联网经济等新业态已经渗透到乡镇地区和农村地区，成为乡镇乡村经济的新亮点，据国家商务部官方公布数据，我国 2018 年农村网络零售额达到 1.37 万亿元，同比增长 30.4%；全国农产品网络零售额达到 2305 亿元，同比增长 33.8%[①]。产

① 《2018 年全国农村网络零售额达 1.37 万亿元》，新华网，http://www.xinhuanet.com//2019-02/21/c_1124147457.htm，2019 年 2 月 21 日。

品范围不局限于农副产品，在线旅游也成了农村电商的新增长点。根据智研咨询网的预测，2020 年，我国农村电商市场规模将达到 16860 亿元，见图 1-2。2014~2016 年，全国共创建了 496 个电子商务进农村综合示范县，东部 368 个，西部 128 个。2016 年，国家级贫困县借助阿里零售平台，完成销售 215.56 亿元[①]。典型模式有浙江遂昌的"特色小镇+农村电商"模式、浙江临安的"线上线下，一带一馆电商"模式、浙江丽水的"区域电商服务孵化器电商"模式、陕西武功的"买西北、卖全国"模式、甘肃成县的"农户+网商"模式、重庆秀山的"互联网+三农"模式。这些农村电商模式在带动就业、促进农民增收、助推乡镇经济发展等方面起到了示范和引领作用（见表 1-9）。当前，我国经济处于新常态发展的关键时期，新产业、新业态、新模式成为推动我国经济转型发展的主要动力，确保国民经济稳中趋缓，缓中向好的发展态势。特色农业、乡村旅游等借助电商平台有效推进乡村经济的绿色化、低碳化、高效化发展，是乡镇经济转型升级和跨越式发展的捷径，也是乡镇经济的未来趋势，特色小镇建设，尤其是电商小镇、互联网特色小镇的建设和发展是引领农村新经济业态的龙头。

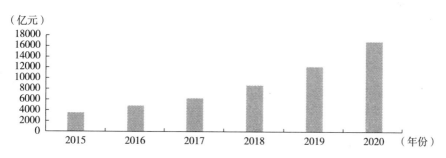

图 1-2　我国农村电商市场规模预测

资料来源：智研咨询网发布的《2017-2022 年中国农产品电子商务市场研究及投资前景预测报告》。

表 1-9　中国农村电商典型模式

地区	电商模式	主要特点	市场规模
浙江遂昌	特色小镇+农村电商模式	电子商务综合服务商+网商+传统产业	2015 年已拥有网店超过了 1500 家，年销售额可达 1.1 亿~1.2 亿元[②]

---

① 智研咨询网发布的《2017-2022 年中国农产品电子商务市场研究及投资前景预测报告》。

② 《打造农村电商小镇　开创新"遂昌模式"》，中国国际电子商务网，http://www.ec.com.cn/article/qyds/zj/201805/28702_1.html，2018 年 5 月 28 日。

续表

地区	电商模式	主要特点	市场规模
浙江临安	线上线下，一带一馆电商模式	线上线下相互配合齐头并进，"一带一馆+微临安"	2017年共交易39万余笔，实现销售额5349万元，组织培训活动1000余场、3万人次，带动就业1.5万余人①
浙江丽水	区域电商服务孵化器电商模式	打造区域电商服务中心，帮助电商企业做好配套服务，让电商企业顺利孵化成长壮大	建成淘宝村15个，有5个县入选"全国电商百佳县"；全市共开办网店1万多家，从业人员近3万人，截至2016年10月，累计电子商务销售总额86.1亿元②
陕西武功	"买西北、卖全国"的模式	将武功打造成为陕西农村电子商务人才培训地、农村电子商务企业聚集地、农产品物流集散地	全县电商日成交量超万单，日交易额达100多万元；10余家快递公司先后落地，农村电商试点在14个村全面启动，带动全县农产品销售额达3.6亿元③
甘肃成县	农户+网商模式	爆品路线+政府营销。先用成县核桃打响知名度，再带动"成县紫皮大蒜""成县土蜂蜜""成县巴马香猪肉""成县手工挂面"等农特产品走向热销。政府带头，乡村干部齐上阵，用微信、微博等工具进行营销	建成县、乡两级网货供应平台26家，17个镇级电子商务服务站和167个村级电子商务服务点，累计销售总额达10.47亿元④
重庆秀山	"互联网+三农"模式	销售与产品开发并重，开发茶叶、柑橘、土猪、土鸡蛋等电商农特产品，以及民族民间手工艺品等电商产品，充分发挥好对其他产业的带动、促进作用。做大特色农产品电商基地，不断提升"边城故事""武陵遗风"品牌文化、产品包装水平和市场占有率⑤	2016年，全县电商交易额、网络零售额、农产品电商销售额分别实现68.6亿元、12.4亿元、5.6亿元

---

① 《"临安模式"入选中国农村电商11大成功模式》，省商务厅政务网，http://www.zcom. gov.cn/art/2018/7/3/art_1384592_19290526.html，2018年7月3日。

② 《丽水建成浙江"独一份"的农村电商创新发展示范区》，浙商网，http://biz.zjol.com.cn/sys-tem/2016/11/28/021382611.shtml，2016年11月28日。

③ 《"西北电商第一县"——崛起中的武功电商》，陕西网，https://baijiahao.baidu.com/s? id = 1562775989426558&wfr=spider&for=pc，2017年3月24日。

④ 《砥砺前行的五年，成县电商探索之路》，搜狐财经，http://www.sohu.com/a/1962 85992_693217，2017年10月4日。

⑤ 《秀山县将扩大农村电商影响力》，新华网，http://www.cq.xin huanet.com/2018－01/30/c_1122338882.htm，2018年1月30日。

（五）特色小镇是村镇系统生态文明建设的示范区

良好的生态环境是乡镇和农村地区优越于城市的主要体现，也是特色小镇的核心竞争力。通过特色小镇的示范引领，可以有效带动乡村地区生态系统的有序运行，以及生态文明观念的树立。早在 2005 年，习近平同志考察浙江省安吉县余村时就提出："小镇过去讲既要绿水青山，又要金山银山，实际上绿水青山就是金山银山。"2005 年，习近平同志在《浙江日报》发表评论文章指出"如果能够把生态环境优势转化为生态农业、生态工业、生态旅游等生态经济的优势，那么绿水青山也就变成了金山银山"。2006 年 3 月，习近平同志发文论述了实践中人们对"两山"之间关系认识的三个阶段。2013 年 9 月，习近平同志在哈萨克斯坦纳扎尔巴耶夫大学发表演讲时提出："我们既要绿水青山，也要金山银山。宁要绿水青山，不要金山银山，而且绿水青山就是金山银山。"2015 年 3 月，《关于加快推进生态文明建设的意见》正式把"坚持绿水青山就是金山银山"写进中央文件。至此，"两山"理论成为国家发展战略。

山水林田湖草生命共同体理论系统阐述了村镇生态系统中的逻辑规律。习近平同志在关于《中共中央关于全面深化改革若干重大问题的决定》的讲话中指出："山水林田湖是一个生命共同体，人的命脉在田，田的命脉在水，水的命脉在山，山的命脉在土，土的命脉在树。用途管制和生态修复必须遵循自然规律，如果种树的只管种树、治水的只管治水、护田的单纯护田，很容易顾此失彼，最终造成生态的系统性破坏。由一个部门负责领土范围内所有国土空间用途管制职责，对山水林田湖进行统一保护、统一修复是十分必要的。"国土资源部、环境保护部、财政部《关于推进山水林田湖生态保护修复工作的通知》（财建〔2016〕725 号）提出山水林田湖生态保护修复是破解生态环境难题、贯彻绿色发展、生态文明建设的必然要求。一是要实施矿山环境治理恢复，二是推进土地整治和污染修复，三是开展生物多样性保护，四是推动流域水环境保护治理，五是全方位系统综合治理修复，并从中央财政中安排资金给予奖补。2017 年，中央全面深化改革领导小组第三十七次会议上审议通过，将"草"加入到"山水林田湖"系统中，形成"山水林田湖草"生命共同体的完整理论体系。党的十八大以来，习近平同志 60 多次谈到生态环境保护问题，形成了若干重大论断和指导思想。如习近平同志在世界环境日讲道"环境就是民生，青山就是美丽，蓝天也是幸福。要像保护眼睛一样保护生态环境，像对待生命一样对待生态环境"。在海南考察时，习近平同志提出"良好生态环境是最公平的公共产品，是最普惠的民生福祉"。在亚太经济合作组织（APEC）欢迎宴会上，习近平同志致辞"希望北京乃至全中国蓝天常在、青山常在、绿水常在，让孩子们都生活在良好的生态环境之中，这也是中国梦中很重要的内容"。在重庆调研时，习近平同志提出："保护好三峡库区和长江母亲河，事关重庆长远发展，事关国家发展全局。要深入实施'蓝天、碧水、宁静、绿地、田园'环保行动。建设长江上游重要生态屏障，推动城乡自然资本加快增值，使重庆成为山清水秀美丽之地。"在武汉主持的深入推动长江经济带发展座谈会上，习近平同志提出："把修复长江生态环境摆在压倒性位置，共抓大保护、不搞大开发，努力把长江经济带建设成为生态更优美、交通更顺畅、经济更协调、市场更统一、机制更科学的黄金经济带，探索出一条生态优先、绿色发展新路子。"见表1-10。

乡镇和农村是"两山"理论和山水林田湖草生命共同体践行的主要区域，更是生态环境保护与建设的核心载体。通过特色小镇的建设，将生产—生活—生态融为一体，可以为绿色中国，美丽乡村的全面推进起到重要示范和引领作用。

表1-10　习近平总书记有关生态文明理论的重要讲话精神

理论体系	主要内容	时间
两山理论	习近平同志在浙江省安吉县余村考察时提出：小镇过去讲既要绿水青山，又要金山银山，实际上绿水青山就是金山银山	2005.8
两山理论	习近平同志在《浙江日报》发表评论：如果能够把生态环境优势转化为生态农业、生态工业、生态旅游等生态经济的优势，那么绿水青山也就变成了金山银山	2005.8
	习近平同志发文阐述绿"两山"关系的三个阶段：第一个阶段是用绿水青山去换金山银山，一味索取资源。第二个阶段是既要金山银山，但是也要保住绿水青山，这时候经济发展和资源匮乏、环境恶化之间的矛盾开始凸显出来，人们意识到环境是小镇生存发展的根本，要留得青山在，才能有柴烧。第三个阶段是认识到绿水青山可以源源不断地带来金山银山，绿水青山本身就是金山银山	2006.3
	习近平同志在哈萨克斯坦纳扎尔巴耶夫大学发表演讲时提出：小镇既要绿水青山，也要金山银山。宁要绿水青山，不要金山银山，而且绿水青山就是金山银山	2013.9
	《关于加快推进生态文明建设的意见》正式把"坚持绿水青山就是金山银山"写进中央文件	2015.3

续表

理论体系	主要内容	时间
山水林田湖草理论	习近平同志关于《中共中央关于全面深化改革若干重大问题的决定》的讲话：山水林田湖是一个生命共同体，人的命脉在田，田的命脉在水，水的命脉在山，山的命脉在土，土的命脉在树。用途管制和生态修复必须遵循自然规律，如果种树的只管种树、治水的只管治水、护田的单纯护田，很容易顾此失彼，最终造成生态的系统性破坏。由一个部门负责领土范围内所有国土空间用途管制职责，对山水林田湖进行统一保护、统一修复是十分必要的	2013.11
	党的十八届五中全会提出，实施山水林田湖生态保护和修复工程，筑牢生态安全屏障。《生态文明体制改革总体方案》要求整合财政资金推进山水林田湖生态修复工程	2015.10
	《中共中央关于制定国民经济和社会发展第十三个五年规划的建议》指出：要筑牢生态安全屏障。坚持保护优先、自然恢复为主，实施山水林田湖生态保护和修复工程，构建生态廊道和生物多样性保护网络，全面提升森林、河湖、湿地、草原、海洋等自然生态系统稳定性和生态服务功能	2015.11
	《关于推进山水林田湖生态保护修复工作的通知》提出：坚持尊重自然、顺应自然、保护自然，以"山水林田湖是一个生命共同体"的重要理念指导开展工作，充分集成整合资金政策，对山上山下、地上地下、陆地海洋以及流域上下游进行整体保护、系统修复、综合治理，真正改变治山、治水、护田各自为战的工作格局	2016.9
	中央全面深化改革领导小组第三十七次会议上审议通过：此前"山水林田湖"的提法，加入了"草"，指出"山水林田湖草是一个生命共同体"	2017.7
习近平同志关于生态文明建设的系列讲话精神	习近平同志在参加首都义务植树活动时指出：森林是陆地生态系统的主体和重要资源，是人类生存发展的重要生态保障	2013.4
	习近平同志在海南考察时的讲话：良好生态环境是最公平的公共产品，是最普惠的民生福祉	2013.4
	习近平同志在主持十八届中央政治局第六次集体学习时的讲话要点：生态环境保护是功在当代、利在千秋的事业。要正确处理好经济发展同生态环境保护的关系，牢固树立保护生态环境就是保护生产力、改善生态环境就是发展生产力的理念，更加自觉地推动绿色发展、循环发展、低碳发展，决不以牺牲环境为代价去换取一时的经济增长	2013.5
	习近平同志致生态文明贵阳国际论坛2013年年会的贺信：保护生态环境，应对气候变化，维护能源资源安全，是全球面临的共同挑战。中国将继续承担应尽的国际义务，同世界各国深入开展生态文明领域的交流合作，推动成果分享，携手共建生态良好的地球美好家园	2013.7

续表

理论体系	主要内容	时间
习近平同志关于生态文明建设的系列讲话精神	习近平同志在 APEC 欢迎宴会上的致辞：希望蓝天常在、青山常在、绿水常在，让孩子们都生活在良好的生态环境之中，这也是中国梦中很重要的内容	2014.1
	习近平同志考察云南的重要讲话：良好的生态环境始终是小镇的宝贵财富。小镇应着眼于长远利益和可持续发展，像保护眼睛一样保护生态环境，像对待生命一样对待生态环境，保护好我国重要的生物多样性宝库和西南生态安全屏障，为子孙后代留下可持续发展的"绿色银行"，争当生态文明建设的排头兵	2015.1
	习近平同志在重庆调研时的讲话：要深入实施"蓝天、碧水、宁静、绿地、田园"环保行动。保护好三峡库区和长江母亲河，事关重庆长远发展，事关国家发展全局，要建设长江上游重要生态屏障，推动城乡自然资本加快增值，使重庆成为山清水秀美丽之地	2016.1
	习近平同志在青海考察时重要讲话：尊重自然、顺应自然、保护自然。处理好资源开发利用和生态环境保护的关系，要坚持保护优先、生态优先，在保护生态环境的前提下搞好开发利用	2016.8
	习近平同志在深入推动长江经济带发展座谈会上的讲话：长江是中华民族的母亲河，也是中华民族发展的重要支撑；推动长江经济带发展必须从中华民族长远利益考虑，把修复长江生态环境摆在压倒性位置，共抓大保护、不搞大开发，努力把长江经济带建设成为生态更优美、交通更顺畅、经济更协调、市场更统一、机制更科学的黄金经济带，探索出一条生态优先、绿色发展新路子	2018.4

二、全国特色小镇建设的总体特征

特色小镇最早于 2014 年在浙江杭州云栖小镇被首次提出，经过住房和城乡建设部等三部门的推荐，这种新型的小区域特色城镇化发展模式一时红遍全国，得到国家主要领导人的肯定与批示，成为新型城镇化建设的"新风向"。

(一) 特色小镇的总体概况

2016 年 10 月，住房和城乡建设部公布了第一批国家特色小镇名单，共计

127 个，2017 年 8 月，住房和城乡建设部公布了第二批名单，共计 276 个，两批
特色小镇合计 403 个。具体情况如表 1-11 所示。东部地区、中部地区、西部地
区分别有特色小镇 174 个、86 个、143 个，占全国的比重分别为 43.18%、
21.34%、35.48%。其中东部地区平均每个省有 13.38 个特色小镇，最多的省份
浙江省 23 个，占全国特色小镇总量的 5.71%，占东部地区总量的 13.22%。中
部地区平均每个省有 14.33 个特色小镇，最多的两个省为湖南省和湖北省，均
为 16 个，占全国的 3.97%，合计占中部地区的 37.2%。西部地区平均每个省有
11 个，其中四川省独占 20 个，占全国的 4.96%，占西部地区总量的 13.99%。
整体上，我国特色小镇呈现"东多西少，南多北少"的特点。

表 1-11　全国特色小镇基本概况

地区	省份（兵团）	第一批（个）	第二批（个）	总计（个）	占全国比重（%）
东部地区	北京市	3	4	7	1.74
	天津市	2	3	5	1.24
	河北省	4	8	12	2.98
	辽宁省	4	9	13	3.23
	吉林省	3	6	9	2.23
	黑龙江省	3	8	11	2.73
	上海市	3	6	9	2.23
	江苏省	7	15	22	5.46
	浙江省	8	15	23	5.71
	福建省	5	9	14	3.47
	广东省	6	14	20	4.96
	山东省	7	15	22	5.46
	海南省	2	5	7	1.74
	东部合计	57	117	174	43.18
中部地区	山西省	3	9	12	2.98
	江西省	4	8	12	2.98
	河南省	4	11	15	3.72
	湖北省	5	11	16	3.97
	湖南省	5	11	16	3.97
	安徽省	5	10	15	3.72
	中部合计	26	60	86	21.34

续表

地区	省份（兵团）	第一批（个）	第二批（个）	总计（个）	占全国比重（%）
西部地区	广西壮族自治区	4	10	14	3.47
	内蒙古自治区	3	9	12	2.98
	重庆市	4	9	13	3.23
	四川省	7	13	20	4.96
	贵州省	5	10	15	3.72
	云南省	3	10	13	3.23
	西藏自治区	2	5	7	1.74
	陕西省	5	9	14	3.47
	甘肃省	3	5	8	1.99
	青海省	2	4	6	1.49
	宁夏回族自治区	2	5	7	1.74
	新疆维吾尔自治区	3	7	10	2.48
	新疆生产建设兵团	1	3	4	0.99
	西部合计	44	99	143	35.48
全国		127	276	403	100

资料来源：根据住房和城乡建设部公布的国家特色小镇名录整理。

（二）第一批国家特色小镇的特征分析

第一批国家特色小镇共入选 127 个，共同特点是产业基础相对较好，有一定的历史传承。GDP 产出最高的小镇主要聚集在沿海经济发达地区，中西部的部分特色小镇的 GDP 产出也很大，比如贵州省遵义市仁怀市茅台镇（402 亿元）、湖北省襄阳市枣阳市吴店镇（200 亿元）、山西省吕梁市汾阳市杏花村镇（151 亿元）、四川省南充市西充县多扶镇（101 亿元）、湖南省长沙市浏阳市大瑶镇（99 亿元）等。127 个特色小镇在入选之前获得的国家级称号达到 241 项，省级称号达到 175 项，平均每个镇获得省部级以上称号达到 3.28 项。其中有 87 个镇是国家级重点镇，35 个镇是全国特色景观旅游名镇（住房和城乡建设部与原国家旅游局组织评选），24 个镇是中国历史文化名镇（住房和城乡建设部与原国家文物局组织评选），33 个镇是全国环境优美乡镇（原环境保护部组织评选）。40% 的特色小镇辖区内有国家级传统村落，81% 的特色小镇有美丽宜居村庄（住房和城乡建设部组织评选）。入选的特色小镇，不仅产业有特色，乡村风貌和历史文化也有可圈可点之处。

从主导产业来看，第一批国家特色小镇以旅游为主导产业的占 57%，其中历史文化类旅游占 36%，生态休闲类旅游占 21%；以农业为主导产业的特色小镇占 13%；以历史经典和工业为主导类型的占比均达到 10%；其余产业类型的占比则都小于 5%。可见，首批特色小镇主要以旅游类为主，在缓解大城市人口和产业压力方面的意义体现尚不充分，在本身产业特色性和产业带动性方面的潜力挖掘还不够深入。

从自然地理条件来看，第一批国家特色小镇的主要类型有平原型、丘陵型和山地型，其中东部地区多平原型特色小镇，长江流域多丘陵型特色小镇，东南沿海和中西部地区多山地特色小镇，三种类型的数量分析比较均衡。从每平方千米的 GDP 产值分布来看，经济密度较高的地区主要分布在浙江、福建、广东、山东、辽宁等沿海城市。经济密度较低的地区主要分布在内蒙古自治区、新疆维吾尔自治区、西藏自治区、云南、黑龙江等西部、东北等边疆地区。

从区位位置来看，特色小镇的类型主要有城市近郊型、城市远郊型、农业地区型。其中城市远郊型数量最少，城市近郊型次之，农业地区型特色小镇数量最多，区域分布上，城市近郊型特色小镇分布在南方的较多，农业地区型分布在北方的较多。通过经济密度的比较可发现，城市近郊型特色小镇的经济密度明显高于其他两个类型，城市远郊型和农业地区型特色小镇的经济密度没有明显区别。

从就业特征来看，特色小镇的就业差距较大，环渤海、珠三角、长三角、云贵川地区的特色小镇就业带动能力很强，西北地区、东北地区、中原地区的特色小镇就业带动能力偏弱，其中提供就业岗位最大的特色小镇广东佛山市顺德区北滘镇能提供超过 18 万人的就业岗位，但青海省的乌兰县茶卡镇仅提供 1000 人左右的就业岗位。全国第一批特色小镇的平均提供就业岗位数为 26624 个，平均带动周边地区人口就业 10385 人。在就业行业产业中，主导产业吸收人数占全部就业人数的比例约为 48%，其中山东、浙江、上海等地区特色小镇的主导产业带动性比较明显。其他特色小镇的主导产业主导型不明显。

从人口分布来看，特色小镇人口规模没用明显的区外分异现象，同一区域有人口规模较大的特色小镇，也有人口规模较小的类型。东部地区最大的特色小镇浙江省柳市镇人口超过 16 万，人口最少的特色小镇广东省回龙镇仅 888 人。西部地区人口最多的新疆生产建设兵团北泉镇有接近 10 万人，而西藏自治区吞巴镇仅 300 人。

从镇域面积来看,第一批国家特色小镇的镇域面积分布呈现"西大东小,北大南小"的特点。东北、新疆维吾尔自治区、西藏自治区、湖北等地区的镇域面积比较大,东部沿海、湖南、江西等地区的特色小镇镇域面积较小。城镇建成区面积的情况呈相反的特征,第一批特色小镇的建成区面积平均为244平方米,但环渤海湾地区和长三角的上海、浙江地区城镇建成区面积较小,中原地区、西部地区的特色小镇普遍城镇建成区面积较少,建成区面积最大的天津市中塘镇有56平方千米。

国家特色小镇的功能类型见图1-3。

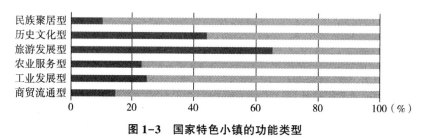

图1-3 国家特色小镇的功能类型

(三) 第二批国家特色小镇的特征分析

基于首批特色小镇存在的问题,《住房城乡建设部办公厅关于做好第二批全国特色小镇推荐工作的通知》特别强调特色小镇应实施并储备一批质量高、带动性强的产业项目,并明确以旅游文化产业为主导的特色小镇推荐比例不超过1/3。2017年,国家住房和城乡建设部公布的第二批国家特色小镇总计276个,分布在全国31个省(市)区,浙江、江苏、山东三省入选较多,天津和新疆建设兵团数量较少。受国家政策引导,以旅游产业为主导的特色小镇占比下降至28%,未超过1/3;以农业、工业为主导的特色小镇占比明显上升;支柱产业呈现多元化,出现体育小镇、乐商小镇、田园小镇等特色小镇,产业分布更为均衡,更具特色性和多元化。

从地理特征来看,第二批特色小镇中的平原型小镇比重较高,达到了40%,山区型小镇占比25%,丘陵型小镇占比33%。从区位特征来看,第二批特色小镇中的农业地区型占比为49%,城市近郊型为30%,城市远郊型为21%。从功能类型来看,第二批特色小镇中的旅游发展型比重有所下降,历史文化型特色小镇下降到34%,工业型、农业型、商贸流通型特色小镇比重均有所上升。从荣誉称号来看,第二批国家特色小镇中有国家级重点镇160个,有全国美丽宜居小镇 52 个，有全国特色景观旅游名镇 35 个，有中国历史文化名镇 35 个，有新型城镇化试点镇 35 个，有财政部、住房和城乡建设部建制镇试点示范 14 个，各类荣誉称号总计达到 331 个。从文化传承来看，第二批国家特色小镇中有 104 个具有国家级非物质文化遗产，有 158 个特色小镇具有省级非物质文化遗产，有 175 个具有地市级非物质文化遗产。具有非物质文化遗产传承的特色小镇比重达到 82%。从经济指标来看，第二批特色小镇平均 GDP 为 37.4 亿元，低于第一批特色小镇的平均值。此外产值规模的区域差异仍然较大，200 亿元以上的小镇主要分布在长三角、环渤海地区，也有个别小镇分布在西部、中部地区。如内蒙古自治区鄂尔多斯罕台镇的地区生产总值达到 434 亿元，重庆龙水镇产值也高达 100 亿元。人均收入方面，第二批特色小镇城镇居民收入平均值为 2.68 万元，收入最高的为天津大王古庄镇 9 万元，最低的是青海官亭镇 3825 元。农民人均纯收入平均值为 1.59 万元，最大值是吉林二道白河镇 73998 元，最低值是青海官亭镇 4382 元。主导产业及就业方面，第二批国家特色小镇主导产业产值为 1.42 万亿元，平均值为 52 亿元，其中中位数为 9.5 亿元，产值最高的是上海安亭镇 1041 亿元。主导产业吸收就业，平均每个特色小镇能提供 12906 个岗位，最大值是广西校椅镇 168622 个。镇域人口规模方面，第二批国家特色小镇人口规模平均为 5.63 万人，最大值是广东佛山乐从镇 31.13 万人，最小值是西藏自治区八嘎乡 1690 人。特色小镇建成区面积最大值是广东佛山西樵镇 6316 公顷，最小值是新疆维吾尔自治区托里镇 0.78 公顷，平均建成区面积为 641 公顷[①]。第二批国家特色小镇类型比例图与第二批国家特色小镇的荣誉称号情况分别见图 1-4、图 1-5。

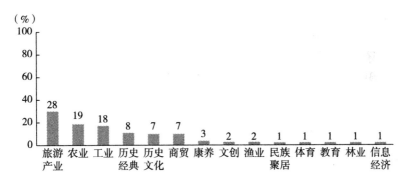

图 1-4　第二批国家特色小镇类型比例图

资料来源：新土地旅游规划信息中心。

---

① 《全国第二批 276 个特色小镇特征分析》，http://www.360doc.com/content/18/0329/20/4045508 2_741344820.shtml，2018 年 3 月 29 日。

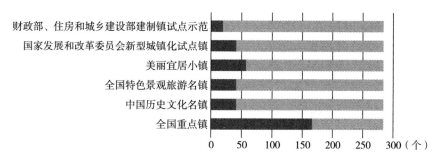

财政部、住房和城乡建设部建制镇试点示范
国家发展和改革委员会新型城镇化试点镇
美丽宜居小镇
全国特色景观旅游名镇
中国历史文化名镇
全国重点镇

0　50　100　150　200　250　300（个）

图1-5　第二批国家特色小镇的荣誉称号情况

（四）特色小镇建设的未来趋势

2016年以来，特色小镇在全国范围内遍地开花，引领了新型城镇化的时代潮流，从当前政府、企业、小镇本身的发展态势，对我国特色小镇未来发展趋势做如下预判：

一是产业立镇是根本，政府和社会资本合作（PPP）融资成主流。强化产业、弱化旅游、多元发展是第二批国家特色小镇的主要特征，也将是未来后续批次国家级特色小镇遴选的主要导向。立足资源禀赋、区位环境、历史文化、产业聚集等特色，构建特色优势主导产业，在差异定位和领域细分中构建小城镇大产业的格局，或成为特色小镇未来发展趋势之一。根据住房和城乡建设部的规划，到2020年，将培育1000个左右各具特色的小镇，总投资将超过万亿元。全国各地政府也相应出台特色小镇建设规划，预计到2020年，省部级以上特色小镇总计建成2000个左右，按照浙江省特色小镇的投入强度计算，至少要投入10万亿元，按照全国已经建成的特色小镇的投资规模估算，总投资至少在5万亿元以上。根据已建小镇的基建投资占比估算，"十三五"期间，特色小镇基建投资将近1.4万亿元。资金来源包括中央财政补贴、地方政府补贴、社会资本等方面，但考虑到部分特色小镇当地财政收入有限，支柱产业发展不清晰，为了打造特色产业，需要较大的投资，因此，引入社会资本将是一个必然的选择。目前，"特色小镇"的开发主要有三种模式：政府主导、企业主导和政企合营的PPP模式。虽然目前仍由政府主导，但在未来，PPP模式或成为特色小镇的主流经营方式。PPP模式是将政府的部分职权通过特许经营权的方式转移给社会主体，政府与社会主体建立起"利益共享、风险共担、全程合作"的共同体关系，在这一关系中，政府减轻了自身的财政负担，社会主体降低了投资风险。据统计，第一批127个特色小镇中，有52%的小镇开展了PPP项目，有

73%的小镇政府已购买了市场化服务①。可见，已经有较多的特色小镇开始采用PPP模式开展建设，相信未来将有更多的小镇采用该模式投资项目。

二是纵向延伸产业链，跨界融合成趋势。依托"特色产业"，纵向从产业生产到产业应用和产业服务延伸，横向三产和二产的融合发展，亦是未来特色小镇发展趋势之一。另外在产业融合发展的大背景下，跨界融合已经成为产业发展的新常态。如湖北浠水镇"核心景区+汽车营地+体育运动休闲"、苏州市七都镇"国学+音乐"、茂名市沙琅镇"有机龟养殖+生物科技产业+物联网产业"等的特色发展模式。未来的特色小镇强调以特色产业为主、以旅游产业为辅、以生态环境为补。特色产业纵向延伸，横向打造小镇产业生态系统；通过旅游产业吸引大量外来游客聚集，从而形成大量的复合消费；人口的聚集产生生产、生活、休闲、娱乐等多种需求，由此形成一个跨界融合的产业业态环境，促进各种产业的形成和融合。2000多个特色小镇建设空间巨大，特色小镇开发运营过程中，基建、房地产、园林、旅游、零售、物流等企业将纷纷参与其中，产业融合发展注定是未来的主要趋势。

三是宜居宜业兼生态，城乡融合成趋势。打造宜居宜业环境，辐射带动乡村地区发展是未来特色小镇发展主要趋势。特色小镇的建设需要兼顾产业化、城镇化、生态化、建设宜产、宜居的特色区域，辐射带动周边地区发展，与我国乡村振兴战略形成同频共振。将农业与生态休闲结合起来，打造集农业、文创、旅游、生态休闲为一体的田园综合体和绿色经济产业链，或将成为未来以"农业"为主导的特色小镇发展趋势之一。如上海崇明东平镇"光明食品农创+崇明生态森林+农垦风情风貌"的特色小镇定位，湖北仙桃市彭场镇以"田园文化"为主建设的"田园小镇"，形成"农业+文创+生态+旅游"的田园综合体发展模式。此外，"健康中国"已上升为国家战略，在惠及全人群的基础上，积极突出应对老龄化及老年人健康问题特色小镇建设进入快速推进阶段，将成为新型城镇化在新时期、"新常态"下的"新举措、新模式"。

三、特色小镇建设的同质化现象

特色小镇作为我国新型城镇化建设的创新模式，是我国城镇化和美丽乡村

---

① 参见2017年6月8日国金证券有关"特色小镇"的专题报告。

建设的改革之窗和风口之路。近年来,特色小镇建设风靡全国,但也呈现一些弊病,如一些地方显现出"一哄而上"的运动化潮流,出现了千篇一律的同质化建设等现象。与此同时,特色小镇建成之后的可持续运营风险、社会资本下乡"圈地"、房地产企业入驻"圈利"等现象不同程度地存在。当前,多数特色小镇建设的政府债务风险在可控范围之内,但区域差异明显,总体上,东部地区特色小镇建设模式比较成熟,市场机制发挥了较大作用,政府承担的风险较少,但中西部地区的市场活跃程度不高,特色小镇建设推进较慢,部分地方为加快推进,政府融资量较大,远远超过了财政收入,举债风险不可轻视。上述现象已经引起了国家和社会各界的关注,住房和城乡建设部原副部长刘志峰指出特色小镇建设需要降降温,重复、交叉、同质化问题比较严重①。2017年3月,《人民日报》发文指出:中西部一些地区既没有产业群,也不具备投资基础,却去凭空打造"特色小镇",甚至还下达硬指标和硬任务②。本书在大量调研的基础上,将聚焦点放在特色小镇的重复建设和同质化问题方面,主要从产业、产品、建筑风格、经营模式等方面分析特色小镇的同质化风险。

(一) 产品生产泛化导致产业发展千篇一律

产品的泛化意味着缺乏特色,缺乏特色意味着容易被别人模仿,模仿过多必然形成千篇一律的同质化竞争。特色小镇的产品泛化主要体现在"有产品,无市场""泛产品、小市场"两个方面。

一是"有产品,无市场"现象。产业发展是特色小镇成功的关键,市场是检验产业的唯一标准。特色产业以"特"为宗旨,有产品还需有市场。"政府引导+市场主体"的经营模式是东部地区特色小镇成功的主要经验。但广大中西部地区在建设特色小镇的过程中,仍然沿用传统的政府大包大揽的模式,部分地区采用了PPP模式,但实际上政府仍然承担着主体责任风险。政府在产业选择上往往没有企业的敏锐性,企业最了解市场需要什么、市场商机是什么、"春江水暖鸭先知",政府主导来决定产品生产和产业定位容易导致定位不准,重复建设。例如,一些地方以领导意志代替经济规律,在缺乏市场调查和充分论证的情况下,盲目确定支柱产业,投入巨资建设特色小镇,待建成之后发现周边地

① 冯蕾:《警惕特色小镇成房地产开发》,《光明日报》,2017年6月24日第2版。
② 王慧敏:《中西部有些地区凭空打造特色小镇,甚至下了硬指标》,《人民日报》,2017年3月30日第3版。

区类似的产业项目很多，但为时已晚，只能将错就错。与此同时，一些地方政府在重大决策方面不谨慎、热情高、风险意识不强，在投融资方面，一些地方政府包揽了企业本该承担的责任和风险，为企业背书；有些地方大量举债，抱着"有债下任还"的心态，大举借债建设特色小镇，产业项目有无市场，市场有多大并无科学的调查，因此积累巨大的财政风险。如西部某省一个国家级贫困县的乡镇举债5亿元，打造一个旅游开发项目，而自身的财政年收入还不到2000万元，结果开工不到五个月，出于多种原因而停工，最终成为了烂尾工程，劳民伤财。2018年9月，《国家发展改革委办公厅关于建立特色小镇和特色小城镇高质量发展机制的通知》明确提出"严防政府债务风险为底线""量力而行，使特色小镇和特色小城镇建设成为市场主导、自然法则的过程"。总体上，我国东部地区特色小镇建设模式比较成熟，市场机制发挥了较大作用，产业与市场接轨比较紧密，政府承担的风险较少，但中西部地区的市场活跃程度不高，政府介入较多，小镇的产业与市场接轨不太紧密，"有产品，无市场"现象较多。

二是"泛产品、小市场"现象。产品指能满足人们某种需求的任何东西，只要能被消费和使用即可认为是产品，但泛化的产品定位难以支撑特色小镇的发展。如一些特色小镇有一定数量的小作坊、个体经营户，他们生产的产品也有地方特色，但是市场规模不大，年总营业额不超过100万元，主要原因在于生产工艺的泛化，缺乏工艺规范和标准，顾客和消费者认可度不高；有些特色小镇具有一定的工艺技艺基础，也具有非物质文化遗产的称号，但生产出来的产品不符合市场的大众需求，只能作为纪念、珍藏之用，或者生产出来的产品缺乏实用功能，只具有文化传承价值，主要原因在于需求定位泛化，没抓住消费者的需求动机；还有一些小镇没有自己的主打产品，盲目跟风，时代流行什么，就生产什么，别人生产什么，它就生产什么，主要原因是本地生产性资源泛化，缺乏特色产品。无特色产品，即使是通过宣传骚动一时，也难以持续，没有人气就没有就业机会和商机，反过来又难以吸引其他企业和产业的形成，最终形成恶性循环。工艺标准的泛化和顾客需求定位的泛化，或者是技术进步不足，或者是产品创意不足，或者是宣传不足，待以时日，或许有浴火重生的一天，但生产性资源的泛化是难以在短期内改变的。诚然，在开放的经济系统里，特色和优势都是相对的，特色小镇的建设发展不是孤立系统，其个性展示是比较而得出的。旅游类特色小镇以"商、养、学、闲、情、奇"为特点，以"吃、住、行、游、购、娱"为主旋律来经营游客，但调查发现，当前我国旅游商品的泛化现象普遍存在。"吃"方面，多数特色小镇没有开发出本地独特的饮食产品系列，部分小镇有一些零零散散的本地特色小吃或本地菜，更多的饮食商品是家常菜和普遍性的小吃，一些特色小镇美其名曰"某某香肠""某某腊肉""某某凉粉"是本地特色饮食，殊不知周边多数景区都在卖，更甚者，有些贩卖者不是本地人，产品也是从其他地方进货而来，毫无特色而言。"住"方面，多数农旅结合型、商旅结合型特色小镇以小旅馆、客栈为主，客房风格并无特色，甚至出现整个小镇找不到能开出发票的宾馆来①。知名旅游特色小镇情况略好，但是重建、仿建民俗旅馆较多，建筑风格极其相似，部分特色小镇是居民自发的修建行为，但多数是政府规定按照统一色调和规划进行的。这些旅馆除了居住功能之外，多数没有融入本地文化符号，产业"文化化"不足。"行"方面，多数特色小镇交通方式简陋，公交线路不全，的士车辆少，面包车、黑的士成为主要交通工具，甚至需要步行才能走遍全镇。部分知名度较高的旅游类特色小镇有旅游观光车和游览车，也有少数特色小镇引进了"景区火车"交通方式，短期内有创意特色，但模仿之风紧跟不舍。"游"方面，景区项目设计多数相互模仿，玻璃栈道一出现，立马被全国各地所模仿，漂流项目一出现，有河流的景区都开始策划漂流项目，大同小异的影视街、小吃街、步行街普遍存在。"购"方面，旅游纪念品通常是规模化生产，大众化品位，由工厂统一生产，然后分发到各旅游景区，导致大面积的景区都是类似的旅游商品，景区内的整条街都是类似的旅游纪念品，让游客的审美极为疲倦；土特产方面，如牛肉干、腊肉、药材等带有地域特色的产品，由于"流动性商贩"的存在，也逐步失去了地域标签，变成了遍在性商品。"娱"方面，电竞城、儿童游乐城、温泉城等项目曾经带火了一些地方，之后有条件的、没条件的，都创造条件上项目，重复建设严重。产品生产的泛化导致市场越缩越小，消费者对特色小镇的忠诚度和区分度也越来越弱。

（二）文化内核泛化导致建筑风格千镇一面

文化是特色小镇的"标签"，建筑风格是特色小镇文化内涵的外在体现和"名片"，文化内核给游客带来内心的洗涤和感染，建筑风格给游客带来第一印象和感观认识，两者相辅相成，相互支撑。一些特色小镇没有明确的文化内核，

---

① 研究成员在调查过程中，遇到过多次这种情况，整个小镇就没有一家星级以上的宾馆，没有一家宾馆能开出正规打印发票。

或者文化内核泛化，结果导致外在的建筑表现形式"六神无主"，要么"有形无神"。建筑风格包括建筑内容和建筑表现形式。小镇的建筑内容包括道路、店铺、写字楼、居住小区、宾馆、公共设施等方方面面，小镇的建筑表现形式包括建筑的颜色、形状、高矮以及建筑上的文化符号的使用。小镇的建筑风格直接决定了游客的第一印象，对特色小镇的宣传营销、社会知名度产生重要影响。但现实情况表明，我国特色小镇的建设往往忽视建筑风格的打造，并呈现千镇一面的现象：一是非旅游类特色小镇的建筑风格往往向城市看齐，贪大求全，以高楼大厦为荣，有的小镇甚至大拆大建、"鸟枪换炮"，一栋栋"火柴盒"式的建筑如雨后春笋，殊不知这些建筑对游客来说是最没有新意、最单调乏味的建筑形态。二是历史文化背景型的特色小镇，热衷于青砖磁瓦和仿古建筑。一些小镇以修复和还原历史遗迹为目的，但小镇的历史遗址遗迹损坏严重，重修已成困难（比如土司遗址），于是择地重建重修，建筑风格完全依靠模仿和臆想，给人不伦不类的感觉。三是民族文化背景的特色小镇热衷于民族风格。一些小镇重建吊脚楼，修旧如旧，墙体统一装修，重新粉刷，真真假假，让游客无所适从，有些小镇将街道店铺门窗、墙壁、屋顶统一格调，店铺货架、牌匾也一模一样，给人一种走错店的感觉，来也匆匆，去也匆匆。

（三）经营理念泛化导致建设模式如出一辙

经营模式是企业对市场做出反应的一种范式，这种范式会因为消费者和游客的不同而有所不同。调查表明，我国特色小镇在经营模式、盈利模式、运作模式方面趋同化明显，一些地方政府和企业热衷于带队到国内外学习经营模式和运作模式，回来后就开始依葫芦画瓢建设特色小镇，这种方式是导致经营模式同质化的重要原因。如何定位特色小镇的经营模式和运作模式，不仅是学习借鉴先进经验，更应该广泛地调查市场和游客需求，而不能仅依靠参观、座谈、学习等"偷懒"的方式。近年来，我国的玻璃栈道、漂流、缆车、温泉等项目遍地开花，基本上，有自然山体的特色小镇都开发有玻璃栈道、缆车等旅游项目；有自然水体的特色小镇都建设有漂流、泳池、垂钓等项目。没有自然资源的地区，就仿建、重建古城或古镇，"制造"步行商业街，做商业地产。"娱乐"项目方面，歌吧、迪吧、酒吧林立，但效果还不如大街上的"坝坝舞"和大妈的"广场舞"。一些特色小镇开发企业跨行经营，从原来做汽车、做零售、做物流、做地产转行进入特色小镇领域后，没有成熟的经验，没有专业技术团队，有些是为了拿地，有些是为了获取税收减免优惠政策。拿到特色小镇开发项目之后，到处观摩学习、剽窃抄袭，短时间内就形成了一套经营模式和盈利模式，其实质上是抄袭和模仿，毫无创意。

宜业与宜居是特色小镇的两大重要功能，国家发展和改革委员会、住房和城乡建设部设计特色小镇的初衷是先有产业支撑，吸引人口，并通过产业集聚带动小镇的建设发展，由此推动小镇走向良性循环。但在现实中，一些地方政府先规划建设小镇，欲通过小镇来吸引产业和人口，但是产业发展具有不确定性，存在风险。一些地方政府追求政绩，好大喜功，放松了对房地产开发的监管，导致有些企业挂羊皮卖狗肉，借特色小镇建设之名，变相地搞房地产开发。有些企业以圈地为目的，产业及相关配套缺乏。导致某些入驻企业演变成了"假产业，真地产"，或者"小产业，大地产"，给特色小镇建设带来巨大的风险。特色小镇是新生事物，入驻特色小镇的企业往往是半路出家，有的从房地产企业直接转行做特色小镇，擅长于房地产开发与营销，但对特色小镇的内涵和理念缺乏深刻认识，产业运营能力不足，生态环境意识不强，容易导致把特色小镇项目等同于房地产开发项目。诚然，特色小镇离不开房地产，但是如果小镇没有明确且有特色的产业支撑，只有房地产的重复建设，那特色小镇将毫无疑问会变成"空城"和"鬼城"。特色小镇成功的关键是可持续运营，已有的两批次特色小镇在运营中存在如下普遍性问题：定位不准，运营泛化。一些特色小镇功能单一化，或做成旅游景区，或做成产业园区，忽视了特色小镇的综合功能；一些特色小镇将其做成一般意义上的小城镇建设，将有限的资源扩投至几十平方千米的空间范围，走上了大城市"摊大饼"式、粗放式发展的老路，运营泛化不可持续。个别地方出现了盲目跟风、快马加鞭推进项目，将特色小镇演变成了运动化的政绩工程，导致特色小镇建设失去了特色、丢掉了质量、东施效颦、特色不明。一些小镇学习其他地方的先进经验，甚至照搬照抄其运营模式，而对自身的资源特色挖掘不足，对所处的经济和区位环境判断不准，无中生有地设计一些无基础、无资源、无市场的"三无"项目，导致项目建成之后就陷入冷清，无法实现持续盈利。

从实践观察来看，重复建设和同质化问题是特色小镇"运动化""快速化"推进的产物，它与创意人才缺乏、团队抄袭模仿、企业急功近利等因素密切相关，对特色小镇的持续发展、健康发展带来后遗症。如图1-6所示。

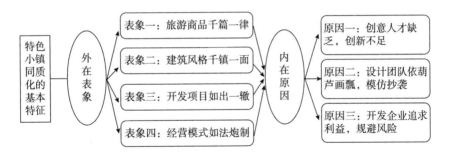

图 1-6　特色小镇同质化建设的基本特征

第二章　国内外学术史梳理与理论构建

　　西方有关城镇问题的研究较早，但19世纪以前的研究比较零散，系统研究城镇问题的著述不多，如柏拉图（Platon）在研究社会经济结构问题时涉及过城镇规模问题，亚当·斯密（1776）在分工理论中涉及了城镇功能问题，杜能（Von Thunen，1826）在古典农业区位理论研究中涉及城镇区位问题。真正成体系的城镇研究在20世纪以后，胡佛（Edgar M. Hoover）和弗农（Raymond Vernon）的《都市解析》（1959）拉开了城市经济学研究的序幕①。阿朗索（Alonso）的专著《区位与土地利用》（1964）对城镇经济活动主体（家庭与企业）的区位选择展开了研究，尤其是对城市土地价格和市场的形成进行了比较系统的分析。汤普森（Wilbur Thompson）的《城市经济学导论》对城市的起源、产生与发展展开了深入研究，学界普遍认为该著作的面世标志城市经济学的诞生②。巴顿的《城市经济学》（1976）、山田浩之地的《城市经济学》（1977）、沃纳·赫希的《城市经济学》（1984）完善了城市经济学的基本框架。

　　国外有关小城镇和特色小镇的研究主要有田园城市理论、卫星城市理论、城乡关系理论等。霍华德（Howard，1898）针对英国快速城市化所出现的交通拥堵、环境恶化以及农民大量涌入大城市的城市病提出田园城市理论③，标志着"现代城镇规划的开端"。尤威利（Unwin，1912）、塔罗（Graham Taylor，1915）将其发展为卫星城理论，④提出应在大城市郊区建立卫星般的小城市，解决大城市人口过密带来的弊病。城乡关系理论认为城乡关系来源于两者之间的差异性和互补性，人口持续向城市迁移导致城市土地价格上涨，这可能抑制农村人口向城市迁移的积极性。发展城乡关系需要承认城市与农村是利益共同体，应该将发达地区的活力和积极作用扩散到其腹地，并减轻发达地区对其腹地产生的

　　① 李青：《管视西方城市经济学和城市地理学研究的流变》，《城市问题》，2001年第4期，第8—11页。

　　② 王明浩、高微：《城市经济学理论与发展》，《城市》，2003年第1期，第15—23页。

　　③ ［英］埃比尼泽·霍华德：《明日的田园城市》，金经元译，商务印书馆，2010年版。

　　④ 1915年美国学者G. 泰勒（Graham Taylor）在《卫星城镇》一书中第一次正式使用"卫星城"这一概念；1922年恩维（R. Unwin）出版《卫星城镇的建设》，正式提出卫星城概念。

不利影响（Brueckner, Zenou, 1999; Potter, 2004; Kunz, 2000; Ndegwa, 2005）。

国内小城镇研究和新型城镇化的研究比较多，但特色小镇概念的提出还是近几年的事，相关的研究范式和理论构建还处在摸索阶段。

一、研究现状与动态

（一）国外研究现状与动态

西方城镇理论主要有三个流派，分别是马克思主义城市理论、主流经济学城镇理论、保守主义经济学城镇理论。马克思主义城市理论学派的代表人物有保罗·巴兰（Paul Baran）和保罗·斯威齐（Paul Sweezy），代表作有《垄断资本主义》（1996）。该学派认为阶级矛盾发生地主要是城市，城市阶级矛盾不可避免，社会主义革命必然会发生。1970年以后，马克思主义城市理论学派开始注重政府与城市阶级矛盾的作用。如城市中的产业投资转移问题，城市产业结构转向问题，城市建设中的土地利用问题（Richard Child Hill; Mattew Edel 等）。主流经济学城镇理论注重研究城市经济运行规律，主要采用效用最大化理论、成本收益理论等分析城镇资源的稀缺性。认为城镇资源的配置应由市场来主导，政府采取必要的干预。保守主义经济学城镇理论认为政府政策不能提高居民和个人的自由，政府的功能是提供纯公共产品。代表人物有哈耶克（Friedman A. Hayek）、科斯（Ronald Coase）、弗里德曼（Milton Friedman）、斯蒂格勒（George Stigler）等。从具体研究内容来看，国外相关研究主要集中在以下几个领域：

一是城镇区位理论研究。该理论很重视城镇土地的利用和区位，认为土地是城镇经济活动的关键因素。如果经济活动遵循凸性技术函数，任何产品都能以相同成本在资源均匀分布的地域上进行生产，那么土地特征完全可以忽略不计。但是技术的非凸性特征使经济活动非均匀分布，区位问题成为了重要的研究课题。阿朗索（Alonso W., 1964）是城镇区位理论研究的先驱代表，提出了城镇土地市场模型。该模型假设城镇是一个均质的无特征的平原，区位就是到市中心的直线距离情况，家庭对区位和消费约束的选择是一个静态的效用最大化模型。他认为在竞争性的土地市场中，家庭为得到土地而展开竞争，土地会卖给出价最高者，土地竞租函数类似于"价格无差异曲线"，存在一组互不相交的竞租函数，其效用水平和竞租水平呈反向关系。家庭的效用水平和竞租水平高低取决于其他竞租者的竞争程度①。米尔斯（1967）、摩特（1969）提出了与阿朗索模型相关的区位模型，不同的是土地变量变成了住房变量。认为家庭对土地的需求是一种派生需求，住房需要土地和其他要素投入，家庭对土地的需求取决于家庭对住房的偏好和住房生产函数的特征。迪萨尔欧（DeSalvo，1977）针对米尔斯—摩特模型进行了比较静态分析。企业区位选择理论认为企业不仅考虑运输成本，也考虑集聚效益，距离中心商务区越近的土地竞价就越激烈，价格也越高，土地租金随着距离而逐渐下降。企业面临便宜的土地和中心商务区的集聚效益而权衡，会选择土地租金等于土地边际产出价值的距离，租金梯度理论描述了这一现象②。艾萨德（W. Israd，1975）考察了城市商务地租问题，认为商务地租取决于四个因素，分别是该区域与潜在消费者的可接近性、该区域与城市中心的有效距离、区域内竞争者数目和竞争程度、区域内同类项目的土地之间接近程度③。米尔斯（Mills）对企业与家庭区位的相互关系进行有益的探索。假设一是企业通过中心商务区输出产品，工人每天乘车上下班。假设二是企业产品输出分散在工人的家庭附近，产品不用送中央商务区，工人不用乘车上班。两种模式下运送工人和运送产品哪个更便宜成了一个有趣的问题，米尔斯认为恰当运送工人比运送产品更便宜时，应该把工厂设计在中央商务区附近，但最近100多年来，运送商品费用较工人搭乘费在持续下降，从而得出就业应该分散的结论。

　　二是城镇规模经济理论研究。城镇规模是西方经济学家非常关注的问题，城镇之间的规模分布，城镇自身规模的选择是影响城镇发展的重要因素。20世纪60年代，"最佳城市规模"问题被提出，一些学者采用集聚经济理论、成本—收益分析等方法展开分析。阿朗索（W. Alonso，1971）用二次函数描述了城市集聚经济与人口之间的二次函数关系，运用成本—收益法分析，认为城市扩张初期的集聚经济促进城市规模的继续扩大，并且带来正外部性，但达到最高值之后，集聚效应下降，带来负外部性，当城市集聚效应与外部性成本之间

---

① Alonso W., *Location and Land Use*, Cambridge：Harvard University Press，1964.

② 埃德温·S. 米尔斯：《区域和城市经济学手册（第二卷）》，郝寿义等译，经济科学出版社，2003年版。

③ 瓦尔特·艾萨德：《区域科学导论》，陈宗兴等译，高等教育出版社，1991年版。

的差最大时，城市最佳规模就出现了①。他构建了一个公共成本、社会成本、个人成本与效益的分析模型，假定城市规模是成本和效益变化的唯一因素，采用经典成本—收益分析曲线进行分析，认为对全社会来讲，边际成本与边际效益曲线的交点是城市最佳规模点，此点之后，规模增加带来的追加成本大于追加效益，如果不加以控制，人口增长将使得平均收益与平均成本相等，现实中的城市规模总是大于最佳规模②。阿朗索的成本—收益分析在具体量度上很难实现，Mills（1967）、De Salvo（1977）、Fujita（1989）等沿着这种思路丰富和发展了该领域的研究。巴顿（K. J. Button）从私人成本收益、城市行政管理、最佳城市工业人口规模三方面分析城市规模问题，但更加注重城市规模与私人成本收益之间的分析③。除了成本—收益分析视角之外，一些学者从最小成本角度展开了研究，如美国的莫里（R. L. Morrill, 1994）在《社会的空间组织》中提出：中等规模城市效益最高，当一个城市人口规模在25万~35万时，就能变得独立、有吸引力、有高质量的公共设施，同时还能规避城市病。波兰学者马列仕在《城市建设经济》（1963）中提出城市"门槛"理论，认为地理环境限制、工程技术限制、城市结构与改造限制共同影响城市往某一方向无限发展，这种限制虽然可以克服，但克服需要增加基建投资，而且不是按照均匀增加成本的方式增长，而是突增。门槛就是这种限制，门槛的服务设施与基建投资是一次性的，跨越门槛之后，居民的边际投资成本才会下降④。苏联经济学家霍列夫（Horev, 1975）提出城市规模的首要因素是城市职能，规模应根据职能来确定，如工业城市的理想规模取决于工业的性质与配套情况，行政管理中心城市的理想规模取决于行政管辖区的服务半径和人口规模，休闲疗养型城市的规模取决于服务人数，职能不同，城市规模也应区别对待。陈洛（Fu-chen Lo, 1978）和萨丽（Kamal Salih, 1978）认为城市最佳规模与城市的机能阶段及规律效率之间存在关系，当城市机能服务农村时期，城市规模与此机能相匹配，当城市机能主要服务于工业制造业、服务业时，最佳城市规模也会有所不同。亨德森（Henderson J. V., 1974）的分析也得出了类似的结论，认为经济外部性与城市内产业集聚相关，外部不经济与城市规模相关，外部经济与外部不经济两种力量之间的差就是城市居民的福利和效用。把不能相互溢出的产业集中在一起不

---

① 金相郁：《最佳城市规模理论与实证分析：以中国三大直辖市为例》，《上海经济研究》，2004年第7期，第35-43页。

② Alonso W. , "The Economics of Urban Size", *Papers of Regional Science Association*, Vol. 26, 1971.

③ Button K. J. , *Urban Economics：Theory and Policy*, London：The Macmillan Press Ltd, 1976.

④ 城镇合理规模课题调研组：《研究城镇合理规模的理论与方法》，南京大学出版社，1986年版。

能产生外部经济，所以城市应该注重那些产生外溢性的产业和部门，随着公司不断迁移到新城区，直到城市规模达到最佳，这一时期各个城市居民的福利具有相同的水平[①]。一些学者从生活质量和人口增长率角度衡量城市规模，如吉布森（J. E. Gibson，1977）认为 3 万人是最适合人类的城镇规模，居民相互的直接交往，环境良好。当城镇规模超过 5 万人之后，居民虽然获得更多的收入和工作，生活更丰富，但精神空虚，对城镇的控制感下降。从自然规模，不考虑经济因素的角度，5 万人以下的城镇规模是最合适的，但从经济因素等其他方面考虑，独立的新建城镇最佳规模为 20 万~200 万人，80 万~120 万人最合适。但自然规模是变化的，生活质量难以测度，因此城镇最佳规模难以准确定量[②]。城市网络理论打破了城镇最佳规模与功能的必然联系，认为物理部门、经济部门、社会部门的相互作用决定了城市最佳规模，高等级城市的体系网络同样极为重要，与城市功能因素一起影响城市规模。罗伯特·卡皮罗（Roberta Capello）、罗伯特·卡马格里（Roberto Camagni）在此基础上提出"有效规模"理论，认为城市的产业特征及其与外界的联系是城市良性发展的重要因素[③]。

三是城市空间结构理论研究。空间结构指要素的有序分布和组合，城市内的各种要素组合有不同的方式，城市的空间形态也多种多样。德国学者 O. 施罗特尔 20 世纪初提出景观学说，认为景观是一个区域结合的外貌单元，具有自然和人文现象，城市空间结构的外在形象包括河流、道路、建筑物等具体内容。城市处在不同发展阶段其土地利用结构和形态是不同的，从外在的景观感研究城市空间结构具有非社会性，缺乏人类活动的观察。美国城市生态学创始人帕克（R. E. Park）、伯吉斯（E. W. Burgess）、麦肯奇（R. D. McKenzie）等从达尔文生物进化论中获得灵感，从城市社会学角度分析城市空间结构，认为城市内部的不同人群和社会集团的竞争性活动导致了城市空间结构的不同，并提出了扇形结构、多核心结构、同心圆结构理论。行为学派批判了生态学方法研究城市结构的僵硬与机械化，认为应更加重视人类主观行为，关注个人行动与空间的关系，通过引入行为学的理论和方法，强调行为决定过程，尤其注重城市居民的迁居行为和购物行为，研究城市的空间组织问题。但这种研究方法只强调主观因素，而忽略了居民活动的客观制约因素。古典区位论学派的代表性人物

---

①　J. V. Henderson，"The Sizes and Types of Cities"，*American Economic Review*，Vol. 64，Issue4，1974.

②　J. E. Gibson，J. D. Palmer，"Designting the New City：A Systematic Approach"，IEEE Transactions on Systems Man and Cybernetics Vol. 8，Issue 4，1978.

③　Roberta Capello，Roberto Camagni，"Beyond Optimal City Size：An Evaluation of Alternative urban Growth Patterns"，*Urban Studies*，Vol. 37，Issue 9，2000.

杜能、韦伯、克利斯特勒、廖什等从农业区位、工业区位、中心地理论、市场区位论等角度解释了城镇空间结构问题。20世纪50年代，阿萨德的区位指向理论、胡弗的区位理论进一步细化了城市空间结构分布问题。结构主义学派强调城市社会的文脉和背景，各种社会制度与城市社会空间结构的相互关系。认为人类行为不是绝对自由的，受到社会制度、政治体制、经济体制的影响。社会阶层的力量比较，社会不平等的政治和经济因素对城市空间结构也会产生重要影响。西方有关城市空间结构的代表性理论主要有伯吉斯的同心圆模式、霍伊特的扇形模式、哈里斯—乌尔曼多中心模式、迪肯森的三地带模式、塔弗的理想城市模式、麦基的殖民化城市模式、罗斯乌穆的区域城市模式、穆勒的大都市结构模式、加纳的商业中心空间模式、赫弗的商业零售引力模式、新城市主义。具体内容见表2-1：

表 2-1　西方学者有关城市空间结构理论和模型

理论与模型	代表性人物	主要观点
同心圆模式	胡尔德、加平、伯吉斯	城市中心呈同心圈层向外延伸，沿交通主干道向两边放射发散；城市地域结构包括中央商务区、居住区和通勤区，城市人口流动有向心、分离、离心、专门化、向心性离心五种作用力对城市空间结构产生影响[1]
扇形模式	霍伊特	城市地价从市中心向外呈现扇形区放射，低地价地区也在一定扇面内从中心向外辐射，其内部地价不随离城市中心的距离而变动；城市的发展从中心沿主干道或阻力最少方向延伸，扇形方向性质一旦确定，其形状不会发生很大变化[2]
多中心模式	哈里斯、乌尔曼多	大城市中除了CBD之外，还有其他中心存在。多核存在的原因有：经济活动的专门性，如工业要求交通便利，零售业要求通达性好；集聚因素；不同经济活动之间的冲突，如工厂与住宅区有利益冲突；某些经济活动负担不起高地价。现代城市由于行业区位、集聚利益、扩散效益、地价房租等原因导致形成多极核心[3]
三地带模式	迪肯森	城市空间结构从市中心向外依次呈现三块区域：中央地带、中间地带、外缘地带（郊区地带）

[1]　R. E. Park, E. W. Burgess and R. D. Mckenige, *The City*, Chicago：University of Press, 1967.

[2]　H. Hoyt, *The Structure and Growth of Residential Neighbourhoods in American Cities*, Washington D. C.：Federal Housing Administration, 1939.

[3]　C. D. Harris, E. L. Ullman, "The Nature of Cities", *Annals of the American Academy of Political Science*, Vol. 242, Issue 1, 1945, 7-17.

续表

理论与模型	代表性人物	主要观点
理想城市模式	塔弗、加纳、迪托斯	城市空间结构包括五个部分：中央商务区，包括银行、金融机构、摩天大楼、百货商场等；中心边缘区，由若干扇面组成，包括工业小区、商业地段和住宅分布区；中间带，具有混合经济活动特征，包括高、中、低三级住宅区，离中央商务区较近的是高密度住宅区；边缘区带为城市新区，分布有服装、纺织、食品、日用化工等轻工业，独栋和连片住宅区、停车场、中级旅游旅馆等分布于此；近郊区，分布有近郊工业、住宅区和农牧区
殖民化城市模式	麦基	东南亚地区的港口城市西化了中央商务区和外围商业区之间的差异，边缘地带的工业区和内城的手工业区域存在明显差异，乡村特征仍然保留在高密度的街道、商店和中产阶级居住区之中
区域城市模式	罗斯乌穆	现代城市结构包括城市核心建成区、城市边缘区、城市影响区、乡村腹地。城市核心建成区包括城市建成区和城市新区范围，该区域没有农业用地；城市边缘区处于城市核心区外围，是郊区城市化区域，它的发展介于城市与乡村之间；城市影响区处于城市边缘区外围，是城市对周边地区的投资区位选择、产品流通、技术转让产业扩散区；乡村腹地位于城市影响区的外围，由系列乡村地区组成，与城市没有明显的内在联系，受多个城市的辐射作用
大都市结构模式	穆勒	大都市地域结构包括四个部分：衰落的中心城市、内郊区、外郊区、城市边缘区。在外郊区形成若干个小城镇，并依据自身的区位和经济活动优势，形成各自独特的城市地域空间
商业中心空间模式	加纳	城市商业中心的空间存在不同等级，门槛最高的经济活动存在于地价峰值区；最高级别的职能部门占据着商业中心核心地段；低级职能部门随着商业中心的级别提高，被排斥到商业中心的边缘；商业中心的典型职能位置按照门槛大小系列排列
商业零售引力模式	赫弗	构建零售引力模型，根据该模型可以比较准确地画出城市商业中心的服务范围，且可以计算各商业中心的营业总额的预测值
新城市主义	卡特茨、杜安利、帕拉特·兹贝克	整体看待区域规划、回归"以人为中心"、尊重历史与自然。旧城复兴，卫星城建设，重构郊区，打造复合型邻里社区；珍存建筑遗产、塑造具有城镇氛围和紧凑的社区；打造公共交通网络道路骨架，减少车流量，增加社区的步行程度；建设高密度住宅区，提高社区居住密度；设计各种类型住宅区，打造集商业、居住、休闲旅游、公共活动于一体的邻里居住社区

资料来源：郑长德、钟海燕：《现代西方城市经济理论》，经济日报出版社，2007年版。

四是城市住房市场理论研究。住房是城市建设的重要内容，与每一位市民息息相关，它占据市民收入支出的很大比例。西方学者主要从供需两方面研究城市住房市场。主要理论有标准住房需求理论、异质住房需求理论、住房需求弹性理论、城市住房供给理论。住房在忽略掉质量因素之后，可以看成是一种同质性商品，租金和住房套数之间可以构建分析框架。对于住房拥有方式的消费者，房屋支出比较难以确定，它是放弃银行利息、房地产税、保险费用、维修和折旧等成本之后的价值总和。对于租用人群来说，租金代表了住房支出[1]。异质性住房需求的研究方法主要是享乐价格分析。兰开斯特（Lancaster，1966）认为所有商品的需求不完全根源于商品本身，而是根源于其体现出来的特征要素。居民购买这些商品时会将其视为一种投入，并转化为某种效用[2]。在享乐价格函数分析中，城市住房变量主要包括区位、结构、邻里属性等方面。城市住房市场享乐价格分析的变量情况见表2-2。

表 2-2 城市住房市场享乐价格分析的变量情况

属性	变量定义
区位 L	到中心商务区（CBD）的便利性；海洋景观；山峰、山谷和高尔夫球场景观；墓地景观；土地使用权
结构 S	实际住房面积；楼层；房间、卧室或浴室的数量；游泳池、健身房等设施；地下室、车库和院子；供水、供热、壁炉；制冷空调；结构质量；住房的新旧程度
邻里 N	环境质量；购物中心；居民的社会经济地位；医院；宗教场所；犯罪场所；交通、机场噪声；林木；学校
因变量	住房价格

资料来源：安虎森：《区域经济学通论》，经济科学出版社，2004年版。

五是城市经济增长研究。经济增长是城市建设和发展的关键因素，科菲尔德（Corfield P. J.，1982）将城市发展对经济的影响总结为六个主要方面：促进农业商品生产、推动建筑等行业的发展、推动交通运输条件改善、促进贸易交流、催生各种中介组织、传播了新的消费理念[3]。莫里斯、罗杰（Morris A. E. J.，Richard Rodger，1972）对英国维多利亚时期各种类型的城市（交通型城市、工业型城市、休闲型城市等）进行了专门的研究，对早期英国城市区域

① 沃纳·赫希：《城市经济学》，刘世庆等译，中国社会科学出版社，1987年版。
② Lancaster K. J.，"A New Approach Consumer Theory"，*Journal of Political Economy*，Vol. 74，Issue 2，1966，132-157.
③ Corfield P. J.，*The Impact of English Towns*1700-1800，Oxford：Oxford University Press，1982.

布局，城市发展动力、城市化发展特征进行系统分析①。海布里（Hembry，P.）分析了英国巴克斯顿、巴斯、坦布里奇韦尔斯、切尔顿海姆等城市的休闲旅游发展，并从区域关系、城镇联系角度探讨了这些特色小城镇城市兴起的意义和原因，认为休闲娱乐等文化因素是早期英国城镇化的重要内容②。索罗（Solow）和斯旺（Swan）建立了新古典经济增长模型，20 世纪 80 年代以后，罗默、卢卡斯等提出"内生经济增长理论"。莫尔（Baumol W. J.）研究了城市经济中基本部门和非基本部门的关系问题，认为两者如不平衡发展，会带来系列问题，非基础部门（服务类）往往由政府部门掌握，主要为内部市场服务，生产率较低，增长空间被限制了；基本部门（外贸）的生产率增长空间大，没有限制。两部门之间的平衡被打破之后没有一种机制能使其恢复平衡③。卡尔多（N. Kaldor，1970）系统研究了城市出口导向问题，认为区域生产和出口有两个重要变量，①外部需求增长率，即外部需求对区域出口的需求增长率；②有效工资变化，即区域相对于其他区域的有效工资变化④。城市基础部门的产业结构对城市持续发展至关重要，城市对外输出产品的收入弹性也影响城市经济发展，当其他区域的收入下降时，产品收入弹性越低越好，当其他区域收入上升时，产品收入弹性越高越好。巴顿（K. J. Button，1984）研究了城市集聚经济效益问题，认为有以下因素影响城市经济效益：①城市的人口规模；②大规模的本地市场；③人口门槛标准；④工业集聚；⑤熟练劳动力的汇集；⑥优秀企业家的汇集；⑦金融和商业机构繁荣；⑧娱乐、社交、教育等基础设施齐全；⑨工商业集中。巴顿的研究既有规模经济的视野，又包括范围经济的思路⑤。

六是城市竞争力理论研究。奇士尔（Paul Cheshire，1998）认为城市竞争力是基于区位、企业优劣势比较下的城市发展能力，在市场完善的情况下，城市之间的优势取决于分工格局，一个城市的竞争力主要体现在关键经济指标上的不均衡发展，这种不均衡相对其他城市而言就是吸引力和竞争力⑥。韦伯斯特

① Morris A. E. J., Richard Rodger, The Victorian City: A Reader in British Urban History 1820-1914, London, 1972.

② Hembry P., "The English Spa 1560-1815: A Social History", The History of the Behavioral Sciences, Vol. 27, Issue 3, 1991, 251-253.

③ Baumol W. J., "Macroeconomics of Unbalanced Growth: The Anatomy of Urban Crisis", American Economic Review, Vol. 57, Issue3, 1997.

④ Kaldor N., "The Case for Regional Policies", Scottish Journal of Political Economy, 1970.

⑤ K. J. 巴顿：《城市经济理论和政策》，商务印书馆，1984 年版。

⑥ Cheshire P., Carbonaro G. and Hay D., "Problems of Urban Decline and Growth in EEC Countries: Or Measuring Degrees of Elephantness", Urban Studies, Vol. 23, Issue 2, 2016, 131-149.

（Douglas Webster，2000）认为城市竞争力主要体现在产品生产和销售能力方面，城市竞争力有四个主要指标，即城市经济结构、城市禀赋、人力资源和制度环境①。波特将国家和城市竞争力定义为生产率，城市竞争力主要体现在其为企业参与外部竞争所提供的有利环境的能力。那么城镇到底竞争什么？如何竞争呢？2001 年亚特兰大召开的城市竞争力会议上，一些学者认为资本、技术和管理专家、新兴产业、通信设备及其服务、产品价格和质量的竞争是城镇之间竞争的主要内容。马库斯（Markusen，1996）认为城市竞争的关键是留住本土人才并吸引更多投资和人才。洛尼·贝达哈（Loleen Berdahl，2002）认为一个城市是否有竞争力，主要体现在以下几个方面：具有较高的生活质量、具有安全可持续的环境、高质量的基础设施和服务、人力资本和知识中心、文化和个性、税率和措施有竞争力。卡斯勒（Kresl，1995）认为高技术、高收入、环境保护性产品和服务、经济增长与就业、城市等级地位等是城市竞争力的主要体现。勒卫登彼（Leo van den berg）和瑞科·彼伦（Erik Braun，1999）认为城市竞争力关键在城市的发展阶段。在发展阶段，城市之间的联系较弱，互补性功能也相对较弱，功能是独立的。在城市郊区化阶段，城市的集聚和区域布局基本形成，城市之间的竞争以及城市与郊区的竞争就比较激烈。在逆城市化阶段，城市之间的竞争进一步加强。随着信息时代的到来，ICT 技术与新技术的结合推动城市的进一步发展，企业区位选择发生变化，地理区位和条件对城市发展的作用发生改变，除了土地价格和可达性之外，生活工作环境、生活质量、文化服务水平和知识获取成为重要的区位选择因素。迈克尔·波特（M. Porter）提出国际竞争力的"钻石"模型，将影响竞争力的因素归纳为六个，即生产要素、需求条件、企业战略、相关和支持性产业、机会因素和政府作用。以该模型为基础，可建立类似的城市竞争力模型，如图 2-1 所示。城市生产要素是发展基础，城市通过集聚人才、投资等生产要素，才能产生和保持自己的竞争力。旺盛的需求是城市保持竞争力的必要条件，城市在不断满足居民和企业的生活生产需求的同时也获得了竞争力。城市间的竞争是城市不断发展、改革创新的动力，发现自身的优势并形成自己的特色，才能形成强大的竞争力。城市定位和城市发展战略是城市发展的方向，清晰的城市定位能有效整合资源，形成城市竞争力，模糊和摇摆不定的城市战略影响资源配置效率和企业居民预期，不利于形成城市竞争力。政府提供公共产品和公共服务，是城市竞争力的重要因素，抓住并

---

① Douglas Webster, Urban Competitive-ness Assessment in Developing Country Ur-banregions: The Road Forward, 2000.

把握发展机遇对城市的发展也是至关重要的①。此外，道格拉斯·韦伯特（Douglas Webster）的城市竞争力模型将城市竞争力的因素归纳为城市经济结构、制度环境、人力资源和城市禀赋。瑞加·林娜玛（Rejia Linnamaa）将城市作为一个整体，提出城市竞争力模型，认为企业、人力资源、基础设施、网络成员、制度和政府网络、生活环境是城市竞争力的主要因素。格娜卫特（Granovetter）等学者提出城市竞争力由场域和城市活动共同决定。场域包括区域形象、人力资源、企业文化、区域禀赋、管治体系等要素，城市活动包括产业结构、招商引资、科技实力、资本存量与增长方面。Degg（1999）通过"投入"和"产出"分析，将城市要素串起来分析城市竞争力问题，认为城市绩效的投入包括自上而下的部门趋势、贸易环境、公司特质、创新和学习能力，产出要素包括就业率、生活水平等。也有学者如索贝诺（Sobruno，2003）采用计量经济学的方法分析城市竞争力，认为城市竞争力的最大体现是工业竞争力，并用城市工业总产值、产值比例、产值增长、人均工业产值等指标进行回归分析。

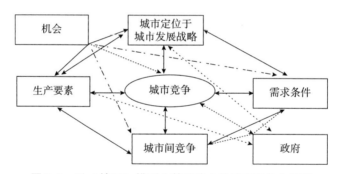

图 2-1 以"钻石"模型为基础建立的城市竞争力模型

七是卫星城研究。卫星城概念第一次出现在美国学者 G. 泰勒所著的《卫星城镇》一书中，他认为在大城市周围和郊区建立小城镇，这类似于宇宙中的小卫星，把工厂和人口从大城市搬迁到那里去，可以解决大城市人口过密的问题。伊利尔·沙里宁提出有机疏散理论，并在 1943 年出版《城市：它的发展、衰败和未来》，系统阐述其理论体系。他以自然界的生物学理论为参照，认为细胞之间的空隙能使有机体不断繁殖与生长，每一个细胞都向邻近空间扩张，空间有机体具有生长的灵活性，同时又能保护有机体。城市是人类创造的有机体，应该按照细胞有机体的规律去建设发展，不能毫无章法地聚集在一起。该理论认为重工业和轻工业应该从城市中分离出去，腾出的土地用于绿地建设，并提供

---

① 郑长德、钟海燕：《现代西方城市经济理论》，经济日报出版社，2007 年版。

必要的居住用地，让城市工作人群就近享受家庭生活。原来拥挤在城市中心的家庭应该疏散到适合居住的新居住区去，一些设施和日常生活部门也需要疏散到新区环境中。这样，原来的人口集中区就分裂成一系列小集镇，彼此之间用绿化带分隔开，从而使城市持续、健康，保持活力。英国人阿伯克隆比 1940 年在大伦敦规划中提出新城理论，该理论出现在了 1946 年英国制定的《新城法》之中。该理论认为，城市格局就像植物生长的"芽"，"芽"与"芽"之间穿插在地里，相互之间有间隔和交通联系，这些"芽"分布在大城市周围，这样可以避免城市的无限往外蔓延，能够像细胞一样形成多中心格局。基于此，阿伯克隆比把伦敦分为四层：核心层、内层、郊区和农业区，其中农业区建立八个分散新城，吸收产业和人口。1993 年，在美国亚历山大召开了"新都市主义代表大会"，标志新都市主义思想的诞生。其具有六个特点：①没有高密度的建筑群，而是底层宽立面的分散建筑；②现代化大楼被绿带环绕；③飞机和汽车是对外的主要交通手段，建筑物之间有多车道和停车场分布；④城市中心地带分布有企业总部、大型商场等核心设施；⑤多数人居住在绿色环绕的别墅区；⑥没有形成一般城市的行政区划。邻里、分区和走廊构成了新都市主义思想的基本要素，紧凑、功能混合、适合步行的邻里、适宜的分区、人和自然的融合一体是未来社区的理想模式。新都市主义提倡应该限制大城市边界，在距离城市中心不远的外围地区建立富有地方特色、有吸引力、有归属感的新兴小城镇来吸引人口，而不是毫无秩序地向郊区扩张城市规模。实践方面，在卫星城理论提出之后，许多国家和地区政府也将卫星城列入城市规划。1924 年，阿姆斯特丹举办的国际会议通过了卫星城的决议，1946 年，英国《新城市法》强调了卫星城建设问题，此后，美国、英国、法国、荷兰、瑞典、日本、芬兰等国家都建立了卫星城镇。卫星城市理论建立以后，西方国家的卫星城建设经历了四个阶段：第一阶段卫星城的主要特征是人口郊区化，第二阶段卫星城的主要特征是产业郊区化，第三阶段是完全独立的卫星城，第四阶段是多中心开放式城市，见表 2-3。发达国家卫星城发展具有如下四个方面的特征：①卫星城是大城市体系中的一个层次，②卫星城的人居环境质量相比中小城镇更为合宜，③卫星城主要沿城市发展轴和交通轴线建设，④卫星城人口规模有门槛值。

表 2-3　卫星城发展历程与演变

名称	人口（万人）	与母城的距离（千米）	卫星城功能	与母城的联通方式
卧城	2~6	10	居住、生活服务	公路主干道

续表

名称	人口（万人）	与母城的距离（千米）	卫星城功能	与母城的联通方式
辅城	8~10	20	居住、生活服务、部分就业	电气化铁路、高速公路
新城	25~40	60~80	居住、就业、服务	铁路、高速公路、公路干线
带城	40~100	80~100	综合功能，如就业、居住、管理、服务等	高速交通系统

资料来源：王圣学：《大城市卫星城研究》，社会科学文献出版社，2008年版。

八是城乡关系问题研究。马克思是研究城乡关系的代表性人物，从时间维度分析了城乡关系的趋势问题，认为城乡对立是城乡关系的基本特征，从城乡对立走向城乡融合需要漫长的历史过程。刘易斯（A. Lewis，1954）从工业部门与农业部门的关系角度提出了二元结构理论，费景汉、拉尼斯（John C. H. Fei and Gustav Ranis，1961）认为刘易斯模型存在两点缺陷，即农业对工业增长的促进作用被忽视了，农业生产率的提高和剩余农业产品的出现是农业劳动力流动的先决因素，因此费景汉—拉尼斯模型在此基础上改进了模型[1]，认为农业劳动力流动过程分三个阶段：第一阶段的特征是农业劳动生产率等于0时的劳动力输出是农村剩余劳动力，是多余的部分；第二阶段的特征是边际生产率大于0但小于制度工资的劳动力输出，这部分是农业伪装失业者；第三阶段的特征是农业劳动的边际价值大于制度工资的劳动输出，这部分的农业劳动是竞争性的产品。20世纪70年代以后，传统的城乡二元结构理论受到了学界的批判，同时也涌现出了各种不同见解的理论模型，利普顿提出了"城市偏向理论"，弗里德曼和道格拉斯提出了乡村城市战略，斯特尔和泰勒提出了"选择性空间封闭"理论，朗迪勒提出"次级城市"战略，安根郎卓提出"城乡融合系统"思想。20世纪90年代以后，城乡关系的核心问题发生改变，协调、绿色、持续发展成了城乡关系的主要挑战，国外学者对城乡生态环境、城乡人口流动、城乡要素联系和"流"的相互作用研究比较多[2]，伊卡洛等（Yikalo et al.，2010）采用CA-Markov模型对葡萄牙塞辛布拉城市的生态系统和土地利用格局的特征和变

---

[1] 杰拉尔德·迈耶，达德利·西尔斯：《发展经济学的先驱》，经济科学出版社，1988年版。

[2] Lynch K., *Rural-Urban Interaction in the Developing World: Perspective on Development*, London: Routledge，2005.

化趋势进行分析①，迪尔（Deal，2005）综合运用 CA 模型和环境影响评价模型等从城乡生态视角进行分析②。索罗（W. J. Serow，1991）等分析了欧洲城市之间、城乡之间的人口变动问题，认为人口流动是各地区人口增长变化的主要原因，人口的自然增长因素不再重要③。哈维（B. Howell，2001）研究了新西兰城乡关系中的网络和数字化问题，结果表明城乡之间存在数字隔离，农业生产率仍然是劳动力流动的关键因素④。贝兹卡等（A. V. Berezkin et al.，1999）以俄国为代表分析了城乡选民分离问题，认为城乡距离是城乡关系的重要因素，地理因素与经济条件对选民模型产生影响⑤。21 世纪以后，西方学者对发展中国家的城乡关系问题研究较多，尤其是从信息、科技、社会、文化角度研究城乡关系问题⑥⑦。

九是城市郊区化与小城镇规划研究。总的来说，直至机器生产和工业城市呈现上升之势以前，所有社会文化发展都是叠加在农牧民的文化基础之上的。农牧民在生活、行为、工作、死亡等方面都是在重复他们的祖先行为，从新石器时期到现在，形成了后世赖以存在的社会秩序和财富，在这种不断重复的过程中，人们从事田间劳作、手工制作、草原放牧。即便在最发达先进的工业国家，民众还延续和保留着数百年前的生活方式。城市中的社会进化出了一种新的形式，相比以往，更多的人住在村寨里，彼此间紧密接触，城市则是一个社会交往的大旋涡，商品和器物从各个不同角落集中在了一起，并重新组合，陌生人带来了不同的物件，也带来了新的信息和见闻，老朋友们聚会谈论他们的新闻和旧闻，并碰撞激励去创造更多财富，守住财富，进行各种投资计划，而不是简单地获取物质财富。因此，城市成为了推动经济进步、艺术创作、社会

① Yikalo H. A., Cabral P., "Analysis and Modeling of Urban Land Cover Change in Setiibal and Sesimbra, Portugal", *Remote Sensing*, Vol. 2, Issue 6, 2010, 1549-1563.

② Deal B., Farelloc., Lancaster M., et al, "A Dynamic Model of the Spatial Spared of an Infectious Disease: The Case of Fox Rabies in Illiniois", *Environment Modeling and Assessment*, Vol. 5, 2005, 47-62.

③ Serow W. J., "Recent Trends and Future Prospects for Urban-Rural Migration in Europe", *Sociologia Ruralis*, Vol. 31, Issue 4, 1991, 269-280.

④ Howell B., "The Rural-Urban Digital Divide in New Zealand: Fact or Fable", *Prometheus*, Vol. 19, Issue 3, 2001, 231-252.

⑤ Berezkin A. V., Myagkov M., Ordeshook P. C., "The Urban-rural Divide in the Russian Electorate and the Effect of Distance from Urban Centers", *Geography Economics*, Vol. 40, Issue 6, 1999, 395-407.

⑥ John Knight, Ramani, Gunatilaka R., "Great Expectations? The Subjective Well-being of Rural-Urban Migrants in China", *World Development*, Vol. 38, Issue 1, 2010, 113-124.

⑦ Knight J., Gunatilaka R., "The Rural-Urban Divide in China: Income but not Happiness?", *Development Studies*, Vol. 46, Issue 3, 2010, 506-534.

分工、思想创想等各项活动的中心，根植于这些新发展而出现的社会关系也逐步发展成为一套新的机制和道德判断标准①。埃比尼泽·霍华德（Ebenezer Howard，1850~1928 年）在《明日：一条通向真正改革的和平道路》（1898 年出版，1902 年再版时改名为《明日的田园城市》）一书中提出了田园城市概念：田园城市是为安排健康的生活和工业而设计的城镇，其规模要有可能满足各种社会生活，但不能太大，被乡村带包围，全部土地归公众或托人代为管理。认为不论过去还是现在，使人口向城市集中的原因是什么，一切原因都可以归纳为"引力"。显然，如果不给人们，至少是一部分人大于现有大城市的"引力"，就没有有效的对策。因此，必须建立"新引力"来克服"旧引力"。可以把每一个城市当作一块磁铁，每一个人当作一枚磁针。与此同时，只有找到一种方法构成引力大于现有城市的磁铁，才能有效、自然、健康地重新分布人口。据此，他提出了著名的三磁铁理论。城市（磁铁）：远离自然、社会机遇、群众相互隔离、娱乐场所、远距离上班、高工资、高物价、就业机会、超时劳动、失业大军、烟雾与缺水、排水昂贵、空气污浊、天空朦胧、街道照明良好、贫民窟与豪华酒店、宏伟大厦。乡村（磁铁）：缺乏社会性、自然美、工作不足、土地闲置、提防非法侵入、树木、草地、森林、工作时间长、工资低、空气清新、地租低、缺乏排水设施、水源充足、缺乏娱乐、阳光明媚、没有集体精神、住房拥挤、村庄荒芜。城—乡磁铁：自然美、社会机遇、接近田野和公园、地租低、工资高、地方税低、有充裕的工作可做、低物价、无繁重劳动、企业有发展余地、资金周转快、水和空气清新、排水良好、敞亮的住宅和花园、无烟尘、无贫民窟、自由、合作。城市（磁铁）工资高、就业机会多，前途诱人，但被高地租高物价所抵消。城市的社交机会和游乐场所是富有魅力，但工作时间长，上班距离远，相互隔阂大大降低了这些优点的价值。灯光如昼的街道是令人向往，但空气污染，以至于公共建筑就像麻雀一样，很快布满煤烟，甚至雕像毁坏殆尽，壮丽的大厦和凄惨的贫民窟是现代城市相辅相成的现象。乡村（磁铁）是一切美丽和财富的源泉，但城市（磁铁）嘲笑地指出，它缺乏社交而孤陋寡闻，因身无分文而寒酸拮据。乡村有美丽的景色，高雅的园林、馥郁的林木、清新的空气和潺潺的流水，但到处可见"擅入必究"的牌示，令人瞠目结舌。按面积计算，地租确实很低，但这种低租金是低工资的自然产物，而不是物质享受的源泉，长时间的劳累和苦闷抑制了和煦的阳光和清新的空气沁人心脾的作用。单纯以农为主，难以保证风调雨顺，有时苦于涝灾和旱情，甚至饮水困

---

① Ralph Turner, *The Great Cultural Traditions*, New York：McGraw-Hill, 1941.

难。但城市（磁铁）和乡村（磁铁）都不能反映大自然的用心和意图。人类社会和自然美景本应兼而有之①。

现代工业界的"规划社区"，在规模和使用目的上，包含范围非常广，美国田纳西州的金斯波特就是一个严格规划出来的商业活动区，其目的是加大铁路系统的吨位，从地产开发中获利，尽可能多地吸引工业企业落户，但是总的来说，开发公司比较注重计划经济发展的基本要素，有远见并设法确保后续充足不断的劳动力供给。在所有这些工业城镇项目中，公司非常重视环境，公园、活动场所随处可见，有时候还会出钱建立当地的俱乐部、医院、菜园地等，在小城镇，大公司通常包揽设施建设，当地居民只是象征性地交一点费用。这充分证明统一控制土地使用是有价值和意义的。假如没有大公司伸出援手，这些社区不可能成为民众能够接受的社区，其中的资本投入和服务项目根本不是住户的税负能承担完成。小城镇建设的问题或多或少是暂时的，大多数小城镇的硬件基础设施是足够的，唯一的问题是汽车增加带来的交通问题，小规模贫民区问题是商业区快速扩张造成的，这种扩张往往是对土地使用性质管控不严造成的。在某种特定的区域内混入其他土地使用性质的物业是有害的，只要一座小城镇的商业和工业是健康的，就没有什么解决不了的大问题。但城镇规划面临一个难解的悖论，为大众制定的规划，却总由少数人来管控。然而每一个不同的人的需求是千差万别的，因此城镇规划不是为普通人设计的，而是为极端人设计的，城镇规划的目的应该是造就一种物质环境和便利条件，让民众可以活动其中，在此框架下，城镇之中可以是混乱不堪或者井然有序，可以是光明正大或者淫秽下流②。巴里·卡林沃斯与罗杰·凯夫斯通过对美国城镇规划政策、问题与过程的分析，认为政府放松管制有一定价值，但是根本不存在"自由"市场力量，自由取决于政治法律框架，框架会保护反向力量的干扰，并保证行动正常运行。没有框架，就会出现无政府状态，甚至追求"最少政府"干预也是无意义的，选民不允许其存在，政客面临必须"做某事"的压力③。艾维·弗里德曼（Avi Friedman）将小城镇经济分为六种类型，如表2-4所示。认为全面可持续的经济发展对小城镇的繁荣是极其重要的，而仅仅依靠一个雇主或者企业，对小城镇的持续发展是有害的，当工业品需求下降时，或者公司被更好的地区激励吸引时，可替代的税源需要及时弥补空缺，因此多元化发展是

---

① 埃比尼泽·霍华德：《明日的田园城市》，金经元译，商务印书馆，2016年重印版。

② 丘吉尔：《城市即人民》，吴家琦译，华中科技大学出版社，2016年版。

③ 巴里·卡林沃斯、罗杰·凯夫斯：《美国城市规划：政策、问题与过程》，吴建新、杨至德译，华中科技大学出版社，2016年版。

非常必要的手段。小城镇坐落在紧邻众多大城市的重要交通要道上,对于一个企业而言是理想的位置。城镇的形成与发展依靠居民和领导者,引入商家,扩大人口规模,对于实现经济可持续发展十分必要。对于小城镇而言,一旦考虑旅游产业,首先要思考这里能提供什么?虽然很多城镇具备了开发旅游的条件,但是"产业"涉及协调和专注方面的努力,并且在基础设施、知名度培育、城市品牌上要能匹配。游客希望能得到独特的旅游体验,或参加某种特殊的活动。并非每一个小城镇都适合培育和开展旅游产业,自然资产和文化资源转化为有参观价值的景点需要时间,自然资源的转化需要对河岸进行整治清理,需要私人投资参观码头,文化产业需要修建博物馆和恰当的产品和展示,这些需要公共资金和社会资本的注入[①]。人群的贡献对小城镇经济发展也是非常重要的:有两种人群非常重要,第一种是年轻人群,该人群干劲十足,富有活力和创新性。第二种是老年群体,丹尼尔(1989)认为老年群体是小城镇内部和外部发展的动力源泉,他们的消费支出提供了稳定的货币流。

表 2-4 小城镇常规经济类型

经济类型	定位	持续性
服务	为邻近社区提供设施和材料支持	相对稳定的经济
管理	政府中心或教育中心	相对稳定的经济
唯一的企业	大多数就业机会由一个雇主提供(矿业、林业)	有经济低迷的倾向
多元化	就业机会由众多雇主提供	多元化经济
游客	大多数就业机会由与游客相关的行业提供	季节性经济
资源	经济活力与邻近的自然资源有关	有经济低迷的倾向

资料来源:艾维·弗里德曼:《中小城镇规划》,周典富译,华中科技大学出版社,2016 年版。

彼得·霍尔(Peter Hall)和科林·沃德(Colin Ward)在《社会城市:再造 21 世纪花园城市》一书中指出:解决小城镇发展中政府与私企的角色问题是非常关键的。政府扮演两个重要角色:第一个角色是确保政府结构组织有力,制定远景规划和顺利实施规划,符合国家和地方的长远利益。第二个角色是构建一个大框架,让企业充满信心来投资。开发公司需要一种权力,可以征集土地、制定规划和开发,但是这种权力只有在十分必要时才行使。土地征集要通过协商方式解决,但公司必须有强征土地的权力,必要时就可以立即动用。在

---

① 艾维·弗里德曼:《中小城镇规划》,周典富译,华中科技大学出版社,2016 年版。

可能的情况下，土地收购必须让企业和原住民共同分享土地的最终市场价值，而不是一次性付清。补偿费由土地的当前价值加上损失补偿，而且应立即筹措到位。通过这些，政府可做到投入最少，后续投资也不需要，政府在规划和土地收购完成之后，鼓励企业投资，同时为他们创造便利条件，降低风险。政府要把计划设计透明化，让民众清楚了解这种合作所带来的好处。政府所做的任何投资都应该是借贷方式通过企业来运营，并明确贷款的偿还利息和义务。私人企业作为开发公司合资的投资者，他们的投资应当受到保护。开发过程中，应当留有充足的资金，用于市政设施的更新与维护，这些资金从物业出租资本中留取，交给社区信托基金来托管①。杰克·舒尔茨（2008）总结了美国小镇兴旺的重要因素和秘诀，认为小城镇的繁荣和个人的发展是分不开的，可以用人口、人均收入和就业的增长来衡量，一个具有代表性的小城镇具备如下因素：一是自由的力量。越来越多的大公司和企业将生产车间搬迁到小城镇，小城镇与大城市市场的界限越来越模糊，甚至消失。二是积极肯干的劳动力。乡村劳动力是公司入驻小城镇的重要原因，小城镇居民有高度的工作热情，他们在农场长大，耐心和坚持是他们的优秀品质。三是较低的成本。乡村地区的运营成本很低，在地租、房价、劳动力价格方面能节约成本。四是不断改善的交通和通信条件。互联网、航空技术的改善，让客户联系、市场追踪、信息获取变得容易。五是生活质量。较低的生活成本扫除了科技革命的障碍，清洁的环境、山水湖泊和森林等优美的环境像磁铁一样吸引企业和居民。一个兴旺之城有八大秘诀：一是采取一种肯干的态度。这种态度包括能够看到别人看不到的机会，当出现了问题，能勇敢地面对，喜欢挑战并解决问题。不怕冒险，预先考虑风险，具有团队精神，不以自我为中心，专注于目标，坚定不懈努力。二是远见卓识。当城镇的远景目标切实可行时，作出四步计划，设定目标、努力实施、评估进展、作出调整。三是利用资源禀赋。当前的产业、企业和公司代表了城镇的"面包和黄油"。湖泊、森林和大山等自然资源吸引旅游者徒步旅行、登山、滑雪和野营，人工湖、公园和休闲娱乐场所能够吸引游客，增加收入。地方名人能让城镇受到关注，使之成为猎奇者和追随者的目标。大学、气候、教堂、特有动植物、农产品以及风俗文化等地方特色能吸引游客慕名而来。地方的人才库是城镇发展的智力资源，要留住目前的人才，和原来的居民重新建立联系。四是培育强有力的领导人。最好的地方领导者能做到与众不同，有远见，

---

① 彼得·霍尔、科林·沃德：《社会城市：再造21世纪花园城市》，吴家琦译，华中科技大学出版社，2016年版。

能创造一个积极的、公开的工作环境和具有肯干的态度；能有效促进政府和不同部门之间的合作；在决策时，能抓住重点问题；具有宽阔的胸怀，倾听市民的意见；不回避问题和挑战，并勇于面对；愿意分享红利，而不是独自贪婪；能培养接班人和未来领导人。五是鼓励企业家精神。小镇需要舍弃自身眼前利益而引进外面的企业。因为企业家能看到别人看不到的机会，并能敏锐地抓住时机。六是保持地方控制。镇上的人拥有自己的金融机构、零售业、制造业、报纸、服务业等行业，并保持所有权和控制权，这比那些没有所有权的城镇具有更大的发展机会。七是建立品牌。品牌能帮助消费者区分其他品牌，品牌效应能为公司和人们带来好处，为小镇发展带来好处，通过它的面貌和产品，一个小镇在区域乃至全国都有良好的口碑，品牌就是小镇的名片，让全世界都能在地图上看到它。八是利用"跷跷板"效应。小城镇的发展存在一种不稳定的平衡，要把重心放在"跷跷板"积极的一端，维持其良好局面，不然小镇的发展会悬在空中①。

综上所述，国外有关城镇问题的研究比较成熟而成体系，为我国城镇化建设提供了有益的借鉴，但有关小城镇（田园城市）同质化以及差异化发展问题的研究比较欠缺。

（二）国内研究现状与动态

相比国外的城镇化研究，我国学者对小城镇建设的探索起步较晚，20 世纪30 年代以来，我国城镇化研究主要集中在以下几个方面：

1. 小城镇优先发展理论与评述

早在 1936 年，费孝通就提出关于小城镇发展中"人多地少、农工相辅"的观点。吴国斌（1981）认为小城镇建设具有重要意义，小城镇发展的基础是农业，其工业反过来又可以支援农业，小城镇是农村集市贸易的重要场所，商品经济活跃，有利于提高农民的物质文化生活，同时是安置待业人员的重要途径。但小城镇建设要规划先行，鼓励大城市职工到小城镇去，放宽政策，开辟资金渠道，坚持因地制宜和自力更生的发展②。湖北省建委调研处（1981）关于小城镇建设的调研报告提出我国小城镇大部分历史悠久，手工业商业发达，在我国

---

① 杰克·舒尔茨：《美国的兴旺之城——小城镇成功的 8 个秘诀》，谢永琴译，中国建筑工业出版社，2016 年版。

② 吴国斌：《小城镇的建设大有可为》，《经济管理》，1981 年第 5 期，第 36-38 页。

"四化"建设进程中具有重要作用。如支援农业发展，活跃城乡经济，促进城乡商品交流，发挥文化、教育、科技事业的中心带动作用。但也存在诸多问题，如商业服务网点少、缺乏统一规划、公共设施简陋、建设用地浪费、文化设施短缺等。小城镇的建设要抓好总体部署和规划，节约用地，逐步改善公共设施建设和居住条件，加强工商企业的生产，服务城乡居民的生产生活①。王新坚（1982）提出重视小城镇建设是实现四个现代化的需要，符合我国农业人口为主的国情：一是小城镇建设能活跃农村经济，调整工业布局和结构；二是小城镇建设能解决农村剩余劳动力就业问题，控制大城市规模；三是小城镇建设为农民提供教育、科学和文化的供给。小城镇的发展除了资金筹集和管理体制外，还要处理好区域规划和小城镇规划②。郑宗寒（1983）认为小城镇促进了商业交换和手工业发展，工商业相对集中，代表较高的生产力水平，小城镇也是脑力劳动者集中的地方，在文化、科教方面居于重要地位。社会主义小城镇使城乡关系发生了本质变化，产生了新的生命。发展小城镇对农业产生了直接影响，如安置农村劳动力、促进农业结构合理化、支援农业现代化。小城镇发展受社会生产力水平的制约，同时也受城市经济发展的制约。小城镇建设要解决几个具体问题：一是解决对小城镇发展的认识问题；二是处理好小城镇发展中的物质生产与非物质生产的关系，在工业和项目布局上，不要往大城市放，建一个工厂就能兴起一个小城镇；三是在计划经济的指导下建设搞活小城镇经济；四是远近结合，搞好小城镇建设规划③。费孝通（1984）的调研成果《小城镇大问题——社队工业的发展与小城镇的兴盛》认为工业是苏南小城镇兴盛的主要原因，但是工业生产不稳定，需将原料和农副产品衔接起来，进行劳动密集型工业生产，拓展国际国内市场④，在《小城镇再探索》一文中，他认为我国城镇工业化的兴旺是建立在农业繁荣基础上的，乡镇工业和农副产品在区域经济系统中有各自的作用，政府要扶持乡镇工业发展⑤。张纯元（1985）认为我国大中小城市人口分布呈锥形结构，小城镇发展缓慢，吸收的农村人口偏少，导致我国城镇化进展缓慢，这种国情决定农村人口转移要以小城镇为主，而不是向大城市转移。要大力发展小城镇，使之成为城乡联系的纽带，在10~20千米成为

---

① 湖北省建委调研处：《要重视小城镇的建设》，《农业经济问题》，1981年第11期，第42-44页。
② 王新坚：《关于小城镇建设的综述》，《经济地理》，1982年第1期，第77-80页。
③ 郑宗寒：《试论小城镇》，《中国社会科学》，1983年第4期，第119-136页。
④ 费孝通：《小城镇大问题——社队工业的发展与小城镇的兴盛》，《瞭望周刊》，1984年第1期，第11-14页。
⑤ 费孝通：《小城镇再探索》，《瞭望周刊》，1984年第1~4期。

农村经济、政治、文化、服务和科技中心，就地消化农业转移人口。关于如何发展小城镇的问题，他认为一是要量力而行，不要盲目发展；二是要从实际出发，区别对待，确定小城镇的发展趋势和发展规模，起到城乡经济发展的纽带作用；三是要办出特色；四是服务方向要明确，既要为城市居民的生产生活服务，又要为农民的生产生活服务；五是建设资金必须通过多渠道筹集；六是技术力量方面要充分挖掘和发挥原有的技术力量，重视农村的能工巧匠，吸收城市的技术支援①。金砺（1985）认为小城发展具有几大优势：一是小城镇是农村经济、政治、文化、教育、科技中心，而且星罗棋布，对带动农村经济均衡发展具有很大的促进作用。二是小城镇是工商业比较集中的地方，代表农村地区较高的生产力水平，为乡镇经济的发展提供了地域条件和物质基础。三是小城镇是城乡连接的纽带，能促进城镇与乡村工业协作。在未来很长一段时期，农村人口转移将以小城镇为主，采用"离土不离乡，亦工亦农"的方式转移。但小城镇的建设要防止"一刀切"和盲目增加，更不能拔苗助长增加城镇人口，要坚持建设标准，成熟一个，规划一个，建设一个，管好一个，不能一哄而上②。叶克林和陈广（1985）认为农业现代化的推进离不开小城镇的建设，一是农业现代化的资金要依靠乡镇企业的发展，二是农业剩余劳动力的分层转移需要依靠小城镇，三是农业现代化的科学技术需要依赖小城镇。此外，工业自身发展需要向小城镇布局，工业向大城市集中一旦超越限度，就会产生一系列城市病，农村的富裕兴旺是工业发展的目的和条件。因此工业化的推进必然要求小城镇的加快建设③。方明（1985）认为从历史角度看，我国小城镇的发展经历了从兴盛到衰落再到兴盛的交替过程，明清时期小城镇因商人贸易、地主阶级居住等原因处于兴盛状态，鸦片战争以后，战乱导致小城镇开始衰落，中华人民共和国成立，小城镇开始复兴，1958年后的"政社合一"导致小城镇再次衰落，党的十一届三中全会以后，随着农村经济的恢复和繁荣，小城镇再次兴盛起来。小城镇发展的制约因素有以下方面：一是国家政策、方针和路线；二是行政体制；三是农业发展水平；四是小城镇与农村的联系；五是大城市的作用。小城镇的作用体现在以下几个方面：一是小城镇发展涉及我国人口战略、城市战略和农业现代化战略的实现等问题，对构建我国新型城乡关系具有重要意义。

---

① 张纯元：《具有中国特色的城镇化道路的探讨》，《北京大学学报（哲学社会科学版）》，1985年第6期，第11–17页。

② 金砺：《科学、合理地调整城乡人口分布，走具有中国特色的人口城镇化道路》，《人口科学》，1985年第6期，第28–31页。

③ 叶克林、陈广：《小城镇发展的必然性》，《经济研究》，1985年第5期，第62–67页。

二是小城镇作为农村人口的"蓄水池"，能防止人口大量涌入城市。三是小城镇的发展能带动农业商品经济的发展，促进农业结构调整。四是小城镇能有效沟通城乡商品、物质和信息往来①。张雨林（1986）认为城市化不是一个独立的规律过程，而是一个城乡互动的社会进程，我国城市化道路是城乡统筹协调发展的城市化，城乡互相促进、互相渗透、互相依存②。吴康和方创琳（2009）认为小城镇是乡村发展之头，是城镇体系之尾，是农村和城镇的过渡空间和边缘地带③。中华人民共和国成立以来，小城镇经历几个阶段：第一阶段是 1949~1957年的初步调整期；第二阶段是 1958~1978 年的停滞萎缩期；第三阶段是 1979~1983 年的恢复发展期；第四阶段是 1984~2001 年的快速发展期；第五阶段是 2002 年至今的协调提升期。改革开放以来我国小城镇发展具有几个特征：一是建制镇数量增加，但区域发展速度不一；二是小城镇规模扩大，分化严重；三是形成了长三角和珠三角小城镇集聚区，以及成都平原、华北平原小城镇空间集聚区。近年来，国内外产业有向小城镇延伸的趋势，特色镇、专业镇逐渐出现，小城镇综合承载力开始增强（见表 2-5）。

表 2-5　小城镇的界定

序号	小城镇的概念外延	出处
1	所有 20 万人口以下的小城市、县城、工矿区、建制镇和农村集镇	郑志霄：《关于城镇的规模等级与分类问题》，《城乡建设》，1983 年第 1 期
2	泛指人口 2 万~5 万的小城市和 0.3 万~0.5 万的小集镇，包括卫星城、小城市、县城、工矿区、建制镇、集镇	薛葆鼎：《小城镇需要新政策》，《江淮论坛》，1984 年第 3 期
3	建制镇的县镇、农村集镇	全国社会学"六五"规划项目简介：《江苏小城镇研究》，《社会学通讯》，1983 年第 3 期
4	建制镇	吴仁：《小城镇发展问题的探讨》，《城乡建设》，1983 年第 10 期

2. 小城镇与大城市协调发展理论与评述

冯雨峰（1983）认为城镇化既包括人口的城镇化，又包括生活方式的城镇

---

① 方明：《小城镇研究综述》，《中国社会科学》，1985 年第 5 期，第 208-214 页。
② 张雨林：《小城镇建设与城乡协调发展》，《中国社会科学》，1986 年第 4 期，第 169-181 页。
③ 吴康、方创琳：《新中国 60 年来小城镇的发展历程与新态势》，《经济地理》，2009 年第 10 期，第 1605-1611 页。

化，这两者的共同基础是工业化。经济结构和发展水平决定城市体系特征，大中小城市结构与社会生产力水平密切相关。人口城市化过程分为两个阶段：第一阶段是农业人口向工业部门转移；第二阶段是人口从物质生产部门向服务部门转移。发达国家从大城市走向扩散，发展中小城镇是经济发展水平到一定阶段的产物，而我国多数地区还没有达到这个经济发展水平。现代化城市群中的小城镇发展是以繁荣的商业、工业和服务业等城市经济为基础的，而我国的小城镇经济是以农业为基础的。因此，小城镇建设不是我国城市化的唯一道路，我国城市化建设不可能依靠小城镇建设而得以实现[①]。胡国雄（1983）也发表了类似的观点，认为小城镇阶段是城市化的预备阶段，集镇化是城市化的过渡形式。在条件具备的情况下，小集镇将发展成小城镇，小城镇成为小城市，甚至大中城市[②]。李青（1987）认为我国的城市系统和乡村系统相互处于封闭状态，没有实现良好互动。城市化与工业化是密切关联的，由于我国区域差异很大，在经济发展水平较高、城镇体系较为健全的长三角和珠三角应以大中城市发展为主，在西部地区则要依靠小城镇带动农村地区的发展。小城镇发展有几大弊端：一是小城镇发展的经济效率相比大中城市而言是比较低的，实现不了规模经济。二是小城镇的辐射能力和吸引能力比较弱，远远不及大中城市。三是小城镇占用了较多的农村耕地。小城镇发展的动力是工商业的发展，因此要因地制宜，不能强行遍地开花，要坚持大中小城镇体系相结合的方式[③]。杨善民（1990）认为工业化必然导致城市化，但未必使农民破产，小城镇发展道路没有普遍性，中国的现代化不能寄托在乡镇企业上，农工结合体不能作为长远战略，只是一种过渡形式，小城镇的蓄水池作用是有限的。未来的选择应采取多元战略，一是合理发展大城市，使之成为现代化建设的领头羊；二是积极发展中等城市，充分用好已有的基础条件；三是适当发展小城镇，使之与城市分工协作[④]。孙自铎（1995）认为小城镇建设虽然在数量、实力、基础设施建设方面取得了不错的成效，但对城市化的推进以及城市产业结构的优化并不明显，经济效率也很低下，小城镇建设的地位和作用需要重新评估。大城市的人口密度过大和城市病并非不能解决，城市化体系应因地制宜[⑤]。傅崇兰（1999）认为后工

① 冯雨峰：《发展小城镇是我国城市化唯一正确的道路吗?》，《经济地理》，1983 年第 2 期，第136-140 页。

② 胡国雄：《也谈城市化道路》，《建设经济》，1983 年第 8 期，第 16-20 页。

③ 李青：《对小城镇的再认识》，《城市问题》，1987 年第 4 期，第 22-24 页。

④ 杨善民：《现代化：城乡发展的战略选择——评费孝通先生的小城镇理论》，《山东社会科学》，1990 年第 2 期，第 81-86 页。

⑤ 孙自铎：《小城镇建设实践与思考》，《管理世界》，1995 年第 5 期，第 210-214 页。

业社会时期，知识经济的崛起，通信设备和交通条件的改善，城市化形态将发生新的变化，更趋向于小型化和分散化。中国的城乡二元结构矛盾是一项长期的历史任务，加快乡村城镇化和乡村工业化是破解这种矛盾的有效途径。中国的城市化道路是多元化的，要形成大中心城市并举，协调发展，合理布局的城市体系。既要重视大中城市的经济文化和科技中心的作用，又要重视小城镇的发展，因地制宜，特色发展①。在他的另一篇文章中，认为我国城镇化发展存在区域不平衡，受地理、历史、资源等条件的限制，地区之间的经济、教育、技术、文化发展并不同步，因此城镇发展战略也应有所不同。东部地区可以实施深度城镇化发展战略，而西部地区应实施广度城镇化发展战略②。秦尊文（2001）认为国外城市化的一般规律是先发展大中城市，然后再发展小城镇，我国的城市化道路是相反的，这种模式存在几个大问题：一是人口"空城计"，中西部很多小城镇人口规模小，停留在"赶集"的水平，吸收农村剩余劳动力的数量极其有限。二是建设"农村病"，由于小城镇建设遍地开花，导致基础设施落后，土地利用效率低下，环境污染严重而且不能集中治理。三是产业"双梗阻"，由于技术落后、信息和交通闭塞，小城镇企业缺乏竞争力，由于企业规模较小，不能实现规模效益。此外乡镇企业缺乏分工和规划，导致重复建设和趋同现象，部分乡镇企业短视行为比较严重，图政绩不讲经济效益。不仅如此，由于土地农转非、资金农转非、劳动力农转非等，农业也受到影响，农村经济和乡镇经济出现双停滞。四是资金无底洞，由于乡镇企业的过度发展，出现走马灯式的倒闭和重建，由此造成了资金的"生产性"和"非生产性"双重浪费，变成了"沉没成本"。因此，小城镇建设应当处于补充地位，城市才是吸收农村转移人口的重头戏。城市一般要达到一定规模之后，才能产生"棘轮效应"，大中城市是增长极，小城市只是二传手。城市化道路上，大中城市是主角，小城镇只是配角③。石忆邵（2002）将小城镇与大中城市做横向比较，或者与农村进行比较都是不科学的，小城镇是连接大中城市和农村的中间地带。小城镇发展不是中国城市化的主流方向和终极目标，其作用不宜高估。我国的城乡空间应该分成三个层面，即城市、准城市和农村，应废除小城镇的提法，改成准城市④。蔡继明和周炳林（2002）提出从城市职能和产业职能角度对大城市和小城

---

① 傅崇兰：《关于"中国乡村城市化"之我见》，《中国城市经济》，1999 年第 1 期，第 55-56 页。
② 傅崇兰：《论大中小城市和小城镇协调发展的理论与实践》，《中国建设报》，2003 年 1 月 27 日第 5 版。
③ 秦尊文：《小城镇道路：中国城市化的妄想症》，《中国农村经济》，2001 年第 6 期，第 64-69 页。
④ 石忆邵：《中国农村小城镇发展若干认识误区辨析》，《城市规划》，2002 年第 4 期，第 27-31 页。

镇进行分析比较，认为大城市病，如交通拥挤、占用耕地、环境污染等问题不能归咎于大城市本身，这是工业发展的必然代价。不论是大城市还是小城镇，在取得相同工业成效的情况下，这些负面影响是一样的。大城市由于技术先进，规模经济容易实现，成本较低，同时污染治理也比较容易，而小城镇的乡镇企业相对分散，监督成本高，环境代价更大。大城市占用耕地方面虽然总量上较大，但是效率较高。因此，盲目发展小城镇，环境污染更高，耕地占用更多，经济效率更低。我国大城市环境问题已经越过了最严峻最糟糕阶段，北上广等大城市已经趋于稳定和改善阶段，处于环境"库兹涅茨曲线"向下阶段①。严正（2004）认为20世纪80年代的小城镇发展是由乡镇企业推动的，该时期农村非农经济比重甚至超过了农业，但20世纪80年代后期，乡镇企业为了实现集聚效益和规模经济，开始向镇所在地转移。20世纪90年代以后，工业化集聚对配套服务的需求越来越强烈，只有大中城市才能在人才、资本、基础设施、信息、产业配套方面提供强大的支撑。此外，大城市在土地使用效率方面要优于中小城镇，小城镇遍地开发的发展方式是不明智的，世界各国的城市化历程都证明大城市发展优先是主流。城市就是城市，乡村就是乡村，农村城镇化的提法是值得商榷的②。蔡之兵和张可云（2015）从环境属性、成长属性、收入属性、成本属性、生活属性、地理属性六个方面比较了大城市和小城镇的优劣情况，认为小城镇在地理属性、环境属性和成本属性方面占据优势，大城市在生活属性、收入属性和成长属性方面占据优势。他们认为小城镇优先发展战略不可取，也不符合城镇人口变动的科学规律，小城镇就业吸收能力有限，而且小城镇优先发展往往附带其他政策意图，如为大城市减负、拉动内需、刺激消费、维持庞大农民工就业问题。我国城镇化应让市场发挥决定性的作用，同等对待大城市和小城镇的发展，促进大城市与小城镇之间的要素交流③。段禄峰和魏明（2017）认为大城市有利于技术创新和专业化分工，并提高劳动生产率和工资水平，也更容易吸引优秀人才，但大城市土地成本高，居民的吃住行生活成本比较高。大城市优先发展，人口向城镇集聚是市场规律的体现。"离土不离乡"和"就地城镇化"的发展模式不合乎城镇化的发展规律。西方国家的经验表明，只

---

① 蔡继明、周炳林：《小城镇还是大都市：中国城市化道路的选择》，《上海经济研究》，2002年第10期，第22-29页。

② 严正：《小城镇还是大城市——论中国城市化战略的选择》，《东南学术》，2004年第1期，第60-66页。

③ 蔡之兵、张可云：《大城市还是小城镇——我国城镇化战略实施路径研究》，《天府新论》，2015年第2期，第89-96页。

有工业化发展到一定程度，进入逆城镇化阶段，才会出现繁荣的小城镇建设。因此发展思路上，应优先发展城市，适度培育发展小城镇①。

3. 城乡统筹发展理论与评述

严重敏等（1964）认为农业发展对小城镇的形成与发展有重要的促进作用，历史上，苏锡地区的小城镇发展与兴起有三种情况：一是由农产品交换需要发展而成为固定的集镇；二是由于农产品集散运转而形成的城镇；三是因手工业和工业发展形成的城镇。农业发展对小城镇形成与发展的影响主要包括如下几个方面：农业发展水平和特点影响城镇分布的基本格局；农业自然条件和地理位置影响城镇产生和城乡交换的自然基础；城乡联系促使城镇分布差异的产生②。吴大声等（1988）认为农村商品经济与小城镇发展具有内在联系，小城镇是城乡协调发展的调节器，促进形成新型城—镇—乡网络结构。区域城镇体系不可缺乏大城市，但大部分农业转移人口需要小城镇来接收。凌日平（2005）认为小城镇建设是缩小城乡分割，促进城乡一体化发展的引擎。工矿类小镇要引导企业空间集聚、提高生产效率，加强环境治理；农业类小镇要扶持农业龙头企业，推进土地有序流转和集约化经营，强化政府管理职能；城郊型小镇要整合城乡工业发展，集聚投资置业人口；交通集贸小镇要建设专业批发市场和区域物流中心，提升区域地位，强化信息服务体系；旅游小镇要完善旅游服务设施，创新旅游产品，培育非农产业部门③。王瑾（2005）认为城乡统筹包含城市和乡村、工业和农业、市民和农民三层关系，城镇化是城乡统筹发展的现实途径，要坚持大中小城市和小城镇互补发展，构建中心城镇的网络体系，促进城乡融合互动④。谈月明（2013）回顾了浙江省小城镇的发展历程和政策，认为浙江省小城镇分为三大类型：一是都市型小城镇，类似于大城市郊区小城镇，大城市周边小城镇；二是县域经济强镇和中心镇；三是县域经济弱镇。未来各类小城镇的发展将由"分化"走向"分工"，县域经济弱镇和都市型小城镇的发展将是未来的调控重点⑤。周冲和吴玲（2014）认为新型城镇化的本质就是城乡

---

① 段禄峰、魏明：《大城市还是小城镇——我国城镇化道路再探讨》，《理论月刊》，2017 年第 12 期，第 118-123 页。

② 严重敏、刘君德、孙大文等：《试论苏锡地区农业发展与中小城镇的关系》，《地理学报》，1964 年第 3 期，第 234-247 页。

③ 凌日平：《城乡统筹观与小城镇分类发展对策——以山西省小城镇发展为例》，《生产力研究》，2005 年第 10 期，第 150-151 页。

④ 王瑾：《城镇化建设对城乡统筹的促进机理研究》，《生产力研究》，2005 年第 3 期，第 38-40 页。

⑤ 谈月明：《浙江特色小城镇发展道路探索》，浙江大学出版社，2013 年版。

统筹发展，规划科学、特色鲜明、以人为本、集聚效应、产城互动、生态环保是其主要内涵。我国欠发达地区的城镇化水平较低、缺乏产业支撑、发展质量不高、规划管理水平滞后，应加强科学规划引领，通过大中小城镇协调发展推动城镇化，通过产业集群带动城镇化发展①。宁逵和刘雨夕（2015）认为小城镇是"城尾乡首"，是城乡统筹发展的纽带，但当前在城镇规划、基础设施建设、产业发展、融资渠道、生态环境等方面仍然存在诸多问题。基于国外城镇化建设的经验，应因地制宜地制定城镇规划、多渠道地扩大资金来源、加强园区产业建设、提升基础设施建设、健全法律法规政策②。

4. 特色小镇发展理论与评述

特色小镇是我国新型城镇化的深化和拓展，2016年，住房和城乡建设部提出的特色小镇指以行政建制镇为单位的小城镇。特色小镇是行政建制镇的核心部分和集聚中心，也是行政单元内的组成部分，外围有腹地，"产、城、人、文"一体，特色鲜明、产城融合、惠及民生。浙江省2014年提出的特色小镇指独立于城市地区，具有明确产业定位、文化内涵、旅游功能和社区特征的发展空间载体。它既不是行政区划的建制镇，也不是生产性园区，是以企业为主体、市场化运作、空间边界明确的创新创业空间。特色小镇建设要防止"新瓶装旧酒""新鞋走老路"，防止照搬照抄、东施效颦，变相搞房地产、新一轮造成运动，摒弃"政府大包大揽"③。目前，特色小镇的相关研究主要集中在如下几个方面：概念与内涵、经验与模式探索、实践问题与对策研究。

第一，特色小镇概念与内涵研究。王小章（2016）认为特色小镇是建立在历史传统和既有基础之上的，其基本目标是以人为本，建设过程中必须强调居民参与和社群意愿④。张蔚文（2016）认为特色小镇不是真正意义上的"镇"，但城镇管理理论和经验同样适用，政府应瞄准"定位、到位、补位"三大问题展开工作⑤。陈炎兵和姚永玲（2017）认为特色小镇是独立于城市地区，具有明确产业定位、文化内涵、旅游功能和社区特征的发展空间载体，是实现生产、

① 周冲、吴玲：《城乡统筹背景下中国经济欠发达地区新型城镇化路径研究》，《当代世界与社会主义》，2014年第1期，第200-203页。
② 宁逵、刘雨夕：《城乡统筹背景下小城镇建设问题研究》，《黑龙江社会科学》，2015年第4期，第83-85页。
③ 中国城镇化促进会：《中国特色小（城）镇发展报告2016》，中国致公出版社，2017年版。
④ 王小章：《特色小镇的"特色"与"一般"》，《浙江社会科学》，2016年第3期，第46-47页。
⑤ 张蔚文：《政府与创建特色小镇：定位、到位与补位》，《浙江社会科学》，2016年第3期，第43-45页。

生活、生态融合的未来发展方向，用最小的空间达到资源的最优布局。我国的城镇化问题和大城市病的根源是中小城市发展迟缓，尤其是小城镇发展弱化，导致人口大量向大城市集中。城镇化进程不能采取有偏向的政策，优先发展大城市或小城镇都有失偏颇，应该遵循城镇体系的金字塔原则，通过特色小镇建立大城市与中小城镇之间以及与农村腹地之间合理的产业分工与密切的空间网络关联，通过结构化的城市群增强城市和地区竞争力①。我国城镇化进入新阶段后，从之前粗放的产业城镇化、人口城镇化、土地城镇化分离向综合型城镇化转变，以延长产业链为核心，将产业、人口及福利、管理、文化和生态相结合，实现综合城镇的发展方向。其中特色小镇即是城镇化的具体载体。在规模上，特色小镇是大城市功能区，是其组成部分；在空间上，特色小镇是区域城镇体系的基本单元，在城镇化过程中对城市和乡村承担承上启下的作用。长期以来，我国城镇化建设都是政府的事情，几乎所有地方政府都是按照国家的文件精神进行实施。工作原则是国家层面认定的，给优惠、给政策就贯彻实施，没有被认定的，就不在工作范围，而不是按照市场规则建设小城镇。林峰（2017）认为特色小镇是就地城镇化的成功模式，是一种产城乡一体化的创新发展方式，这种模式不仅能促进乡村经济稳定和可持续发展，还能从实体产业、开发投资、消费需求方面对全国经济做出较大贡献，是我国新型城镇化的一次革命②。特色小镇本质上是一种产业园居住社区综合体，类似于"产业园区综合体"和"文旅体康养综合体"。产业形态上坚持产业特色+旅游，功能定位上形成"生产"+"服务"，空间形态上实现独特"风格"+"风貌"，机制上形成"政府主导"+"企业主体"+"社会参与"，但小镇的开发运营不能由政府大包大揽，应遵循市场规律。当前我国城镇化建设出现诸多问题，大城市摊大饼式的发展模式已经面临瓶颈，但周边的特色小镇和卫星城发展却潜力巨大，中小城镇和乡村发展是我国新型城镇化发展的主要方向。通过特色小镇发展带动广大乡镇地区的要素集聚和经济发展，是我国未来经济发展的重要选择，也是就地城镇化的主战场。特色小镇的建设离不开金融支持、土地政策、产业支持等政策扶持，但是巨大的政策扶持不能泛滥，不被错用和乱用，要保证政府政策红利起到真正的撬动作用和引导作用。社会资本是特色小镇的主体，其中 PPP模式是主要模式，融资设计中，要区分资产类型的性质和经营价值，形成科学的资金结构和各利益相关者的权责关系，形成一个良性互动的稳态博弈，让金融机构、社会资本、地方政府找准自己的位置，不错位、不越位。特色小镇与特色产

---

① 陈炎兵、姚永玲：《特色小镇：中国城镇化创新之路》，中国致公出版社，2017 年版。

② 林峰：《特色小镇孵化器：特色小镇全产业链全程服务解决方案》，中国旅游出版社，2017 年版。

业、城镇运营、旅游运营不能分离,而是要一体化运营,实现多元业态融合发展,一二三产业资源整合发展。基础设施、特色产业植入、小镇管理与运营需要匹配和协调。社会资本参与特色小镇的开发运营有三个重要内容,分别是融资杠杆、政策模式和退出机制,最重要的是退出机制。退出机制有几个阶段:一是建造收益阶段,在低息、高杠杆的基础上,建造商的回报率比较高,该阶段不能让纯粹为了建造收益而来的建筑商和开发商进入,不然后续的产业和旅游运营将陷入困境,特色小镇成"鬼城"。二是土地溢价收益阶段,该阶段会大幅度提升特色小镇周边土地价格,但溢价收益要分享分成和提升资金杠杆,为后续的开发提供条件。三是房地产销售收益,商业街、休闲商业地产、居住地产等大幅度升值。四是泛旅游产业现金收益,文化、体育、旅游服务和商品、农副产品等业态收入回报大幅度增加。五是资本回报,资产证券化和资本上市。陈根(2017)认为特色小镇的内涵有六个方面:① 一是产业"特",即培育发展国家战略性新兴产业,如物联网、金融、设计、教育、文化、能源等,不是追求产业园那样的产业集群和产业链的集聚。二是人群"特",从业人员智力高、技能高、学历高、收入高,与小城镇的从业者和创业者有文化层次上的差别。三是文化"特",既有基于产业发展的产业自文化,又有本土的特色旅游文化,关键是还有两者的融合。四是位置"特",选址或者是城乡接合部,或者是中心城区的郊区,或者是具有区域经济带动性的地区。五是管理"特",针对大数据、人工智能、互联网等技术趋势,构建智慧管理模式,实现数据共享。六是功能"特",小镇功能既要为创新创业的企业提供必备的办公条件,又要为居民提供必要的商业、教育、医疗、休闲和人居环境。是集"产、文、人、商、旅、居"六位一体融合发展的"复合生态系统"。此外,他提出特色小镇的IEPCO模式,其中I指特色小镇IP孵化创意解读,IP是核心认知产品,具有核心吸引力的特色产业,如影视IP、农业IP、音乐IP、动漫IP。E指特色小镇策划规划设计,找准产业定位,结合自身资源禀赋、科学进行规划设计,实现产业、文化、生态、旅游和社区功能的叠加。P指特色小镇PPP融资模式,通过公私合营的方式,建设小镇基础设施项目,提供公共产品和服务,实现政府与企业的"利益共享、风险共担、全程合作"。C指特色小镇的建设施工,既要整体思考,又要因时制宜、因地制宜地把握,彰显小镇独特风格,呈现"高颜值"的小镇面貌,同时还要保证小镇的功能性和实用性。O指统一经营管理一站式服务。归纳起来,IEPCO模式就是一种政府主导、企业主体、政企合作、联动建设的规—建—运—管模式。张鸿雁(2017)认为小镇经济表征了中国文化

---

① 陈根:《特色小镇创建指南》,电子工业出版社,2017年版。

的兴衰更替，重构城镇文化根柢，创新"文化动力因"，是城市文化的再生再造过程。庄园经济是中世纪欧洲城市兴起的起点之一。王公贵族以及各种技术型农奴居住在庄园，庄园里也有商业和贸易。中国的庄园经济历史与西方国家不同，是一种自给自足的封闭式经济。中国的小镇应构建以人为本的循环型"零能耗的城市社会"，构建充分就业的"城市如家"型社区，构建以"幽、静、清、开、敞、透、洁、绿、香、安"为特征的"地点精神"空间，培育"创意阶级"和样板阶层，实现从乡村文化自觉到城市文化自觉的价值重构①。郝华勇（2017）认为浙江特色小镇建设具有较强的产业支撑，有文化元素的融入，旅游叠加功能较强，基础设施建设与城市无异，环境和谐宜人②。我国区域差异明显，在地域单元界定、产业演进阶段、科技创新水平、文化要素融合、城镇化进程等方面存在区情差异。欠发达地区特色小镇建设不能盲目跟风，要因地制宜；依托现有小城镇的特色进行建设，夯实企业主体，实现传统产业升级；发挥小镇的辐射牵引力，优化城镇组织空间；依托现代科技支撑，提高发展效益；挖掘文化元素，彰显文化魅力，提升小镇品位。他的另一篇文章中，总结了浙江特色小镇建设模式③：一是有特色产业支撑，生产职能彰显；二是基础设施完备，生活功能良好；三是环境和谐宜居，生态功能凸显。特色小镇的发展要处理好几对关系，即特色小镇与建制镇之间的关系、产业基础与高端升级之间的关系、城镇空间组织单中心与多极点之间的关系、科技要素积累与基础创新能力之间的关系、文化价值认知与文化融合之间的关系。欠发达地区应依托现有小城镇基础，彰显地域特色；夯实企业主体，壮大企业家队伍；优化小镇空间组织，提高空间联系效率；加强科技支撑，提高发展效益；提升小镇品位，彰显文化魅力。王振坡等（2019）认为人口、产业和生态之间的关系是特色小镇建设的基本逻辑，认为生态宜居特色小镇是上维度的特色小镇，是以生态环境建设和公共服务设施建设为前提，集聚产业发展要素，与旅游、文化、教育、养老等融为一体的创新发展模式，其建设内涵上坚持生态环境优先发展理念、生态+产业建设模式、共建—共治—共享的体制机制④。浙江特色小镇建设模式的核心要素见图 2-2。

第二，特色小镇经验与模式探索。陈青松等（2017）认为特色小镇建设是

---

① 张鸿雁：《特色小镇的"城市文化资本"——论小镇"文化动力因"的整合与建构》，《新理财》，2017 年第 7 期，第 24 页。

② 郝华勇：《欠发达地区打造特色小镇的基础差距与现实路径》，《理论月刊》，2017 年第 12 期，第 165-170 页。

③ 郝华勇：《欠发达地区特色小镇建设若干关系》，《开放导报》，2017 年第 6 期，第 70-74 页。

④ 王振坡、张安琪、王丽艳：《生态宜居特色小镇：概念、内涵与评价体系》，《管理学刊》，2019 年第 2 期，第 45-53 页。

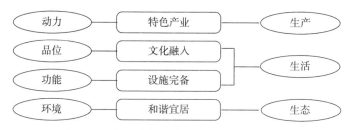

图 2-2　浙江特色小镇建设模式的核心要素

我国新型城镇化背景下的新模式、新举措，从政策层面上，它与我国生态文明建设、产业结构转型、供给侧改革、公私合作（PPP）有着密切关系，是政策的黄金结合点，处在政策暖风的"风口"[①]。从宏观经济层面上，小镇对投资、消费的拉动以及就业带动的优势明显，也能有效带动新农村建设、促进小城镇可持续发展。可以预见，未来若干年，我国的特色小镇将涌现一批产业特色鲜明、生态环境优美、人文气息浓厚、多功能叠加融合、体制机制灵活的特色小镇，并改变我国乡镇社会经济发展格局。当前我国特色小镇面临诸多问题和困境，比如特色小镇的门槛高，并非想建就能建，建设周期长，并非三五年能建成，建设资金需求大，地方政府债务压力大。建设之中也出现了一些乱象，比如一哄而上的政绩小镇、以特色小镇为"摇钱树"获取补贴奖励、快速运动战方式建设特色小镇、"重建设，轻运营"的急功近利方式、定位同质化的"千镇一面"问题、房地产趋势的假特色小镇现象。特色小镇不同于特色镇，也不同于美丽乡村，政府在建设之中的职责不是"主导"和大包大揽，而是"引导"和抓宏观大势。因此，政府要强化引导和绩效考核，以创建制度代替审批制度，充分发挥企业的能动作用，坚持产业立镇，坚决防止房地产化趋势及"睡城"和"鬼城"现象。当下，我国特色小镇的开发模式主要遵循土地一级开发—二级房地产开发—产业项目开发—产业链整合开发—城镇建设开发的方式。建设运营主要有三种模式比较普遍：一是"政府引导，企业建设"模式；二是"政企合作，联动建设"模式；三是"政府建设、市场招商"模式。投融资模式主要有两种：一种是政府依靠平台公司融资建设；另一种是社会资本以 PPP 模式融资建设。要充分发挥政府资金的引导作用、社会资本的主体作用、政策性资金的助推作用、开发性金融资本的特殊作用、商业金融资本的促进作用。陈晟（2017）认为特色小镇的特色体现在产业、人群、位置和功能四个方面[②]，创建

① 陈青松、任兵、王政：《特色小镇与 PPP：热点问题　商业模式　典型案例》，中国市场出版社，2017 年版。

② 陈晟：《产城融合（城市更新与特色小镇）理论与实践》，中国建筑工业出版社，2017 年版。

模式强调企业主体、政府服务、政企合作、联动建设、政府建设、市场招商。特色小镇的建设要充分发挥"第六产业"的优势，实施一二三产业的融合互动，农产品生产加工销售形成全产业链，引导农民以土地经营权、资金、交售农产品的方式入股入社，企业、合作社和农户形成长期的订单关系和契约关系。不断加强新技术新业态向农业环节的渗透，发展农村电子商务、农商直供、会员配送、个性化定制等新型经营模式。将康养、养老、休闲养生、文化旅游等产业融入特色旅游小镇建设之中，将农作物种植、农产品加工、农业观光、体验等复合业态融入农业类特色小镇之中。陈育钦（2018）认为人才是特色小镇建设的核心要素，劳动力的集聚给小镇带来活力[1]。高技能、高层次人才供给不足，劳动力市场分割，人力资源开发管理机制欠缺是当前特色小镇人才劳动力市场存在的主要问题。因此，一是通过政企合作、校企合作、培养急需工人等方式加大劳动力资源的供给；二是通过制度设计，降低劳动力的就业成本、生活成本和子女教育成本；三是制定高层次人才引进计划，缺什么引什么；四是培育本土人才，激发本土人才活力和进取心；五是完善公共基础设施，打造宜居宜业环境，留住人才。付晓东和蒋雅伟（2017）认为特色小镇的产业发展应基于区域独特性、网络性、继承性、易逝性、发展性等根植性特点，形成自然禀赋模式、社会资本模式、市场需求模式[2]。姜玉峰（2018）以艺创小镇为例，认为艺创小镇的核心是"艺术众创"和"艺术+"，集文创研究、社群经济、艺术展演、时尚消费、旅游于一体。互动模式上，需高校、政府和企业共建互动，艺术与科技创新联动。王长松和贾世奇（2019）基于扎根理论和主成分分析，认为优势而有生命力的产业是特色小镇的经济基础；政府的政策和资金支持为特色小镇的发展提供了重要支撑；品牌建设是特色小镇内涵的重要体现；传统文化形成特色小镇的精神支撑和文化自信[3]。

　　第三，特色小镇实践问题与对策研究。周红（2017）认为建设特色小镇除了有合理的规划和设计之外，还需解决两个重要问题：特色小镇的特色如何鉴定问题和特色小镇的建设资金从哪里来的问题。一方面，特色小镇是有效投资的重要着力点；另一方面，小镇建设要规避效率低下、盲目投资、违背市场规

　　① 陈育钦：《特色小镇的劳动力供给问题思考》，《福建论坛（人文社会科学版）》，2018 年第 2 期，第 20 页。

　　② 付晓东、蒋雅伟：《基于根植性视角的我国特色小镇发展模式探讨》，《中国软科学》，2017 年第 8 期，第 11 页。

　　③ 王长松、贾世奇：《中国特色小镇的特色指标体系与评价》，《南京社会科学》，2019 年第 2 期，第 79~92 页。

律的错误。投资难是特色小镇的痛点，通过合理科学的金融制度安排，创新投融资模式，实现政企良性互动，引导小镇建设健康有序发展非常重要①。特色小镇建设是我国城镇化过程的重要组成部分，少走弯路，搭建基层投融资平台，降低资金成本是关键问题，也是政府十分关切的问题。特色小镇的开发与建设不仅需要资本，更需要理论开发的逻辑和理念，把市场资源配置的核心理念落实在建设之中和产城融合之中。特色小镇发展必然成为中国城镇化进程中的重要标志，要实现国势—产业—模式—路径的小镇创新发展模式，不仅需要把握国家宏观格局和产业发展趋势，而且需要在规划建设、顶层设计和治理、资本运营方面有效科学实施。通常情况下，特色小镇的融资模式除了公益捐赠外，还有债权融资模式和股权融资模式。债权融资主要有债券融资、贷款融资和信托融资方式，股权融资主要有资本市场融资、战略投资者和私募股权基金等方式。特色小镇投融资项目主要有土地一级开发、二级房产开发、产业项目及产业价值链打造、城镇化服务及配套基础设施建设项目等内容。特色产业发展的商业模式主要有产业发展型模式、生态保护型模式、文化传承型模式、高校农业型模式、城郊集约型模式、资源整合型模式、休闲旅游型模式。刘沛林和杨立国（2016）认为如何开展特色城镇建设，重在"特色"的打造，要把资源特色、地域特色、环境特色、经济特色和产业特色挖掘出来、彰显出来，形成城镇独特品牌和竞争力，并形成商贸物流、休闲旅游、科技教育、现代制造、传统文化、美丽宜居的可持续发展特色小城镇②。中国的特色城镇化，一是要做足地方的文章，体现地域特色；二是要突出产业集群和品牌支撑，体现产业特色；三是要留住乡愁，传承历史和民族文化，体现文化特色。特色小镇建设，一是要立足于地缘背景下的竞合关系，二是要立足于区域经济背景下的空间布局定位，三是要立足于核心竞争力背景下的产业链定位，从而解决辐射带动周边区域共同发展和就地城镇化的问题。张辉（2018）认为特色小镇发展面临三个问题：风向、风口和风险问题③。作为城镇化实践的一项供给侧改革，特色小镇建设中出现了诸多问题，政府层面能否持续推下去，目前来看是肯定的。特色小镇的数量到底要推多少个已经不是主要问题，关键看发展质量，很多地方政府将浙江的特色小镇建设模式作为学习借鉴的对象，结果出现了很多问题，特色小镇的建设需要因地制宜、多元化发展。国家发展和改革委员会应作为牵头单位，生态环境、资源部门等参与进来，共同发力，特色小镇建设强调规范化和

---

① 周红：《特色小镇投融资模式与实务》，中信出版社，2017年版。
② 刘沛林：《留住乡愁——特色旅游小镇与新型城镇化建设》，湖南大学出版社，2017年版。
③ 张辉：《中国旅游发展笔谈——旅游特色小镇》，《旅游学刊》，2018年第5期，第1—3页。

高质量发展。特色小镇不能四处开花，特色小镇要拥抱大城市，布局在大城市的周边地区，并且要依托现有发展空间，如园中镇和镇中镇。特色小镇的风口是政府与企业的合作，特色小镇不能孤立于区域发展之外和城镇体系之外，一些地方"萝卜快了不洗泥"，企业想抓住黄金窗口期，速战速决，但特色小镇有漫长的建设周期，至少在十年以上，因此政府要有宁缺毋滥的精神，适当"留白"。特色小镇建设中存在诸多风险，比如债务过度的风险、房地产风险、能力内存不够的风险、宏观布局过度的风险。祝丽生（2019）认为特色小镇必须擦亮"特色"，优化特色小镇社会治理模式，完善制度建设，从精细化治理入手，立足特色小镇的产业和文化，通过法治、德治和自治方式相结合促进健康持续发展①。

此外，也有部分文献针对特色小镇同质化和差异化发展问题进行了分析和应对。杨凡（2018）认为当前特色小镇营造如火如荼的背后，同质化问题非常突出，主要有如下原因：一是自身定位不明晰，堆砌文化元素，以假乱真，忽略自身优势，重视复制模仿；二是消费主义盛行，助长了特色小镇同质化产品的营销爆点；三是数量膨胀，质量下降加重了特色小镇同质化问题。具体表现形式有：急功近利，制造特色小镇营销噱头，通过微信、微博、视频等新媒体介质夸大特色小镇的实际面貌和功能，破坏小镇口碑；脱离实际，缺乏互洽的艺术美感，或者邯郸学步照搬照抄，或者人工技术改造，脱离小镇实情；忽视居民，割裂人居和小镇空间关系。杨凡认为应深度培育标志性的"小镇功能"，另辟蹊径地塑造个性化的"小镇人格"，将艺术审美融入其中，巅峰平庸②。张晓瑾等（2018）认为特色小镇的建设重视基础设施，轻文化设计，处处是亭台楼榭与荷花一片，建筑风格从南至北，大同小异，柴火鸡、野山笋、烤全羊鳞次栉比，这种同质化现象偏离了市场需求和大众趣味，无法吸引消费者。他们认为特色小镇的同质化与士绅化造成了大众文化的陷落，制造业老板、房地产商、行政工作人员、退休官员等构成的士绅族主导了特色小镇的建设，忽略了大众审美，从而导致特色小镇的独特性丧失③。潘苏子（2018）在调查中发现，西部一些特色小镇风风火火建设大量的民俗文化街，灯笼高挂，青砖粉墙，木雕花窗，清一色的仿古建筑，周边没有景点，当地商户开业不久就不得不关门大吉。他认为，当前一些特色小镇脱离了"特色"的精髓，地方政府要严格审

① 祝丽生：《擦亮特色小镇的"特色"名片》，《人民论坛》，2019年第7期，第50-51页。
② 杨凡：《特色小镇营造"同质化"的反思与实践》，《宁德师范学院学报（哲学社会科学版）》，2018年第3期，第54-56页。
③ 张晓瑾、龙宇晓、廖江华：《特色小镇同质化与士绅化风险困境下的突围出路》，《美与时代（城市版）》，2018年第11期，第4-6页。

批,避免低水平重复建设,要做到建设一批,成熟一批①。郑志明和王智勇(2011)针对湖北小城镇发展的现状与特点,提出差异化发展的三大策略:大都市郊区小城镇要强化融入和要素集聚,县城小镇要强化产业带动和城镇化载体,其他小镇要强化农村服务功能和设施建设②。关粤等(2018)从区域独特资源禀赋出发,分析了广西贺州市八步区贺街镇差异化发展的政策,提出了集聚要素、找准特色产业的差异化道路③。赵欣(2019)基于贵州古镇的考察,认为同质化的表现形式主要有商品同质化、运营模式同质化、建筑同质化、饮食及文艺表演同质化等,形成的原因有三点:一是政府之间的相互模仿和竞争,导致开发过程急于求成,忽略了古镇建设的周期性和风险性;二是规划设计的相互模仿,规划公司单一,依葫芦画瓢,本土文化挖掘不足;三是经营主体急功近利,商户盲目跟随,缺乏市场调查④。

综上所述,国内有关小城镇的研究比较丰富,尤其在小城镇和大城市优劣势比较方面的研究颇为深刻,在小城镇建设带动乡村地区发展方面的认识比较一致,在特色小镇概念与内涵方面的解释也基本形成共识,但针对特色小镇同质化问题的观察比较少,零零散散有些现象性的描述,缺乏系统性和理论探索。在特色小镇差异化发展对策方面,多就事论事,行政思维明显,缺乏比较视野和跨区域视野,远远满足不了特色小镇建设实践的需要。本书尝试从生物多样性理论、耗散结构理论、博弈论、无线电传播理论等多学科角度寻找特色小镇差异化发展规律,从中提炼发展思路和启示,并运用广泛系统的特色小镇考察案例,探索特色小镇的差异化发展路径,以期为我国特色小镇的健康有序发展提供理论坐标和实践指南。

二、特色小镇同质现象的要素分析

特色小镇同质化问题有两条演化路径:一是纵向演进。特色小镇以县城和

① 潘苏子:《特色小镇店家关门折射同质化弊端》,《中国商报》,2018年6月15日第P02版。

② 郑志明、王智勇:《差异化小城镇发展战略思考——以湖北省为例》,《住宅科技》,2011年第9期,第18-20页。

③ 关粤、黎紫晴、梁清园等:《广西旅游型特色小镇实现差异化发展策略研究——以广西贺街镇为例》,《城市建设理论研究》,2018年第7期,第198-199页。

④ 赵欣:《贵州古镇开发的同质化问题及对策研究》,贵州大学硕士学位论文,2019年。

大中城市为模板和努力方向，修建高楼大厦，商铺林立，中央商务区、居住区、景观带等完全遵循城市规划的路径去实施，最后建成的结果是特色小镇变成了小城镇，小城镇变成了中小城市，重复而单调。二是横向演进。不同地区的特色小镇相互模仿学习，发达地区模仿国外模式，欠发达地区模仿发达地区模式，从项目设计、产品设计、建筑风格到景观设计，全面模仿，全面"引进"，最后的结果是先进地区创新乏力，停滞不前，后进地区快速跟进，依葫芦画瓢，重走别人的路，让别人无路可走，让自己走向死胡同。从构成要素进行分类，特色小镇同质化建设主要包括如下几个方面：项目同质、产品同质、文化同质、政策同质、建筑同质。

（一）项目同质性

特色小镇建设的核心是产业，项目是产业的载体，项目的同质是危害最大的同质。从特色小镇的类型来看，旅游类特色小镇是比较容易导致项目趋同的。如依托小镇内水体可以开发的旅游项目主要有水上划船、休闲、垂钓娱乐项目，有避暑清凉的漂流项目，有观赏性的音乐喷泉、水幕电影项目等，这些项目部分具有资源依赖性，因此产生一定的"排他性"，多数是可以模仿抄袭的，尤其是音乐喷泉、水幕电影等高科技项目，它们没有"资源门槛"，只有"资金门槛"，最容易被抄袭剽窃，形成同质化现象；依托山体景观可以开发的旅游项目主要有岩溶洞、地下矿洞景点项目，玻璃栈道、玻璃桥游览项目，索道、吊环、蹦极项目，悬崖泳池项目等，这些项目中，风景观赏和岩洞项目具有资源依赖性，其他项目都没有"排他性"，普遍存在；与建筑物有关的旅游项目有博物馆、展览馆、摄影馆项目，历史名人居所等，这些项目中除了历史名人居所具有资源依赖性，其他项目难以做到唯一性，容易落入俗套，如红色文化博物馆、展览馆全国各地有很多，尽管各有差别，但主旋律及内容是相似的；无中生有的旅游项目有景观剧、舞台剧、印象系列等，这些项目虽然以地域文化为基础，貌似各不相同，但项目设计团队、灯光、台词大同小异，消费者逐渐会产生审美疲劳，而且，这类项目高度依赖景区的客流量，多数旅游景区的运营实践表明，如果每天的过夜游客少于 3000 人，此类项目很可能会失败①。农业类特色小镇中，非地标性农业产业项目容易导致同质化问题，如脐橙、土豆、梨子等

---

① 3000 人的过夜游客中，如果 20% 的游客选择观看节目，能保证 600 人的门票数量，低于这个数字，难以持续。

所谓的特色农业产业项目,其本质只是规模上的差异,而非产品本身的独特性。其他产业类特色小镇中,如电竞小镇、影视小镇等现代化标签小镇,其同质化问题更严重,据报道,全国电竞特色小镇几十个,拟打造影视产业的特色小镇更多,一些地方投入了大量资金,还未完工就面临供给过剩的问题。

(二)产品同质性

特色小镇的产品同质是特指其支柱产业与其他特色小镇的支柱产业在产品品质和特性方面的相似性,也包括服务。特色小镇的"特"强调支柱产品的"特",而不是基础性产品的特色。因此,各特色小镇中的"油、米、酱、醋"等基础性和生活性产品相似甚至完全相同也没有关系,关键是特色小镇赖以生存的支柱产业是否具有特色,有特色才能有发展潜力和空间。在各类型特色小镇中,旅游商品的同质化现象更为明显,旅游商品是旅游六要素中的核心要素,直接影响旅游小镇的经济效益。调查中发现,旅游小镇中,比较容易同质化的产品有旅游帽、旅游包、小孩玩具、旅游饰品、牛肉干、腊肉、各种糖类等,这些商品多数不是出自本地,而是由工厂规模化生产出来,然后由经销商分发至旅游景区、旅游小镇去销售,整条街到处是售卖这些商品的人,这类商品的出现降低了特色小镇的"特色";农业小镇中,比较容易同质化的产品有各种所谓的梨、米、桃、苹果、鸡等特色农产品,这些产品与其他地方的产品相比虽然有口感上的细微差别,但对于不那么挑剔的消费者而言,它们之间的差别可以忽略,相互可以替代。以苹果为例,我国苹果产区主要有黄土高原、黄河故道和秦岭北麓地区、渤海湾地区、西南冷凉高地四大区域,品种有红富士、金冠、嘎啦、花牛等,它们之间的差别很细微,即使是同一品种也分布在很多地区,如果只是做原生水果或者初级加工型的苹果小镇,就很难做出特色,而且一旦成功,就会被别人模仿,同质竞争风险很大。养殖业中的高山鸡、林下鸡等同样会遇到类似的问题。此外,以观赏农业为主的"花节""水果节"层出不穷,但内容大同小异,领导出席、艺人上台、群众捧场,镇镇在重复、在模仿。

(三)文化同质性

文化是特色小镇的灵魂,失去了文化特色,特色小镇再成功也只是"暴发户"而已,没有内涵,难以持续。特色小镇建设中的文化同质有如下几种情形:一是公共历史文化的同质性,比如三国文化、丝路文化、夜郎文化、茶马古道文化、巴渝文化、湘楚文化等，这些文化资源往往是多个地区所共有，但有些地区抢先打造"某某文化小镇"，企图以既有事实来获得社会认同；二是流域、山脉文化品牌的同质性，一些地区冠以长江、黄河、珠江、乌江、武陵、秦巴等流域和山脉公共文化品牌来打造特色小镇，但这些文化分布的空间很广，非某一地区所独有；三是公共非遗文化的同质性，有些非遗文化项目分布在很多地区，如花灯文化、舞狮文化、龙舟文化等，一些地区以这些公共文化遗产资源为依托打造特色小镇，很难做到"排他"，也很难得到社会广泛认可，潜在竞争性较大；四是名人故居文化的同质性，历史名人的出生地区、工作地区、去世之地可能不在同一地方，加上历史资料记录不详，难以考证等原因，导致多个地区争夺同一历史名人的故居，如蚩尤出生地、观音故居、孙大圣故居、武则天出生地等，最终导致各说各话，各讲各理，建立起来的特色小镇名不正言不顺；五是民族文化资源的同质性，我国少数民族空间分布很广，典型的有苗族、土家族、藏族、彝族等，他们在多个省市均有分布，一些地区以某一民族文化为依托打造特色小镇，引起了不少纷争。现实情况中，文化同质性在特色小镇建设中普遍存在，但有些地区通过放大、求异、宣传等方式来凸显文化特色，也取得了一定的成功，但是在同一文化圈内，在相邻区域中，同质性太强的文化不宜用于支撑特色小镇的内核。

（四）政策同质性

特色小镇建设中的政策同质性是指不同地区在招商引资、人才引进、城镇化土地、财税、融资等方面的地方政策，而不是指中央的指导性政策。政策为特色小镇建设保驾护航，决定特色小镇建设的风向。特色小镇是新型城镇化的重要风口，地方政府为此提供了很多制度供给，但不可否认，政策同质性是存在的，主要有如下几种情形：一是招商引资方面政策。一些地区在土地出让、基础设施建设、融资等方面率先出台优惠政策，其他地区相互模仿，出台类似或者更优惠的政策参与竞争，吸引知名企业和社会资本入驻。为防止地方优惠政策的恶性竞争，国家发展和改革委员会等五部门联合印发了《公平竞争审查制度实施细则（暂行）》（发改价监〔2017〕1849号），要求严格审查所有招商引资优惠政策，清除不合规的优惠政策，为招商引资优惠政策圈定了红线。二是人才引进方面的政策。目前全国各地的"抢人"政策相继出台，区域从一线大都市到四线中小县城，从东部地区的北上广到西部边远城镇，人才门槛从博士、硕士到本科，现在已经将人才门槛的定位下降到中专生，如2018年，内蒙古自治区呼和浩特市、辽宁省沈阳市、江西省南昌市的人才引进政策将落户条件降至中专学历，可见政策竞争之激烈。人才引进政策主要包括物质奖励性政策、工作环境改善性政策、生活环境改善性政策三大类，各地区的政策大同小异。三是城镇规划、建设、管理方面的政策。《国家新型城镇化规划（2014-2020年）》出台之后，全国各省（市、区）基本都出台了各自的新型城镇化规划或意见。国家两批次特色小镇名单出台之后，尤其是国家层面有关特色小镇建设的若干政策和指导意见出台之后，全国各地有关特色小镇建设、规划、管理方面的政策层出不穷，主要围绕土地出让、财税支持、金融支持、人才吸引等方面进行设计。这些地方性政策主要以落实中央政策为主，地方个性化的政策设计较少，大同小异。

（五）建筑同质性

建筑风格是特色小镇形象展示的第一窗口，建筑风格的色调、风格、气息等从不同角度彰显特色小镇的魅力，对一般游客或过客而言，是同质化还是个性化，建筑风格是第一印象。调查中发现，建筑风格同质化主要有如下几种情形：一是建筑仿建仿造之风形成的同质化现象。法国的"朗香教堂"、法国卡尔卡松古城堡、法国巴洛克风格建筑、法国巴黎埃菲尔铁塔、英国伦敦塔桥、美国曼哈顿建筑、美国杰克逊霍尔的乡村风情、美国国会大厦、欧洲风情小镇、奥地利哈尔斯塔特湖湖畔、泰晤士小镇、埃及的狮身人面像等建筑风格均在中国被仿建过。英国建筑师扎哈·哈迪德（Zaha Hadid）曾投诉重庆"海盗建筑"模仿了她的作品，要求仿建者公开道歉、立即停止修建，并更改建筑风格。其他的国内建筑仿建也不少，如北京故宫被横店模仿、北京天坛被安徽徐州模仿、苏州园林建筑、北方的四合院、客家围龙屋、土家族的吊脚楼、广西的栏杆建筑、云南的一颗印等无不被模仿和仿建。二是文化圈内建筑文化相似性导致的同质化现象，如北京四合院、陕甘宁地区的窑洞、徽州民居、福建土楼等特色建筑均有较大的分布空间，而且出于历史上人口迁徙和移民等原因，其建筑文化散布的范围极为广泛，由此导致同一建筑风格分布在多个地区或省份，并无产权界定。三是向大中城市看齐的统一化建筑风格现象。目前我国特色小镇仍然以建制镇为单元，追求小镇规模和行政上的级别是多数小镇的内在驱动力，因此他们模仿大中城市的建筑群、道路规划、绿化规划进行建设和打造特色小镇也无可厚非，但这样修建起来的特色小镇就走上了传统城镇化道路的老路，以高楼林立、公园、绿化带等常规性建筑为主题，毫无特色。此外，我国特色小镇规划设计基本上落在国内少数几家房地产公司的规划团队手中，近年来，无论是碧桂园、绿城等房企，还是宏泰、华夏等地产企业，或者是上海元合这样的地方企业，都将战略发展转向"特色小镇"，他们的创新团队的供给能力难以满足数千个特色小镇的规划建设需求，创新设计难以避免复制粘贴的情况，因此为特色小镇建筑风格的同质性埋下了伏笔。

三、特色小镇差异化发展的理论构建

走差异化发展道路是特色小镇高质量发展的重要手段和关键所在，也是实现镇村联动，以镇带村，促进乡村振兴的重要路径[①]。但遗憾的是，现有关于特色小镇的研究往往注重经验的推广总结、现象的描述分析，缺乏理论的探索和深化。国外学者针对产品、产业差异化问题有很多经典论著，如 E. H. Chamberlin（1939）认为，差异化发展战略是企业争夺市场份额的重要手段，能增强企业的垄断力[②]；亚伯拉罕·马斯洛的需求层次理论和迈克尔·波特的国际竞争理论对产品、产业差异化发展具有重要启发，西方经济学中的垄断竞争理论、寡头竞争理论对产品差异和消费偏好问题有成熟的理论框架；Michael E. Porter（1980）提出企业要开发有差别又有市场的产品，才能实现盈利[③]。近年来，有部分学者从资源禀赋、文化特质角度探索了旅游同质化问题，如 Dlnd Jesus（2012）通过对土著社区旅游经济的观察，认为旅游开发导致了社区的退化加剧，但文化的同质化和大众化对土著文化的复兴和维系具有价值[④]；F. Ding 和 T. Ma（2018）认为随着旅游目的地规模的扩大，景区同质化现象导致目的地形象趋同和竞争力下降，由于共同的文化背景、资源和环境，产品同质化是普遍

① 《乡村振兴战略规划（2018-2022年）》提出"因地制宜发展特色鲜明、产城融合、充满魅力的特色小镇和小城镇，加强以乡镇政府驻地为中心的农民生活圈建设，以镇带村、以村促镇，推动镇村联动发展"。

② E. H. Chamberlin, *The theory of Monopolistic Competition*, New York：The Harvard University Press Cambridge，1939.

③ Michael E. Porter, *Competitive Strategy*：*Techniques for Analyzing Industries and Competitors*：*With a New Introduction*, New York：Free Press，1980.

④ Dlnd Jesus, "The［re］traditionalization of Aboriginal Territories for Tourism：A Comparative Study between the Kadiwéu（Brazil）and the Maori（New Zealand）", *Estudios Y Perspectivas En Turismo*, Vol. 21, Issue 6, 2012, 1389-1408.

存在和不可避免的，同质化区域的发展差异与开发强度有关。差异化发展要从总体规划入手，综合考虑资源特征、类型、结构、分布和形成①。周大鸣（2012）认为民族旅游的同质化现象有三种情况，景区的同质化、旅游商品的同质化、族群的同质化，并提出以文化多样性破解同质化倾向②。李明瀚（2013）认为我国旅游小镇、温泉度假、旅游纪念品等存在激烈的同质化竞争，主要原因是缺乏专业人士和旅游开发经验，导致相互模仿③。

有关特色小镇差异化发展问题，学界的探索并不多。埃比尼泽·霍华德（Ebenezer Howard）的《明日的田园城市》是研究特色小城镇的奠基之作，著作从城乡比较的角度，提出了城乡"三磁铁"理论，但当时霍华德并未将差异化作为小城镇发展的重点问题进行研究④。此后，Peter Hall、Colin Ward（2002）在解读霍华德"花园城市"理论的基础上，强调自上而下国家规划的重要性⑤。此外，还有少量著述从小镇产品、旅游开发角度论述小城镇差异化发展问题，如 Steven C. Salop（1979）研究了商品差异化与商品市场覆盖率以及社会福利问题⑥；Marsh J.（1985）对加拿大落基山脉的资源差异进行了分析比较⑦；Mc Kercher B.（2008）针对香港游客的市场半径和距离规律的差异进行了研究⑧；Uysal M. 等（2000）对美国弗吉尼亚州以及大西洋中部几个州进行了旅游竞争力比较，认为弗吉尼亚州旅游形象缺乏影响力，与其他州相比缺乏差异性的营销策略⑨；Ng S. I. 等（2007）通过思维评测法，以澳大利亚为对象研究了旅游

① F. Ding, T. Ma, "Dynamic Relationship between Tourism and Homogeneity of Tourist Destinations", *IEEE Access*, Vol. 99, 2018.

② 周大鸣：《树立文化多元理念，避免民族旅游中的同质化倾向》《旅游学刊》，2012 年第 11 期，第 16-17 页。

③ 李明瀚：《基于资源基础理论的同质化旅游产品竞争策略研究——以云阳梯田为例》，云南大学硕士学位论文，2013 年。

④ 埃比尼泽·霍华德：《明日的田园城市》，金经元译，商务印书馆，2010 年版。

⑤ 彼得·霍尔、科林·沃德：《社会城市：再造21世纪花园城市》，吴家琦译，华中科技大学出版社，2016 年版。

⑥ Steven C. Salop, "Monopolistic Competition with Outside Goods", *Bell Journal of Economics*, Vol. 10, Issue 1, 1979, 141-156.

⑦ Marsh J., "The Rocky and Selkirk Mountains and the Swiss Connection 1885-1914", *Annals of Tourism Research*, Vol. 12, Issue 2, 1985, 417-433.

⑧ Mc Kercher B., "Segment Transformation in Urban Tourism", *Tourism Management*, Vol. 29, Issue 6, 2008, 1215-1225.

⑨ Uysal M., Chen J. S., Williams D. R., "Increasing State Market Share through a Regional Positioning", *Ourism Management*, Vol. 21, Issue 1, 2000, 89-96.

需求与文化距离问题，认为文化距离的差异是旅游意愿形成的重要因素①；
Tangeland T. 等（2011）探讨了性别差异和家庭差异对旅游选择的影响②。

目前，学界关于特色小镇差异化发展的学理性研究寥若晨星，远远满足不
了实践的需要。本书尝试从生物多样性、无线电干扰以及博弈论角度，提炼特
色小镇差异化发展的科学规律和理论体系。

（一）生物多样性与特色小镇差异化发展

在生物世界里，很容易发现在某一特定区域里，共存着几千种甚至上万种
不同的生物个体，它们按照优胜劣汰的"丛林法则"维持着生态的稳定性和物
种的多样性，彼此间形成一种稳定的秩序。社会领域中的特色小镇也如千千万
万"生物个体"一样，它们与生物多样性有着惊人的相似。

1. 生物多样性的表达与特色小镇差异化发展

生物多样性有三层表达：一是生物基因的多样性，指生物遗产信息的总和；
二是生物物种多样性，指所有动、植物和微生物的物种丰富程度；三是生物生
态系统多样性，指生态系统组成和功能的多样性。特色小镇差异化发展也有三
种类似的表达：一是资源禀赋的差异，指各特色小镇长期积累下来的自然的、
社会的、文化的、产业的禀赋差异性，类似于"遗传基因"差异；二是特色小
镇类型的差异，指按照特色小镇的建设现状和发展思路，外界给它定义的类型
差异，类似于"物种差异"；三是特色小镇外部环境差异，指各特色小镇所处的
自然地理环境、经济区划和文化圈环境差异，类似于"生态系统差异"。特色小
镇差异性与生物多样性存在诸多相似性，也存在不同之处，如表 2-6 所示。

一是微观层面，生物基因和资源禀赋都刻画了事物最本质的特征和差别。
生物基因的多样性比较稳定，而特色小镇的资源禀赋差异不稳定，容易发生变
异。自然条件下，生物基因发生变异的原因有四种，过量的辐射因素、温度骤
变的影响、化学物质的接触以及时间因素，此外，人为的生物科技进行基因重
组和基因编程，但通常情况下，自然界基因变异的概率很低，比较稳定。特色

① Ng S. I., Lee J. A., Soutar G. N., "Tourists' intention to Visit a Country: The Impact of Cultural Distance", *Tourism Management*, Vol. 28, Issue 6, 2007, 1497-1506.

② Tangeland T., Øystein Aas, "Household Composition and the Importance of Experience Attributes of Nature Based Tourism Activity Products: A Norwegian Case Study of Outdoor Recreationists", *Tourism Management*, Vol. 32, Issue 4, 2011, 822-832.

小镇资源禀赋差异变化的原因有自然因素、社会因素和人为因素三类。自然因素方面，特色小镇所拥有的特殊自然、气候和景观资源禀赋比较稳定，基于此建立起来的特色农林产业、旅游产业具有独特性和稳定性；社会因素方面，时间积累起来的历史文化资源、民族文化资源禀赋通常也有独特性，但由于史料遗存的缺失以及历史文化空间的广泛性，历史文化发生"变异"的情况时有发生，此外，民族文化随时间的推移以及外部文化的冲击，也会发生变异；人为因素方面，特色小镇资源禀赋发生变异是主要原因，在商业化的冲击下，一些特色小镇企业"造谣、造假、造势"，导致一些历史文化"无中生有"的伪造，一些民族文化"庸俗化"的改造，一些习俗文化"低俗化"的臆造。具体表现形式有仿古、仿建的建筑，有就地取材的青石路，有形似神不似的歌舞表演等，这就意味着文化基因的不良"变异"。

表 2-6　生物多样性的表达与特色小镇差异化的比较

生物多样性的表达		特色小镇差异化发展	生物多样性与特色小镇差异性的异同比较
生物基因多样性	广义指所有生物遗传信息的总和；狭义指种内不同群体之间或者群体内部不同个体之间的遗传变异的总和	资源禀赋差异	相同之处：两者都刻画了事物最本质的特征，都强调微观层面的差异 不同之处：生物基因的遗传比较稳定，环境条件通常不能改变生物的基因型，只是选择优势基因型；特色小镇资源禀赋的差异并不稳定，或因为传承和保护的乏力，或因为模仿学习，被交叉复制和融合，而产生变异
生物物种多样性	所有动物、植物、微生物等生物种类的丰富程度。观察指标有：物种总数、物种密度、特有种比例	小镇类型差异	相同之处：两者分类的对象都是单个独立个体。生物物种有原核生物界、原生生物界、菌物界、植物界以及动物界的五界分法，特色小镇有商贸流通型、工业发展型、农业服务型、游旅发展型、历史文化型、民族聚居型等分类 不同之处：第一，生物物种按照域、界、门、纲、目、科、属、种一级一级细分，越往下，生物特征和亲缘关系越相近。特色小镇虽然也有国家级、省部级、地厅级的纵向分类方法，但是并不意味越往下就越相近，国家级与地厅级不是包含关系，下一级可以逆袭成为国家级。第二，生物物种"科"以上类型的区分是比较明显的，界限清晰，而特色小镇类型之间的界限比较模糊

说明第三列中间项：根据特色小镇功能和属性划分的类型差异，可以按照产业属性划分、按照文化属性划分、按照空间距离划分

续表

生物多样性的表达		特色小镇差异化发展	生物多样性与特色小镇差异性的异同比较
生物生态系统多样性	生态系统组成和功能的多样性以及各种生态过程的多样性，包括生境的多样性、生物群落和生态过程的多样化等方面	外部环境差异	包括自然地理环境差异、所在地区的经济服务功能定位差异、所在地区的文化板块差异	相同之处：两者都包括自然环境的差异性。生物生态系统差异有森林、灌丛、荒漠、高山冻原、湖泊、草原等类型，特色小镇外部环境差异也包括类似的高原、山地、丘陵、平原等自然环境的差异 不同之处：生态系统差异主要是自然系统，而特色小镇的外部环境差异既包括自然环境的差异，又包括人文经济环境，如特色小镇所在区域的经济区划功能差异和文化圈的差异。此外，特色小镇外部环境的差异非本身，生物生态系统的多样性是存在于本身的差异

资料来源：生物多样性相关内容根据蒋志刚的《保护生物学》（浙江科学技术出版社，1997年版）的内容整理。特色小镇差异化的相关概念由笔者自定义。

　　二是中观层面，生物物种和小镇类型的区分都以单个个体为对象进行分类。但生物物种多样性按照域、界、门、纲、目、科、属、种逐级细分，越往下，级别越低，亲缘关系越近，相似性越强。特色小镇虽然也按照国家级、省部级、地厅级的纵向分类方法分类，但国家级与省部级、地厅级特色小镇不是上下级关系，它可能是重复关系，甚至省部级和地厅级小镇可以逆袭成为国家级。此外，生物物种"科"以上类型的区分是比较明显的，界限清晰，便于区分，而特色小镇类型之间的界限比较模糊，不好区分，有些小镇既属于民族类型，又属于旅游类型，还属于历史文化型，有些小镇既是工业型，又是旅游和特色农业的融合，界限不清楚，而且分类的方法多种多样。

　　三是宏观层面，生态系统和小镇外部环境都具有"板块"或者区域概念。生物生态系统有森林、灌丛、荒漠、高山冻原、湖泊、草原等多种类型，各种类型下的生物群落结构存在明显差异。特色小镇外部环境差异也包括类似的高原、山地、丘陵、平原等自然环境的差异，以及经济功能区划和文化板块的差异，不同的外部环境和经济文化板块内部，特色小镇类型差别也比较大。两者不同之处在于，生物生态系统的多样性是自然属性的，而特色小镇的外部环境差异既有自然属性，也有社会属性；既包括自然环境的差异，也包括人文经济环境。如云贵高原地区的特色小镇，首先，其气候、地形特征明显区别于东中部地区；其次，云贵高原地区是我国多民族地区，其特色小镇的民族文化气息浓厚；最后，云贵高原地区属于我国经济欠发达地区，在市场经济活跃度、资本活跃度、区域生产力布局和国家功能定位方面区别于东中部地区。

2. 特色小镇差异化发展的启示

生物世界由于基因、物种、生态系统方面的多样性，给小镇呈现了一个丰富多彩、动态平衡的开放系统，其中的科学规律和演绎逻辑为特色小镇的建设带来了重要启示。

一是特色小镇建设需要建立资源禀赋"基因库"。特色小镇资源禀赋的差异类似于生物的"基因库"。它是特色小镇差异化发展的根本，具体包括自然资源禀赋、文化资源禀赋、产业基础禀赋三大类。特色小镇的自然资源禀赋是大自然赋予的天然财富，如优质的自然景观、水质、空气质量、植被、土壤、山体、特殊气候等，这些因素是旅游型、特色农业型特色小镇差异化发展的重要基础；特色小镇的文化资源禀赋是历史沉淀下来的社会财富，如名人故里、民族民间习俗等，这些深厚的历史文化资源、鲜明的区域文化资源和独特的民族文化资源是旅游类、文创类特色小镇发展的重要基础；产业基础禀赋是特色小镇发展路径的起点，如有些小镇之前就具有了特色产业园区，有些小镇早已具有 A 级以上旅游目的地资质，有些小镇早已具备了特色农业开发基础或特色工艺基础。这些特色小镇起点高、潜力大，也容易形成正向"因果循环积累"效益，并趋异于其他小镇。特色小镇应该借鉴生物多样性的规律，建立禀赋资源"基因库"，并按照国际级、国家级、省级等资源等级进行分类管理，并作为特色小镇建设和申报的重要依据。

二是特色小镇建设需防止"基因"的不良变异。特色小镇的同质化主要来自人为的"基因"仿造和臆造。一些地方没有相关的文化资源和依据，却凭空打造各种形形色色的某某古镇，建设了大量的仿古建筑，铺设青石板路，挂大红灯笼，设计带有某些文化标识的建筑物，一些小镇凭空设计某某一条街，却没有任何产业基础，这些行为严重伤害了资源禀赋的"原产地"，同时也扭曲了资源的原真性，注定做不长久；一些地方虽然具有一定级别的资源禀赋，但过于吹嘘，夸大其词地进行宣传，一些部门信誓旦旦，大张旗鼓地进行建设，但最后以失败收场，留下一堆烂尾楼；一些小镇具备优质而独特的资源禀赋，但定位不准确或挖掘不充分，在外界的影响下，出现盲目跟风，丧失了自己的特色。这几类情况都属于资源禀赋"基因库"的不良变异。特色小镇的差异化发展，重点是对资源禀赋准确定位，不走弯路，坚决防止"假、大、空"特色小镇建设，有效治理过度包装、夸张宣传的特色小镇。

三是特色小镇建设应保持类型定位的稳定性。目前特色小镇的划分多种多样，缺乏统一标准，有的将其分为四大类，即科技型小镇、农业小镇、文旅小镇、产业小镇；有的将其分为 13 大类：旅游型、农业型、工业型、文化创意型、历史文化型、商贸型、健康修养型、渔业型、民族居住型、体育型、教育型、林业型、信息经济型；国家住房和城乡建设部下发的特色小镇申请表中将其分为商贸流通型、工业发展型、农业服务型、游旅发展型、历史文化型、民族聚居型、其他类型七大类。此外，还有根据空间距离属性、文化属性进行的其他分类。这与生物物种的分类差别较大，生物物种的分类是唯一的，一旦确定，其身份就永久确定了，明确的分类便于精准识别，身份稳定。特色小镇的分类多种多样，不利于特色小镇的持续发展，有些小镇投机取巧，以争取各种资源为目的，轻视内涵建设，换一届领导，就换一种建设思路，换一种建设类型，不利于特色小镇的长远建设。因此，特色小镇可以参考生物物种的分类方法，保持类型的稳定性。

四是特色小镇规划布局应考虑自然地理环境特征。我国地形西高东低，呈现三级阶梯分布，自西向东分别是青藏高原、巫山—雪峰山一线以及大兴安岭—太行山等所组成的高原及盆地、东部丘陵平原地区。自然地理板块有东北平原、华北平原、黄土高原、长江中下游平原、四川盆地、云贵高原、内蒙古高原等，这些地理板块在水文特征、气候特征、河流湖泊等方面存在较大差异，因此在布局特色小镇时，要结合自然地理特色进行布局。如黄土高原地区气候干燥、温差大，生态环境脆弱，不适合人类居住，应减少特色小镇布局数量，倾斜布局森林、草地等生态涵养型特色小镇，兼顾生态恢复和宜居双重功能；华北平原地区四季分明，地形平坦，降水量较少，应多布局生态农业型特色小镇，减少布局工业型特色小镇，减少耗水量；长江中下游平原地区属于水乡之地，水网稠密，适宜规划布局水域湖泊型特色小镇、水域养殖产业型特色小镇，也可适度布局工业制造型特色小镇；云贵高原地区，气候湿润、植被丰富，地形地貌奇特，生物多样性丰富，因此在布局特色小镇时要尽可能结合地形气候特征和生物物种特征，规划布局避暑养生、探险探奇、医药康养及农业特色小镇。

五是特色小镇规划布局应遵循国家经济功能区划。按照国家主体功能分区，我国国土范围划分为优化开发、重点开发、限制开发、禁止开发四类主体功能地区。优化开发区域重在提升国家竞争力，参与全球分工，是全国城镇化优化建设和人口稠密地区，主要包括环渤海地区、长江三角洲地区、珠江三角洲地区；重点开发区域是城镇化和工业建设的重点地区，包括冀中南地区、太原城市群地区等 18 个地区，其中云贵川地区主要有成渝地区、黔中地区、滇中地区；限制开发区以提供生态产品为主体功能，限制高强度的城镇化和工业化，包括大小兴安岭森林生态功能区、长白山森林生态功能区等 25 个地区，其中云贵川地区包括桂黔滇喀斯特石漠化防治生态功能区、川滇森林及生物多样性生态功能区、武陵山区生物多样性及水土保持生态功能区等地区；禁止开发区以保护为主，禁止城镇化和工业化开发，包括国家级自然保护区、世界文化自然遗产地、国家级风景名胜区、国家森林公园、国家地质公园等。在主体功能区划的大环境下，特色小镇需要优化空间格局，在优化开发区域和重点开发区域倾斜布局特色小镇，缓解大城市人口过多的弊病，解决农村劳动力过剩和就近转移的问题；限制开发区对城镇化建设有较高要求，而且对产业发展也有明确要求，需要择优择地择业进行布局；禁止开发区基本上以保护为主，尤其重视生态安全，因此不宜布局特色小镇。如图 2-3 所示。

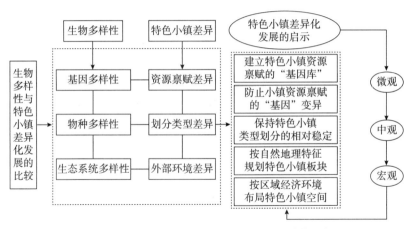

图 2-3　特色小镇差异化发展与生物多样性的比较

（二）无线电干扰模型与特色小镇差异化发展

特色小镇空间布局和特色定位中，往往存在这样的现象：同一个区域中存在诸多类似的特色小镇、旅游小镇、特色农产品小镇、电竞小镇等。这些小镇犹如一个信号发射源，游客和消费者犹如信息接收器，由于存在多个类似的信号发射源，导致了游客和消费者在信号接收时迷茫、徘徊和不安。这种现象与无线电干扰非常相似。无线电干扰理论中，同频干扰和邻频干扰是信息接收的重要障碍。同频干扰指其他信号源的频率与有用信号源频率相同，并以相同的方法进入接收器的干扰。由于两个信号同样被放大、检波，会造成差拍干扰，尤其是当干扰信号足够大时，可造成接收机阻塞，信号会失真。邻频干扰指接收机通带附近或射频通带内的信号，经过变频时候所造成的干扰。这种干扰使得接收器信噪比下降，反应失灵，强烈的干扰信号会导致阻碍干扰。基于这种类比思考，本书构建如下模型：

1. 基本假设

"世界上没有两片相同的树叶"，世界上也没有两个完全一样的特色小镇，同质化是相对的。本书界定同质化现象为：在一个指定区域内存在两个及以上类型相同的特色小镇，它们的潜在消费群体在区域内出现重叠的现象。那么在同质化现象存在的背景下，其"生存之本"是什么呢？自然科学中的无线电传播现象也许会给小镇建设带来启发和答案：在相近的区域里，如果存在两个及以上的无线电发射源，频率相近，那么，对于接收器来讲就会受到严重干扰，影响信号接收；两个无线电发射源尽管频率相近，但相隔距离较远，接收器接收信号影响不大。基于这种类比逻辑，下面根据无线电辐射与干扰原理建立同质化特色小镇"有效辐射"模型。

假设一：假设在一个区域中原先有一个特色小镇 A，之后出现类型相同的特色小镇 B、C、D……而且它们的出现在空间上服从泊松点过程，如图 2-4 所示。其中 A 点为最早的特色小镇（或最先定位的），B、C、D 点表示后续出现的同质性的特色小镇。

假设二：区域内的潜在消费者偏好大众化，既考虑时间成本和距离成本，又存在审美疲劳现象。

假设三：每一个特色小镇就如一个信号发射源，其本身的特色决定信号发射频率，宣传力度决定信号发射强度，消费者是信号接收者。

假设四：特色小镇的社会传播遵循无线电传播类似的规律，特色小镇的社会认可度类似于无线信号的接收功率，信号发射的系统热噪声类似于区域内市场容量的上限，其他同信道干扰类似于其他类似特色小镇的影响。

2. 理论模型

借鉴无线电传播的香农定律，构建如下模型：

$$R_A = \log_2\left(M + \frac{X}{S + T}\right) \tag{2-1}$$

其中，R_A 表示特色小镇 A 的社会认可度，M 表示"个性存量"，短期内基本稳定，X 表示宣传力度，S 表示市场容量上限，T 表示其他类似特色小镇的干扰

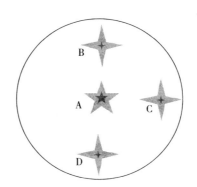

图 2-4 特色小镇同质化竞争区域分布图

影响。通常市场容量上限保持相对稳定,即 S 为常量。因此,提高特色小镇的社会认可度主要依靠宣传力度以及减少其他类似特色小镇的干扰影响。假定在一空间 Ψ 范围内,除 A 之外还有 K 个同质化的特色小镇,则相对于特色小镇 A 来说,总的同质化干扰可表示为 $G = \sum_{k=1}^{k} T_k$,假设消费者和游客的分布也服从泊松点过程,Π 是空间 Ψ 中服从密度测度为 λ 的泊松点过程,且 $f(x)$:Ψ 是可测的,那么当且仅当:$\int_R \min(\,|f(x)\,|,\,1)\lambda(dx) < \infty$ 时,$\sum_{x \in \Pi} f(x)$ 按照概率 1 呈绝对收敛,且对于任何复数 y 下列等式都成立:

$$E\big[\exp(y\sum f(x)\,\big] = \exp\Big\{\int_R \big[\exp(yf(x)\,) - 1\big]\lambda(dx)\Big\} \qquad (2-2)$$

借鉴无线电节点干扰原理[①],同质性的其他特色小镇对潜在消费者和游客的干扰可以表述为:

$$T_k = p_t \upsilon (\,d_r / d_k)^{\alpha} Q \qquad (2-3)$$

其中,p_t 表示其他类似特色小镇的传播强度(服从 Gamma 分布),υ 表示系统常数,d_r 表示标准距离(设定为常数),d_k 表示其他类似特色小镇与潜在消费群体和游客的实际距离,α 表示路径衰减系数,Q 表示路径衰减值(服从 Nakagami-m 分布),即:

$$P_Q(x) = \frac{(b\lambda)^a}{\Gamma(a)} x_{a-1} \exp(-b\lambda x) \qquad (2-4)$$

且
$$\Gamma(x) = \int_0^{\infty} t^{x-1} e^{-t} dt \qquad (2-5)$$

其中,a 和 b 表示形状参数和反比例参数,综合式(2-2)、式(2-3)、式

---

① A. Goldsmith, *Wireless Communications*, Cambridge, U. K: Cambridge University Press, 2005.

（2-4），可以得到特色小镇受到的同质化干扰特征函数表达式：

$$\Phi_R(\omega) = E\left\{\exp\left[\int\!\!\int_R \lambda\left(e^{j\omega p v Q/d_k^{\alpha}} - 1\right) P_Q(x)\,dx\right]\right\} \qquad (2\text{-}6)$$

上式表明，随着区域内同质化的特色小镇数量增加，特色小镇 A 受到的干扰总量将增加，特色小镇 A 若要保持稳定的社会影响力，所需要的广告宣传力度将增加；两个类似的特色小镇之间的距离是相互干扰的重要因素。此外，上式还隐含一个重要信息，即干扰信号的频率与原信号的频率越相近，其干扰总量也越大，小镇本身的"个性存量"越大，社会认可度越大。

3. 特色小镇差异化发展的启示

在上述分析的基础上，下面从空间演变角度推演特色小镇的辐射空间，每个特色小镇犹如一个信号发射源，其信号发射强度由自身的品位和宣传力度决定，消费者和游客接受强度由信号发射强度、空间距离、同质化的其他特色小镇数量等因素共同决定，如图 2-5 所示。

初始阶段，区域内只有一个特色小镇，向外形成一个类似圆圈的辐射区域，消费者和游客只有一个目标选择，如图 2-5 中的第一个图。经过一段时期之后，另一个类似的特色小镇出现了，它与第一个特色小镇形成一定的交叉重叠，对于第一个特色小镇而言，它的辐射区域减少了，等于阴影部分加上一半重叠区。随着区域内类似的特色小镇数量继续增加到 3 个、4 个、5 个时，相对于第一个特色小镇而言，它的有效辐射区域逐渐减少。便于对比分析，本书将阴影部分的面积加上交叉重叠部分的份额之和定义为"有效辐射"，将支撑一个特色小镇正常发展的最小辐射区域范围定义为"门槛条件"，通过对比"有效辐射"区域与"门槛条件"，做如下归纳性分析：

当特色小镇的"有效辐射"区域大于"门槛条件"时，特色小镇能维持正常的产业发展、就业带动和自我发展，此时，区域内即使有多处同质化的特色小镇存在，他们也能"共活"①。

当特色小镇的"有效辐射"区域等于"门槛条件"时，特色小镇的处境很危险，处于"半生半死"状态，如果通过创新发展，提升特色小镇内部的个性和特色，增强小镇的辐射空间，特色小镇则能"起死回生"，否则特色小镇将遵循丛林法则，被淘汰出局。

当特色小镇的"有效辐射"区域小于"门槛条件"时，特色小镇的发展处

---

① 围棋用语，表示没有两个眼，但有气，双方终局时都不肯再着子紧气，也都同意不能从棋盘上拿走的棋，都属于活棋，此时形成共活棋。

于绝境，只有通过外部资源注入，或采用非常规的宣传活动，同时挖掘和释放内部潜力，快速扩张"有效辐射"区域，才能力挽狂澜，恢复特色小镇的生机。

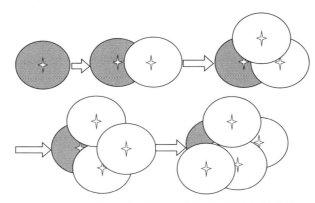

图 2-5　同质化背景下特色小镇有效辐射空间的演变

上述理论模型表明，随着同质化竞争的增多，每个特色小镇的有效辐射空间越来越小，在此背景下，特色小镇的生存法则可以归纳为三点：一是充分释放自身的"个性存量"，提高发射频率，增大辐射半径；二是错开与周边同质性特色小镇的频率，实现错位竞争；三是与周边同质性特色小镇保持适度距离，减少交叉重叠部分。

（三）区域竞合博弈与特色小镇差异化发展

特色小镇之间既存在竞争关系，又存在合作关系，一方面，它们在产品和服务市场、要素市场、人才市场方面存在激烈的竞争；另一方面，它们在业务、产品和线路上存在互补和合作机会，下面从竞争主导、合作主导两个角度构建竞合博弈模型，并分析竞合博弈"失序"背后的深层原因。

1. 竞争主导下的区域竞合博弈

以双寡头旅游特色小镇为例，构建如下竞合博弈模型。

假设一：博弈方是两个旅游型特色小镇，分别标为特色小镇 A 和特色小镇 B，两个特色小镇在旅游产品、服务体验等方面基本相似，同质化较明显，但是在空间位置上存在差异，主要是游客支付的运输成本不同，游客不仅要考虑旅游门票，而且要考虑门票价格与交通成本之和。

假设二：游客均匀分布在长度为 1 的线性区域，分布密度为 1，区间为 [0，

1]，假定两个特色小镇分别位于区域的两端，特色小镇 A 位于 $X=0$ 的地方，特色小镇 B 位于 $X=1$ 的地方。

假设三：特色小镇提供单位旅游产品的成本为 C，游客的交通成本与距离成正比，单位距离的成本为 s，因此，游客到特色小镇 A 和特色小镇 B 去旅游的交通成本分别为 sx 和 $s(1-x)$。

假设四：两个特色小镇同时选择自己的旅游产品价格，游客的消费者剩余足够大，所有到特色小镇去的游客都购买了 1 单位旅游产品。Pa 为特色小镇 A 的旅游商品价格，Pb 为特色小镇 B 的旅游商品价格，$D(Pa, Pb)$ 为需求函数。如果住在 x 处的游客对于去特色小镇 A 还是特色小镇 B 是无差异的，那么在 x 左边的游客将选择特色小镇 A，在 x 右边的游客将选择特色小镇 B，设需求分别为 $Da=x$，$Db=1-x$，x 满足如下条件：

$$Pa + sx = Pb + s(1 - x) \tag{2-7}$$

解上式函数得：

$$x = \frac{Pb - Pa + s}{2s} \tag{2-8}$$

对应特色小镇 A 和小镇 B 的需求函数如下：

$$Da(Pa, Pb) = x = \frac{Pb - Pa + s}{2s} \tag{2-9}$$

$$Db(Pa, Pb) = 1 - x = \frac{Pa - Pb + s}{2s} \tag{2-10}$$

两个特色小镇的利润函数如下：

$$\Pi a(Pa, Pb) = (Pa - C)Da$$
$$= \frac{1}{2s}(Pa - c)(Pb - Pa + s) \tag{2-11}$$

$$\Pi b(Pa, Pb) = (Pb - c)Db$$
$$= \frac{1}{2s}(Pb - c)(Pa - Pb + s) \tag{2-12}$$

特色小镇 A 选择定价 Pa 使利润最大化，对式（2-11）、式（2-12）求一阶导数：

$$\frac{\partial \Pi a}{\partial Pa} = Pb + c + s - 2Pa = 0 \tag{2-13}$$

$$\frac{\partial \Pi b}{\partial Pb} = Pa + c + s - 2Pb = 0 \tag{2-14}$$

联合式（2-13）、式（2-14），解方程，得最优解：

$$Pa^* = Pb^* = c + s \tag{2-15}$$

两个特色小镇的均衡利润为：

$$\Pi a = \Pi b = \frac{t}{2} \tag{2-16}$$

上述分析中将产品差异主要定义为空间距离，距离越远旅行成本就越高，均衡价格和均衡利润也越高。原因在于旅行成本越高，特色小镇 A 和特色小镇 B 提供旅游产品的替代性就下降，其对周边地区游客的垄断性就加强，小镇之间的竞争性也越弱，游客对价格的敏感性也下降，旅游商品的垄断性得以维护。如果旅行成本为零，两个小镇之间将具有完全替代性，没有任何一个特色小镇可以将旅游商品价格定得高于成本，因此利润为零。

在上述分析中，如果假定两个特色小镇位于同一位置 x，而且他们的产品是相似的，这时游客只关心价格，那么柏川德均衡将是唯一的均衡状态：

$$Pa = Pb = c，\Pi a = \Pi b = 0 \tag{2-17}$$

更为一般的情况下，如果假设特色小镇位于任何位置，如特色小镇 A 位于 $N \geq 0$，特色小镇 B 位于 $1-M$（$M \geq 0$），并假设 $1-N-M \geq 0$（特色小镇 A 位于特色小镇 B 的左边），旅行成本设成二次式 sd^2，d 为游客到特色小镇的距离，那么需求函数将变成如下形式：

$$Da(Pa，Pb) = x = N + \frac{1-N-M}{2} + \frac{Pb-Pa}{2s(1-N-M)} \tag{2-18}$$

$$Db(Pa，Pb) = 1 - x = M + \frac{1-N-M}{2} + \frac{Pa-Pb}{2s(1-N-M)} \tag{2-19}$$

式（2-18）和式（2-19）中，第一项是特色小镇自己的"地盘"（N 表示住在特色小镇 A 左边的游客，M 表示住在特色小镇 B 右边的游客），第二项是位于两个特色小镇之间的游客中靠近自己的一半，第三项是需求对价格差异的敏感度。根据计算，得到如下均衡解：

$$P^*a(N，M) = c + s(1-N-M)\left(1 + \frac{N-M}{3}\right) \tag{2-20}$$

$$P^*b(N，M) = c + s(1-N-M)\left(1 + \frac{M-N}{3}\right) \tag{2-21}$$

当 $N=M=0$ 时，特色小镇 A 位于 0 的位置，特色小镇 B 位于 1 的位置，均衡解如式（2-15）；当 $N=1-M$ 时，两个特色小镇在同一位置，均衡解如式（2-17）。

将式（2-20）、式（2-21）代入利润函数，得到如下利润函数解：

$$\Pi a(Pa，Pb) = \frac{s}{9}(1-N-M)^2(M-N)(3+N-M) \tag{2-22}$$

$$\Pi a(Pa, Pb) = \frac{s}{9}(1 - N - M)^2(N - M)(3 + M - N) \qquad (2-23)$$

上述分析表明，产品成本 c、距离成本系数 s 和游客所在位置是特色小镇旅游产品均衡价格和利润的决定性因素。

当其他因素不变时，旅游产品成本越高，最终产品定价就越高，但利润不受此影响。

当其他因素不变时，单位距离成本（产品差异性因素）越大，最终产品定价就越高，最终利润也越大。

当其他因素不变时，游客分布区域是影响产品定价的重要因素，也是最终利润的影响因素。

2. 合作主导下的区域竞合博弈

仍以双寡头旅游特色小镇为例，考虑在合作主导下的竞合博弈。

假设一：两个特色小镇提供的产品有差异，且互补，一个是先入行的特色小镇 A，景区特色以自然景观为主，且已经具备了良好的社会声誉和客源市场，旅游人气比较旺，但由于路径依赖问题，在其他文创产品方面比较弱，收入主要依靠旅游门票；另一个是后入行的特色小镇 B，景区以文化底蕴深厚见长，文化创意产品比较新颖，但自身的社会知名度不高，客源市场比较弱，收入主要依靠创意项目和其他产业带动，不收门票。

假设二：假设特色小镇 A 的市场需求函数如下：

$$Q_1 = a_1 - b_1 P_1 \qquad (2-24)$$

其中，Q_1 表示特色小镇 A 的游客人数，P_1 表示特色小镇 A 的旅游产品价格（门票），$a_1 > 0$，$b_1 > 0$。假设进入特色小镇 A 的每位游客，在住宿、交通、餐饮等方面（非门票消费）有 π_1 元的净消费额。

假设三：两个特色小镇都是风险中性，通过相互合作为游客提供全面的旅游体验和服务。特色小镇 A 利用已有知名度吸引游客，游客游览完后推荐给特色小镇 B，假设游客中有比例为 λ 的人会被成功推送到特色小镇 B 去，且消费特色小镇 B 设计的旅游文创产品，$\lambda \leq 1$。假设进入特色小镇 B 的每位游客，在住宿、交通、餐饮等方面（非门票消费）有 π_2 元的净消费额。特色小镇 B 根据推荐人数按一定的提成比例返利给特色小镇 A，并假定 γ（$\gamma \leq 1$）表示提成比例。特色小镇 B 的旅游文创产品价格由特色小镇 B 决定，假设为 P_2，其游客数量由两部分组成：

$$Q_2 = \lambda Q_1 + Q_0 \qquad (2-25)$$

其中，λQ_1 表示来自特色小镇 A 的有效推荐游客，占主要部分，Q_0 表示自身的散客，比例很少，设为常数。

假设四：特色小镇 A 是门票型旅游目的地，收入由三部分组成：门票收入、特色小镇 B 的推荐提成、吃住行拉动的净消费收入，前期投入的固定成本为 C_1，边际成本为 0；特色小镇 B 不收取门票，收入由旅游文创项目收入、吃住行拉动的净消费收入两部分组成，假设特色小镇 B 提供旅游文创产品的边际成本为 0，固定成本为 C_2，其游客来自两部分，一是自身的散客，二是特色小镇 A 推荐过来的游客组团。

根据上述假设，分三步构建博弈模型：

第一步，计算特色小镇 A 的利润函数如下：

$$\begin{aligned}
\Pi_1 &= Q_1 P_1 + \gamma \lambda Q_1 + \pi_1 Q_1 - C_1 \\
&= Q_1 (P_1 + \gamma \lambda + \pi_1) - C_1 \\
&= - b_1 P_1^2 + (a_1 - b_1 \gamma \lambda - b_1 \pi_1) P_1 + a_1 \gamma \lambda + a_1 \pi_1 - C_1 \quad (2\text{-}26) \\
&= (a_1 - b_1 p_1) \gamma \lambda + a_1 \pi_1 + a_1 p_1 - b_1 P_1 \pi_1 - b_1 P_1^2 - C_1 \quad (2\text{-}27)
\end{aligned}$$

将上式对价格求导，令其为 0，得到利润最大化的门票定价为：

$$P_1{}^* = \frac{a_1 - b_1 \gamma \lambda - b_1 \pi_1}{2 b_1} \quad (2\text{-}28)$$

上式表明：特色小镇 A 的游客需求量为正的情况下（$a_1 > b_1 p_1$），其总利润不仅与自身产品定价有关，而且与推荐到特色小镇 B 的推荐系数 λ 及提成比例系数 γ 呈正相关关系，这就说明特色小镇 A 在追求利润最大化的过程中，具有与特色小镇 B 合作的冲动，尤其在交易成本低廉的情况下，提成比例合适的条件下，合作是具有可能性的。

第二步，根据上述假设，计算特色小镇 B 的利润函数如下：

$$\begin{aligned}
\Pi_2 &= Q_2 P_2 + \pi_2 Q_2 - \gamma \lambda Q_1 - C_2 \\
&= Q_2 (P_2 + \pi_2) - C_2 - \gamma \lambda Q_1 \\
&= (b_1 \gamma \lambda - b_1 \lambda \pi_2) P_1 + (\lambda a_1 + Q_0) P_2 - b_1 \lambda P_1 P_2 + \\
&\quad (\pi_2 - \gamma) \lambda a_1 + Q_0 \pi_2 - C_2 \quad (2\text{-}29) \\
&= [(b_1 P_1 - a_1) \gamma + (a_1 - b_1 P_1) P_2 + (a_1 - b_1 P_1) \pi_2] \lambda + \\
&\quad Q_0 P_2 + Q_0 \pi_2 - C_2 \quad (2\text{-}30)
\end{aligned}$$

将上式对价格 p_1 和 p_2 分别求导，令其为 0，并联立求解，得到利润最大化的门票定价为：

$$P_1{}^* = \frac{a_1 \lambda + Q_0}{b_1 \lambda}, \quad P_2{}^* = \gamma - \pi_2 \quad (2\text{-}31)$$

其中，如果 $a_1 > b_1 P_1$（特色小镇 A 的游客量为正），且 $\pi_2 > 1$（进入特色小镇 B 的游客的其他净消费额），那么 $[(b_1 P_1 - a_1)\gamma + (a_1 - b_1 P_1)P_2 + (a_1 - b_1 P_1)\pi_2] > 0$，这就表明特色小镇 A 的推荐比例系数 λ 与特色小镇 B 的利润函数是正相关的。此外，两个特色小镇的均衡价格表明，特色小镇 B 利润最大化时，所要求的特色小镇 A 的门票定价与特色小镇 A 利益最大化时门票定价不相同，因此，两个特色小镇的合作存在潜在的不稳定性。

第三步，计算总利润函数：

$$\Pi = \Pi_1 + \Pi_2$$

$$= Q_1 P_1 + \pi_1 Q_1 + Q_2 P_2 + \pi_2 Q_2 - C_1 - C_2$$

$$= -b_1 P_1^2 + (a_1 - b_1 \pi_1 - b_1 \lambda \pi_2)P_1 - b_1 \lambda P_1 P_2 +$$

$$(a_1 \lambda + Q_0)P_2 + a_1 \pi_1 + a_1 \lambda \pi_2 + Q_0 \pi_2 - C_1 - C_2 \qquad (2\text{-}32)$$

$$= (a_1 P_2 + a_1 \pi_2 - b_1 \pi_2 P_1 - b_1 P_1 P_2)\lambda + (a_1 - b_1 P_1)\pi_1 +$$

$$Q_0 \pi_2 - b_1 P_1^2 + a_1 P_1 + Q_0 P_2 - C_1 - C_2 \qquad (2\text{-}33)$$

对上式求 P_1 和 P_2 的偏导数，并令其为 0，联立求解得到：

$$P_1^* = \frac{a_1 \lambda + Q_0}{b_1 \lambda} , \ P_2^* = \frac{a_1}{b_1 \lambda} - \frac{2(a_1 \lambda + Q_0)}{b_1 \lambda^2} \qquad (2\text{-}34)$$

从上式总利润函数可以发现，总利润函数与提成比例无关，与两个特色小镇的旅游产品定价有关，与特色小镇 A 推荐到特色小镇 B 的推荐系数 λ 有关。综合式（2-28）、式（2-31）、式（2-34）可以发现，特色小镇 A 利润最大化的门票定价与特色小镇 B 利润最大化的门票定价不一致，但特色小镇 B 利润最大化和总利润最大化对特色小镇 A 的门票定价要求是一致的。这就再次表明，两个特色小镇的合作存在不稳定性，需要协商和交易成本。此外，根据式（2-33）进行推算发现：在 $a_1 > b_1 P_1$ 的情况下（特色小镇 A 的游客量为正），$(a_1 P_2 + a_1 \pi_2 - b_1 \pi_2 P_1 - b_1 P_1 P_2) > 0$，即特色小镇 A 推荐游客的系数 λ 与两个特色小镇的总利润函数正相关。

综合上述两个博弈模型分析，得到如下基本启示：

第一，如果两个特色小镇在产品和服务方面出现同质化，那么共存的"关键"是空间距离。如果空间距离相对很远，两个特色小镇即使是生产同质化的产品和服务，也会因为交通成本的上升而形成一定的垄断性，对周边地区的游客形成垄断定价；如果两个特色小镇生产相同的产品和服务，同时距离又很近，它们的产品定价将接近完全竞争，失去超额利润。

第二，如果两个特色小镇在产品和服务方面存在明显的差异性，那么它们之间可以形成合作关系，并实现"双赢"。合作博弈下，提成比例系数 γ 合适的情况下，特色小镇 A 有意愿和冲动推荐游客到特色小镇 B 进行消费，并获取更多的利润，这是两个特色小镇合作的重要基础，通过相互推荐客源的方式就有可能形成互补性的特色小镇旅游精品线路。

第三，在合作的情况下，两个特色小镇在追求各自利润最大化的过程中，其产品定价可能有利于自己，但不是合作利益最大化的定价，此外，两个特色小镇利润最大化的均衡条件不一致，特色小镇 A 希望提成系数越高越好，特色小镇 B 希望提成比例越低越好，因此协商和交易成本是合作成功的关键，这是合作不稳定的重要影响因素。

3. 特色小镇差异化发展的启示

上述特色小镇竞合的博弈表明：第一，如果两个特色小镇在产品和服务方面出现同质化，那么共存的"关键"是空间距离。如果空间距离相对很远，两个特色小镇即使是同质化的产品和服务，也会因为交通成本的上升形成一定的垄断性，对周边地区的游客形成垄断定价；如果两个特色小镇生产相同的产品和服务，同时距离又很近，它们的产品定价将接近完全竞争，失去超额利润。第二，如果两个特色小镇在产品和服务方面存在明显的差异性，那么它们之间是可以形成合作关系，并实现"双赢"的。第三，有差异的特色小镇之间相互推荐客源，并从中获取提成是有效的合作方式，因此可以根据差异性和互补性设计特色小镇旅游精品线路。第四，特色小镇各自的利润函数不同，利润最大化时的均衡定价也不一样，此外，提成比例，游客推荐的比例也是影响利润最大化的重要因素，因此特色小镇之间的合作不是稳定的纳什均衡，需要协商和交易成本。

如上述博弈分析，特色小镇之间的合作是一种帕累托改进，但这种改进并不稳定，尤其是在利益分配不均的情况下，合作的天平将向竞争倾斜。以邻为壑和东施效颦的发展方式是一种消极的区域竞合关系，也是一种"失序"的区域竞合关系。造成这种现象的原因是权力的过度介入、资本的过度介入、空间主导权的博弈和决策者科学素养的缺失。

首先，权力过度介入造成"丛林法则"失灵。2016 年以前，我国特色小镇建设和发展基本处于"市场规则"约束下的环境之中，虽然部分地方在推进新型城镇化和小城镇建设过程中，给予了特色小镇政策倾斜，但"丛林法则"仍然是主要的淘汰准则，东施效颦的模仿方式基本没有出路。2016 年以后，我国特色小镇建设掀起了高潮，国家级、省部级、地厅级的各类旅游小镇层出不穷，有些属于市场选择，但因权力过度介入产生的特色小镇也不在少数。政绩导向和权力介入而兴起的特色小镇会导致"市场失灵"，本不该建设的旅游小镇快速"上马"，本该淘汰的特色小镇被注入"强心针"而继续存活，本会衰落的特色小镇因某位重要领导人的重视而重新出现生机。这样的背景下，特色小镇就很难规避"短、平、快"的模仿热潮，以及以邻为壑的区域封锁。

其次，资本过度介入造成"政府失灵"。资本的嗅觉比政府更灵敏，特色小镇上升为国家战略之后，国内外大型公司集体涌入特色小镇领域，如上海诺狮景观、深圳侨城、北京绿维、四川远景、上海儒余、深圳艾肯弘扬、博为国际等知名公司大举进入特色小镇建设。甚至一些主营房地产、汽配、物流等领域的公司也转行进军特色小镇。诚然，其中不乏有好的规划设计和成功作品，但也出现了不少公司以套取优惠政策为目的，以"拿地"为第一要务，由此导致特色小镇建设"鱼目混珠"，真假难辨。一些公司为保证自身利益，防范风险，套取土地红利，往往回避创新性强、投资大的项目建设，而选择在短期内容易产生经济效益的项目，这样的项目选择恰恰是以模仿和剽窃为主，项目不能形成区域品牌和区域形象，也很难持续发展。更甚者，政府通过招商引资引进企业之后，减税免税政策少不了，还要在基础设施建设、"五通一平"方面投入大量资金，在卫生、安全、生态等日常管理方面投入大量人力物力，导致政府公共支出规模过大，债务风险激增，政府失灵。

再次，空间主导权意识过强导致"空间失序"。特色小镇是一种介于行政镇和功能镇之间的空间单元，功能相似或者地域相邻的特色小镇往往在空间辐射上存在主导权的竞争。在官员政绩竞争背景下，特色小镇的 GDP 竞争、财政收入竞争、区域形象竞争等会变得更为激烈。企业层面之间的客流量竞争、品牌竞争、营业收入竞争也无法回避。由这些指标所构成的"区域主导者"和"行业主导者"之争必然会导致以邻为壑现象的出现。更甚者，特色小镇政府之间、企业之间打起了"情报战""间谍战"等。

最后，决策者科学素养缺失导致"内涵失序"。特色小镇关键在"特色"，特色的关键在"内涵"。在政府主导的特色小镇建设过程中，政府决策者的"内涵"决定了特色小镇的"内涵"，决策者的科学素养决定了特色小镇发展的高度。但现实情况并不乐观，一些特色小镇的决策者往往不是"专家"和"内行"，但却站在"专家"和"内行"之上来做决策。项目是否得到科学论证？市场需求是否准确把握？类似的供给是否达到了饱和？在这些问题并没有解决的情况下，项目可能已经尘埃落定。

第三章　云贵川特色小镇支持政策的差异与比较

　　云贵川地区特色小镇资源富集，三省已经入围的第一批和第二批国家级特色小镇共计 48 个，已建、在建和拟建的省级特色小镇达数百个。这种雨后春笋般的建设热潮是地方新型城镇化建设的内在需求，是乡村振兴、城乡统筹、产镇融合发展的重大机遇，也是支持政策驱动的直接产物。下面从国家层面的政策支持体系设计、云贵川地区特色小镇支持政策的差异与比较方面进行系统分析。

一、国家层面有关特色小镇建设的政策支持体系

　　据统计，自 2016 年以来，国家层面出台的有关特色小镇建设的政策文件多达十余项，涉及国家发展和改革委员会、财政部、农业农村部、住房和城乡建设部、国家体育总局、文化和旅游部、自然资源部、国家工业和信息化部、国家中医药管理局、国家民族事务委员会等多个部委。这些政策文件中，有些从建设原则和发展目标上提出了指导性意见；有些从资本、土地、人口流动等要素集聚方面提出了规范遵循；有些从进入准则、考核评估等方面提出具体要求，下面从土地政策、人口流动与人才政策、财税政策、金融政策四个方面系统梳理国家层面支持特色小镇的制度设计。

（一）国家层面的土地政策

　　土地是特色小镇建设的核心要素，土地政策对特色小镇建设有重要的引导和约束作用。《国家新型城镇化规划（2014-2020 年）》提出新型城镇化要实行最严格的土地集约节约制度和耕地保护制度，并提出"管总量、控增量、活存量""创新制度、优化结构、提高效率、满足需求"的土地利用原则。特色小镇

建设的若干文件指出,在总量平衡的情况下,给予特色小镇建设重点支持和倾斜。城乡建设用地增减挂钩,新增建设用地使用方向向特色小城镇倾斜,与农业转移人口数量挂钩,并严禁挖山填湖、破坏水系、破坏生态环境。要求土地节约集约利用,防治房地产化倾向,坚持严格的耕地保护政策,在土地利用规划和城乡规划的约束下,禁止大拆大建和另起炉灶,对特色小城镇发展边界和四至范围进行定量规定,即特色小镇规划用地面积控制在 3 平方千米左右,建设用地面积控制在 1 平方千米左右,体育、旅游、农业类特色小镇可适当放宽。归纳起来,国家宏观土地政策具有以下特点:一是特色小镇的建设用地仍然要执行最严格的土地节约利用政策;二是特色小镇的建设用地与人口落户数量挂钩,合理增加用地指标,但严禁以特色小镇建设之名圈地,大搞房地产;三是特色小镇建设用地主要来自于"存转增",通过存量低效土地再利用、低丘缓坡荒芜土地的再开发来获得;四是特色小镇建设用地有严格的数据指标规定,除了旅游、农业和体育类特色小镇外,其他类型原则上不得越线①。见表 3-1。

表 3-1　国家特色小镇的土地政策

政策类型	主要内容	文件出处
土地政策	一是规范推进城乡建设用地增减挂钩。通过城乡建设用地增减挂钩所获得的建设用地可用于特色小镇建设。二是建立城镇低效用地再开发激励机制。允许存量土地使用权人在不违反法律法规、符合相关规划的前提下,按照有关规定经批准后对土地进行再开发,用于特色小镇的建设。三是因地制宜推进低丘缓坡地开发,充分利用土地。四是完善土地经营权和宅基地使用权流转机制。推进农村土地征收、集体经营性建设用地入市、宅基地制度改革试点	《关于深入推进新型城镇化建设的若干意见》(国发〔2016〕8 号)
	合理安排土地利用计划。以大中小城市和小城镇协调发展为目标,新增建设用地计划向中小城市和特色小城镇倾斜,向发展潜力大、吸纳人口多的县城和重点镇倾斜。除生活用地及公共基础设施用地外,对超大和特大城市中心城区原则上不安排新增建设用地。建立城镇建设用地增加规模同吸纳农业转移人口落户数量挂钩机制,坚持以人定地、地随人走原则,会同有关部门,依据上一年度进城落户人口数量和新增用地标准,合理确定城镇建设用地增加规模,保障农村转移进城落户人员的用地需求,促进土地城镇化与人口城镇化相协调	《国土资源部关于进一步做好新型城镇化建设土地服务保障工作的通知》(国土资规〔2016〕4 号)

①　熊正贤:《特色小镇政策的区域比较与优化研究——以云贵川地区为例》,《云南民族大学学报(哲学社会科学版)》,2019 年第 2 期,第 104-116 页。

续表

政策类型	主要内容	文件出处
土地政策	盘活存量土地，建立低效用地再开发激励机制。建立健全土地承包权、宅基地使用权、集体收益分配权自愿有偿流转和退出机制	《关于加快美丽特色小（城）镇建设的指导意见》，国家发展和改革委员会，2016 年 10 月 8 日
	顺应地形地貌，小镇规划要与地形地貌有机结合，融入山水林田湖等自然要素，彰显优美的山水格局和高低错落的天际线。严禁挖山填湖、破坏水系、破坏生态环境	《关于保持和彰显特色小镇特色若干问题的通知》，住房和城乡建设部，2017 年 7 月 7 日
	一是严控房地产化倾向。各地区要综合考虑特色小镇和小城镇吸纳就业和常住人口规模，从严控制房地产开发，合理确定住宅用地比例，并结合所在市县商品住房库存消化周期确定供应时序。适度提高产业及商业用地比例，鼓励优先发展产业。科学论证企业创建特色小镇规划，对产业内容、盈利模式和后期运营方案进行重点把关，防范"假小镇真地产"项目。二是严格节约集约用地。各地区要落实最严格的耕地保护制度和最严格的节约用地制度，在符合土地利用总体规划和城乡规划的前提下，划定特色小镇和小城镇发展边界，避免另起炉灶、大拆大建。三是鼓励盘活存量和低效建设用地，严控新增建设用地规模，全面实行建设用地增减挂钩政策，不得占用永久基本农田。合理控制特色小镇四至范围，规划用地面积控制在 3 平方千米左右，其中建设用地面积控制在 1 平方千米左右，旅游、体育和农业类特色小镇可适当放宽	《关于规范推进特色小镇和特色小城镇建设的若干意见》，国家发展和改革委员会、国土资源部、环境保护部、住房和城乡建设部，2017 年 12 月 4 日
	优化供地用地模式，合理安排建设用地指标，依法依规组织配置农业用地和生态用地，鼓励点状供地、混合供地和建筑复合利用	国家发展改革委办公厅《关于建立特色小镇和特色小城镇高质量发展机制的通知》（发改办规划〔2018〕1041 号）

（二）国家层面的人口流动与人才政策

人的因素是特色小镇兴旺的根本性因素，特色小镇建设能否有成效，有多大成效，取决于各级各类人才能否在特色小镇会集，而人才的集聚离不开人口流动与人才政策的引导。国家针对特色小镇人口流动和人才引进方面没有出台专门的文件，但在国家新型城镇建设和特色小镇建设的若干指导意见中提出了三条原则：一是提出放宽落户条件，鼓励各类人才落户小城镇。二是鼓励外出农民工返乡创业定居。三是强化产、学、研、用一体的就业技能培训基地建设，营造吸引各类人才、激发企业家活力的创新环境，为创业者提供便利和服务。此外，国家开发银行提出了贫困地区干部培训计划，为特色小镇引智、引技和引商注入了原动力。总体上，国家在特色小镇的人口流动与人才政策方面着眼于宏观把握，以鼓励性和引导性的政策为主，从人才进入环境、创业环境方面给予指导性的意见，见表3-2。

表3-2　国家特色小镇的人口流动与人才政策

政策类型	人才政策主要内容	文件出处
人口流动与人才政策	鼓励各地区进一步放宽落户条件，除极少数超大城市外，允许农业转移人口在就业地落户，优先解决农村学生升学和参军进入城镇的人口、在城镇就业居住5年以上和举家迁徙的农业转移人口以及新生代农民工落户问题，全面放开对高校毕业生、技术工人、职业院校毕业生、留学归国人员的落户限制，加快制定公开透明的落户标准和切实可行的落户目标。除超大城市和特大城市外，其他城市不得采取要求购买房屋、投资纳税、积分制等方式设置落户限制	《国务院关于深入推进新型城镇化建设的若干意见》（国发〔2016〕8号）
	一是鼓励外出农民工回乡创业定居。强化校企合作、产研融合、产教融合，积极依托职业院校、成人教育学院、继续教育学院等院校建设就业技能培训基地，培育特色产业发展所需各类人才。二是营造吸引各类人才、激发企业家活力的创新环境，为初创期、中小微企业和创业者提供便利、完善的"双创"服务	《国家发展改革委关于加快美丽特色小（城）镇建设的指导意见》（发改规划〔2016〕2125号）
	强化人才支撑。加大对贫困地区特色小（城）镇建设的智力支持力度，开发银行扶贫金融专员要把特色小（城）镇作为金融服务的重要内容，帮助派驻地（市、州）以及对口贫困县区域内的特色小（城）镇引智、引商、引技、引资，着力解决缺人才、缺技术、缺资金等突出问题。以"开发性金融支持脱贫攻坚地方干部培训班"为平台，为贫困地区干部开展特色小（城）镇专题培训，帮助正确把握政策内涵，增强运用开发性金融手段推动特色小（城）镇建设、促进脱贫攻坚的能力	《国家发展改革委　国家开发银行关于开发性金融支持特色小（城）镇建设促进脱贫攻坚的意见》（发改规划〔2017〕102号）

（三）国家层面的财税政策

财税政策是特色小镇建设的重要推动器，对特色小镇推进效率产生重要影响。改革开放以来，国家出台过不少支持小城镇发展的政策文件，但实质性的财税支持很少。国家住房和城乡建设部、财政部曾在"十二五"时期针对绿色低碳小城镇有过实质性的资金支持。目前，在特色小镇建设方面，国家的财税支持主要有两种方式：一是通过设立专项建设资金对符合条件的特色小镇进行支持；二是针对建设效果较好的特色小镇，给予适当奖励，但是没有出台具体实施办法。此外，2017 年，国家发展和改革委员会、住房和城乡建设部、原国土资源部和原环境保护部联合发文提出，特色小镇建设要严防政府债务风险。尽量避免政府举债建设特色小镇而加重债务包袱，明确规定县级政府超过 100%的债务率风险预警线之后，不得变相举债融资立项建设。2018 年，国家发展和改革委员会发文提出财政支持由事前补贴向事中事后奖励补贴转变。由此可见，国家在特色小镇建设方面保持谨慎的财税政策，主要是通过鼓励性和引导性政策，规范地方特色小镇建设健康运行，以特色小镇专项建设资金和项目支持方式重点扶持运行较好的特色小镇，没有一刀切地出台普惠性的财政支持和税收减免政策，见表 3-3。

表 3-3　国家特色小镇的财税政策

政策类型	主要内容	文件出处
财税政策	国家发展改革委等有关部门支持符合条件的特色小镇建设项目申请专项建设基金，中央财政对工作开展较好的特色小镇给予适当奖励	《住房城乡建设部　国家发展改革委　财政部关于开展特色小镇培育工作的通知》（建村〔2016〕147 号）
	一是严防政府债务风险。各地区要注重引入央企、国企和大中型民企等作为特色小镇主要投资运营商，尽可能避免政府举债建设进而加重债务包袱。县级政府综合债务率超过 100%的风险预警地区，不得通过融资平台公司变相举债立项建设。二是统筹考虑综合债务率、现有财力、资金筹措和还款来源，稳妥把握配套设施建设节奏	《关于规范推进特色小镇和特色小城镇建设的若干意见》，国家发展和改革委员会、国土资源部、环境保护部、住房和城乡建设部，2017 年 12 月 5 日
	创新财政资金支持方式，由事前补贴转为事中事后弹性奖补	国家发展和改革委员会办公厅《关于建立特色小镇和特色小城镇高质量发展机制的通知》（发改办规划〔2018〕1041 号）

（四）国家层面的金融政策

金融支持政策是特色小镇建设的重要推手，影响特色小镇建设的质量和可持续性。2016 年，国家发展和改革委员会出台文件，提出创新融资模式支持特色小镇建设。鼓励通过财政资金撬动方式，推进政府与社会资金合作，支持以建设基金方式推动地方特色小镇建设发展。鼓励国家开发银行等银行体系以及其他金融机构扶持特色小镇建设，加大金融支持。鼓励有条件的地方政府通过债券发行等方式拓宽融资渠道。2017 年，国家发展和改革委员会与国家开发银行联合出台文件，将脱贫攻坚与特色小镇结合起来，提出针对试点单位，优先安排贷款规模、优先编制融资规划、优先给予资金支持。针对政府购买服务、特许经营等方式的信贷，开发银行加大支持力度，尤其是支持 PPP 创新模式引入社会资本等方式。2017 年，国家农业部针对农业特色互联网特色小镇，鼓励银行加大支持力度，鼓励财政资金调动社会资金，鼓励资金投入、项目孵化和金融服务的市场化机制创新。此外，中国建设银行、中国农业发展银行、中国工商银行、中国农业银行等都提出了金融支持特色小镇建设的具体政策和条款。2017 年 5 月，住房和城乡建设部与光大集团签订《共同推进小城镇建设战略合作框架协议》，光大集团除了信贷投放，还通过旗下基金、产业等多种方式参与特色小镇培育建设。2018 年，国家发展和改革委员会发文提出搭建政银对接服务平台，鼓励金融机构加大对高质量特色小镇建设的融资服务，见表 3-4。由此可见，金融机构对我国特色小镇的建设开启了"绿灯模式"，不但发起成立特色小镇建设基金，同时在贷款额度、贷款效率方面给予"优先"支持，各大银行跃跃欲试，推动了各地特色小镇建设的进程。

表 3-4　国家特色小镇的金融政策

政策类型	主要内容	文件出处
金融政策	一是创新特色小（城）镇建设投融资机制，大力推进政府和社会资本合作，鼓励利用财政资金撬动社会资金，共同发起设立美丽特色小（城）镇建设基金。研究设立国家新型城镇化建设基金，倾斜支持美丽特色小（城）镇开发建设。鼓励开发银行、农业发展银行、农业银行和其他金融机构加大金融支持力度。鼓励有条件的小城镇通过发行债券等多种方式拓宽融资渠道。二是鼓励国开行、农发行、农业银行等金融机构加大金融支持力度。鼓励有条件的城镇发行债券融资	《关于加快美丽特色小（城）镇建设的指导意见》，国家发展和改革委员会，2016 年 10 月 8 日

续表

政策类型	主要内容	文件出处
金融政策	开发银行各分行积极参与特色小（城）镇规划编制工作，统筹考虑财税、金融、市场资金等方面因素，做好系统性融资规划和融资顾问工作，明确支持重点、融资方案和融资渠道，推动规划落地实施。对试点单位优先编制融资规划，优先安排贷款规模，优先给予政策、资金等方面的支持。开发银行加大对特许经营、政府购买服务等模式的信贷支持力度，特别是通过探索多种类型的PPP模式，引入大型企业参与投资，引导社会资本广泛参与。发挥开发银行"投资、贷款、债券、租赁、证券、基金"综合服务功能和作用，在设立基金、发行债券、资产证券化等方面提供财务顾问服务。发挥资本市场在脱贫攻坚中的积极作用，盘活贫困地区特色资产资源，为特色小（城）镇建设提供多元化金融支持。各级发展改革部门和开发银行各分行要共同推动地方政府完善担保体系，建立风险补偿机制，改善当地金融生态环境	《国家发展改革委 国家开发银行关于开发性金融支持特色小（城）镇建设促进脱贫攻坚的意见》（发改规划〔2017〕102号）
	一是创新投融资机制，拓展融资渠道，鼓励利用财政资金撬动社会资本，鼓励银行和其他金融机构加大金融支持力度。二是深化便利投资、商事仲裁、负面清单管理等改革创新，构建项目选择、项目孵化、资金投入和金融服务的市场化机制	《农业部办公厅关于开展农业特色互联网小镇建设试点的指导意见》（农办市〔2017〕27号）
	搭建政银对接服务平台。引导金融机构逐年为符合高质量发展要求的特色小镇和特色小城镇，在债务风险可控前提下提供长周期低成本融资服务，支持产业发展及基础设施、公共服务设施、智慧化设施等建设。各总行开辟绿色通道，2019年1月底前完成评审和融资服务，将批复投放情况报送国家发展改革委	国家发展改革委办公厅《关于建立特色小镇和特色小城镇高质量发展机制的通知》（发改办规划〔2018〕1041号）

二、云南省特色小镇建设的政策支持体系

云南省特色小镇建设的政策支持体系主要来自《云南省新型城镇化规划

（2014-2020 年）》、《云南省人民政府关于深入推进新型城镇化建设的实施意见》（2016）、《云南省人民政府关于加快特色小镇发展的意见》（2017）、《云南省人民政府关于加快推进全省特色小镇创建工作的指导意见》（2018）等文件，具体内容包括土地政策、人口流动与人才政策、财税政策和金融政策。

（一）云南省的土地政策

云南省城镇化建设坚持节约集约用地准则，遵循"管住总量、严控增量、盘活存量"三原则。2014 年，《云南省新型城镇化规划（2014-2020 年）》提出了城镇化土地利用的四大机制，分别是用地规模结构调控机制、节约集约用地机制、国有土地有偿使用机制和征地规范改革机制。此外，还提出了转变建设用地方式，盘活城镇土地存量，防止城镇化无序蔓延，提出人口—产出—城镇环境—土地使用四位一体的山地城镇发展思路。2016 年，《云南省人民政府关于深入推进新型城镇化建设的实施意见》进一步提出城乡建设用地增减挂钩制度、城镇低效用地再开发激励制度、因地制宜推进低丘缓坡地开发制度、土地经营权和宅基地使用权流转制度。2017 年，《云南省人民政府关于加快特色小镇发展的意见》明确提出了单列下达特色小镇建设用地 3 万亩，符合划拨用地目录的可依法划拨供地，在符合有关规划和用途管制前提下，在特色小镇规划区范围内，探索集体经营性建设用地入市，允许以出租、合作等方式盘活利用宅基地，允许通过村民自愿整合、统一集中规划建设。这些政策为云南省特色小镇建设过程中土地有序利用提供了坚实的制度保障。此外，云南省在灵活性、负面清单方面对土地利用也形成了制度引导和约束，如 2018 年，《云南省人民政府关于加快推进全省特色小镇创建工作的指导意见》提出不简单套用"建设面积 1 平方千米、规划面积 3 平方千米的用地标准"，严禁变相"圈地"和占用永久基本农田，规范使用林地，坚持城乡建设用地增减平衡。由此可见，云南省在特色小镇的土地使用方面基本形成了正负双面清单和健全的城镇建设用地制度体系。

归纳起来，云南省在支持特色小镇建设的土地政策方面，一是贯彻中央有关城镇土地集约节约利用的基本原则，守住红线，二是体现土地政策的灵活性和地域性特点，见表 3-5。

表3-5 云南省支持特色小城镇建设的土地政策

政策类型	主要内容	文件出处
土地政策	按照"管住总量、严控增量、盘活存量"的原则,创新土地管理制度,优化土地利用结构,提高土地利用效率,合理满足城镇化用地需求。一是建立城镇用地规模结构调控机制。严格控制新增城镇建设用地规模,严格执行城市用地分类与规划建设用地标准,实行增量供给与存量挖潜相结合的供地政策,提高城镇建设使用存量用地比例。二是健全节约集约用地制度。建立健全规划统筹、政府引导、市场运作、公众参与、利益共享的城镇低效用地再开发机制,盘活利用现有城镇存量建设用地。三是深化国有建设用地有偿使用制度改革。扩大国有土地有偿使用范围,逐步对经营性基础设施和社会事业用地实行有偿使用。四是深化征地制度改革。建立兼顾国家、集体、个人的土地增值收益分配机制,合理提高个人收益,保障被征地农民长远发展生计。充分利用低丘缓坡土地资源,建设特色鲜明的山地城镇。转变建设用地方式,充分利用低丘缓坡土地,城镇建设过程中,应保护好有限的坝区土地资源,优化城镇空间布局,促进土地流转和规模经营,加速盘活农村土地,在尊重农民意愿、综合考虑经济发展水平和现实需求的基础上,因地制宜推进就近就地城镇化,加大盘活城市土地存量,防止城市边界无序蔓延,以人口密度、产出强度和资源环境承载力为基准,合理确定城市新增建设用地规模	《云南省新型城镇化规划(2014-2020年)》
	一是规范推进城乡建设用地增减挂钩。充分发挥增减挂钩政策在促进城乡统筹方面的优势作用,全面推行城乡建设用地增减挂钩政策。建立城镇建设用地增加与吸纳农村转移人口相挂钩机制,对吸纳农业转移人口多的城镇在城乡人居环境提升、城镇重大基础设施等项目用地方面给予优先支持。二是建立城镇低效用地再开发激励机制。建立健全"规划统筹、政府引导、市场运作、公众参与、利益共享"的城镇低效用地再开发机制,盘活利用现有城镇存量建设用地,建立存量建设用地退出激励机制,允许存量土地使用权人在不违反法律法规、符合有关规划的前提下,按照有关规定经批准后对土地进行再开发。完善城镇存量土地再开发过程中的供应方式,鼓励原土地使用权人自行改造,涉及原划拨土地使用权转让需补办出让手续的,经依法批准,可采取规定方式办理并按照市场价缴纳土地出让价款,发挥政府土地储备对盘活城镇低效用地的作用。三是因地制宜推进低丘缓坡地开发。在坚持最严格的耕地保护制度、确保生态安全、切实做好地质灾害防治的前提下,在资源环境承载力适宜地区开展低丘缓坡地开发试点。采用创新规划设计方式、开展整体整治、土地分批供应等政策措施,合理确定低丘缓坡地开发用途、规模、布局和项目用地准入门槛。四是完善土地经营权和宅基地使用权流转机制。加快推进农村集体土地确权登记颁证工作,依法维护农民土地承包经营权,赋予农民对承包地占有、使用、收益、流转及承包经营抵押、担保权能,保障农户宅基地用益物权,改革完善农村宅基地制度,慎重稳妥推进农民住房财产权抵押、担保、转让,严格执行宅基地使用标准,禁止一户多宅。	《云南省人民政府关于深入推进新型城镇化建设的实施意见》,2016年7月14日

续表

政策类型	主要内容	文件出处
土地政策	探索农户对土地承包权、宅基地使用权、集体收益分配权的自愿有偿退出机制，支持引导其依法自愿有偿转让上述权益，提高资源利用效率，防止闲置和浪费。在符合规划和用途管制前提下，允许农村集体经营性建设用地出让、租赁、入股，实行与国有土地同等入市、同权同价。建立农村产权流转交易市场，推动农村产权流转交易公开、公正、规范运行	《云南省人民政府关于深入推进新型城镇化建设的实施意见》,2016年7月14日
	坚持节约集约用地的原则，充分利用存量建设用地，鼓励利用低丘缓坡土地，鼓励低效用地再开发，盘活闲置建设用地。2017~2019年，省级单列下达特色小镇建设用地3万亩。在符合有关规划的前提下，经县、市、区人民政府批准，利用现有房屋和土地兴办文化创意、健康养老、众创空间、"互联网+"等新业态的，可实行继续按原用途和土地权利类型使用土地的过渡期政策，过渡期为5年，过渡期满后需按新用途办理用地手续，符合划拨用地目录的可依法划拨供地。在符合有关规划和不改变现有工业用地用途的前提下，对工矿厂房、仓储用房进行改建及利用地下空间，提高容积率的，可不再补缴土地价款差额。在符合有关规划和用途管制前提下，在特色小镇规划区范围内，探索集体经营性建设用地入市，允许以出租、合作等方式盘活利用宅基地，允许通过村民自愿整合、采取一事一议，在现有宅基地基础上进行统一集中规划建设	《云南省人民政府关于加快特色小镇发展的意见》,2017年3月30日
	遵循"小而精"的创建思路，坚持节约集约用地原则，结合实际，实事求是，科学划定特色小镇的规划建设区域，不简单套用特色小镇建设面积1平方千米、规划面积3平方千米的用地标准。在特色小镇创建过程中，避免借特色小镇创建之名无限扩大规划建设区域或变相进行"圈地"。在不占用永久基本农田、尽量不占或少占耕地的前提下，开辟绿色通道，对涉及规划调整的特色小镇按照程序开展土地利用规划调整，优先使用城乡建设用地增减挂钩节余指标，规划指标以县、州市为单位调剂平衡，县、州市确实难以保障的，可申请使用省级预留规划指标予以保障。林地方面，对符合使用林地审批条件的，开辟绿色通道，加快林地占用手续的审批办理，予以林地指标保障	《云南省人民政府关于加快推进全省特色小镇创建工作的指导意见》,2018年10月26日

(二) 云南省的人口流动与人才政策

云南省特色小镇建设的人口流动政策主要包括户籍改革政策、居住证政策、城镇基本公共服务政策和农业人口转移政策。《云南省人民政府关于深入推进新型城镇化建设的实施意见》（2016）明确提出，除了昆明市之外，其他地区落户限制全部取消，尤其针对高级技工和高校毕业生全省取消落户限制，并加强公共服务提供和城镇社会保障机制的建设，鼓励农业转移人口市民化，并出台相应配套政策。在企业创新人才方面，《云南省人民政府关于加快特色小镇发展的意见》（2017）明确提出营造吸引各类人才、激发企业家活力的创新环境，为初创期、中小微企业和创业者提供便利、完善的"双创"服务。2018 年，《云南省人民政府关于加快推进全省特色小镇创建工作的指导意见》中提出要提升特色小镇居民的幸福感和获得感，综合考虑特色小镇吸纳就业、常住人口和农业转移人口聚集规模。

人才引进和培育政策方面，2014 年，云南省就提出要依靠人才和科技，提高小城镇产业发展的层次和水平。2018 年，云南省提出"千人计划"和"万人计划"，即围绕烟草、能源、冶金、化工等传统产业，生物医药和大健康、旅游文化、信息、现代物流、高原特色现代农业、新材料、先进装备制造、食品与消费品制造等重点产业，围绕路网、航空网、能源保障网、水网、互联网等基础设施建设，重点引进数千名自然科学、工程技术、人文社科、管理咨询以及其他急需的高层次人才；围绕云南省发展战略、经济社会需求重点培育 1 万名左右在自然科学、工程技术、人文社科、经营管理、技术技能等领域的高层次人才，并从一次性奖励、项目经费支持、职称评审、住房保障、子女入学等方面提供政策支持。这些政策虽然不是专门针对特色小城镇发展而设定，但科技类、新兴产业等特色小镇建设是高层次人才的重要需求方，在发展过程中会受到这些人才政策的影响，见表 3-6。

表 3-6　云南省支持特色小城镇建设的人口流动与人才政策

政策类型	主要内容	文件出处
人口流动与人才政策	吸纳周边地区的技术、资金和人才等，培育具有地方特色和竞争力的优势产业，依靠科技和人才，提高小城镇产业的层次和水平 一是全面深化户籍制度改革。充分尊重城乡居民自主定居意愿，促进有能力在城镇稳定就业和生活的农业转移人口举家进城落户，并与城镇居民享有同等权利和义务。除昆明市主城区以外，全面放开落户限制。全省取消对高校毕业生和中高级技工落户限制。发挥小城镇在吸纳农业转移人口中的重要作用，鼓励有条件的建制镇成建制转户。实行来去自由的返农村原籍地落户政策。二是全面实行居住证制度。推进居住证制度全覆盖未落户城镇常住人口，以居住证	《云南省新型城镇化规划（2014－2020 年）》《云南省人民政府关于深入推进新型城镇化建设的实施意见》，2016 年 7 月 14 日

续表

政策类型	主要内容	文件出处
人口流动与人才政策	为载体，建立健全与居住年限等条件相挂钩的基本公共服务提供机制，并作为申请登记居住地常住户口的重要依据。完善居住证制度，保障居住证持有人在居住地享有义务教育、基本公共就业服务、基本公共卫生服务和计划生育服务、公共文化体育服务、法律援助和法律服务以及国家规定的其他基本公共服务。三是推进城镇基本公共服务常住人口全覆盖。加大对农业转移就业劳动者职业技能培训力度。把进城落户农民完全纳入城镇社会保障体系，完善转移接续手续。四是加快建立农业转移人口市民化激励机制。切实维护进城落户农民在农村的合法权益，确保农业转移进城人口真正享受到与城镇居民相同的权益。实施财政转移支付同农业转移人口市民化挂钩政策，实施城镇建设用地增加规模与吸纳农业转移人口落户数量挂钩政策，省预算内投资安排向吸纳农业转移人口落户数量较多的城镇倾斜。各州、市人民政府要出台相应配套政策，加快推进农业转移人口市民化进程	《云南省人民政府关于深入推进新型城镇化建设的实施意见》，2016年7月14日
	营造吸引各类人才、激发企业家活力的创新环境，为初创期、中小微企业和创业者提供便利、完善的"双创"服务	《云南省人民政府关于加快特色小镇发展的意见》，2017年3月30日
	留存好原住居民生活空间，防止将原住居民整体迁出，促进人口在特色小镇聚集，提升特色小镇居民的幸福感和获得感。各地要综合考虑特色小镇吸纳就业、常住人口和农业转移人口聚集规模	《云南省人民政府关于加快推进全省特色小镇创建工作的指导意见》，2018年10月26日
	围绕烟草、能源、冶金、化工等传统产业，生物医药和大健康、旅游文化、信息、现代物流、高原特色现代农业、新材料、先进装备制造、食品与消费品制造等重点产业，路网、航空网、能源保障网、水网、互联网等基础设施建设，重点引进一批自然科学、工程技术、人文社科、管理咨询以及其他急需紧缺人才。用5~10年时间，引进数千名各类别高层次人才。千人计划：一次性补贴、项目经费支持、科学家工作室、特设岗位、职称评审不受限制、住房保障、柔性引进、研修访学等12条政策支持 围绕云南省发展战略、经济社会需求，用5年左右时间，重点培养一批自然科学、工程技术、人文社科、经营管理、技术技能等领域的急需紧缺人才。力争用10年时间培养1万名左右云南省高层次人才，万人计划：一次性人才奖励、团队项目经费支持、高层次人才生活补贴、科学家工作室等8条政策支持	《云南省"千人计划"实施办法（试行）》《云南省"万人计划"实施办法（试行）》，2018年3月8日

整体上，云南省在人口落户、人才引进环境政策等方面逐步规范和成熟，在尊重人才、爱护人才、培养人才等软环境方面有了很大改进，为特色小镇的发展提供了良好的制度保障。

（三）云南省的财税政策

云南省财税支持特色小镇发展的政策有两类：一类是广普式支持城镇化发展的财税政策，如《云南省新型城镇化规划（2014-2020年）》提出加大对吸纳农业转移人口多的城镇财政金融支持力度，在城乡规划、基本公共服务均等化、新型农业经营体制、城镇化建设等方面增加专项经费投入，并保障资金的落实和使用，《云南省人民政府关于深入推进新型城镇化建设的实施意见》（2016）提出"争取中央专项建设基金扩大支持新型城镇化建设的覆盖面，安排专门资金定向支持城镇基础设施和公共服务设施建设、特色小城镇功能提升等"，这些政策为特色小城镇的基础设施建设夯实了基础，为特色小镇的加快发展提供了良好的铺垫。另一类是专门针对特色小镇发展的财税政策，如《云南省人民政府关于加快特色小镇发展的意见》（2017）提出凡是进入创建名单的特色小镇，可以获得1000万元的启动资金，在年限内完成考核目标的特色小镇，还可以获得500万至1亿元不等的奖励性资金，建设期内企业新增税收由省、州市分享，前3年全额返还、后2年减半返还给特色小镇所在地，但同时也规定，考核不合格的特色小镇，要收回相应的支持资金。2018年10月，云南省特色小镇发展领导小组办公室以云发改办规划〔2018〕1041号文件正式公布了2018年省财政奖补支持和淘汰退出特色小镇名单。其中考核认定鸡足山禅修小镇、八宝壮乡小镇触碰了生态红线；永胜清水古镇、陆良蚕桑小镇、罗平油菜花小镇3个小镇主体未落实、未开工建设；个旧大屯特色制造小镇混淆了特色小镇与产业园区的概念，上述6个特色小镇被淘汰退出了特色小镇名单。《云南省人民政府关于加快推进全省特色小镇创建工作的指导意见》（2018）提出按照"大干大支持、不干不支持"的工作思路，全省范围内，从2018年到2020年每年评选出15个创建成效显著的特色小镇，省财政每个小镇给予1.5亿元以奖代补资金支持，用于特色小镇规划编制，公共基础设施建设、公共服务和产业培育方面，凡是经考核评价淘汰退出创建名单的特色小镇一律收回已支持的省财政奖补资金。

从表3-7不难看出，云南省在支持特色小镇建设的财税政策具体、实用、动真格，不仅有广普式支持城镇化发展的财政政策，更有针对特色小镇发展的专项资金，真正起到了"吹糠见米"的扶持效果。

表 3-7　云南省支持特色小城镇建设的财税政策

政策类型	主要内容	文件出处
财税政策	加大对吸纳农业转移人口多的城镇财政金融支持力度，在城乡规划、基本公共服务均等化、新型农业经营体制、城镇化建设等方面增加专项经费投入，并保障资金的落实和使用	《云南省新型城镇化规划(2014-2020年)》
	争取中央专项建设基金扩大支持新型城镇化建设的覆盖面，安排专门资金定向支持城市基础设施和公共服务设施建设、特色小城镇功能提升等。拓宽资金渠道，建立各级财政保障性住房稳定投入机制，调整布局结构，加大面向产业聚集区的公共租赁住房建设力度，并将城镇保障性住房建设延伸到乡镇	《云南省人民政府关于深入推进新型城镇化建设的实施意见》，2016年7月14日
	凡纳入创建名单的特色小镇，2017年，省财政每个小镇安排1000万元启动资金，重点用于规划编制和项目前期工作。2018年底考核合格，创建全国一流、全省一流特色小镇的，省财政每个小镇分别给予1亿元、500万元奖金，重点用于项目贷款贴息。2019年底验收合格，创建全国一流、全省一流特色小镇的，省财政每个分别给予9000万元、500万元奖励资金，重点用于项目贷款贴息。特色小镇规划建设区域内的新建企业，从项目实施之日起，其缴纳的各种新增税收省、州市分享收入，前3年全额返还、后2年减半返还给特色小镇所在地的县、市、区人民政府，专项用于特色小镇产业培育和扶持企业发展支出。年度考核或验收考核不合格的，通过扣减特色小镇所在地的州、市、县、区一般性财政转移支付，收回相应阶段的省财政支持资金	《云南省人民政府关于加快特色小镇发展的意见》，2017年3月30日
	继续加大财政支持力度。按照"大干大支持、不干不支持"的工作思路，从2018年开始至2020年，在全省范围内，每年评选出15个创建成效显著的特色小镇，省财政每个小镇给予1.5亿元以奖代补资金支持，项目建成后，授予"云南省示范特色小镇"荣誉称号 对以云南世居少数民族，尤其是人口较少民族和"直过民族"为特色创建的特色小镇给予倾斜支持。经考核评价淘汰退出创建名单的特色小镇一律收回已支持的省财政奖补资金。财政奖补资金必须用于特色小镇规划编制、特色小镇规划范围内的项目前期工作、公共基础设施、公共服务体系、产业发展培育等项目建设，严禁用于房地产开发项目	《云南省人民政府关于加快推进全省特色小镇创建工作的指导意见》，2018年10月26日

（四）云南省的金融政策

云南省支持特色小镇的金融政策主要包括三类：一是改善城镇建设融资环境类政策，《云南省新型城镇化规划（2014-2020 年）》提出"运用创业投资引导、政策性金融服务、小额贷款担保、落实税费减免等手段，为中小企业特别是创业型企业发展提供良好的经营环境，促进创业带动就业""放开市场准入，逐步建立多元化、可持续的城镇化资金保障机制""在完善法律法规和健全地方政府债务管理制度基础上，支持有条件的地方发行政府专项债券，鼓励引导商业银行、保险公司等金融机构创新金融产品，加大信贷投入，增加贷款规模，积极支持城镇化建设"等，这些金融政策有效改善了城镇建设的融资环境，疏通了小城镇建设的融资渠道。二是融资引导和鼓励类政策，《云南省人民政府关于深入推进新型城镇化建设的实施意见》（2016）提出："鼓励开发银行、农业发展银行创新信贷模式和产品，针对新型城镇化项目设计差别化融资模式与偿债机制。鼓励州、市利用财政资金和社会资金设立城镇化发展基金，整合政府投资平台设立城镇化投资平台。进一步完善政府引导、市场运作的多元化投融资体制，建立透明规范的城市建设投融资机制，通过采取组建地方性基础设施建设投融资公司、银行贷款、委托贷款、公私合营（PPP）、打捆式开发、资源转换式开发等方式，拓宽城市建设融资渠道。"《云南省人民政府关于加快特色小镇发展的意见》（2017）提出："大力吸引民间资本参与特色小镇建设。通过财政资金引导、企业和社会资本投入、政策性银行和保险资金项目贷款以及特色小镇居民参与等多种渠道筹措项目建设资金。"这些政策引导和鼓励各类资本向特色小镇集聚，加快了特色小镇的建设步伐。三是直接支持类的金融政策，如《云南省人民政府关于加快特色小镇发展的意见》（2017）明确提出："2017~2019 年，由省发展改革委每年从省重点项目投资基金中筹集不低于 300 亿元作为资本金专项支持特色小镇建设，实现资本金全覆盖，并向贫困地区、边境地区、世居少数民族地区和投资规模大的特色小镇倾斜。"《云南省人民政府关于加快推进全省特色小镇创建工作的指导意见》（2018）提出："积极支持具备条件的特色小镇投资主体包装好项目和资产，通过发行企业债券进行融资，省发展改革委要开辟绿色通道，指导特色小镇做好企业债券申报、发行等工作。可以政府购买服务的项目，采取单列项目方式向全社会招募建设投资者。"见表3-8。

表 3-8   云南省支持特色小城镇建设的金融政策

政策类型	主要内容	文件出处
金融政策	运用创业投资引导、政策性金融服务、小额贷款担保、落实税费减免等手段，为中小企业特别是创业型企业发展提供良好的经营环境，促进创业带动就业。加快财税体制和投融资机制改革，创新金融服务，放开市场准入，逐步建立多元化、可持续的城镇化资金保障机制。统筹发挥政策性金融、商业性金融和合作性金融的作用。支持民间资本参与设立村镇银行、民营银行等中小型民营金融机构，保障金融机构农村存款主要用于农业农村。加快农业保险产品创新和经营组织形式创新，完善农业保险制度。鼓励社会资本投向农村建设，引导更多人才、技术、资金等要素投向农业农村。建立透明规范的城市建设投融资机制，通过采取组建地方性基础设施建设投融资公司、银行贷款、委托贷款、公私合营（PPP）、打捆成片式开发、资源置换式开发等方式，拓宽城市建设融资渠道。在完善法律法规和健全地方政府债务管理制度基础上，支持有条件的地方发行政府专项债券，鼓励引导商业银行、保险公司等金融机构创新金融产品，加大信贷投入，增加贷款规模，积极支持城镇化建设。鼓励民间资本通过直接投资、与政府合作投资、政府购买服务，以及购买地方政府债券等形式，参与城镇公共服务、市政公用事业等领域的建设。允许社会资本通过特许经营等方式参与城市基础设施投资和运营，加快市政公用事业改革，完善特许经营制度和市政公用事业服务标准，促进市政公用服务市场化和服务项目特许经营。建立健全城市基础设施服务价格收费机制，让投资者有长期稳定的收益。鼓励公共基金、保险资金等参与项目自身具有稳定收益的城市基础设施项目建设和运营	《云南省新型城镇化规划（2014-2020 年）》
	鼓励开发银行、农业发展银行创新信贷模式和产品，针对新型城镇化项目设计差别化融资模式与偿债机制。鼓励州、市利用财政资金和社会资金设立城镇化发展基金，整合政府投资平台设立城镇化投资平台。进一步完善政府引导、市场运作的多元化投融资体制，建立透明规范的城市建设投融资机制，通过采取组建地方性基础设施建设投融资公司、银行贷款、委托贷款、公私合营（PPP）、打捆式开发、资源转换式开发等方式，拓宽城市建设融资渠道	《云南省人民政府关于深入推进新型城镇化建设的实施意见》，2016 年 7 月 14 日

续表

政策类型	主要内容	文件出处
金融政策	健全政府和社会资本合作机制,大力吸引民间资本参与特色小镇建设。通过财政资金引导、企业和社会资本投入、政策性银行和保险资金项目贷款以及特色小镇居民参与等多种渠道筹措项目建设资金。2017~2019 年,由省发展改革委每年从省重点项目投资基金中筹集不低于 300 亿元作为资本金专项支持特色小镇建设,实现资本金全覆盖,并向贫困地区、边境地区、世居少数民族地区和投资规模大的特色小镇倾斜。积极支持具备条件的特色小镇建设开发企业发行企业债进行融资。支持各州、市利用财政资金和社会资金设立特色小镇发展基金。特色小镇申报符合条件的项目,省发展改革委、财政厅、住房城乡建设厅等省直有关部门在审核批准、投资补助等方面加大倾斜支持力度,优先支持申请中央预算内投资和国家专项建设基金,优先列入省统筹推进的重点项目计划和省"十、百、千"项目投资计划以及有关基金支持,优先安排城镇供水、"两污"、市政道路等城镇基础设施建设专项补助资金	《云南省人民政府关于加快特色小镇发展的意见》,2017 年 3 月 30 日
	通过财政资金引导、企业和社会资本投入、金融机构贷款以及当地居民参与等多种渠道筹措资金。特色小镇投资主体和社会资本方应加大投入,履行好特色小镇建设的投资主体责任。积极支持具备条件的特色小镇投资主体包装好项目和资产,通过发行企业债券进行融资,省发展改革委要开辟绿色通道,指导特色小镇做好企业债券申报、发行等工作。可以政府购买服务的项目,采取单列项目方式向全社会招募建设投资者。鼓励各类金融机构加大对特色小镇信贷支持力度,与各级财政资金、基金、项目业主投入资金形成联动。特色小镇投资项目符合国家支持方向的棚改、联络道路、社会公益项目要积极争取上级给予支持	《云南省人民政府关于加快推进全省特色小镇创建工作的指导意见》,2018 年 10 月 26 日

综上所述,云南省在金融支持特色小镇的政策设计有层次感和结构性,虚实结合,体系完备。

三、贵州省特色小镇建设的政策支持体系

贵州省在支持特色小城镇建设方面的政策文件主要有《中共贵州省委办公

厅　贵州省政府办公厅印发〈关于加快 100 个示范小城镇改革发展的十条意见〉的通知》（黔委厅字〔2013〕68 号）、《贵州省高层次人才引进绿色通道实施办法》（黔人领发〔2013〕5 号）、《关于印发〈贵州省"百千万人才引进计划"实施办法〉的通知》（黔人领发〔2013〕8 号）、《省人民政府关于支持"5 个 100 工程"建设政策措施的意见》（黔府发〔2013〕15 号）、《省人民政府关于深入推进新型城镇化建设的实施意见》（黔府发〔2016〕14 号）、《省人民政府办公厅关于印发贵州省加快推进山地特色新型城镇化建设实施方案的通知》（黔府办发〔2017〕76 号）6 个文件。

（一）贵州省的土地政策

贵州省没有专门出台有关"特色小镇"土地利用的政策，而是针对相关概念的"示范小城镇"出台了比较详细的土地倾斜政策。2013 年，贵州省出台了《中共贵州省委办公厅　贵州省政府办公厅印发〈关于加快 100 个示范小城镇改革发展的十条意见〉的通知》，专门提出"年度用地计划优先保障示范小城镇及相关基础设施和公益性项目建设用地，增减挂钩项目优先在示范小城镇安排"。2013 年，贵州人民政府推出的"5 个 100 工程"中又将示范小城镇建设的土地政策进一步细化，提出"示范小城镇的新增建设用地由省国土资源厅单列安排""安排 1 万亩城乡建设用地增减挂钩周转指标用于示范小城镇建设，不足部分根据规模、进度、时序逐步追加"。这几项土地政策对贵州特色小城镇的快速发展起到了很大的推动作用。2016 年，《省人民政府关于深入推进新型城镇化建设的实施意见》（黔府发〔2016〕14 号）提出"全面实施城镇建设用地增加与农村建设用地减少相挂钩政策，推动增减挂钩节余指标在省域内流转""完善城镇存量土地再开发过程中的供应方式，鼓励原国有土地使用权人自行改造，涉及原划拨土地使用权转让需补办出让手续的，经依法批准，可采取规定方式办理并按市场价缴纳土地出让价款""建立国家、改造者、土地权利人三者在旧城镇、旧厂房、旧村庄改造方面的土地收益合理分配机制，加快推进城镇低效用地再开发"。同时也首次以正式文件提出城镇建设要坚持"占耕地少、占林地少、拆迁少和无基本农田的'三少一无'原则"。2017 年，《省人民政府办公厅关于印发贵州省加快推进山地特色新型城镇化建设实施方案的通知》（黔府办发〔2017〕76 号）进一步提出"结合年度农业转移人口落户情况，合理分解下达下年度土地利用新增建设用地计划指标""充分发挥土地利用总体规划的管控作用，从严核定新增建设用地规模，优化建设用地布局"，并提出从严控制建设占用耕地特别是占用优质耕地的原则。见表3-9。

表3-9 贵州省特色小城镇建设的土地政策

政策类型	主要内容	文件出处
土地政策	进入示范小城镇的扶贫生态移民搬迁工程,优先安排使用增减挂钩建新留用区土地。年度用地计划优先保障示范小城镇及相关基础设施和公益性项目建设用地。增减挂钩项目优先在示范小城镇安排。经农村集体建设用地使用权人自愿和农村集体经济组织同意,可将闲置、废弃的农村建设用地复垦为耕地,验收合格并保障农村发展用地后,形成的增减挂钩节余指标进入市(州)公共资源交易平台公开交易	《中共贵州省委办公厅 贵州省政府办公厅印发〈关于加快100个示范小城镇改革发展的十条意见〉的通知》(黔委厅字〔2013〕68号)
	城市综合体、示范小城镇的新增建设用地由省国土资源厅单列安排。2013年安排1万亩新增建设用地计划指标,用于"5个100工程"①未列入国家低丘缓坡开发利用试点的"向山要地"工程;安排1万亩城乡建设用地增减挂钩周转指标用于示范小城镇建设,不足部分根据规模、进度、时序逐步追加。产业园区和旅游景区的新增建设用地,由省国土资源厅下达各市(州)的年度计划指标中优先安排,重大项目用地由省国土资源厅保障解决。示范小城镇建设使用城乡建设用地增减挂钩周转指标	《省人民政府关于支持"5个100工程"建设政策措施的意见》(黔府发〔2013〕15号)
	全面实施城镇建设用地增加与农村建设用地减少相挂钩政策,推动增减挂钩节余指标在省域内流转。鼓励农村宅基地复垦复耕、强化规范管理、规范操作、规范运行,扩大城乡建设用地增减挂钩规模和范围,统筹土地增减挂钩政策支持易地扶贫搬迁项目建设。鼓励存量土地使用权人在不违反法律法规、符合相关规划前提下,按照有关规定经批准后对土地进行再开发。完善城镇存量土地再开发过程中的供应方式,鼓励原国有土地使用权人自行改造,涉及原划拨土地使用权转让需补办出让手续的,经依法批准,可采取规定方式办理并按市场价缴纳土地出让价款。建立国家、改造者、土地权利人三者在"三旧"(旧城镇、旧厂房、旧村庄)改造方面的土地收益合理分配机制,加快推进城镇低效用地再开发。按照占耕地少、占林地少、拆迁少和无基本农田的"三少一无"原则,扎实推进低丘缓坡地开发试点	《省人民政府关于深入推进新型城镇化建设的实施意见》(黔府发〔2016〕14号)

---

① "5个100工程"具体内容包括:重点打造100个产业园区、100个高效农业示范园区、100个旅游景区、100个示范小城镇、100个城市综合体。

续表

政策类型	主要内容	文件出处
土地政策	结合年度农业转移人口落户情况，合理分解下达下年度土地利用新增建设用地计划指标。鼓励存量土地使用权人按规定对土地进行再开发，对再开发中提供公共开放空间和公共服务场所的给予支持。积极开展城镇低效用地再开发研究，启动专项规划编制（试点）工作。充分发挥土地利用总体规划的管控作用，从严核定新增建设用地规模，优化建设用地布局，从严控制建设占用耕地特别是占用优质耕地。稳妥推进城乡建设用地增减挂钩。贯彻落实城乡建设用地增减挂钩政策，充分发挥增减挂钩节余指标网上交易平台作用，优化配置城乡建设用地资源	《省人民政府办公厅关于印发贵州省加快推进山地特色新型城镇化建设实施方案的通知》（黔府办发〔2017〕76号）

从上述政策文件可以看出，贵州省在小城镇建设的土地政策方面启动比较早，而且有具体的土地安排计划和对应管理部门，对小城镇加快发展具有重要的推动作用。2016年以后，建设用地趋紧，其土地政策更加重视结构调整和重新开发利用，并设计土地利用的"红线"和"底线"，对基本农田和耕地起到了保驾护航的作用。

（二）贵州省的人口流动与人才政策

贵州省针对高层次人才入黔出台了两个重要的制度文件：一个是2013年出台的《贵州省高层次人才引进绿色通道实施办法（试行）》（黔人领发〔2013〕5号），该政策主要针对两院院士、长江学者、国家杰青、博士、正高级专技人员以及其他急需紧缺高层次人才，专门为这些人才引进设计一系列绿色通道，从工作环境、生活环境、事业环境等方面设计了诸多优惠政策。另一个是2013年《关于印发〈贵州省"百千万人才引进计划"实施办法〉的通知》（黔人领发〔2013〕8号）提出围绕新材料、高端装备制造、生物医药、节能环保、电子信息、新能源等战略性新兴产业和特色优势产业、现代农业、现代服务业发展，大力实施"百人领军人才计划""千人创新创业人才计划"和"万人专业技术人才计划"，并从物质待遇、配偶安置、子女入学等方面出台了系统性的配套政策。这两个政策的出台，吸引了大量本科以上学历及高层次专业技术人才落户贵州。2013年，《中共贵州省委办公厅 贵州省政府办公厅印发〈关于加快100个示范小城镇改革发展的十条意见〉的通知》（黔委厅字〔2013〕68号）

针对示范小城镇建设出台具体的人才引进和培养政策，如"实施千名干部驻镇工程，每年从省、市、县选派优秀干部到示范小城镇脱产挂职，每个镇挂职干部不低于 10 人，挂职年限不低于 2 年。建立示范小城镇与东部发达地区小城镇互派干部挂职机制""通过教育 9+3 计划、与高校合作等方式，订单式培养示范小城镇规划建设、经营管理等紧缺人才，毕业后定向进入示范小城镇工作；全日制大学专科以上毕业、属示范小城镇急需的专业技术人才，可采取人才引进方式进入示范小城镇工作"，这些政策为人才下乡，人才下镇起到了很好的促进作用。2016 年，《省人民政府关于深入推进新型城镇化建设的实施意见》（黔府发〔2016〕14 号）提出"全面放开省域落户限制，健全农业转移人口和其他常住人口落户城镇制度""统筹人口流入地与流出地学校布局和教师编制，保障农业转移人口随迁子女以流入地公办学校为主接受义务教育，落实随迁子女在流入地参加中考和高考"。2017 年，《省人民政府办公厅关于印发贵州省加快推进山地特色新型城镇化建设实施方案的通知》（黔府办发〔2017〕76 号）进一步提出"实现居住证制度全覆盖。深入贯彻落实《居住证暂行条例》，推进居住证制度向未落户的非户籍人口全覆盖，居住证持有人享有与当地户籍人口同等的劳动就业、基本公共教育、基本医疗卫生、计划生育、公共文化、证照办理等基本公共服务和受灾救助、临时救助权利""推进职业技术教育培训服务全覆盖。依托民办职业培训学校、职业学院、技工院校、企业等培训机构，探索联合高校建立农民工夜校、夜大，建立返乡农民工创业园、培训基地等，深入开展面向农村富余劳动力、农民工等群体的就业技能、岗位技能提升和创业培训，并按规定落实职业培训补贴和技能鉴定补贴"，这些政策为农村人口向小城镇流动提供了良好的制度保障，为特色小镇的人口规模和人气兴旺提供了坚实基础。见表 3-10。

表 3-10　贵州省特色小城镇建设的人口流动与人才政策

政策类型	主要内容	文件出处
人口流动与人才政策	从省外、国外引进中国科学院院士、中国工程院院士、长江学者、国家千人计划、国家万人计划、国家杰青、博士、正高级专技人员以及其他急需紧缺高层次人才。引进人才将获得《贵州省引进高层次人才服务绿卡》，享受职称评定（认定）、医疗保障、档案重建、配偶安置、子女入学等一揽子绿色通道优惠待遇	《贵州省高层次人才引进绿色通道实施办法》（黔人领发〔2013〕5 号）

续表

政策类型	主要内容	文件出处
人口流动与人才政策	围绕新材料、高端装备制造、生物医药、节能环保、电子信息、新能源等战略性新兴产业和特色优势产业、现代农业、现代服务业发展，大力实施"百人领军人才计划""千人创新创业人才计划"和"万人专业技术人才计划"，从 2013 年起，每年引进领军人才 30~40 名、创新创业人才 300~400 名、专业技术人才 3000~4000 名。到 2015 年，引进领军人才 100 名左右、创新创业人才 1000 名左右、专业技术人才 10000 名左右，形成一批具有核心竞争力的创新创业人才团队和人才集群 "百人领军人才计划"：发放"百人领军人才计划"人才服务绿卡，享受 100 万元奖励，免费住房、子女入学等 11 项政策 "千人创新创业人才计划"：发放"千人创新创业人才计划"人才服务绿卡，享受 50 万元奖励、职称优先、配偶安置、子女入学等 7 项政策 "万人专业技术人才计划"：提供人才公寓租住，同时在能力素质提升培训、职称评定、配偶安置和子女就学等方面给予倾斜，具体政策由各市（州）、贵安新区或所在单位结合本地本单位实际制定	《关于印发〈贵州省"百千万人才引进计划"实施办法〉的通知》（黔人领发〔2013〕8 号）
	示范小城镇空余编制 1~2 年全部招录到位；增设 1 名镇级领导职数，采取定向招聘等方式，引进城镇规划建设专业人才 实施千名干部驻镇工程，每年从省、市、县选派优秀干部到示范小城镇脱产挂职，每个镇挂职干部不低于 10 人，挂职年限不低于 2 年。建立示范小城镇与东部发达地区小城镇互派干部挂职机制；到示范小城镇工作人员可享受《省人民政府关于支持"5 个 100 工程"建设政策措施的意见》（黔府发〔2013〕15 号）规定的项目区补贴政策。省委党校将示范小城镇规划建设、经营管理等内容纳入课程设置，将市（州）、县（市、区、特区）分管负责人、规划局、住房和城乡建设局班子成员及业务科室负责人、示范小城镇班子成员、规划建设管理人员纳入培训计划，每年开展专题轮训。通过教育 9+3 计划、与高校合作等方式，订单式培养示范小城镇规划建设、经营管理等紧缺人才，毕业后定向进入示范小城镇工作；全日制大学专科以上毕业、属示范小城镇急需的专业技术人才，可采取人才引进方式进入示范小城镇工作。在示范小城镇工作无住房的人员，一律纳入公共租赁住房保障范畴。具有中级以上职称或研究生以上学历（学位）的，住房租赁费用由地方财政解决；已有住房的，按公共租赁住房租赁费用标准给予住房补贴。进一步放宽示范小城镇职称评聘条件，对在示范小城镇工作的在编专业技术人员，在聘用时不受岗位职数和结构比例限制	《中共贵州省委办公厅 贵州省政府办公厅印发〈关于加快 100 个示范小城镇改革发展的十条意见〉的通知》（黔委厅字〔2013〕68 号）

续表

政策类型	主要内容	文件出处
人口流动与人才政策	全面放开省域落户限制,健全农业转移人口和其他常住人口落户城镇制度。围绕加快提高户籍人口城镇化率,深化户籍制度改革,强化地方政府推动农业转移人口市民化主体责任,促进有能力在城镇稳定就业和生活的农业转移人口举家进城落户,并与城镇居民享有同等权利、履行同等义务。推进城镇基本公共服务常住人口全覆盖,推进基础教育服务常住人口全覆盖。统筹人口流入地与流出地学校布局和教师编制,保障农业转移人口随迁子女以流入地公办学校为主接受义务教育。落实随迁子女在流入地参加中考和高考。加快建立吸引农业转移人口落户城镇激励机制,切实维护农业转移人口在农村的既有合法权益。建立基建投资安排与城市吸纳农业转移人口落户数量挂钩机制	《省人民政府关于深入推进新型城镇化建设的实施意见》（黔府发〔2016〕14号）
	全面放宽全省城镇落户限制。在全省城镇有合法稳定住所（含租赁）的人员,本人及其共同居住生活的配偶、未成年子女、父母等,可以在当地申请登记常住户口。在全省城镇合法稳定就业创业的高校毕业生、技术工人、职业院校毕业生、技工院校毕业生、留学回国人员及符合《贵州省高层次人才引进绿色通道实施办法（试行）》规定条件的人员,可以在当地申请登记常住户口,加快推进农业转移人口和其他常住人口落户城镇。到2020年,完成"十三五"全省农业转移人口和其他常住人口落户城镇300万的目标。实现居住证制度全覆盖。深入贯彻落实《居住证暂行条例》,推进居住证制度向未落户的非户籍人口全覆盖,居住证持有人享有与当地户籍人口同等的劳动就业、基本公共教育、基本医疗卫生、计划生育、公共文化、证照办理等基本公共服务和受灾救助、临时救助权利。推动"互联网+便民利民服务",优化完善网上办事服务系统,进一步拓宽居住证申请方式。以居住证为主要依据,依法保障进城务工人员随迁子女平等接受义务教育。将随迁子女义务教育纳入各地教育发展规划和财政保障,确保符合规定条件的进城务工人员随迁子女零障碍入学,落实随迁子女在流入地参加中考和高考政策。推进职业技术教育培训服务全覆盖。依托民办职业培训学校、职业学院、技工院校、企业等培训机构,探索联合高校建立农民工夜校、夜大,建立返乡农民工创业园、培训基地等,深入开展面向农村富余劳动力、农民工等群体的就业技能、岗位技能提升和创业培训,并按规定落实职业培训补贴和技能鉴定补贴。对有劳动能力和就业需求的农业转移人口、高校及职业技术学校毕业生等青年群体,提供全方位、多渠道公共就业服务,扩大就业创业范围。对符合条件的农业转移人口,按规定给予创业担保贷款及贴息、免费享有劳动人事争议调解及仲裁服务的支持帮助	《省人民政府办公厅关于印发贵州省加快推进山地特色新型城镇化建设实施方案的通知》（黔府办发〔2017〕76号）

综上所述，贵州省在人才引进和培育方面的制度设计较早，先于西部其他省市，而且取得了很好的效果，在城乡人口流动政策方面比较系统和具体，切实推动了特色小镇在人力资本方面的积累。

（三）贵州省的财税政策

早在 2013 年，贵州省就出台了支持示范小城镇建设的财税优惠政策，如"2014 年至 2017 年，示范小城镇新办属于国家非限制类产业的小微企业，其缴纳的各种税收省及省以下留存部分，由省及省以下各级财政通过转移支付对小微企业予以奖励支持""入驻示范小城镇的企业发展为中型以上企业的，县级政府给予当年企业上缴税收本级留存部分总额 10% 的奖励；新办规模以上工业企业上缴的各种税收中，县级政府前 5 年给予企业本级留存部分 30% 的返还，后 3 年给予 15% 的返还"。"示范小城镇土地出让收益，按政策规定计提专项资金后，全额用于示范小城镇基础设施建设"等。2013 年，贵州省在"5 个 100 工程"中又特别出台了倾斜性财税政策，采取以奖代补、先建后补、贷款贴息等多种形式，引导和扶持示范小城镇建设，并规定除安排一定的资金用于"5 个 100 工程"外，对中央及省级补助的专项资金按照相近和目标一致的专项统筹安排给示范小城镇建设。此外，示范小城镇建设可以实行"报备即享受"政策和网上税务服务政策，税务机关不再增设任何审核、核准或变相审批手续。2016 年，《省人民政府关于深入推进新型城镇化建设的实施意见》（黔府发〔2016〕14号）提出"政府举债使用方向要向新型城镇化倾斜"。2017 年，《省人民政府办公厅关于印发贵州省加快推进山地特色新型城镇化建设实施方案的通知》（黔府办发〔2017〕76 号）进一步提出健全财政转移支付同农业转移人口市民化挂钩机制、强化政府资金对新型城镇化发展的引导作用、研究设立城镇化发展基金等多项促进新型城镇化发展的倾斜性财税政策。见表 3-11。

表 3-11　贵州省特色小城镇建设的财税政策

政策类型	主要内容	文件出处
财税政策	2014~2017 年，示范小城镇新办属于国家非限制类产业的小微企业，其缴纳的各种税收省及省以下留存部分，由省及省以下各级财政通过转移支付对小微企业予以奖励支持。入驻示范小城镇的企业发展为中型以上企业的，县级政府给予当年企业上缴税收本级留存部分总额 10% 的奖励；新办规模以上工业企业上缴的各种税收中，县级政府前 5 年给予企业本级留存部	《中共贵州省委办公厅贵州省政府办公厅印发〈关于加快 100 个示范小城镇改革发展的十条意见〉的通知》（黔委厅字〔2013〕68 号）

续表

政策类型	主要内容	文件出处
	分30%的返还，后3年给予15%的返还。调整市（州）和县（市、区）、示范小城镇间的财政分配关系，以2012年示范小城镇财政收入为基数，超收部分全额返还；示范小城镇范围内城市维护建设税、城市基础设施配套费、耕地占用税等全额留存或返还，5年不变。示范小城镇土地出让收益，按政策规定计提专项资金后，全额用于示范小城镇基础设施建设	《中共贵州省委办公厅 贵州省政府办公厅印发〈关于加快100个示范小城镇改革发展的十条意见〉的通知》（黔委厅字〔2013〕68号）
财税政策	省级财政部门预算安排给省级各部门的专项资金，采取以奖代补、先建后补、贷款贴息等多种形式，引导和扶持"5个100工程"建设，发挥"四两拨千斤"的作用。2013年省级财政新增5亿元用于支持"5个100工程"建设，以后年度，省级财政根据存量资金和增量资金的投入情况和项目进展，加大对"5个100工程"的投入。尽快搭建新的省级融资平台，建立健全政策性担保体系，为"5个100工程"提供更多资金支持 各市（州）、县（市、区、特区）政府根据"5个100工程"的规划、建设等情况，结合本级实际和财力可能，除安排一定的资金用于"5个100工程"外，对中央及省级补助的专项资金，可按照《贵州省省级财政专项资金管理办法》（黔府办发〔2012〕34号）第31条的规定，将投向相近或目标一致的专项资金，统筹安排用于"5个100工程"。进一步创新财政预算与融资平台结合方式，变财政拨款为政府性投资，除中央和省另有规定外，省补助市县"5个100工程"的专款，市县可用于本级"5个100工程"融资平台注册资本金。2013年起，中央对下转移支付由专项转移支付调整为一般性转移支付，对用于"5个100工程"的补助资金，由省财政厅按"因素法"直接补助到市县，中央另有规定的除外。"5个100工程"项目涉及的土地出让收益，除按规定必须计提的专项资金外，全额用于"5个100工程"政府性基础设施建设 认真贯彻落实国家税收优惠政策，全力支持"5个100工程"建设，除税法明确规定实行审批的减免税外，对其他减免税一律实行"报备即享受"，税务机关不再增设任何审核、核准或变相审批手续。率先对"5个100工程"项目实行网上申报，相关建设项目涉税事项一律实行就近办理，限时办结，最大限度减轻纳税人负担，降低纳税成本。率先对"5个100工程"项目推行网上开具发票，网上即时验票等用票办税服务。畅通诉求渠道，凡是"5个100工程"项目遇到纳税争议问题，可直接投诉至省级税务机关，由纳税服务部门限时办理	《省人民政府关于支持"5个100工程"建设政策措施的意见》（黔府发〔2013〕15号）

政策类型	主要内容	文件出处
财税政策	优化政府投资结构，安排专项资金重点支持农业转移人口市民化相关配套设施建设。根据城镇化建设工作推进改革需要，统筹城镇化建设发展资金，对确需保障的项目进行重点投入、优先保障。通过财政转移支付同农业转移人口市民化挂钩，进一步加大省对下转移支付力度。编制公开透明的政府资产负债表，积极争取中央新增债券规模，在中央下达的债务限额内，通过省级政府发行地方政府债券等方式，创新投融资机制支持新型城镇化建设。政府举债使用方向要向新型城镇化倾斜	《省人民政府关于深入推进新型城镇化建设的实施意见》（黔府发〔2016〕14号）
	健全财政转移支付同农业转移人口市民化挂钩机制。及时调整完善省对市县转移支付分配办法等，重点向农业转移人口多且财力困难地区倾斜。城镇基础设施建设类专项资金和债券资金（企业债券募集资金除外）安排向吸纳农业转移人口较多且财力困难的地区倾斜 强化政府资金对新型城镇化发展的引导作用。积极争取国家专项建设基金支持我省城镇基础设施和公共服务设施建设、特色小城镇功能提升等。各级政府应加强新型城镇化相关资金的统筹和整合，对确需保障的项目进行重点投入、优先保障。对政府参与的污水、垃圾处理项目全面实施PPP模式，以运营补贴作为政府资金投入的主要方式。积极争取中央新增债券规模，在中央下达的债务限额内，按规定发行地方政府债券，统筹资金支持新型城镇化建设 研究设立城镇化发展基金。鼓励各地优化政府资金使用方向，通过设立城镇化发展基金等形式拓宽投融资渠道，加快推进新型城镇化项目建设。大力推广政府和社会资本合作（PPP）模式。建立全省PPP项目库动态维护机制，适时更新、增补符合条件的项目进入财政部PPP综合信息平台及省发展改革委省级项目库，加大力度申报国家PPP示范项目，着力实施PPP"千个项目"三年行动计划，项目化推进新型城镇化建设。配套完善城镇基础设施PPP实施政策，健全价格调整机制和政府补贴、监管机制，优先支持引入社会资本的项目。实行PPP合同管理，与社会资本建立利益共享、风险分担的长期合作关系。整合各级城镇化建设相关资金，重点支持PPP项目建设	《省人民政府办公厅关于印发贵州省加快推进山地特色新型城镇化建设实施方案的通知》（黔府办发〔2017〕76号）

综上所述，贵州省瞄准"示范小城镇"出台了一揽子具体的财税支持政策，

从小城镇政府到入驻乡镇的中小微企业都得到了财税倾斜政策的"红利",有财政转移支付、税收减免、贷款贴息等具体政策,也有简化税务服务程序的支持性政策,对小城镇发展有重要的支持作用。

(四) 贵州省的金融政策

2013 年,贵州省为支持 100 个"示范小城镇"建设,省委办公厅专门出台十条意见,其中就有专门针对金融支持小城镇建设的具体内容,如"与省签订金融支持住房城乡建设事业发展框架协议的金融机构,1 年内在示范小城镇实现贷款业务全覆盖,未来 3 年每年安排支持示范小城镇建设的贷款不低于框架协议的 10%,年度贷款数额纳入省政府对金融机构奖励考核范围",该制度的设计将金融机构与小城镇建设紧紧绑在一起。在金融创新方面,提出"进一步创新金融产品,支持用农村集体土地所有权、集体建设用地使用权、土地承包经营权、农村宅基地和农村住房等权属证书抵押质押贷款"。这些政策和金融理念推动了小城镇金融创新发展。2013 年,《省人民政府关于支持"5 个 100 工程"建设政策措施的意见》(黔府发〔2013〕15 号)提出"加大信贷支持。建立金融机构支持'5 个 100 工程'建设联席会议",作为工程之一的示范小城镇建设可以享受"项目优先受理、优先审批,优先放贷"等倾斜性政策。此外,政策还提出深化融资创新,引导设立创业投资、风险投资、产业投资基金,鼓励以旅游景区门票预期收益、经营性土地等抵押贷款模式,在金融服务方面着力打造"信用小城镇"信用体系,针对符合条件的企业评级全覆盖,评级完成后有需求的企业贷款全覆盖。2016 年以后,在推进新型城镇化建设中,政府通过现有资金渠道,以投资补助、基金注资、贷款贴息等方式,对引入社会资本的项目优先予以支持,广泛吸引社会资本参与城镇基础设施和公共服务设施建设运营。政府还提出"进一步建立健全 PPP 工作机制,推进 PPP 示范县和示范项目工作,积极组织申报全国 PPP 示范项目""争取商业银行对我省新型城镇化建设设定优惠贷款条件,降低准入门槛,放宽增信要求,灵活授信管理,在差别化定价业务授权、创新型产品运用等方面给予倾斜",此外还积极推进"险资入黔"战略的实施,促进更多保险资金运用债权和股权方式,投资城镇基础设施和公共服务设施项目建设和运营,"促进更多保险资金运用债权和股权方式,投资具有稳定收益的城镇基础设施项目建设和运营。鼓励各地优化政府资金使用方向,通过设立城镇化基金等方式,拓宽投融资渠道"。见表3-12。

表 3-12　贵州省特色小城镇建设的金融政策

政策类型	主要内容	文件出处
金融政策	大力扶持商业银行和民间资金在示范小城镇投资设立村镇银行，引导金融机构将网点向示范小城镇延伸。与省签订金融支持住房城乡建设事业发展框架协议的金融机构，1年内在示范小城镇实现贷款业务全覆盖，未来3年每年安排支持示范小城镇建设的贷款不低于框架协议的10%，年度贷款数额纳入省政府对金融机构奖励考核范围。盘活各类农村集体经济组织用地、农村公共设施、农村公益事业用地以及农户农房、林权、承包地经营权等存量资产，支持将评估资产作为注册资本金。采取省级融资、地方偿还、示范小城镇使用等方式，发挥省级民生投融资平台的作用，将帮助示范小城镇融资列入其主要业务范围；市（州）、县（市、区）、镇融资平台要创新融资方式，大力开展项目融资，支持示范小城镇基础设施和公共服务设施建设。进一步创新金融产品，支持用农村集体土地所有权、集体建设用地使用权、土地承包经营权、农村宅基地和农村住房等权属证书抵押质押贷款。大力推进土地储备贷款、林权抵押贷款、订单农业贷款等金融业务，在有条件的示范小城镇，围绕碳减排量、污染物减排量等开发碳金融产品，推进绿色信贷。扩大和深化示范小城镇信用户、信用村、信用镇建设，加大信用贷款额度，不断优化金融生态环境	《中共贵州省委办公厅　贵州省政府办公厅印发〈关于加快100个示范小城镇改革发展的十条意见〉的通知》（黔委厅字〔2013〕68号）
	一是加大信贷支持。建立金融机构支持"5个100工程"建设联席会议，定期和不定期举行"5个100工程"建设融资对接会议，打造政府、金融机构、企业对接的"金融平台"，建立金融机构支持"5个100工程"建设的信息报送制度。对符合政策条件的项目在权限范围内给予利率优惠，对"5个100工程"项目优先受理、优先审批、优先放贷 二是深化融资创新。引导设立针对"5个100工程"项目的创业投资、风险投资、产业投资基金。鼓励金融机构创新旅游景区门票预期收益、经营性土地等抵押贷款模式，引导金融机构积极配合当地政府开展各类农村产权的抵押贷款创新试点。提高农业保险品种和区域的覆盖面，实现政策性农业保险对现代高效农业示范园区的全覆盖 三是完善金融服务。推动农村信用社和邮储银行在"5个100工程"区域范围内优先增设服务网点，打造"信用园区""信用小城镇""信用综合体""信用景区"，对纳入"5个100工程"信用体系的项目实行充分授信。逐步推动"5个100工程"项目建档全覆盖，符合条件的企业评级全覆盖，评级后有需求的企业贷款全覆盖	《省人民政府关于支持"5个100工程"建设政策措施的意见》（黔府发〔2013〕15号）

续表

政策类型	主要内容	文件出处
金融政策	深化政府和社会资本合作。加快推进行政审批制度改革,进一步放宽准入条件,健全价格调整机制和政府补贴、监管机制,在同等条件下,政府通过现有资金渠道,以投资补助、基金注资、贷款贴息等方式,对引入社会资本的项目优先予以支持,广泛吸引社会资本参与城镇基础设施和公共服务设施建设运营。城镇基础设施和公共服务设施按照经营性、准经营性和非经营性项目不同特点,综合考虑实施周期、收费定价机制、投资收益水平、风险分配基本框架和所需的政府投入等因素,有针对性地采取不同的政府和社会资本合作(PPP)模式组织建设。进一步建立健全PPP工作机制,推进PPP示范县和示范项目工作,积极组织申报全国PPP示范项目 积极争取国家专项建设基金支持我省城镇基础设施和公共服务设施建设、特色小城镇功能提升等。充分发挥国家政策性金融机构和开发性金融机构中长期大额资金优势和综合金融服务优势,创新投融资机制,加大新型城镇化建设投入。积极发挥商业银行融资主渠道作用,大力支持各商业银行争取上级行对我省新型城镇化建设设定优惠贷款条件,降低准入门槛,放宽增信要求,灵活授信管理,在差别化定价业务授权、创新型产品运用等方面给予倾斜。积极推进"险资入黔"工作,促进更多保险资金运用债权和股权方式,投资具有稳定收益的城镇基础设施项目建设和运营。鼓励各地优化政府资金使用方向,通过设立城镇化基金等方式,拓宽投融资渠道。对具有一定营利性的城镇化建设项目,推动资金变基金,实现基金专业化管理。支持我省符合条件的企业发行企业债、公司债、非金融机构债务融资工具、中小企业私募债,用于棚户区改造以及地下综合管廊、城镇给排水、城镇停车场等基础设施项目建设	《省人民政府关于深入推进新型城镇化建设的实施意见》(黔府发〔2016〕14号)
	充分发挥金融对城镇化建设重点领域的支持作用。积极引导符合条件的PPP项目公司或社会资本方发行PPP项目专项债券,向国家申报PPP项目资产证券化等融资工具,提高项目直接融资比重,拓宽PPP融资渠道。鼓励开发性金融机构编制全省新型城镇化项目融资规划,提高金融支持的针对性和时效性。争取商业银行对我省新型城镇化建设设定优惠贷款条件,降低准入门槛,放宽增信要求,灵活授信管理,在差别化定价业务授权、创新型产品运用等方面给予倾斜。加大保险资金对基础设施和公用事业的支持力度。积极推进"险资入黔"工作,促进更多保险资金运用债权和股权方式,投资城镇基础设施和公共服务设施项目建设和运营	《省人民政府办公厅关于印发贵州省加快推进山地特色新型城镇化建设实施方案的通知》(黔府办发〔2017〕76号)

综上所述，贵州省在金融支持小城镇建设方面，重点从金融机构入手，将金融机构与小城镇建设绑在一起，用制度和"契约"约束金融机构的行为，并在金融创新方面做了很多尝试，较早提出了土地融资、现金流融资等概念，并率先提出"险资入黔"计划，畅通了小城镇融资渠道。

四、四川省特色小镇建设的政策支持体系

四川省在支持特色小镇建设方面的政策主要体现在以下几个文件之中：《四川省新型城镇化规划（2014-2020年）》、《四川省人民政府关于深入推进新型城镇化建设的实施意见》（川府发〔2016〕59号）、《四川省"十三五"特色小城镇发展规划》、《中共四川省委 四川省人民政府关于深化拓展"百镇建设行动"、培育创建特色镇的意见》（川委发〔2017〕22号）、《四川省国土资源厅印发〈关于国土资源支持新型城镇化建设的政策意见〉的通知》（川国土资发〔2017〕111号）、《四川省"天府万人计划"实施办法》（2018）等。

（一）四川省的土地政策

在推进新型城镇化建设初期，四川省主要实行城镇建设用地结构调整优化政策和增减挂钩政策，土地倾斜性支持政策较少。如《四川省新型城镇化规划（2014-2020年）》提出"建立城镇用地规模结构调控机制，严格执行城市用地分类与规划建设用地标准""规范推进城乡建设用地增减挂钩试点，推进农村土地管理制度改革，放活农村土地经营权，建立农村产权流转交易市场"。《四川省人民政府关于深入推进新型城镇化建设的实施意见》（川府发〔2016〕59号）提出了四大机制，分别是规范推进城乡建设用地增减挂钩、城镇低效用地再开发激励、低丘缓坡地和地下空间开发试点与土地经营权和宅基地使用权流转。这些政策的实施，促进了小城镇土地存量优化整合，有效防治了土地浪费和闲置。2016年以后，土地政策注重"开源节流、盘活存量和坚守底线"的准则，如《四川省"十三五"特色小城镇发展规划》提出"合理划定基本农田保护红线、生态保护红线等，控制土地开发增量，提高土地利用效率，鼓励有条件的小城镇开发利用地下空间"。《中共四川省委 四川省人民政府关于深化拓展"百镇建设行动"、培育创建特色镇的意见》也提出了"鼓励试点镇因地制宜盘

活利用存量土地，用好城乡建设用地增减挂钩、工矿废弃地复垦利用等试点政策"。2017 年以后，四川省有关小城镇建设的土地政策才逐步出现倾斜支持和具体化，如"对试点镇符合条件的'千亿公共设施建设'和'千亿特色产业提升'工程项目用地，优先保障用地""从 2018 年起，连续 3 年，对省'百镇建设行动'试点镇，由市、县在下达该地区的土地年度计划指标中每年为每镇安排不少于 80 亩新增建设用地年度计划指标（其中 21 个省级重点镇和省级以上特色小镇每年安排不少于 100 亩建设用地指标），并单列管理，不同镇之间可调剂使用"。与此同时，在用地限制方面，四川省基本沿用国家规定的尺度，如不得占用永久基本农田、特色小镇四至范围控制为"3 平方千米"规划用地面积和"1 平方千米"的建设用地面积等。见表 3-13。

表 3-13　四川省特色小城镇建设的土地政策

政策类型	主要内容	文件出处
土地政策	建立城镇用地规模结构调控机制，严格执行城市用地分类与规划建设用地标准，实行增量供给与存量挖潜相结合的供地、用地政策，控制新增城镇建设用地规模；探索实行长期租赁、先租后让、租让结合的工业用地供应制度，建立健全城镇低效闲置存量建设用地退出机制，规范推进城乡建设用地增减挂钩试点；推进农村土地管理制度改革，放活农村土地经营权，建立农村产权流转交易市场	《四川省新型城镇化规划（2014 - 2020 年）》
	规范推进城乡建设用地增减挂钩。高标准、高质量推进村庄整治，继续优化城乡建设用地增减挂钩试点改革，优化城乡建设用地布局，增减挂钩指标向脱贫攻坚任务重的地区倾斜。增减挂钩拆旧复垦腾出的建设用地，优先满足农民新居、农村基础设施和公益设施建设，并留足农村非农产业发展建设用地。增减挂钩收益要及时全部返还农村 建立城镇低效用地再开发激励机制。积极争取开展城镇低效用地再开发试点，将城镇中布局散乱、利用粗放、用途不合理的存量建设用地进行改造利用。完善城镇存量土地再开发过程中的供应方式，鼓励原土地使用权人自行改造，涉及原划拨土地使用权转让需补办出让手续的，经依法批准，可采取规定方式办理并按市场价缴纳土地出让价款。出台具体办法，规范政府、改造者、土地权利人之间合理分配"三旧"（旧城镇、旧村庄、旧厂房）改造的土地收益 推进低丘缓坡地和地下空间开发试点。通过创新规划计划管理、开展整体整治、土地分批供应等政策措施，合理确定低丘缓坡地开发用途、规模、布局和项目用地准入门槛，引导城镇向坡地发展	《四川省人民政府关于深入推进新型城镇化建设的实施意见》（川府发〔2016〕59 号）

续表

政策类型	主要内容	文件出处
土地政策	完善土地经营权和宅基地使用权流转机制。加快推进农村土地承包经营权确权登记颁证工作，2016 年底基本完成确权登记。鼓励各地建立健全农村产权流转市场体系，探索农户对土地承包权、宅基地使用权的自愿有偿退出机制，支持引导其依法自愿有偿转让上述权益，防止闲置和浪费	《四川省人民政府关于深入推进新型城镇化建设的实施意见》（川府发〔2016〕59 号）
	合理划定基本农田保护红线、生态保护红线等，控制土地开发增量，提高土地利用效率，鼓励有条件的小城镇开发利用地下空间	《四川省"十三五"特色小城镇发展规划》
	对试点镇城镇建设所需用地指标，各地要在土地利用年度计划中予以统筹安排，并进行单列管理，保障用地。鼓励试点镇因地制宜盘活利用存量土地，用好城乡建设用地增减挂钩、工矿废弃地复垦利用等试点政策，并在增减挂钩周转指标、工矿废弃地复垦利用指标分配方面予以倾斜支持。对试点镇符合条件的"千亿公共设施建设"和"千亿特色产业提升"工程项目用地，优先保障用地	《中共四川省委四川省人民政府关于深化拓展"百镇建设行动"、培育创建特色镇的意见》（川委发〔2017〕22 号）
	从 2018 年起，连续 3 年，对省"百镇建设行动"试点镇，由市、县在下达该地区的土地年度计划指标中每年为每镇安排不少于 80 亩新增建设用地年度计划指标（其中 21 个省级重点镇和省级以上特色小镇每年安排不少于 100 亩建设用地指标），并单列管理，不同镇之间可调剂使用。"百镇建设行动"试点镇新增建设用地规划指标不足的，由市、县调剂安排，予以保障。增减挂钩、工矿废弃地复垦指标向试点镇倾斜。"百镇建设行动"新增试点镇，由省级验收合格后享受支持政策。鼓励盘活存量和低效建设用地，全面实行建设用地增减挂钩政策，不得占用永久基本农田。合理控制特色小镇四至范围，规划用地面积控制在 3 平方千米左右，其中建设用地面积控制在 1 平方千米左右，旅游、体育和农业类特色小镇可适当放宽。特色小镇和特色小城镇建设新增建设用地规划指标不足的，调剂安排，保证其合理用地需求	《四川省国土资源厅印发〈关于国土资源支持新型城镇化建设的政策意见〉的通知》（川国土资发〔2017〕111 号）

综上所述，2016 年以前，四川省在支持小城镇发展方面的土地政策比较宏观，多以"鼓励""规范""完善"等方式出台政策，2016 年以后，有关特色小镇的支持政策开始出现"安排""单列""调剂"等具体性政策，对小城镇建设起到了较大的推动作用。

（二）四川省的人口流动与人才政策

四川省有关小城镇的人口流动政策主要有农业转移人口落户政策、基本公共服务保障政策、转移人口技能培训政策。如《四川省新型城镇化规划（2014-2020年）》提到"全面放开其他城镇的落户限制，清理并废除不利于农业转移人口落户的限制条件，促进农业转移人口落户城镇，享受城镇居民同等权益""确保农业转移人口享有公共卫生和基本医疗服务，将农业转移人口纳入社会保障体系""加强农业转移人口职业技能培训，扩大培训覆盖面，完善城乡一体公共创业就业服务体系"等，《四川省人民政府关于深入推进新型城镇化建设的实施意见》也提出"除成都外，全面放开大中小城市和建制镇落户限制""全面落实居住证制度。推进居住证制度覆盖全部未落户城镇常住人口，保障居住证持有人在居住地享有国家规定的义务教育等六项基本权利和换领补领居民身份证等七项便利""实施新市民培训计划，每年培训60万人以上，推动农民工稳定有序融入城镇"，这些政策为稳定小城镇的农业转移人口提供了制度保障。

四川省在支持小城镇发展的人才队伍建设方面，提出了"加强城镇管理人才队伍建设，着重培养一批专家型城市管理干部，提高城镇化管理水平""打破身份、地域限制，把优秀专业管理人才和领导人才选派到试点镇党政领导岗位，鼓励政府职能部门、高等学校、国有企业干部及专业人才到试点镇任职、挂职或兼职"等政策，这些政策为特色小城镇的发展注入了活力和能量。在人才引进和培育方面，提出"积极开展招才引智，努力争取技术移民、海外人才离岸创新创业基地、在川外国留学生毕业后直接留川就业等试点""通过购买社会服务和专业技术院校下乡服务等措施，积极推行乡村规划师制度，多渠道加强专业技术岗位力量，逐步实现300个镇乡村规划师全覆盖"等政策，这些政策为小城镇的人才储备奠定了基础。此外，2018年，省政府启动的"天府万人计划"设计了一揽子人才引进和培养政策，对小城镇（尤其是成都、德阳、绵阳等大中城市郊区的小城镇等）发展有很强的推动作用。见表3-14。

表3-14　四川省特色小城镇建设的人口流动与人才政策

政策类型	主要内容	文件出处
人口流动与人才政策	促进农业转移人口落户城镇，全面放开其他城镇的落户限制，清理并废除不利于农业转移人口落户的限制条件，促进农业转移人口落户城镇，享受城镇居民同等权益。保障农业转移人口随迁子女平等享有受	《四川省新型城镇化规划（2014-2020年）》

续表

政策类型	主要内容	文件出处
人口流动与人才政策	教育权利，将农业转移人口随迁子女义务教育纳入教育发展规划和财政保障范畴，公办义务教育学校应对农业转移人口随迁子女普遍开放，完善和落实农业转移人口随迁子女在流入地参加中考、高考和接受中等职业教育免学费政策。力争到 2020 年农业转移人口随迁适龄子女均能接受义务教育。确保农业转移人口享有公共卫生和基本医疗服务，将农业转移人口纳入社会保障体系。建立健全城乡统一的基本养老和基本医疗保险制度，完善社会保险关系转移接续办法，将农业转移人口参加的医疗保险和养老保险规范接入城镇社保体系。加强农业转移人口职业技能培训，扩大培训覆盖面，完善城乡一体公共创业就业服务体系。实行城乡统一的就业失业登记制度，将符合条件的农村劳动者全部纳入就业失业登记范围，按规定平等享受职业介绍、职业培训等公共就业服务 切实加强城镇管理人才队伍建设，着重培养一批专家型城市管理干部，提高城镇化管理水平。加强各级党政领导干部专业培训和管理知识培训，引导各级领导干部加快更新思想观念和知识结构，提高领导干部推进城镇化的能力和水平。大力培养和引进规划建设人才，有计划地组织专业技术培训，完善人才评价和激励保障机制，提高城镇建设人才的整体素质	《四川省新型城镇化规划（2014 - 2020 年）》
	加快落实户籍制度改革政策。除成都外，全面放开大中小城市和建制镇落户限制。各地应根据政府的承受力、城镇资源承载能力和发展潜力，制定具体的落户标准和办法。全面放开对高校、职业院校毕业生、留学归国人员和技术工人的落户限制，制定可操作的落户标准和落户目标。全面落实居住证制度。推进居住证制度覆盖全部未落户城镇常住人口，保障居住证持有人在居住地享有国家规定的义务教育等六项基本权利和换领补领居民身份证等七项便利。推进常住人口基本公共服务全覆盖。将农业转移人口及其他常住人口随迁子女义务教育纳入公共财政保障范围，以流入地公办学校为主接受义务教育，以公办幼儿园和普惠性民办幼儿园为主接受学前教育。实施义务教育"三免一补"和生均公用经费基准定额资金随学生流动可携带政策。实施新市民培训计划，每年培训 60 万人以上，推动农民工稳定有序融入城镇	《四川省人民政府关于深入推进新型城镇化建设的实施意见》（川府发〔2016〕59 号）
	制定更加开放有效的人才引进政策，积极开展招才引智，努力争取技术移民、海外人才离岸创新创业基地、在川外国留学生毕业后直接留川就业等试点	《四川省"十三五"特色小城镇发展规划》

续表

政策类型	主要内容	文件出处
人口流动与人才政策	打破身份、地域限制，把优秀专业管理人才和领导人才选派到试点镇党政领导岗位，鼓励政府职能部门、高等学校、国有企业干部及专业人才到试点镇任职、挂职或兼职。通过购买社会服务和专业技术院校下乡服务等措施，积极推行乡村规划师制度，多渠道加强专业技术岗位力量，逐步实现300个镇乡村规划师全覆盖。积极开展多层次的城镇规划建设管理培训，提高专业管理队伍的整体素质。支持县（市、区）在行政区划内统筹调剂使用乡镇编制，着力为发展势头良好的试点镇充实工作力量	《中共四川省委四川省人民政府关于深化拓展"百镇建设行动"、培育创建特色镇的意见》（川委发〔2017〕22号）
	从2018年起至2027年，围绕产业发展和自主创新需求，采取分层分类遴选方式，省层面重点支持100名杰出人才、1200名领军人才和1000名青年拔尖人才，示范带动各市（州）支持培养10000名左右各类高层次人才。人才分散在科技、高技能、农村、社科、金融、教育、卫生、文化等领域，分杰出人才、领军人才、青年拔尖人才三个层次12类，统筹实施，形成定位清晰、衔接配套的高层次人才培养体系。从资金资助、团队建设、项目支持、平台支持、成果转化、岗位职称、薪酬待遇、住房保障、医疗和子女入学、培训休假、表彰激励等方面，提出了11条特殊支持政策，鼓励入选者潜心研究。省层面为入选者提供10万~100万元的支持经费，优先推荐申报各类人才项目和创新平台，支持所在单位为入选者量身组建创新创业团队，允许杰出人才、领军人才入选者所需绩效工资可在核定绩效工资总量时单列	《四川省"天府万人计划"实施办法》（2018）

综上所述，四川省支持小城镇发展的人口流动与人才政策体系比较成熟和健全，但在高层次人口引进和培养方面起步较晚，2017年之后，人才制度红利才慢慢显现。

（三）四川省的财税政策

2016年以前，四川省新型城镇化建设中的财税政策以"打捆式"和争取中央政策为主，没有单列出来，如《四川省新型城镇化规划（2014-2020年）》提出"加大对新型城镇化的财政投入力度，建立财政转移支付同农业转移人口市民化挂钩机制"，该政策将农业转移人口市民化问题与小城镇建设捆在一起。《四川省人民政府关于深入推进新型城镇化建设的实施意见》提出"积极争取国家专项建设基金的支持，支持鼓励各地利用财政资金和社会资金设立城镇化发展基金",该政策重在争取中央政策。2017 年以后,财政政策突出支持试点镇建设,《中共四川省委 四川省人民政府关于深化拓展"百镇建设行动"、培育创建特色镇的意见》提出"在试点镇镇域内产生的土地出让收益、城市基础设施配套费、社会抚养费等非税收入,属市以下部分,除国家和省规定有明确用途外,要重点用于试点镇建设。2017 年起,省级财政每年继续安排专项资金支持试点镇建设,鼓励市、县财政加大投入力度",该政策对四川省试点乡镇的发展推动较大。见表 3-15。

表 3-15 四川省特色小城镇建设的财税政策

政策类型	主要内容	文件出处
财税政策	加大对新型城镇化的财政投入力度,建立财政转移支付同农业转移人口市民化挂钩机制	《四川省新型城镇化规划(2014-2020 年)》
	积极争取国家专项建设基金的支持。支持鼓励各地利用财政资金和社会资金设立城镇化发展基金,鼓励各地整合政府投资平台设立城镇化投资平台	《四川省人民政府关于深入推进新型城镇化建设的实施意见》(川府发〔2016〕59 号)
	大力推进政府和社会资本合作,广泛吸引社会资本参与基础设施建设运营和实施整体性开发。积极争取中央财政资金支持,加大省级财政资金支持力度,鼓励利用财政资金撬动社会资金,缓解小城镇建设资金瓶颈问题。加大对贫困地区、民族地区特色小城镇转移支付、对口支持,提升自我发展能力	《四川省"十三五"特色小城镇发展规划》
	合理划分县、镇财政收支范围,建立和完善有利于试点镇发展的财政体制,县级财政加大对试点镇转移支付力度和提高一般性转移支付比重,增强试点镇保障能力和水平。在试点镇镇域内产生的土地出让收益、城市基础设施配套费、社会抚养费等非税收入,属市以下部分,除国家和省规定有明确用途外,要重点用于试点镇建设。2017 年起,省级财政每年继续安排专项资金支持试点镇建设,鼓励市、县财政加大投入力度。对发展速度快、建设成效明显的试点镇,省级财政将采取以奖代补的方式,加大资金补助力度	《中共四川省委 四川省人民政府关于深化拓展"百镇建设行动"、培育创建特色镇的意见》(川委发〔2017〕22 号)

总体上,四川省在财政支持方面以争取国家资金为主,省级财政虽然有专项资金支持试点镇,但没有明确支持年限和明确的支持力度规定。

（四）四川省的金融政策

四川省在金融融资方面的政策以"鼓励""引导"和"健全"性政策为主，《四川省新型城镇化规划（2014-2020年）》提出"推广政府与社会资本合作（PPP）模式，鼓励民间投资参与投资、建设和运营基础设施和公益性事业项目。鼓励公共基金、保险基金等参与项目自身具有稳定收益的城市基础设施项目建设和营运"，《四川省人民政府关于深入推进新型城镇化建设的实施意见》提出"鼓励商业银行创新面向新型城镇化的金融服务，设计开发面向新型城镇化的产品"。《四川省"十三五"特色小城镇发展规划》提出"引导银行业金融机构结合特色小城镇建设金融需求特点，创新金融产品和服务，加大信贷支持"，这些政策以遵循国家指导精神为主，具体的优惠政策不多。2017年，"百镇建设行动"启动之后，提出"支持试点镇运用政府与社会资本合作（PPP）、财政贴息、直接补助等多种方式吸收社会资本参与基础设施、公共服务设施和产业园区建设，支持有条件的试点镇设立创业投资引导基金，支持符合条件的试点镇重点建设项目发行企业债券"，该政策以财政贴息和直接补助推动小城镇金融创新。见表3-16。

表3-16　四川省特色小城镇建设的金融政策

政策类型	主要内容	文件出处
金融政策	创新城镇化建设资金投融资机制，建立政府主导、社会参与、市场运作城镇化建设投融资机制。建立健全地方政府债务管理制度，建立规范的政府举债融资机制和有效的债务风险防控机制。完善地方政府债券发行管理制度，支持省级投融资平台与政策性金融机构开展新型城镇化、保障性安居工程建设等方面的融资合作。推广政府与社会资本合作（PPP）模式，鼓励民间投资参与投资、建设和运营基础设施和公益性事业项目。鼓励公共基金、保险基金等参与项目自身具有稳定收益的城市基础设施项目建设和营运	《四川省新型城镇化规划（2014-2020年）》
	强化金融支持。鼓励国家开发银行、农业发展银行创新信贷模式和产品，针对新型城镇化项目设计差别化融资模式与偿债机制。鼓励商业银行创新面向新型城镇化的金融服务，设计开发面向新型城镇化的产品。鼓励公共基金、保险资金等参与具有稳定收益的城镇基础设施项目建设和运营。支持推行基础设施和租赁房资产证券化，加大城市基础设施项目直接融资比例	《四川省人民政府关于深入推进新型城镇化建设的实施意见》（川府发〔2016〕59号）

续表

政策类型	主要内容	文件出处
金融政策	引导银行业金融机构结合特色小城镇建设金融需求特点，创新金融产品和服务，加大信贷支持。支持有条件的小城镇通过债券等方式拓宽融资渠道，鼓励产业发展基金等支持特色小城镇建设	《四川省"十三五"特色小城镇发展规划》
	引导金融机构加大对试点镇的信贷支持力度，鼓励金融机构将新增存款一定比例用于在当地发放贷款。鼓励金融机构在试点镇新设网点或分支机构，积极支持条件成熟的试点镇设立村镇银行分支机构，改善对小微企业、个体工商户和农户的融资服务。支持试点镇运用政府与社会资本合作（PPP）、财政贴息、直接补助等多种方式吸收社会资本参与基础设施、公共服务设施和产业园区建设，支持有条件的试点镇设立创业投资引导基金，支持符合条件的试点镇重点建设项目发行企业债券	《中共四川省委四川省人民政府关于深化拓展"百镇建设行动"、培育创建特色镇的意见》（川委发〔2017〕22号）

五、云贵川三省特色小镇支持政策差异比较与启示

中央对特色小镇建设寄予厚望，并从政策供给、目标引导、实施方案等方面出台了多个文件，相关部委从不同角度颁发了支持政策和指导意见。云贵川三省根据各自特色小镇发展的实际情况，都以省人民政府发文的形式制定了特色小镇的支持政策，这说明云贵川三省对国家新型城镇化和特色小镇建设的意图贯彻得较为彻底，但特色小镇建设还属于新鲜事物，至今才几年的实践时间，无论是国家政策，还是云贵川的地方政策，制度供给都还存在较大的"帕累托"改进。云贵川三省针对特色小镇扶持政策的总体定位以及指导精神符合中央的基本要求，也做出了颇有成效的积极探索，但政策出台的时间、力度、角度是有差别的。

（一）云贵川三省支持政策的异同比较

云贵川三省在支持特色小镇建设的土地政策方面既有差异，又有相同之处。

一是宏观尺度相似，但用词有别。如三省都强调严格把控城镇建设用地，在土地利用总体规划、城镇总体规划、生态环境保护总体规划、产业发展总体规划"多规合一"的背景下统筹安排特色小镇建设用地。三省都明确提出城乡建设用地增减挂钩政策、城镇低效用地再开发激励机制、低丘缓坡地开发政策、土地经营权和宅基地使用权流转机制。但用词上有差别，四川和贵州提出"规范推进城乡建设用地增减挂钩"，云南提出"全面推行城乡建设用地增减挂钩政策"，可见三省实施该政策的步调没有完全一致；云南、贵州两省提出"因地制宜推进低丘缓坡地开发"，四川提出"推进低丘缓坡地和地下空间开发试点"。二是政策力度都较大，但关注角度有差别。云南、贵州、四川三省都提出了具体支持特色小镇建设的土地政策。如云南省单列下达特色小镇建设用地 3 万亩用于2017~2019 年的特色小镇建设，四川省提出"千亿公共设施建设"和"千亿特色产业提升"工程项目用地计划，贵州省则在 2013 年提出安排 1 万亩城乡建设用地增减挂钩周转指标用于示范小城镇建设，在后续的特色小镇建设中，没有出台新的土地支持政策。

云贵川三省在特色小镇建设方面的人口流动政策主要集中在户籍制度改革、居住证制度、基本公共服务全覆盖制度、农业转移人口市民化激励机制四个方面。三省都提出放开落户限制政策，云南省取消了高工和高校毕业生落户除昆明外的其他所有地方的限制，贵州全省取消落户限制，并积极完善落户实施方案，四川省除成都外全面放开了落户限制。云南和四川两省提出了全面实行居住证制度，不断提高持证人的公共服务水平，缩小与户籍人口的差距。三省都强调基本公共服务全覆盖制度，云南省尤其重视社会养老服务体系的政策。贵州从住房保障、创业担保贷款及贴息、职业技能鉴定补贴、争议调解和仲裁服务等方面对农业转移人口给予重点支持。四川省重视新市民培训计划，提出每年培训 60 万人以上，推动农民工稳定有序融入城镇。在转移人口市民化激励机制方面，云南省提出"两挂钩一倾斜"政策，即财政转移支付与市民化人口数量挂钩、用地增量与落户人口数量挂钩、预算投资增量向落实人数多的城镇倾斜。四川省提出户口变动与宅基地使用权、集体收益分配权、土地承包权脱钩政策，充分尊重农民意愿。贵州省提出两挂钩机制，即用地规模增量与落户人数挂钩机制、基建资金安排与落户人数挂钩机制。此外，2013 年，贵州省专门出台了《贵州省高层次人才引进绿色通道实施办法（试行）》，对示范小城镇建设起到了重要推动作用。2017 年，云南省人民政府办公厅公布了《云南省推动农业转移人口和其他常住人口在城镇落户方案》，全面放开放宽包括具备一定学历或技能的人才、升学或毕业进入城镇的学生等重点群体的落户限制。此外，在高层次人才引进和培育方面，贵州省的人才政策启动最早，不难看出，云贵川三省对农村人口落户城镇、高层次人才落户城镇方面都比较重视，但针对特色小镇建设的人才引进和人口流动政策缺乏单独设计，只是在新型城镇化规划或者示范小城镇建设中加以说明。

在云贵川三省中，云南省支持特色小镇建设的财税政策力度最大。一方面，云南省给每个创建单位 1000 万元的启动资金，考核合格之后最多给予 1 亿元的奖励性资金用于项目贷款贴息；另一方面，对特色小镇内的新建企业，给予税收减免政策，并且提出 2017～2019 年，由省发展和改革委员会每年以重点项目投资基金的方式筹集不低于 300 亿元作为资本金专项支持特色小镇建设，2019年以后支持政策并没有减弱，而且更为精准。贵州省和四川省没有出台专门的财税支持政策，但都明确提出地方政府债券资金和政府举债使用方向要向新型城镇化倾斜。贵州省提出积极争取国家专项建设基金支持城镇基础设施和公共服务设施建设、特色小城镇功能提升等。四川省提出积极争取中央财政资金支持，加大省级财政资金支持力度，鼓励利用财政资金撬动社会资本，缓解小城镇建设资金瓶颈问题。从三省的财税政策支持特色小镇建设的对比来看，云南省重视程度最大、支持政策实，对特色小镇建设的推动力强；贵州省在 2013 年启动示范小城镇建设工程时期投入了大量的财政支持，但针对近年来兴起的特色小镇建设，并未出台过多实质性财政支持；四川省主要以努力争取中央有关新型城镇化的财税政策为主，专门为特色小镇"量身定做"的财政政策缺乏。

云贵川三省都重视特色小镇的融资渠道问题，并进行融资模式的探索。贵州省比较重视国家政策性和开发性金融机构的支持，同时针对社会资本，提出"险资入黔"模式。该模式提出促进更多保险资金运用债权和股权方式，投资具有稳定收益的城镇基础设施项目建设和运营。云南省的特色小镇融资，一是主张由政府财政和社会资金共同组建城镇化发展基金；二是组建基建投融资公司，以资源换开发，以打捆式开发以及 PPP 模式等拓宽融资渠道。四川提出针对新型城镇化项目设计差别化融资模式与偿债机制。一是支持财政和社会资本合作成立发展基金，鼓励保险资金、公共基金参与到具有稳定性收益的基建项目建设与运营之中去；二是整合设立城镇化投资平台，推行基建与租赁房资产证券化；三是根据特色小镇的金融需求特点，引导金融机构创新金融产品，加大信贷支持力度；四是提出支持有条件的小城镇通过债券等方式拓宽融资渠道，缓解小城镇建设资金瓶颈问题。从三省支持特色小镇建设的金融政策方面来看，贵州更加重视金融性机构的支持，提出"险资入黔"融资战略。云南和四川两省更加重视城镇化发展基金的建立，并从金融创新方面提出多种融资模式。总体而言，三省都意识到特色小镇的金融扶持政策的重要性，但创新性设计和针对性设计略显不足。

（二）特色小镇差异化发展的政策设计与启示

一是建立"特色小镇管理委员会"的三级管理体系，统一标准，动态管理。特色小镇的建设是一项系统工程，涉及产业发展、乡镇规划、绿色环保、人口流动等多方面的工作，也涉及多部门的配合和参与，如果管理体制不理顺，容易导致"管建设的脱离了规划、管环保的管不了山林、管景区的管不了景点"的尴尬局面。因此，特色小镇的建设管理宜采用特区管理模式，整合各部门特色小镇的政策和功能，统一标准、统一部署、统一管理。比如可以设立"特色小镇建设委员会"，挂靠发展和改革委员会，或住房和城乡建设委员会，成员从各相关单位、研究机构、特色小镇示范区选取，治权独立，专门管理省级以上特色小镇，事权下放给各特色小镇。各地级市设立地厅级"特色小镇建设委员会"，挂靠发展和改革委员会，专门针对地厅级特色小镇进行管理、监督和验收。县区级可以再设立第三级"特色小镇建设委员会"，最终形成三级管理体系，逐级推荐入选名单，动态调整。这样可以避免多头管理，真正做到权责明确、监督到位。

二是建立实施主体的正负双面清单，加强特色小镇的内涵建设。特色小镇的建设还处在"摸着石头过河"时期，不论是建设、规划，还是管理都存在一定的隐患和风险。支持政策的优劣，短时间难以评价，但是可以通过正负两面清单的方式，将各种可能的风险一一列出来，并制定有效的惩奖措施。正面清单上列明特色小镇建设主体哪些工作该鼓励开展，哪些工作可以开展，并设计加分项目的指标体系，比如经济发展方面的正面清单可以包括特色小镇经济增长速度、拉动地方居民就业人数、扶贫贡献度、城乡居民收入增长幅度等；环境发展正面清单方面包括森林覆盖率、空气质量指数的改善等；文化传承方面可以包括省部级以上非物质文化遗产的申请和立项数、民族民间文化活动举办次数等。负面清单列明不能进行的活动类型，并用扣分和一票否决的方式进行惩罚。比如设计政府综合债务率比例警戒线指标、房地产开发警戒线指标、环境污染指数、就业脱贫底线指数、模仿抄袭度指标等。通过负面清单的设计与实施，可以有效避免"重申请，轻建设"的弊端，尤其是通过一票否决方式杜绝特色小镇重大风险的出现。正面清单的设计和实施可以有效促进特色小镇的内涵建设，在生产、生活、生态、社区治理、扶贫富民等多方面起到重大推动作用。

三是探索地方政策创新的特色清单，彰显地域特征。云贵川在地形、产业、历史、文化等方面存在较多差异，特色小镇建设的模式和路径也不尽相同。因此，各省在制定政策时，在不违背国家法律和政策的条件下，应体现地方性和创新性。云贵川三省应加快出台有效的且有针对性的特色小镇土地使用政策，规避跑马圈地的房地产化趋势。国家政策规定了特色小镇规划和建设用地的四至范围，即3平方千米和1平方千米，但也明确提出旅游、体育和农业类特色小镇可适当放宽。当前，云贵川三省处于特色小镇建设的快速发展期，各地的投资者和企业蠢蠢欲动、鱼龙混杂，涌入云贵川地区。地方政府应尽快制定"地域性"鲜明的土地使用政策，将跑马圈地的"伪投资商"挡在门外，将有社会责任感、能促进特色小镇和企业双赢发展的投资商引进来，尤其要规避土地使用风险。出台特色小镇专项规划，制定具体实施办法。目前三省中只有四川出台了特色小镇建设专题规划，云南和贵州在新型城镇规划中提及了特色小镇建设思路和指导意见。特色小镇的建设是一项系统工程，离不开系统性的规划、建设和管理程序。三省应加强特色小镇的统一规划管理，并制定具体实施办法，遵循科学规律和市场规律，避免"规划高大上，项目假大空"的情况出现，切忌盲信盲听"高、远、大"（级别高、距离远、大腕）团队的规划设计，应高度重视熟悉地方区情的创新人才和团队参与规划设计之中。加强信息沟通，避免三省特色小镇同质化建设。云贵川三省目前有500多个拟建和在建的省部级以上的特色小镇，如果不进行专项规划和管理，必然会出现一哄而上、相互模仿、同质竞争等一系列问题。因此，三省的相关部门可以以官方、半官方等方式组织特色小镇研讨会和碰面会，加强已建、在建、拟建特色小镇及特色项目的研判和讨论，及时沟通信息，了解有无，并调整各省特色小镇建设的定位，避免雷同现象出现。

第四章 云贵川三省特色小镇建设总体格局差异与比较

云贵川地区地形地貌复杂，民族和历史文化多元，区域经济和社会发展差异明显，加之政策变量的多维性，由此导致云贵川三省在特色小镇建设的发生、发展和格局上存在较大差别。

一、云贵川地区国家特色小镇建设的总体概况

截至 2019 年 11 月，云南、贵州、四川三省共计入选第一批、第二批国家级特色小镇 48 个，占全国总数的 11.9%，其中四川 20 个、贵州 15 个、云南 13 个。48 个特色小镇镇域面积平均值为 163 平方千米，最大镇为云南省保山市隆阳区潞江镇，行政区域面积为 756 平方千米，最小镇是贵州省铜仁市万山区万山镇，行政区域面积仅 16 平方千米；48 个特色小镇常住人口平均值 34486 人，人口最多的镇是四川省达州市宣汉县南坝镇，常住人口达 95569 人，人口最少的镇是四川省甘孜州稻城县香格里拉镇，人口仅为 3560 人；二三产业从业人员平均值 10607 人，最多的是成都市郫县德源镇的 33708 人，最少的是西双版纳州勐腊县勐仑镇的 380 人；工业总产值平均值为 261249 万元，最大值是遵义市仁怀市茅台镇 4900000 万元，最小值是甘孜州稻城县香格里拉镇 143 万元。见表 4-1。

从三省的比较来看，云南省特色小镇行政区域面积平均值大于贵州省和四川省，13 个特色小镇的平均值为 282 平方千米，贵州省为 139 平方千米，四川省为 104 平方千米；常住人口方面，云贵两省高于四川省，其特色小镇的平均常住人口保持在 3 万~4 万人，云南省为 37822 人，贵州省为 37763 人，四川省为 29859 人；从业人员方面，三省特色小镇的就业人员保持 2 万左右，但二三产业就业人员，三省有明显差异，云南省特色小镇的二三产业就业人员平均值仅为 6079 人，贵州省为 12753 人，四川省为 11941 人；工业总产值方面，贵州省特色小镇的总产值平均值为 569841 万元，遥遥领先于四川省的 206755 万元和云

南省的 83970 万元。

从云贵川三省特色小镇的民族属性来看，云南省的少数民族型特色小镇最多，13 个特色小镇中有 7 个少数民族特色小镇，占 53.8%，其他 6 个为多民族杂居型特色小镇，占 46.2%；贵州省 15 个特色小镇中有 5 个少数民族特色小镇，占 33.3%，有 8 个多民族杂居型特色小镇，占 53.3%，其余类型占 13.4%；四川省 20 个特色小镇中，少数民族型特色小镇只有 1 个，占 5%。

表 4-1　云贵川地区国家特色小镇基本情况一览表

地区	特色小镇名称	行政区域面积（平方千米）	常住人口（人）	从业人员（人）	二三产业从业人员（人）	工业总产值（万元）	民族类型
云南省	红河州建水县西庄镇	145	36009	19818	9962	10945	民族特色小镇
	大理州大理市喜洲镇	168	63914	34189	18081	8502	民族特色小镇
	德宏州瑞丽市畹町镇	103	19144	5483	1598	6039	多民族杂居小镇
	西双版纳州勐腊县勐仑镇	328	32350	8680	380	64034	多民族杂居小镇
	保山市隆阳区潞江镇	756	79476	45593	4034	50972	多民族杂居小镇
	临沧市双江县勐库镇	447	28994	15435	2515	34522	民族特色小镇
	昭通市彝良县小草坝镇	207	24444	17969	3876	6500	多民族杂居小镇
	保山市腾冲市和顺镇	18	7531	4794	2144	68604	民族特色小镇
	昆明市嵩明县杨林镇	163	60210	28952	16035	192232	多民族杂居小镇
	普洱市孟连县勐马镇	501	31549	20877	607	27454	民族特色小镇
	楚雄州姚安县光禄镇	137	33598	22843	9516	57000	多民族杂居小镇
	大理州剑川县沙溪镇	287	23743	9994	3499	3000	民族特色小镇
	玉溪市新平县戛洒镇	411	50723	23616	6790	561813	民族特色小镇
贵州省	贵阳市花溪区青岩镇	92	36244	20661	10105	—	民族特色小镇
	六盘水市六枝特区郎岱镇	189	40868	37894	22895	142661	多民族杂居小镇
	遵义市仁怀市茅台镇	87	84872	34194	29944	4900000	汉族特色小镇
	安顺市西秀区旧州镇	117	28679	25303	14301	84694	多民族杂居小镇
	黔东南州雷山县西江镇	179	20843	15176	7990	—	民族特色小镇
	铜仁市万山区万山镇	16	16918	9459	8889	147573	民族特色小镇
	贵阳市开阳县龙岗镇	205	30301	14419	4257	34843	多民族杂居小镇
	遵义市播州区鸭溪镇	122	55365	37438	28102	365016	多民族杂居小镇
	遵义市湄潭县永兴镇	166	40335	30682	17262	104297	汉族特色小镇

续表

地区	特色小镇名称	行政区域面积（平方千米）	常住人口（人）	从业人员（人）	二三产业从业人员（人）	工业总产值（万元）	民族类型
贵州省	黔南州瓮安县猴场镇	227	65982	18226	3546	—	多民族杂居小镇
	黔西南州贞丰县者相镇	128	31988	22680	13625	119509	多民族杂居小镇
	黔东南州黎平县肇兴镇	133	16821	16520	7297	—	多民族杂居小镇
	贵安新区高峰镇	105	26278	20614	4132	58300	民族特色小镇
	六盘水市水城县玉舍镇	241	55056	19241	11941	303645	多民族杂居小镇
	安顺市镇宁县黄果树镇	88	15894	14671	7006	7709	民族特色小镇
四川省	成都市郫县德源镇	31	39231	41302	33708	1723736	汉族特色小镇
	成都市大邑县安仁镇	57	57517	31609	19916	20148	汉族特色小镇
	攀枝花市盐边县红格镇	160	15661	7384	4471	158140	汉族特色小镇
	泸州市纳溪区大渡口镇	130	33210	29695	18985	352552	汉族特色小镇
	南充市西充县多扶镇	35	49520	11402	8202	501120	汉族特色小镇
	宜宾市翠屏区李庄镇	67	31256	29987	18356	9053	汉族特色小镇
	达州市宣汉县南坝镇	143	95569	40556	30421	22098	汉族特色小镇
	雅安市雨城区多营镇	29	8548	2319	1634	45634	汉族特色小镇
	阿坝州汶川县水磨镇	89	16952	5830	3106	95360	汉族特色小镇
	遂宁市安居区拦江镇	65	23770	23105	12445	4952	汉族特色小镇
	德阳市罗江县金山镇	77	35479	25959	15858	588751	汉族特色小镇
	资阳市安岳县龙台镇	47	40453	22140	14310	236784	汉族特色小镇
	巴中市平昌县驷马镇	93	33408	18898	7610	28900	汉族特色小镇
	成都市郫都区三道堰镇	18	24414	13786	9530	56925	汉族特色小镇
	广元市昭化区昭化镇	43	13797	10070	5740	61810	汉族特色小镇
	成都市龙泉驿区洛带镇	42	20407	14932	9665	49376	汉族特色小镇
	自贡市自流井区仲权镇	34	26865	15179	11953	82441	汉族特色小镇
	眉山市洪雅县柳江镇	160	14960	10018	5929	34560	汉族特色小镇
	甘孜州稻城县香格里拉镇	736	3560	1994	868	143	民族特色小镇
	绵阳市江油市青莲镇	23	12598	8239	6105	62616	汉族特色小镇

资料来源：数据根据《2016 中国县域统计年鉴（乡镇卷）》《2018 中国县域统计年鉴（乡镇卷）》计算整理。该统计年鉴从 2017 年起统计指标发生变化，表中的常住人口根据《2018 中国县域统计年鉴（乡镇卷）》整理，其他指标根据《2016 中国县域统计年鉴（乡镇卷）》整理，截至完稿，《2019 中国县域统计年鉴（乡镇卷）》还未出版。民族类型根据实地考察与官方资料归类。

从与城区（县或区）之间距离来看，云南省多远郊型特色小镇，距离城区超过 20 千米及以上的特色小镇有 9 个，占 69.2%，在 20 千米以内的特色小镇有 4 个，占 30.8%；贵州省多远郊型特色小镇，距离城区在 20 千米以内的特色小镇 5 个，占 33.3%，距离在 20 千米及以外的有 10 个，占 66.7%；四川省比较均衡，距离城区 20 千米以外的特色小镇有 10 个，占 50%，20 千米以内的特色小镇有 10 个，占 50%。

从云贵川三省特色小镇资源禀赋差异、个体类型差异、外部环境差异来看，存在如下鲜明特征：

一是资源禀赋差异。云贵川地区 48 个国家级特色小镇中有 29 个在入选之前已经具备了国家级的历史文化名镇、重点镇、国家重点保护区等国家级荣誉称号，占 60.4%；有 9 个特色小镇在入选之前具备省级荣誉称号，占 18.8%；其他特色小镇 10 个，占 20.8%，其中多数具备良好的生态环境和自然条件。所有特色小镇中有国家 5A 级景区 3 处，分别是贵阳市花溪区青岩古镇景区、安顺市镇宁布依族苗族自治县黄果树瀑布景区、西双版纳傣族自治州勐腊县中国科学院西双版纳热带植物园，有 4A 级景区 8 处，分别是成都建川博物馆聚落、广元昭化古城、宜宾李庄古镇、大邑刘氏庄园、腾冲和顺景区、剑川石宝山·沙溪古镇旅游区、黔东南州雷山县西江镇、铜仁市万山区万山镇。这些荣誉称号资源为小镇的发展奠定了坚实的基础。

二是个体类型差异。按照主导产业类型的选择，48 个特色小镇中有 36 个将旅游文创产业定位为小镇当前或未来的主导产业，占 72.%；19 个特色小镇将特色种养殖及加工产业定位为小镇的主导产业，占 39.6%；有 2 个特色小镇的主导产业定位为现代新兴产业，占 6.3%，其中主导产业特色鲜明的有成都市大邑县安仁镇的博物馆及文创产业、成都市郫县德源镇的现代新兴创新创业产业、贵州遵义市湄潭县永兴镇的茶产业、贵州遵义市仁怀市茅台镇的酒产业、云南昭通市彝良县小草坝镇的天麻产业等；按照文化类型的定位，48 个小镇中具有鲜明少数民族文化特色的小镇 19 个，占 39.6%，主要集中在云南省；具有厚重历史文化背景的特色小镇 12 个，占 25%；具有其他文化特色的小镇 11 个，占 22.9%；文化特色不鲜明的特色小镇 6 个，占 12.5%；按照空间距离特征，48 个特色小镇与县城（或所在区）的平均距离为 28 千米，距离最远的特色小镇阿坝州汶川县水磨镇，与汶川县县城有 98 千米路程，距离最近的特色小镇保山市腾冲市和顺镇，与市区只有 5 千米。若以 20 千米作为分界线定义远郊和近郊，远郊特色小镇有 22 个，占 41.7%，近郊特色小镇有 26 个，占 58.3%。

三是外部环境差异。自然环境方面，云南省源于青藏高原的延续，属于高原山区省份,地形结构上以山地居多,占84%,高原丘陵占10%,盆地河谷占6%,省内险峰峡谷交错,湖泊温泉星罗棋布,江河溪流源远流长,生物物种繁多,是我国典型的动植物王国,气候宜人,四季长春;贵州省属于山地型省份,平均海拔1100多米,山地和丘陵地形占92.5%,山脉绵延纵横,重峦叠嶂,山高谷深,其中喀斯特地貌占全省总面积的61.9%,境内湿润多雨,有乌江、清水江、赤水河、舞阳河等10余条支流,流域面积占全省的35%;四川省地处青藏高原和长江中游的过渡地区,高低悬殊,地形由高原、山地、丘陵和平原盆地构成。川西高原属于青藏高原的延伸区域,西高东低,长江的源头及主要支流孕育于此,成都平原1.88万平方千米,海拔600米左右,土地肥沃,物产丰富,水渠纵横,自古拥有"天府之国"的美称。云贵川地区特色小镇以山地和丘陵型为主,占总数的60%以上,高原型特色小镇较少,占15%左右,平原型特色小镇主要集中在成都平原,约占20%。区域经济环境方面,《全国主体功能区规划》将成渝地区、贵州的黔中地区、云南的滇中地区划分为国家重点开发区,属于城镇化建设和特色小镇发展的重点区域;将贵州喀斯特石漠化区、川滇森林、云南生物多样性功能区划分为限制开发区,强调以保护为主,不宜开展特色小镇建设;将云贵川地区的地质公园、森林公园和风景名胜区划定为禁止开发区,禁止工业和小城镇发展建设。见表4-2。

表4-2　云贵川国家级特色小镇差异性特征概况

地区	特色小镇名称	资源禀赋	主导产业	文化与民族特色	与城区的距离(千米)
云南省	红河州建水县西庄镇	国家历史文化名镇和国家重点风景名胜区	旅游、特色农业	彝、傣、哈尼、壮等民族文化	11
	大理州大理市喜洲镇	云南省历史文化名镇和重点侨乡	旅游	历史文化、白族文化	46
	德宏州瑞丽市畹町镇	袖珍历史名镇,多民族聚居之乡,边疆较少民族村寨	特色种植养殖、旅游	傣族、德昂、景颇族文化	23
	西双版纳州勐腊县勐仑镇	国家级热带雨林自然保护区、中国科学院热带植物园、5A级景区	旅游	宗教文化、建筑文化、傣族和哈尼族文化	83

续表

地区	特色小镇名称	资源禀赋	主导产业	文化与民族特色	与城区的距离（千米）
云南省	保山市隆阳区潞江镇	住房和城乡建设部公布的"美丽宜居小镇"	旅游	历史文化、傣、傈僳、德昂、彝、回等民族文化	60
	临沧市双江县勐库镇	适合茶叶种植的独特的自然条件	茶业及关联产业、甘蔗	拉祜、佤族、布朗、傣族等民族文化	20
	昭通市彝良县小草坝镇	省级自然保护区，有适合天麻种植的独特气候和自然条件	天麻及关联产业、白芸豆	生态文化	33
	保山市腾冲市和顺镇	国家级历史文化名镇、全国首批美丽宜居示范小镇、4A级景区	旅游	建筑文化，白、傣、回族等民族文化	5
	昆明市嵩明县杨林镇	适宜花卉种植、高山运动的自然条件	花卉及关联产业、休闲康养旅游	古驿站文化、生态文化	13
	普洱市孟连县勐马镇	适合橡胶、茶叶种植的独特自然条件	橡胶、茶叶、咖啡种植及加工产业	生态文化，傣、拉、佤族民族文化	31
	楚雄州姚安县光禄镇	中国历史文化名镇、云南省历史文化名镇	旅游、有机蔬菜	历史文化，彝、回、白族等民族文化	14
	大理州剑川县沙溪镇	国家历史文化名镇、中国乡村文化遗产地标村庄名录	旅游、农副产品加工业	建筑文化，白、彝、傈僳、纳西等民族文化	34
	玉溪市新平县戛洒镇	丰富的磁铁矿和铜矿资源	种养殖产业，磁铁矿和铜矿开采加工业	彝族、傣族民族文化	62
四川省	成都市郫县德源镇	全国首批双创示范基地	大数据、无人机、新材料等新兴产业	荣获"四川省书香之镇"称号	8
	成都市大邑县安仁镇	中国历史文化名镇、中国博物馆小镇	文化创意与旅游	古镇建筑文化、博物馆创意文化	13

续表

地区	特色小镇名称	资源禀赋	主导产业	文化与民族特色	与城区的距离（千米）
四川省	攀枝花市盐边县红格镇	阳光、温泉自然生态资源	康养与旅游产业	生态文化	31
	泸州市纳溪区大渡口镇	全国重点镇	白酒及关联产业、无公害蔬菜、旅游	—	18
	南充市西充县多扶镇	全国重点镇、美丽宜居小镇	精密制造、生物医药、食品精深加工	—	9
	宜宾市翠屏区李庄镇	国家历史文化名镇、全国环境优美乡镇	旅游	古建筑文化、抗战搬迁文化	23
	七达州市宣汉县南坝镇	全国重点镇、川东北四大古镇之一	农副产品加工、旅游	红色文化，名人故里	35
	雅安市雨城区多营镇	国家级重点示范镇、国家文化产业示范基地、藏茶的发源地	藏茶文化创意研发产业、藏茶产业综合体	茶马古道文化	10
	阿坝州汶川县水磨镇	国家4A级旅游区	旅游	藏羌文化、长寿文化	98
	遂宁市安居区拦江镇	四川省乡村旅游特色乡镇	莲花种植及其关联产业、旅游	—	41
	德阳市罗江县金山镇	四川省重点镇	军民融合产业、乡村休闲旅游度假	—	12
	资阳市安岳县龙台镇	全国柠檬生产基地镇	柠檬种植加工产业、生猪养殖	历史文化、名人文化	24
	巴中市平昌县驷马镇	国家湿地公园、国家乡土艺术特色镇	大蒜海椒种植及食品加工业、旅游休闲	艺术写生与巴文化溯源	34
	成都市郫县三道堰镇	全国宜居小镇、全国环境优美乡镇	旅游、生态农业	历史文化、川西林盘风貌	10
	广元市昭化区昭化镇	中国历史文化名镇、全国重点镇	无公害蔬菜、旅游业	三国文化、古迹遗址文化	46

续表

地区	特色小镇名称	资源禀赋	主导产业	文化与民族特色	与城区的距离（千米）
四川省	成都市龙泉驿区洛带镇	中国历史文化名镇、国家文化产业示范基地、中国民间艺术之乡	文化旅游产业	客家移民文化、会馆祠堂文化	12
	自贡市自流井区仲权镇	四川省民间文化艺术之乡	彩灯文化创意产业和相关旅游产业	彩灯文化	15
	眉山市洪雅县柳江镇	中国历史文化名镇、四川十大古镇之一	休闲度假与旅游集散	古镇建筑文化、生态文化	30
	甘孜州稻城县香格里拉镇	四川最美小镇	旅游	藏族文化、生态文化	76
	绵阳市江油市青莲镇	国家4A级景区	休闲养老、旅游	李白诗歌文化	13
贵州省	贵阳市花溪区青岩镇	中国历史文化名镇、5A级景区	旅游	中华诗词之乡、历史文化	10
	六盘水市六枝特区郎岱镇	贵州历史文化名镇	特色农业、旅游	古建筑文化，苗、布依、仡佬、彝等民族文化	33
	遵义市仁怀市茅台镇	中国十佳和谐小城镇、全国生态文明先进镇	白酒及关联产业、旅游	白酒工艺文化	12
	安顺市西秀区旧州镇	中国历史文化名镇、中国宜居休闲小镇	旅游	纺织、雕刻等技艺，屯堡建筑文化	24
	黔东南州雷山县西江镇	中国历史文化名镇、国家级非物质文化遗产名录、国家4A级景区	文化旅游与创意产业	苗族习俗与建筑文化	26
	铜仁市万山区万山镇	国家级矿山公园、4A级景区	旅游与文化创意产业	汞矿开发史、红色文化	32
	贵阳市开阳县龙岗镇	中国富硒农产品之乡、全国重点镇	富硒农特产品与加工	布依族、苗族等民族文化	44
	遵义市播州区鸭溪镇	全国重点镇、全国可再生能源示范镇	酒及酒循环产业、电及电循环产业	酒文化、红色文化	20

续表

地区	特色小镇名称	资源禀赋	主导产业	文化与民族特色	与城区的距离（千米）
贵州省	遵义市湄潭县永兴镇	全国重点镇、中国商业名镇	茶种植及关联产业、茅贡米产业	—	21
	黔南州瓮安县猴场镇	全国民间艺术龙狮之乡	文化旅游产业，辣椒、西红柿等蔬菜产业	红色文化、龙狮文化、土司文化	18
	黔西南州贞丰县者相镇	国家级水利风景名胜区、5A级风景区	旅游	布依族、苗族民族文化	15
	黔东南州黎平县肇兴镇	首批十个民族民间文化保护工程试点单位、4A级旅游景区	旅游	侗寨及鼓楼群建筑文化	50
	贵安新区高峰镇	适宜生态农业发展的气候自然条件	休闲度假、生态农业	—	21
	六盘水市水城县玉舍镇	玉舍国家级森林公园	传统农业、旅游	彝、苗、布依、蒙古等民族文化	24
	安顺市镇宁县黄果树镇	国家重点风景名胜区、国家5A级旅游景区	旅游、蜡染产业	蜡染文化、布依族民族文化	15

资料来源：与县城（区）的距离数据根据高德地图实际线路测算，其他资料根据笔者调查走访及地方政府官方提供资料整理。

二、云南省特色小镇建设的基本格局

云南省在《云南省人民政府关于深入推进新型城镇化建设的实施意见》（2016）的基础上，2017年全面启动全省特色小镇创建工作，对原有基础较好的特色小镇升级改造，鼓励州、市、县、区各级主体切合实际培育发展特色小镇，并提出力争到2019年，全国一流的特色小镇建成20个左右，全省一流的特色小镇建成80个左右，每个世居少数民族各建成1个以上特色小镇，共计25个，到2020年，全省建成210个特色小城镇。2017年7月，云南省16个州市290个申报单位申请上述特色小镇，云南省特色小镇发展领导小组办公室按照五大原则进行评审：一是强调特色小镇要有特色，在全省、全国甚至全球具有唯一性和独特性；二是强调产业基础原则，产业发展定位是否精准、思路是否清晰、实现路径是否可行、支撑要素是否具备；三是是否有企业参与投资，而不是政府大包大揽；四是交通和工作基础是否良好；五是是否有房地产开发嫌疑，是否只是单纯的旅游景区景点打造，该条实行一票否决制。经过评审，确定《云南省特色小镇创建名单》，共计 105 个小镇入选创建名单，其中丽江古城、大理古城、元阳哈尼梯田、建水临安古城、巍山古城定位为国际水平特色小镇；和顺古镇、沙溪古镇、建水西庄紫陶小镇、橄榄坝傣族水乡、普者黑水乡等 20 个特色小镇定位为全国一流小镇；九乡旅游小镇、轿子雪山小镇、"云上云"双创小镇、官渡古镇、凤龙湾阿拉丁小镇等 80 个小镇定位为全省一流特色小镇。针对这些入围的特色小镇，每年年底由省特色小镇发展领导小组办公室牵头，开展考核工作，并依据考核结果决定支持政策和名单调整。

云南省没有针对入选的第一批、第二批国家级特色小镇进行专项管理，而是将国家级特色小镇纳入省级以上特色小镇统一管理，如云南省第一批国家特色小镇 3 个均入选全国一流特色小镇建设名单，第二批入选的 10 个特色小镇也全部入选云南省拟建高水平特色小镇目录。2018 年至 2020 年，依据《云南省示范特色小镇评选办法（试行）》和《云南省人民政府关于加快推进全省特色小镇创建工作的指导意见》，云南省每年评选优秀特色小镇 15 个（排名靠前的 15 个），云南省财政拨付给每个特色小镇 1.5 亿元作为奖励，并授予"云南省示范特色小镇"荣誉称号，如果项目建设成功，还可以重复奖励。2018 年获省财政奖补支持的特色小镇分别是：弥勒可邑小镇、红河"东风韵"小镇、建水临安古城、红河水乡、建水西庄紫陶小镇、弥勒太平湖森林小镇、玉溪澄江广龙旅游小镇、喜洲古镇、大理古城、元阳哈尼梯田小镇、屏边滴水苗城、巍山古城、丽江古城、沙溪古镇、临沧翁丁葫芦小镇。截至 2018 年 11 月，云南省特色小镇新开工项目 710 个，累计完成投资 633.2 亿元，特色小镇实现新增就业 6.5 万人，新增税收 8.6 亿元，新入驻企业 2576 家，集聚国家级大师和国家级非遗传承人 53 人，特色小镇共接待游客 1.8 亿人次，其中，过夜游客 5832 万人，实现旅游收入 1052 亿元[①]。

与此同时，云南省针对不合格的特色小镇进行调整。2018 年 9 月，中国共

---

① 朱丹：《云南特色小镇创建工作有序推进 15 个小镇分获 1.5 亿元以奖代补资金支持》，《云南日报》，2018 年 11 月 15 日第 3 版。

产党云南省委员会常务委员会审议通过，将 6 个特色小镇淘汰出局，并收回每
个特色小镇 1000 万元的启动资金。淘汰的理由具体明确，如旅游类特色小镇，
要求按照国家 3A 级以上标准建设，其中生态红线不能触碰，要求集中供水普及
率、污水处理率和生活垃圾无害化处理率均须达到 100%。按此准则进行评审，
发现鸡足山禅修小镇、八宝壮乡小镇两个小镇因为建设而破坏了环境，触碰了
生态红线，因此被淘汰出局。针对"拿钱不办事的"特色小镇进行调整淘汰，
如永胜清水古镇、陆良蚕桑小镇、罗平油菜花小镇被认为开工建设不足或建设
进度拖延，建设主体未落实等原因而被除名。个旧市大屯特色制造小镇则过于
依赖个旧市"世界锡都"和现有工业园区，没有形成自己的特色，混淆了与园
区的概念而被除名。云南省级以上特色小镇已建、在建和拟建特色小镇情况见
表 4-3。

表 4-3　云南省省级以上特色小镇已建、在建和拟建特色小镇情况

特色小镇类型	所在地区	出处	时间
国家特色小镇第一批（3 个）	红河州建水县西庄镇、大理州大理市喜洲镇、德宏州瑞丽市畹町镇	住房和城乡建设部印发《住房城乡建设部关于公布第一批中国特色小镇名单的通知》	2016 年 10 月 11 日
国家特色小镇第二批（10 个）	西双版纳州勐腊县勐仑镇、保山市隆阳区潞江镇、临沧市双江县勐库镇、昭通市彝良县小草坝镇、保山市腾冲市和顺镇、昆明市嵩明县杨林镇、普洱市孟连县勐马镇、楚雄州姚安县光禄镇、大理州剑川县沙溪镇、玉溪市新平县戛洒镇	住房和城乡建设部印发《住房城乡建设部关于公布第二批全国特色小镇名单的通知》	2017 年 8 月 22 日
拟建国际水平特色城镇（5 个）	丽江古城、元阳哈尼梯田、大理古城、巍山古城、建水临安古城	云南省特色小镇发展领导小组办公室公布了《云南省特色小镇创建名单》	2017 年 6 月 15 日
拟建全国一流特色小镇（20 个）	和顺古镇、沙溪古镇、建水西庄紫陶小镇、橄榄坝傣族水乡、普者黑水乡、喜洲古镇、泸沽湖摩梭小镇、红河水乡、思茅普洱茶小镇、瑞丽畹町小镇、香格里拉月光城、临沧翁丁葫芦小镇、丙中洛小镇、楚雄彝人古镇、昭通大山包极限运动小镇、曲靖爨文化小镇、西双版纳勐仑小镇、昆明斗南花卉小镇、玉溪澄江广龙旅游小镇、昆明嘉丽泽高原体育运动小镇	云南省特色小镇发展领导小组办公室公布了《云南省特色小镇创建名单》	2017 年 6 月 15 日

特色小镇类型	所在地区	出处	时间
拟建全省一流特色小镇（81个）	九乡旅游小镇、轿子雪山小镇、"云上云"双创小镇、官渡古镇、凤龙湾阿拉丁小镇、罗平油菜花小镇、麒麟爱情小镇、鲁布革布依风情小镇、陆良蚕桑小镇、嶍峨古镇、新平嘎洒花腰傣风情小镇、通海杨广智慧农业小镇、澄江寒武纪小镇、华宁盘溪橘乡小镇、腾冲玛御谷温泉小镇、腾冲银杏小镇、昌宁红茶小镇、善洲小镇、施甸摆榔金布朗风情小镇、保山永子围棋小镇、腾冲启迪冰雪双创小镇、高黎贡山摄影小镇、盐津豆沙关南水富大峡谷温泉小镇、丝路古镇、彝良小草坝天麻小镇、水富大峡谷温泉小镇、镇雄以勒小镇、华坪芒果小镇、锦绣丽江、永胜清水古镇、景迈普洱茶小镇、普洱汇源小镇、西盟佤部落、孟连勐阿小镇、宁洱那柯勐小镇、思茅洗马湖科学家小镇、澜沧酒井老达保村音乐小镇、勐库冰岛茶小镇、临翔区昔归普洱茶小镇、凤庆鲁史茶马古文化小镇、南美拉祜风情小镇、凤庆滇红小镇、光禄古镇、侏罗纪小镇、南华野生菌小镇、"元谋人"远古小镇、红河哈尼土司文化小镇、碧色寨滇越铁路小镇、弥勒太平湖森林小镇、河口瑶族盘王小镇、红河"东方韵"小镇、弥勒可邑小镇、个旧大屯特色制造小镇、屏边滴水苗城、泸西城子古镇、金平蝴蝶谷小镇、广南坝美世外桃源、文山古木三七小镇、八宝壮乡小镇、易武古镇、勐巴拉雨林小镇、基诺风情小镇、大理双廊小镇、鹤庆新华银器艺术小镇、诺邓古镇、祥云云南驿小镇、剑川木雕艺术小镇、鸡足山禅修小镇、大理龙尾关小镇、芒市咖啡小镇、德宏大盈江万塔小镇、姐告跨境电商小镇、陇川民族风情小镇、梁河南甸傣族水镇、芒市航空小镇、怒江傈僳风情小镇、贡山独龙风情小镇、罗古箐普米风情小镇、梅里雪山小镇、丽江黎明丹霞小镇、高原冰酒小镇	云南省特色小镇发展领导小组办公室公布了《云南省特色小镇创建名单》	2017年6月15日

三、贵州省特色小镇建设的基本格局

贵州省 2012 年开始启动 100 个示范小城镇的建设，2013 年，贵州省实施"5个100"工程，包括 100 个示范小城镇、100 个旅游景区、100 个现代高效农业示范园区、100 个城市综合体。明确提出，到 2015 年，将建成 100 个绿色产业型、旅游景观型、交通枢纽型、工矿园区型、移民安置型、商贸集散型的示范小城镇，包括 30 个省级示范小城镇和 70 个地级示范小城镇，具体名单见表 4-4。2016 年，贵州省第五届全省小城镇建设发展大会上提出，"十三五"期间，全省将以世界知名特色小镇（10 个）、全国一流特色小镇（100 个）为引领，推动全省 1000 个以上特色小镇全面小康。2017 年，贵州省提出小城镇建设的"3211"工程，即培育30 个全国一流的特色小镇，加快 20 个极贫乡镇脱贫攻坚，打造 100 个全省特色小镇，推动 100 个示范小城镇提质升级。提出以特色产业为支撑，鼓励各地依托建制镇及具备城镇社区功能的创新创业平台等特定区域建立省级特色小城镇培育库，加快壮大核心竞争优势产业，促进产城景文旅融合发展，打造 100 个全省特色小镇。依托丰富的民族风情资源培育一批民族风情小镇。到 2020 年，力争30 个乡（镇）入选中国特色小镇。推动全省 20 个极贫乡镇按照示范小城镇标准规划建设，以"8+X"项目为基础，配套城镇设施，加快小城镇脱贫攻坚步伐。以"十大提升"工程为重点，完善服务，提升品质，增强示范小城镇综合经济实力，打造示范小城镇升级版。以整县推进小城镇建设为抓手，推广"镇村联动"发展模式，按照"抓两头、带中间"原则，全面推进全省小城镇同步小康。每年召开一次全省小城镇建设发展大会，放大示范小城镇建设效应，带动全省小城镇建设整体提升。到 2020 年，力争实现全省建制镇镇区污水处理和垃圾处理设施全覆盖①。2018 年 9 月，在黔南州召开的第七届贵州小城镇建设发展大会上提出，贵州将加快实施小城镇建设发展的"3 个 1"工程，即推动 100 个示范小城镇提档升级、培育和创建 100 个省级特色小镇和特色小城镇，加快推进全省1000 多个小城镇高质量发展，促进贵州山地特色新型城镇化进程②。

---

① 参见《省人民政府办公厅关于印发贵州省加快推进山地特色新型城镇化建设实施方案的通知》（黔府办发〔2017〕76 号）。

② 《第七届贵州小城镇建设发展大会召开》，人民网——贵州频道，http://gz.people.com.cn/GB/n2/2018/0919/c194827-32074936.html，2017 年 2 月 16 日。

2013～2018 年，贵州全省小城镇建设累计投入 4760 亿元，新增就业 120 万人，新增城镇人口 160 万人，拉动全省城镇化率上升 4 个百分点，2016～2018 年，全省小城镇建设移民安置点 325 个。截至 2017 年，90%以上的示范小城镇成立了政务服务中心、综合执法办公室和国土资源规划办公室。所有示范小城镇全面建成了污水处理、垃圾处理和供水系统。

表4-4 贵州省省级以上特色小镇已建、在建特色小城镇情况

特色小镇类型	所在地区	出处	时间
国家特色小镇第一批（5 个）	贵阳市花溪区青岩镇、六盘水市六枝特区郎岱镇、遵义市仁怀市茅台镇、安顺市西秀区旧州镇、黔东南苗族侗族自治州雷山县西江镇	住房和城乡建设部印发《住房城乡建设部关于公布第一批中国特色小镇名单的通知》	2016 年 10 月 11 日
国家特色小镇第二批（10 个）	贵阳市开阳县龙岗镇、安顺市平坝区高峰镇、镇宁县黄果树镇、遵义市播州区鸭溪镇、湄潭县永兴镇、六盘水市水城县玉舍镇、铜仁市万山区万山镇、黔西南布依族苗族自治州贞丰县者相镇、黔东南苗族侗族自治州黎平县肇兴镇、黔南布依族苗族自治州瓮安县猴场镇	住房和城乡建设部印发《住房城乡建设部关于公布第二批全国特色小镇名单的通知》	2017 年 8 月 22 日
贵州省级示范镇（30 个）	清镇市站街镇、修文县扎佐镇、息烽县小寨坝镇、开阳县龙岗镇、遵义县尚嵇镇、桐梓县新站镇、仁怀市茅台镇、湄潭县永兴镇、六枝特区郎岱镇、盘县柏果镇、水城县玉舍乡、西秀区旧州镇、平坝县夏云镇、普定县白岩镇、威宁自治县迤那镇、纳雍县王家寨镇、大方县六龙镇、赫章县六曲河镇、德江县煎茶镇、印江自治县木黄镇、大龙开发区大龙镇、雷山县丹江镇、台江县施洞镇、黎平县肇兴乡、独山县麻尾镇、平塘县卡蒲乡、贵定县昌明镇、兴仁县雨樟镇、贞丰县者相镇、普安县青山镇	贵州省委、省政府下发《关于加快推进小城镇建设的意见》（黔党发〔2012〕25 号）	2012 年
市（州）示范镇（70 个）	清镇市卫城镇、白云区牛场乡、修文县六广镇、乌当区羊昌镇、花溪区青岩镇、息烽县九庄镇、开阳县南江乡、绥阳县风华镇、赤水市官渡镇、遵义县鸭溪镇、习水县土城镇、正安县安场镇、务川自治县镇南镇、凤冈县永安镇、余庆县敖溪镇、六枝特区木岗镇、六枝特区岩脚镇、盘县	贵州省委、省政府下发《关于加快推进小城镇建设的意见》（黔党发〔2012〕25 号）	2012 年

续表

特色小镇类型	所在地区	出处	时间
市（州）示范镇（70个）	石桥镇、水城县发耳乡、钟山区大湾镇、西秀区轿子山镇、西秀区七眼桥镇、平坝县天龙镇、普定县马官镇、镇宁自治县江龙镇、关岭自治县永宁镇、紫云自治县水塘镇、大方县黄泥塘镇、七星关区青场镇、七星关区清水铺镇、黔西县素朴镇、金沙县沙土镇、织金县官寨乡、纳雍县龙场镇、威宁自治县东风镇、思南县塘头镇、沿河自治县官舟镇、玉屏自治县田坪镇、石阡县中坝镇、碧江区坝黄镇、江口县太平乡、松桃自治县寨英镇、丹寨县兴仁镇、麻江县宣威镇、凯里市龙场镇、镇远县青溪镇、施秉县牛大场镇、榕江县忠诚镇、剑河县岑松镇、从江县下江镇、黄平县旧州镇、锦屏县敦寨镇、三穗县台烈镇、龙里县醒狮镇、都匀市墨冲镇、福泉市牛场镇、长顺县广顺镇、三都自治县周覃镇、荔波县甲良镇、瓮安县猴场镇、罗甸县边阳镇、惠水县好花红乡、兴义市清水河镇、兴义市泥凼镇、贞丰县白层镇、兴仁县巴铃镇、安龙县龙广镇、册亨县坡妹镇、望谟县蔗香乡、晴隆县沙子镇	贵州省委、省政府下发《关于加快推进小城镇建设的意见》（黔党发〔2012〕25号）	2012年

资料来源：根据云南省官方公布资料整理。

　　综上所述，贵州省特色小镇建设主要是延续2013年"100个示范小城镇"工程，在此基础上，进行提档升级，加大投入力度。2016年，国家特色小镇正式出台之后，贵州省入选了第一批、第二批国家特色小镇共计15个，这些小镇基本属于早已确定的"100个示范小城镇"名录。2018年以来，贵州省规划启动100个省级特色小镇建设，目前还未公布名单。

四、四川省特色小镇建设的基本格局

　　四川省从2012年开始启动"百镇建设行动"，依照人口规模2万人左右、区位交通条件良好、经济产业基础和发展潜力良好、资金配套能力良好、建设用地和环境容量良好等条件选取 300 个小镇重点培养，以百镇带千镇发展。"百镇建设行动"分三批进行，截至 2015 年 1 月，第三批"百镇建设行动"名单公布，这意味着"百镇建设行动"300 个试点镇名单已全部确定。之后，"百镇建设行动"又公布了扩面增量名单，成都市怀远镇等 300 个镇入选（见表 4-5）。因此，在全国特色小镇建设热潮来临之时，四川省已经形成省级重点镇和试点示范镇示范引领的发展格局。2017 年，《四川省"十三五"特色小城镇发展规划》（以下简称《规划》）提出在 2016~2020 年，要培育发展 200 个省级特色小镇，促进和引领全省小城镇发展。《规划》提出了因地制宜，突出特色；和谐宜居，绿色发展；产镇融合，城乡统筹；市场主导，政府引导；深化改革，探索创新五大原则。并从产业特色、人居环境、设施服务、体制机制四方面提出了具体目标。重点打造旅游休闲型特色小镇 47 个、商贸物流型特色小镇 31 个、现代农业型特色小城镇 45 个、文化创意型特色小城镇 32 个、加工制造型特色小城镇 30 个、科技教育型特色小城镇 15 个，共计 200 个①。

表 4-5　四川省省级以上特色小镇已建、在建特色小镇情况

特色小镇类型	所在地区	出处	时间
第一批、第二批"百镇建设行动"名单	成都市（22 个），旅游型重点镇：龙泉驿区洛带镇、大邑县安仁镇、彭州市白鹿镇、大邑县花水湾镇、双流县黄龙溪镇、崇州市街子镇、邛崃市平乐镇、都江堰市青城山镇；工业型重点镇：新都区新繁镇、彭州市隆丰镇、都江堰市蒲阳镇、邛崃市羊安镇、崇州市羊马镇、龙泉驿区西河镇、金堂县淮口镇、郫县安德镇、大邑县王泗镇、新津县普兴镇；商贸型重点镇：蒲江县寿安镇、新津县花源镇、彭州市濛阳镇、新都区木兰镇	《四川省人民政府办公厅关于印发 2013 年四川省加快推进新型城镇化重点工作实施方案的通知》（川办发〔2013〕2 号文件）；四川省住房和城乡建设厅政府网站	2013 年 5 月 15 日
	自贡市（5 个），商贸型重点镇：贡井区成佳镇、荣县长山镇、富顺县赵化镇、富顺县代寺镇、大安区牛佛镇		
	攀枝花市（3 个），旅游型重点镇：盐边县红格镇；工业型重点镇：仁和区金江镇、米易县白马镇		

---

① 《四川省"十三五"特色小城镇发展规划》，http://www.sc.gov.cn/10462/10464/10797/2017/2/9/10413472.shtml，2017 年 2 月 9 日。

续表

特色小镇类型	所在地区	出处	时间
第一批、第二批"百镇建设行动"名单	泸州市（8个），旅游型重点镇：合江县福宝镇；工业型重点镇：古蔺县二郎镇、泸县玄滩镇；商贸型重点镇：合江县九支镇、泸县嘉明镇、泸县立石镇、龙马潭区石洞镇、纳溪区护国镇	《四川省人民政府办公厅关于印发2013年四川省加快推进新型城镇化重点工作实施方案的通知》（川办发〔2013〕2号文件）；四川省住房和城乡建设厅政府网站	2013年5月15日
	德阳市（7个），旅游型重点镇：绵竹市汉旺镇；工业型重点镇：罗江县金山镇、广汉市向阳镇；商贸型重点镇：中江县仓山镇、旌阳区黄许镇、什邡市师古镇、罗江县万安镇		
	绵阳市（6个），旅游型重点镇：安县桑枣镇；工业型重点镇：江油市武都镇；商贸型重点镇：江油市青莲镇、三台县芦溪镇、安县秀水镇、梓潼县许州镇		
	广元市（4个），旅游型重点镇：剑阁县剑门关镇；工业型重点镇：旺苍县嘉川镇、青川县竹园镇；商贸型重点镇：剑阁县普安镇		
	遂宁市（4个），工业型重点镇：射洪县沱牌镇；商贸型重点镇：蓬溪县蓬南镇、射洪县金华镇、大英县隆盛镇		
	内江市（6个），工业型重点镇：威远县连界镇、资中县银山镇；商贸型重点镇：资中县球溪镇、威远县镇西镇、隆昌县黄家镇、东兴区郭北镇		
	乐山市（5个），旅游型重点镇：犍为县罗城镇；工业型重点镇：犍为县石溪镇；商贸型重点镇：峨眉山市桂花桥镇、峨眉山市九里镇、五通桥区金粟镇		
	南充市（7个），旅游型重点镇：阆中市老观镇；工业型重点镇：南部县定水镇；商贸型重点镇：营山县回龙镇、仪陇县马鞍镇、仪陇县金城镇、南部县建兴镇、南部县伏虎镇		
	宜宾市（8个），旅游型重点镇：长宁县竹海镇、翠屏区李庄镇；工业型重点镇：高县月江镇；商贸型重点镇：宜宾县白花镇、宜宾县观音镇、南溪区罗龙镇、江安县水清镇、江安县红桥镇		

续表

特色小镇类型	所在地区	出处	时间
第一批、第二批"百镇建设行动"名单	广安市（7个），旅游型重点镇：广安区协兴镇；商贸型重点镇：邻水县丰禾镇、岳池县罗渡镇、岳池县石垭镇、华蓥市溪口镇、武胜县烈面镇、广安区花桥镇	《四川省人民政府办公厅关于印发2013年四川省加快推进新型城镇化重点工作实施方案的通知》（川办发〔2013〕2号文件）；四川省住房和城乡建设厅政府网站	2013年5月15日
	达州市（11个），工业型重点镇：宣汉县普光镇、大竹县石河镇；商贸型重点镇：开江县任市镇、渠县三汇镇、渠县临巴镇、大竹县庙坝镇、大竹县石桥铺镇、宣汉县南坝镇、宣汉县胡家镇、达县麻柳镇、达县石桥镇		
	巴中市（4个），旅游型重点镇：通江县诺水河镇、南江县光雾山镇；商贸型重点镇：巴州区玉山镇、巴州区清江镇		
	雅安市（3个），旅游型重点镇：雨城区上里镇；商贸型重点镇：汉源县九襄镇、天全镇始阳镇		
	眉山市（8个），旅游型重点镇：仁寿县黑龙潭镇、洪雅县柳江镇；工业型重点镇：彭山县青龙镇；商贸型重点镇：东坡区思蒙镇、彭山县谢家镇、仁寿县汪洋镇、仁寿县富加镇、仁寿县兴盛镇		
	资阳市（5个），旅游型重点镇：简阳市三岔镇；工业型重点镇：简阳市养马镇；商贸型重点镇：简阳市贾家镇、安岳县龙台镇、安岳县石羊镇		
	阿坝州（8个），旅游型重点镇：九寨沟县漳扎镇、汶川县水磨镇、汶川县映秀镇、汶川县卧龙镇、理县古尔沟镇、茂县叠溪镇、松潘县川主寺镇、小金县日隆镇		
	甘孜州（3个），旅游型重点镇：稻城县香格里拉镇、泸定县磨西镇、康定县新都桥镇		
	凉山州（6个），旅游型重点镇：西昌市安哈镇、盐源县泸沽湖镇、冕宁县泸沽镇；商贸型重点镇：西昌市安宁镇、西昌市马道镇、西昌市礼州镇		

续表

特色小镇类型	所在地区	出处	时间
第三批"百镇建设行动"名单	成都市（16个）：龙泉驿区洛带镇、西河镇、青白江区城厢镇、祥福镇、新都区石板滩镇、双流县黄龙溪镇、新兴镇、郫县安德镇、友爱镇、大邑县安仁镇、沙渠镇、新津县兴义镇、都江堰市蒲阳镇、彭州市濛阳镇、邛崃市平乐镇、崇州市羊马镇	《关于公布四川省第三批"百镇建设行动"（2015年度）名单的通知》（川城镇化办〔2014〕72号）	2014年12月30日
	自贡市（4个）：沿滩区邓关镇、富顺县赵化镇、贡井区艾叶镇、富顺县永年镇		
	攀枝花市（3个）：西区格里坪镇、米易县丙谷镇、盐边县渔门镇		
	泸州市（5个）：龙马潭区特兴镇、叙永县水尾镇、古蔺县太平镇、纳溪区白节镇、泸县兆雅镇		
	德阳市（3个）：旌阳区黄许镇、中江县仓山镇、广汉市三水镇		
	绵阳市（5个）：涪城区丰谷镇、平武县古城镇、江油市厚坝镇、梓潼县石牛镇、游仙区徐家镇		
	广元市（5个）：昭化区昭化镇、旺苍县三江镇、青川县青溪镇、剑阁县普安镇、苍溪县元坝镇		
	遂宁市（4个）：安居区西眉镇、射洪县洋溪镇、船山区永兴镇、蓬溪县文井镇		
	内江市（5个）：东兴区双才镇、隆昌县龙市镇、隆昌县黄家镇、市中区凌家镇、东兴区郭北镇		
	乐山市（5个）：市中区茅桥镇、五通桥区金山镇、井研县竹园镇、夹江县新场镇、峨眉山市桂花桥镇		
	南充市（7个）：顺庆区共兴镇、南部县升钟镇、营山县骆市镇、阆中市河溪镇、西充县义兴镇、嘉陵区世阳镇、高坪区阙家镇		
	宜宾市（6个）：南溪区大观镇、江安县红桥镇、高县沙河镇、屏山县书楼镇、翠屏区高店镇、宜宾县横江镇		
	广安市（4个）：广安区协兴镇、武胜县街子镇、前锋区观阁镇、华蓥市庆华镇		
	达州市（4个）：宣汉县双河镇、渠县土溪镇、大竹县周家镇、通川区碑庙镇		

续表

特色小镇类型	所在地区	出处	时间
第三批"百镇建设行动"名单	巴中市（4个）：通江县广纳镇、南江县正直镇、平昌县白衣镇、巴州区水宁寺镇 雅安市（3个）：雨城区中里镇、雨城区多营镇、天全县始阳镇 眉山市（5个）：东坡区思蒙镇、彭山区青龙镇、青神县西龙镇、洪雅县瓦屋山镇、仁寿县黑龙滩镇 资阳市（4个）：乐至县童家镇、简阳市养马镇、安岳县周礼镇、雁江区小院镇 阿坝州（2个）：汶川县映秀镇、小金县四姑娘山镇 甘孜州（3个）：泸定县磨西镇、石渠县洛须镇、色达县洛若镇 凉山州（3个）：冕宁县泸沽镇、盐源县泸沽湖镇、喜德县冕山镇	《关于公布四川省第三批"百镇建设行动"（2015年度）名单的通知》（川城镇化办〔2014〕72号）	2014年12月30日
国家特色小镇第一批（7个）	成都市郫县德源镇、成都市大邑县安仁镇、攀枝花市盐边县红格镇、泸州市纳溪区大渡口镇、南充市西充县多扶镇、宜宾市翠屏区李庄镇、达州市宣汉县南坝镇	住房和城乡建设部印发《住房城乡建设部关于公布第一批中国特色小镇名单的通知》	2016年10月11日
国家特色小镇第二批（13个）	成都市郫都区三道堰镇、自贡市自流井区仲权镇、广元市昭化区昭化镇、成都市龙泉驿区洛带镇、眉山市洪雅县柳江镇、甘孜州稻城县香格里拉镇、绵阳市江油市青莲镇、雅安市雨城区多营镇、阿坝州汶川县水磨镇、遂宁市安居区拦江镇、德阳市罗江县金山镇、资阳市安岳县龙台镇、巴中市平昌县驷马镇	住房和城乡建设部印发《住房城乡建设部关于公布第二批全国特色小镇名单的通知》	2017年8月22日
第一批省级特色小镇（42个）	郫都区德源镇、郫都区三道堰镇、龙泉驿区洛带镇、双流区黄龙溪镇、青白江区城厢镇、大邑县安仁镇、罗江县金山镇、什邡市师古镇、中江县仓山镇、纳溪区大渡口镇、纳溪区白节镇、叙永县江门镇、昭化区昭化镇、苍溪县歧坪镇、青川县青溪镇、阿坝州汶川县水磨镇、松潘县川主寺镇、九寨沟县漳扎镇、江油市青莲镇、安州区桑枣镇、自贡市自流井区仲权镇、富顺县赵化镇、盐边	《四川省加快推进新型城镇化工作领导小组办公室关于公布第一批省级特色小镇名单的通知》（川城镇化办〔2017〕8号）	2017年6月19日

续表

特色小镇类型	所在地区	出处	时间
第一批省级特色小镇（42个）	县红格镇、仁和区平地镇、西充县多扶镇、嘉陵区世阳镇、宜宾市翠屏区李庄镇、宜宾县横江镇、宣汉县南坝镇、达川区石桥镇、平昌县驷马镇、巴州区化成镇、雅安市雨城区多营镇、宝兴县灵关镇、遂宁市安居区拦江镇、隆昌市界市镇、峨眉山市符溪镇、武胜县街子镇、洪雅县柳江镇、安岳县龙台镇、稻城县香格里拉镇、西昌市安宁镇	《四川省加快推进新型城镇化工作领导小组办公室关于公布第一批省级特色小镇名单的通知》（川城镇化办〔2017〕8号）	2017年6月19日
第二批省级特色小镇（41个）	郫都区唐昌镇、金堂县五凤镇、新津县兴义镇、温江区永宁镇、天府新区白沙镇、荣县双石镇、富顺县狮市镇、贡井区艾叶镇、米易县撒莲镇、攀枝花市西区格里坪镇、合江县九支镇、泸县云龙镇、古蔺县二郎镇、什邡市红白镇、游仙区石马镇、北川县桂溪镇、广元市朝天区羊木镇、利州区三堆镇、蓬溪县蓬南镇、大英县卓筒井镇、射洪县沱牌镇、资中县银山镇、犍为县罗城镇、南部县八尔湖镇、兴文县僰王山镇、高县沙河镇、广安区花桥镇、宣汉县胡家镇、达川区百节镇、恩阳区柳林镇、通江县诺水河镇、雨城区上里镇、荥经县龙苍沟镇、青神县西龙镇、安岳县周礼镇、乐至县劳动镇、小金县四姑娘山镇、理县古尔沟镇、泸定县磨西镇、得荣县瓦卡镇、盐源县泸沽湖镇	《四川日报》：四川第二批41个省级特色小城镇出炉	2018年10月8日
四川省文化旅游特色小镇（20个）	大邑县安仁镇、崇州市街子镇、邛崃市平乐镇、沿滩区仙市镇、古蔺县太平镇、合江县尧坝镇、罗江区白马关镇、江油市青莲镇、昭化区昭化镇、船山区龙凤镇、隆昌市南关石牌坊古镇、犍为县罗城镇、翠屏区李庄镇、恩阳区恩阳镇、雨城区上里镇、洪雅县柳江镇、乐至县劳动镇、汶川县水磨镇、道孚县八美镇、会理县会理古城	人民网：《四川省第一批文化旅游特色小镇名单出炉》	2019年3月21日

资料来源：根据官方文件和资料整理。

2017年6月，四川省小城镇建设领导小组办公室牵头组织申报和评审，四川省公布了第一批省级特色小镇名单，共计42个，其中国家特色小镇自动入选

省级特色小镇。此外，新增了 35 个"百镇建设行动"试点镇。入选的省级特色
小镇要求产业形态特色鲜明、宜居环境和谐美丽、设施服务完善便捷、传统文
化特色彰显、体制机制充满活力。2018 年 10 月，四川省公布了第二批省级特色
小镇名单共计 41 个。2019 年 3 月，根据《四川省文旅特色小镇评选办法（试
行）及申报的通知》（川文旅产领〔2019〕4 号）的要求，经过申报单位由下至
上逐级申请、推荐、评选，最终确定了成都市大邑县安仁镇等 20 个单位为第一
批"四川省文化旅游特色小镇"，见表 4-5。至此，四川省特色小镇建设和规划
格局基本形成。

第五章　云贵川不同类型特色小镇的同质化问题审视和个案剖析

经过多年的建设，云贵川地区涌现了一批典型的、成功的特色小镇，对西南地区、西部地区乃至全国都具有学习和借鉴价值。与此同时，该地区也不同程度地存在特色小镇重复建设、同质化建设等现象。从观察者的角度，2017 年 7 月至 2019 年 10 月，三次深入云贵川地区实地调研了 86 个典型特色小镇（包括 48 个国家级特色小镇以及 38 个省级特色小镇），并通过电话、邮件、熟人关系等方式获得了其他近 30 个特色小镇建设的相关资料。基于实地考察，对云贵川地区特色小镇的七大类型进行个案分析和同质化问题的审视。

一、云贵川地区特色小镇的主要类型

从产业角度，特色小镇可以划分为工业类、农业类、服务类、旅游类、商贸类、教育科技类、文化创意类等类型；从文化角度，特色小镇可以划分为历史文化类、民族文化类、地域文化类等类型。2016 年，国家发展和改革委员会、住房和城乡建设部、财政部联合发布的开展特色小镇培育工作的文件中，将特色小镇划分为休闲旅游、现代制造、商贸物流、教育科技、美丽宜居、传统文化六大类型。国家住房和城乡建设部公布的第一批、第二批国家特色小镇中，按照功能类型将特色小镇分为商贸流通型、工业发展型、农业服务型、旅游发展型、历史文化型、民族聚居型、其他七种类型。调查发现，多数特色小镇在申报时填报多个类型，如产业发展上同时填报工业发展型和旅游发展型，文化类型上填报历史文化型和民族聚居型。从调查资料来看，云贵川地区特色小镇产业类型方面，主要以旅游发展、历史文化、农业服务为主，工业发展型和商贸物流型较少，文化类型方面，历史文化型和民族聚居型较多。见表 5-1。

下面以国家住房和城乡建设部的七大类型划分法为依据，以实地调查为基础，对云贵川地区各种类型特色小镇进行综合分析，审视其同质化程度和问题，并通过大量调研案例的比较，从中找出普遍性规律和原因，并为后续的差异化发展提供对策和思路。

表5-1　云贵川地区国家级及部分省级特色小镇的类型及特征概况

小镇类型		特色小镇名称	资源禀赋与定位	主导产业	文化与民族特色
旅游发展型	国家级特色小镇	西双版纳州勐腊县勐仑镇	国家级热带雨林自然保护区、中科院热带植物园、5A级景区	旅游、有机农业及产品加工	生态文化、传统古民居、宗教文化、建筑文化、傣族和哈尼族文化
		攀枝花市盐边县红格镇	阳光、温泉自然生态资源丰富，打造宜居宜游的"红格康养健身旅游小镇"	康养健身旅游业、特色有机农业	生态文化、民俗风情
		阿坝州汶川县水磨镇	国家4A级旅游区、"长寿之乡"，拥有优质的生态人文资源和生态农业资源，打造汶川生态新城和西羌文化名镇	旅游、特色农业	藏羌文化、长寿文化、生态文化
		成都市郫县三道堰镇	川西古老小镇、历史上有名的水陆码头和商贸之地、国家4A级景区、全国宜居小镇、全国环境优美乡镇	旅游、生态农业	历史文化、川西林盘风貌和建筑文化
		甘孜州稻城县香格里拉镇	四川最美小镇、拥有完美自然景致、浓郁康巴风情、优越生态环境与完美旅游服务设施的国际精品旅游小城镇	旅游、休闲度假、养生	藏族文化、生态文化
		铜仁市万山区万山镇	国家级矿山公园、4A级景区、汞矿资源枯竭后转型为文旅小镇	旅游与文化创意产业	汞矿开发史、红色文化、怀旧文化
		黔南州瓮安县猴场镇	全国爱国主义教育基地、全国民间艺术龙狮之乡，境内的草塘千年古邑旅游区是贵州省文化旅游十大品牌。全力打造"千年古邑·记忆草塘"5A级景区	文化旅游产业、辣椒、西红柿等蔬菜产业	红色文化、龙狮文化、土司文化
		黔西南州贞丰县者相镇	镇内有5A级风景区——双乳峰、有三岔河国家级水利风景名胜区	旅游	布依族、苗族民族文化，历史文化，"八音连坐"和"龙舞"等地域文化

续表

小镇类型	特色小镇名称	资源禀赋与定位	主导产业	文化与民族特色
旅游发展型	国家级特色小镇	黔东南州黎平县肇兴镇	首批十个民族民间文化保护工程试点单位、4A级旅游景区	旅游	侗寨风情、侗寨、鼓楼群建筑文化
		六盘水市水城县玉舍镇	煤炭资源极为丰富、玉舍国家级森林公园	传统农业、旅游	彝族民间传统文化、生态文化
		安顺市镇宁县黄果树镇	国家重点风景名胜区、国家5A级旅游景区,努力打造宜居宜游的旅游文化小镇	旅游、蜡染产业	蜡染文化、布依族民族文化
		玉溪澄江广龙旅游小镇	依托生态湿地和地域文化资源,建设仙湖迷城、艺术会展、非遗部落、文创孵化园、新庙街、戏说澄江、作坊汇、美食汇、养生苑、疗养中心、生态田园、西灵纳福、蓝莓艺术村等项目主体。打造云南"健康生活目的地"	旅游文化创意产业	生态文化与创意文化
	省部级特色小镇	元阳哈尼梯田小镇	依托哈尼梯田世界文化遗产、将绿色发展示范、农耕文化融入其中,打造"人—文—产—镇"共融的健康生活目的地	旅游及相关产业、食品与微电影产业	哈尼古歌、哈尼农耕文化
		澄江寒武纪小镇	以寒武纪文化为核心,生态环境为特色,旅游度假为支撑,打造集化石科考、文旅素养、休闲度假、娱乐休闲为一体的地质遗产旅游度假小镇,建成中国一流的国际湖泊生态旅游目的地	旅游度假、科普科考及服务产业	化石考古文化、生态文化
		元谋人远古小镇	建设元谋人养生园、文化园、远古温泉度假区和远古开心农场等项目,以"元谋人"文化为中心,以文化旅游为引擎,打造国家5A级景区和全国养老养生基地	旅游文创、养老养生、观光农业	远古历史文化、生态文化、彝族文化
		侏罗纪小镇	依托恐龙山独特恐龙文化资源,以文化旅游为主导,打造侏罗纪文化景观带、文化体验和主体游乐组团,打造"侏罗纪原乡"4A级旅游景区和禄丰世界恐龙谷国际旅游度假区	旅游文创产业、休闲度假	远古历史文化、创意文化

续表

小镇类型	特色小镇名称	资源禀赋与定位	主导产业	文化与民族特色
旅游发展型	省部级特色小镇	普者黑水乡	以生态湿地滨水绿廊为依托，以影视文化休闲体验、猫猫冲康养文化体验、仙人洞民族文化体验和普者黑水乡村文化创意为主要内容，打造全国一流生态小镇	旅游文创、会展及相关产业	创意文化、生态文化、民间习俗文化
		勐巴拉雨林小镇	以旅游休闲和康体养生为建设思路，以健康疗养度假、健康养生为驱动，以六国风情水街、普洱茶文化创意、禅修养生、体育运动为项目载体，打造世界一流旅游休闲和康养特色小镇	旅游休闲、度假养生、教育培训、医疗、体育运动、生态农业产业	普洱茶文化、生态文化、养生文化
		香格里拉大峡谷巴拉格旅游特色小镇	依托千年古村、雪山、峡谷、冰川、河流、高原湖泊、原始森林等自然资源，以藏族民族文化为特色，以生态科考、休闲养生、民俗风情为吸引物，打造大峡谷藏式特色旅游小镇	生态旅游、民族旅游、休闲养生	藏族文化、生态文化、古村落文化
历史文化型	国家级特色小镇	保山市腾冲市和顺镇	中国历史文化名镇、全国首批美丽宜居示范小镇、4A级景区	旅游、生态农业	历史文化，建筑文化，白、傣、回族等民族文化
		楚雄州姚安县光禄镇	中国历史文化名镇、云南省历史文化名镇、"花灯之乡"，国家4A级景区。拟打造高原现代农业观光小镇、滇中观星基地	旅游、花卉、有机蔬菜	历史文化，建筑文化，彝、回、白族等民族文化
		大理州剑川县沙溪镇	中国历史文化名镇、中国乡村文化遗产地标村庄名录，国家4A级景区，三塔寺和石宝山歌会。拟打造滇藏"茶马古道"小镇	旅游、农副产品加工业	建筑文化，白、彝、傈僳、纳西等民族文化
		成都市大邑县安仁镇	中国历史文化名镇、以刘氏庄园、建川博物馆为依托打造中国博物馆小镇	文化创意与旅游、现代农业	历史文化、古镇建筑文化、博物馆创意文化
		宜宾市翠屏区李庄镇	中国历史文化名镇、全国环境优美乡镇。积极打造景区外环线，以宜长路生态农业观光带旅游作为古镇游游的补充，带动农村发展生态农业观光游	文化旅游产业	古建筑文化、抗战搬迁文化

续表

小镇类型		特色小镇名称	资源禀赋与定位	主导产业	文化与民族特色
历史文化型	国家级特色小镇	广元市昭化区昭化镇	中国历史文化名镇、全国重点镇。昭化古城保存比较完好,是国家级剑门蜀道风景名胜区的重要组成部分,国家4A级旅游景区,努力建设昭化古城旅游度假区	旅游、无公害蔬菜	三国文化、古迹遗址文化
		成都市龙泉驿区洛带镇	中国历史文化名镇、国家文化产业示范基地、中国民间艺术之乡、中国水果之乡,打造"西部客家小镇"和国家5A级景区	文化旅游产业、客家文化文创产业	客家移民文化,湖广、江西等各类会馆祠堂文化
		眉山市洪雅县柳江镇	中国历史文化名镇、四川十大古镇之一。努力打造成休闲度假古镇和旅游集散基地	休闲度假与旅游集散	古镇建筑文化、生态文化
		贵阳市花溪区青岩镇	中国历史文化名镇、5A级景区、中华诗词之乡	旅游、文创产业	黔中文化、古镇文化
		安顺市西秀区旧州镇	中国历史文化名镇、中国宜居休闲小镇,国家4A级景区,打造"四在农家·美丽乡村"	旅游+生态+文化+美食	黔中文化、雕刻技艺,屯堡建筑文化
		黔东南州雷山县西江镇	中国历史文化名镇、国家级非物质文化遗产名录、全国文明村镇	文化旅游与创意产业	苗族银饰、刺绣工艺文化,苗族习俗与苗寨建筑文化
		红河州建水县西庄镇	国家历史文化名镇、国家重点风景名胜区,创建国家5A级景区	旅游、特色农业及产业化	汉移民屯田文化、汉彝族文化融合,彝、傣、哈尼、壮等多民族习俗文化和宗教崇拜
	省级特色小镇	巍山古城	挖掘巍古城文化资源,以南诏文化、马帮文化、府卫古城文化和民族风情为依托,打造滇西北文化旅游目的地和彝族回族聚居地	民俗旅游、休闲度假产业	南诏文化、马帮文化、彝族回族民族文化
		丽江古城	以"守住世界遗产,重焕古城风貌"为思路,打造文化古城、双创古城、绿色古城、智慧古城和诗意古城	旅游文创及相关产业	历史文化、马帮文化、白族纳西族文化、红色文化

小镇类型		特色小镇名称	资源禀赋与定位	主导产业	文化与民族特色
历史文化型	省级特色小镇	大理古城	打造集文化体验、观光游览、娱乐休闲、养生度假于一体的 5A 级景区和世界级文化生态旅游目的地	旅游文创及相关产业	历史文化、白族建筑及习俗文化、生态文化
		建水临安古城	打造集"文化地标、旅游门户、非遗基地、文创乐园"于一体的独具滇南地域特色和边地文化气息的文旅小镇	文化创意产业、休闲度假	历史建筑遗存和非物质文化
		盐津豆沙关南丝路古镇	围绕"前年南丝路，中国豆沙关"形象，依托"袁滋题记摩崖"、石门雄关、秦开五尺道遗址、南丝路文化、关隘文化、朱提文化等资源，打造世界级的"盐津豆沙关南丝路古镇"	旅游文创及相关配套产业	南丝路文化、古遗址遗迹文化、历史文化
		泸西城子古镇	开展生态修复、景观景点打造、历史文化、农耕文化展示，城子演艺基地、写生创作基地、洞穴探险、田园酒店等内容的建设，打造乡村振兴典范和古村保护典范	旅游文创、文化休闲娱乐及相关产业	农耕文化、历史文化、创意文化
		宁洱那柯里（那勐勐）茶马古道小镇	依托历史遗存、自然风光、民族风情、非遗传承等资源，以茶为源、以生态游、乡村游、休息游为载体，打造那柯里茶马古道小镇	茶旅产业及相关配套产业，乡村旅游	哈尼、彝、傣民居建筑文化、茶马古道遗址、马帮文化
		凤庆鲁史茶马古文化小镇	以鲁史古镇为核心，以"前年古道、秘境茶马、高峡明珠、原味鲁史"为定位，打造茶马古文化旅游小镇	旅游文创产业、观光休闲度假	茶马文化、古镇文化、生态文化
农业服务型	国家级特色小镇	临沧市双江县勐库镇	2018 年入选农业产业强镇示范建设名单，具备茶叶种植的优越自然条件，茶产业小镇	普洱茶及关联产业、甘蔗及关联产业	古茶树群生态文化，拉祜、佤、布朗、傣等民族文化
		昭通市彝良县小草坝镇	省级自然保护区，有适合天麻种植的独特气候和自然条件。拟打造特色健康旅游小镇、天麻产业集散小镇	天麻及关联产业、竹笋及相关食品产业	生态文化、红色文化与民俗文化

续表

小镇类型	特色小镇名称	资源禀赋与定位	主导产业	文化与民族特色
农业服务型	普洱市孟连县勐马镇	自然气候条件优越,适合橡胶、茶叶种植的独特自然条件	橡胶、茶叶、咖啡种植及加工产业。形成镇、村、社、农户和开发商五类股份合作制经济	生态文化,傣、拉、佤民族文化
	雅安市雨城区多营镇	国家级重点示范镇、国家文化产业示范基地,藏茶的发源地,努力建成中国藏茶文化创意研发产业基地和具有国际影响力的藏茶产业综合体	藏茶文化创意研发产业、藏茶产业综合体	茶马古道文化、历史文化、藏族文化
	遂宁市安居区拦江镇	全国重点镇、四川省"百镇建设行动"试点镇、四川省乡村旅游特色乡镇,水资源丰富,是"世界荷花博览园"的重要莲花生产基地	莲花种植及其关联产业、棉花生产、旅游	生态文化
	资阳市安岳县龙台镇	全国柠檬生产基地镇,生猪瘦肉型发展基地镇	柠檬种植加工产业、生猪养殖,丝绸等乡镇企业发展	历史文化、名人文化
	六盘水市六枝特区郎岱镇	贵州历史文化名镇、打造现代山地特色高效农业小镇	山地特色高效农业、旅游	夜郎文化、古建筑和历史文化
	贵阳市开阳县龙岗镇	中国富硒农产品之乡、全国重点镇,2018年入选农业产业强镇示范建设名单	富硒农特产品与加工	生态文化,布依族、苗族等民族文化
	贵安新区高峰镇	煤矿、硅石、白银石、方解石等矿产资源丰富,生态农业发展的气候自然条件优越	优质大米及关联产业、休闲度假、生态农业	佛教文化,布依、苗、仡佬民族风情
省级特色小镇	景迈普洱茶小镇	以普洱茶产业为基础,以帕哎冷茶祖文化为引领,以景迈普洱茶文化中心、柏联普洱茶庄园、景迈山古茶林4A级景区、茶祖庙、传统古村落等项目为依托,打造全国一流茶旅特色小镇	普洱茶产业、茶旅观光、休闲度假等	茶文化、古村落文化
	通海杨广智慧农业小镇	打造集智慧农业服务、科创文化展示、冷链物流和古村落体验于一体的智慧农业小镇	农业服务产业、农业体验观光产业	现代农业科技文化

续表

小镇类型		特色小镇名称	资源禀赋与定位	主导产业	文化与民族特色
工业发展型	国家级特色小镇	遵义市播州区鸭溪镇	全国重点镇、全国可再生能源示范镇、全国综合实力千强镇	酒及酒循环产业、电及电循环产业	工业文化、红色文化
		成都市郫县德源镇	全国首批双创示范基地，生产性服务业重点聚集区、成都菁蓉汇创新创业规划群核心区	大数据、无人机、新材料等新兴产业	荣获"四川省书香之镇"称号，大禹治水的感恩文化
		泸州市纳溪区大渡口镇	第三批全国发展改革试点镇，拥有省级著名商标6个，白酒工业发达，将酒镇酒庄、凤凰湖、花田酒地联合打造为国家5A级旅游景区	白酒工业、酒镇酒庄旅游产业	酒工艺文化、生态文化
		南充市西充县多扶镇	全国重点镇，美丽宜居小镇。有机农业、中药材、特色花卉等农业资源，多福古镇、华严禅境、影视文化、凤凰景区等文旅资源。努力打造丘陵特色田园小镇	精密仪器制造、生物医药、食品精深加工	圭峰禅院、读书亭、观月楼、泉水池、龙眼井等历史遗迹
		德阳市罗江县金山镇	四川省重点镇，入选2019年全国农业产业强镇建设名单	军民融合产业、电子信息、机械加工和新材料、乡村休闲旅游度假	川西民俗、麻将文化
		巴中市平昌县驷马镇	国家湿地公园、国家乡土艺术特色镇、驷马水乡4A级景区。遵循食品工业强镇、畜牧产业兴镇的发展思路	大蒜海椒种植及食品加工业、旅游休闲	艺术写生与巴文化溯源
		遵义市仁怀市茅台镇	中国十佳和谐小城镇、全国生态文明先进镇、打造中国第一酒镇	白酒及关联产业、白酒工艺旅游与文创产业	国酒文化、红色文化
	省级特色小镇	鹤庆新华银器艺术小镇	依托高原水乡湿地、候鸟栖息天堂、特色民居文化资源，以银器加工特色产业为主导，打造集逛银都、赏湿地、戏田园、拜大佛、栖原乡于一体的手工银器艺术慢生活体验之都	银器手工产业、旅游观光、民俗体验	银器手工技艺、生态文化、民居民俗文化

续表

小镇类型		特色小镇名称	资源禀赋与定位	主导产业	文化与民族特色
国家级特色小镇		保山市隆阳区潞江镇	住房和城乡建设部公布的"美丽宜居小镇"、云南省著名旅游小镇。拟打造热带绿色经济小镇,傣族特色集镇,新型民族文化旅游度假区	旅游、农业观光	历史文化,傣、傈僳、德昂、彝、回等民族文化,民间工业蔑编和傣锦
		大理州大理市喜洲镇	云南省历史文化名镇和重点侨乡,拟打造成中国最具风情的白族文化生态旅游小镇	旅游、生态有机农业	历史文化、"山海田城"自然文化景观,白族文化
		玉溪市新平县戛洒镇	丰富的磁铁矿和铜矿资源、花腰傣民族民俗文化资源丰富。打造花腰傣温泉旅游度假体验小镇	旅游、竹木旅游工艺品加工、种养殖产业	花腰傣族与彝族民族文化、生态文化
民族聚居型	省级特色小镇	屏边滴水苗城	围绕"苗文化+旅游""苗医苗药+健康"的发展思路,构建多元融合的苗族文化风情旅游小镇和健康小镇	苗族医药产业、旅游及相关产业	苗族医药、习俗文化
		弥勒可邑小镇	可邑古村落——阿细民族文化创意旅游、花口——"阿细民族文化+养老度假"旅游。民族风情特色小镇	旅游、休闲度假	彝族支系——阿细民族文化
		临沧翁丁葫芦小镇	通过绿道环线串联,构建一镇三寨格局,以佤族文化为核心吸引物,打造三产融合的世界佤族文化传承展示中心和全国一流文化遗产产学研旅游基地	旅游文创及相关产业	佤族文化、生态文化
		凤龙湾小镇	以"一千零一夜梦幻奇迹开启的地方",以一千零一夜寓言故事为蓝本,围绕回族、彝族、苗族美食、歌舞、服饰、医药、手工艺、建筑、农耕等要素,打造全国民族团结示范小镇	民族文化旅游、高原观光农业、民族手工艺术加工、康养运动等	回、彝、苗民族文化,农耕文化,生态文化
		鲁布革布依族风情小镇	以布依族文化为特色,以田园、山水环境为依托,全面展现布依族风情、文化传承,并导入康养和文化产业,打造布依族风情小镇	旅游、康养与休闲度假	布依族文化、农耕文化、康养文化

续表

小镇类型		特色小镇名称	资源禀赋与定位	主导产业	文化与民族特色
民族聚居型	省级特色小镇	西盟佤部落小镇	以文化休闲与主题度假为特色，以熙康云舍、佤寨部落旅游综合体、佤山星河美食街、小龙潭度假酒店项目为依托，打造佤部落特色小镇	休闲度假、民族旅游、乡村旅游	佤族、拉祜族民族文化、生态文化
		怒江傈僳风情小镇	以傈僳族文化展示、秘境怒江、自然生态文化资源为依托，打造集原真傈僳文化旅游体验、天籁花田休闲、生态农业休闲观光、上江老镇风貌于一体的傈僳风情小镇	旅游文创、休闲度假、观光	傈僳民族文化、生态文化、创意文化
		梅里雪山小镇	以滇藏民族风情、宗教文化为特色，以雪山观光、摄影为吸引物，打造国家级旅游小镇	旅游观光、休闲度假	藏族文化、生态文化
商贸流通型	国家级特色小镇	德宏州瑞丽市畹町镇	国境线长 28.64 千米，国家一类口岸、沿边国家级口岸。拟打造"孟中印缅"经济走廊建设的重要节点	物流产业、口岸贸易、旅游	傣族、德昂、景颇族民族文化习俗，中缅边界抗战文化
		达州市宣汉县南坝镇	全国重点镇、川东北四大古镇之一。打造商贸物流型特色小镇	商贸、"牛、果、蔬"等特色产业、农村电子商务	帝师文化、红色文化、古镇文化
		遵义市湄潭县永兴镇	全国重点镇、中国商业名镇，2018年入选农业产业强镇示范建设名单	茶业、茅贡米等商贸物流产业	生态文化、历史文化、浙大西迁文化遗址
其他类型	国家级特色小镇	自贡市自流井区仲权镇	四川省民间文化艺术之乡，近郊商贸型中心镇，打造中国特色彩灯小镇	彩灯文化创意产业和相关旅游产业	彩灯文化、李仲权烈士故里
		绵阳市江油市青莲镇	国家4A级景区、现代文化休闲小镇，打造李白文化特色的旅游小城镇	文化创意产业、旅游	李白诗歌文化
		昆明市嵩明县杨林镇	适宜花卉种植、高山蔬菜，打造高山休闲体育运动小镇	花卉及关联产业、休闲康养旅游	古驿站文化、生态文化

续表

小镇类型	特色小镇名称	资源禀赋与定位	主导产业	文化与民族特色
其他类型	红河东风韵小镇	以"文化艺术"为核心，项目有原创艺术区、艺术产业区、艺术体验区，主要内容包括艺创红谷、文化街市、庄园聚落、葡乐原乡、基础设施等	文化创意产业	文化艺术资源
	红河水乡	以国际 F3 赛事为引擎，打造集运动、时尚、会展、商贸为一体的全国一流特色小镇	体育赛事及相关配套产业	创意文化
	弥勒太平湖森林小镇	拟建集生态休闲旅游、森林木屋体验、木结构建筑研发、康体养生为一体的生态健康度假小镇	生态旅游度假	生态文化
	昆明斗南花卉小镇	吸引全世界花卉研究机构入驻，提升花卉产业研发创新，带动花卉产业创新平台和小微企业创业孵化，建成全球第一花卉交易中心	花卉产业及相关配套产业	生态文化
	安宁温泉国际网球小镇	以温泉半岛国际网球中心、国际网球训练中心为核心，建设全国唯一、世界一流的网球生活小镇	网球与温泉产业、旅游	体育文化、健康文化
	陆良杏林小镇	以中医药种植、研发、养生、康养以及旅游文化创意为核心内容，将健康养生、文化体验和生态旅游融为一体，打造全国唯一、世界一流的中医药特色小镇	中医药产业、康养旅游产业	医药文化、康养文化
	麒麟爱情小镇	以皇家马术俱乐部、婚纱摄影基地、婚纱摄影基地 O2O 信息化平台、特色商业街、金麟湖水体公园、千亩花海等项目为依托，打造全国婚旅产业第一镇	婚纱摄影、旅游、度假等产业	创意文化、民俗文化
	腾冲玛御谷温泉小镇	依托玛御谷独特的弱碱性软水温泉资源和优越的自然康养条件，集聚温泉产业，培育周边传统农业、手工业，创新孵化旅游服务，特色教育，森林康养产业，打造世界一流的健康生活目的地	温泉产业、康养休闲产业	生态文化、创意文化

（省部级特色小镇）

小镇类型	特色小镇名称	资源禀赋与定位	主导产业	文化与民族特色
其他类型	腾冲银杏小镇	遵循自然环境属性，以"七彩梦幻、四季江东"为定位，打造中国最美银杏特色小镇，争创4A级景区	旅游休闲、度假及相关产业	生态文化、创意文化
（省部级特色小镇）	大理双廊小镇	依托双廊文化、民族民俗和地域文化资源，按照"双廊艺术家小镇+伙山+安缦+木香坪+环洱海"的思路，打造双廊"苍洱艺术家园，梦幻文化双廊"特色小镇	文旅、文创产业、休闲度假	生态文化、艺术文化、民俗文化

资料来源：根据笔者调查走访及地方政府官方提供资料整理。

二、云贵川地区旅游发展型特色小镇的同质化问题审视

旅游型特色小镇是云贵川地区的主要类型，其中将旅游作为第一支柱产业的省级以上特色小镇约100个，将旅游作为第二支柱产业或者作为潜在培育产业的特色小镇约200个。调查中发现，云贵川地区同质化建设最容易出现的领域也主要集中在旅游类特色小镇，下面从总体研判和个案剖析两个方面分析其同质化现象和问题。

（一）旅游发展型特色小镇同质化程度的总体研判

云贵川地区具备旅游发展条件，且旅游产业属性鲜明的特色小镇数量巨大，从旅游资源类型来看，历史文化资源、少数民族建筑与习俗文化资源、自然生态资源、文化创意资源等都转化或部分地转化成了旅游项目或者景区。本书基于国家住房和城乡建设部有关特色小镇的分类，将具有国家级历史文化名镇称号以及以少数民族为主体民族的特色小镇划分在其他类型，将旅游产业属性鲜明且不属于国家历史文化名镇和少数民族聚居区的特色小镇归纳为旅游发展型特色小镇。按此标准统计下来，云贵川地区国家级旅游发展型特色小镇共计11个，分别是西双版纳州勐腊县勐仑镇、攀枝花市盐边县红格镇、阿坝州汶川县

水磨镇、成都市郫县三道堰镇、甘孜州稻城县香格里拉镇、铜仁市万山区万山镇、黔南州瓮安县猴场镇、黔西南州贞丰县者相镇、黔东南州黎平县肇兴镇、六盘水市水城县玉舍镇、安顺市镇宁县黄果树镇。此外，研究团队还深入调查了八个典型省级旅游发展型特色小镇，分别是玉溪澄江广龙旅游小镇、元阳哈尼梯田小镇、澄江寒武纪小镇、元谋人远古小镇、侏罗纪小镇、普者黑水乡、勐巴拉雨林小镇、香格里拉大峡谷巴拉格旅游特色小镇。从上述调查的特色小镇以及其他渠道收集的资料综合来看，这些旅游发展型特色小镇同质化建设问题主要集中在如下几个方面：

一是康养休闲型旅游项目众多，不论是对外宣传口号，还是项目设计，都存在重复建设和供过于求的现象。云贵川地区气候资源、山地资源、水资源等比较优越，是康养休闲的优选之地，多数旅游型特色小镇将康养、养生、休闲、度假作为旅游项目和景区的主攻方向。如阿坝州汶川县水磨镇号称"亲水圣地、长寿之乡"，努力打造以旅游休闲、安居、流通商贸为特色的生态宜居小镇；甘孜州稻城县香格里拉镇作为"中国香格里拉生态旅游区"的核心，拥有优越的自然生态环境和气候条件，休闲度假、康养、养生养心是其发展方向；云南元谋人远古小镇建成了元谋人养生园、文化园、远古温泉度假区等项目，正在努力打造国家5A级景区和全国养老养生基地；普者黑水乡小镇以旅游休闲和康体养生为主要建设思路，以健康疗养度假、健康养生为驱动，正在努力打造世界一流旅游休闲和康养特色小镇；云南香格里拉大峡谷巴拉格旅游特色小镇提出以千年古村、雪山、峡谷、冰川、河流、高原湖泊、原始森林等自然资源为特色资源，以生态科考、休闲养生、民俗风情为吸引物，打造大峡谷藏式特色旅游小镇。从上述特色小镇的发展现状与定位不难看出，康养、休闲度假型旅游项目开发已经成为特色小镇的"必选动作"，各种级别、不同档次的度假休闲、避暑康养项目在云贵川地区几乎遍地开花，有些项目大同小异，有些项目移花接木，有些项目照搬照抄，存在较大程度的同质化问题。

二是国家级旅游发展型特色小镇的个性化比较明显，省级以下的旅游发展型特色小镇重复建设和模仿现象比较多。云贵川地区国家级特色小镇48项，旅游发展型特色小镇11项，这些特色小镇要么具备国内一流的自然和文化旅游资源，要么已经具有较高旅游识别度，如贵州黄果树镇的黄果树瀑布是国家重点风景名胜区和国家5A级旅游景区，西双版纳州勐腊县勐仑镇具有国家级热带雨林自然保护区，黔西南州贞丰县者相镇有5A级风景区双乳峰以及三岔河国家级水利风景名胜区。这些国家级特色小镇的旅游知名度较大，资源差异性也比较明显，旅游开发具有很强的"资源依赖性"特征，同质化程度较低。但省级以下的特色小镇往往起步较晚，资源禀赋值较低，但地方政府建设激情很高，容易出现"模仿先进""剽窃同行"的动机。调查发现，多数省级以下旅游发展型特色小镇前期投入大、人为打造力度大、资金投入规模大，少则 3 亿~5 亿元，多则几十亿元的投入，"资本密集型"特征越发明显，重复建设和同质化风险增大。

（二）典型个案剖析

云贵川地区旅游发展型特色小镇总体上呈现供过于求的趋势，但是也显现出不少差异化和个性化发展的典型案例。

1. 典型案例一：从汞矿资源枯竭转型成文旅怀旧特色小镇的万山镇

万山镇地处贵州东部，隶属铜仁市万山区。全镇现辖 6 个社区，面积 16.3 平方千米，户籍人口 2.2 万，常住人口 3.26 万。距铜仁市主城区 37 千米，周边有铜大高速、朱砂古镇高铁站，铜仁凤凰机场。万山镇先后被授予小康镇、省级卫生乡镇、国家 4A 级矿山公园、全国重点镇、省科普示范基地、省科普教育基地、省爱国主义教育基地、红色革命老区、全省森林小镇等称号，2017 年 8 月，万山镇申报成为全国特色小城镇。万山镇拥有独特而厚重的朱砂文化和矿山文化①。

一是 3000 多年朱砂采冶留下的朱砂文化。相传早在商周，巴方梵氏女子教土民在崖壁上沿着丹脉敲凿取丹，久敲久凿而成洞穴，将所采丹药进献武王，武王服后面色红润、神清气爽，便敕封产丹之山为"大万寿山"。秦汉时期，醉心于长生升仙之术的帝王派人寻求仙药。寻访者取道巴蜀，来到万山，发现万山所产朱砂质地纯正，红白绚映，令人神迷，以为神药。《史记》记载秦始皇陵"以水银为百川，江河、大海机相灌输"。据考证，秦始皇墓穴中的水银来自辰州，而秦朝时万山隶属辰州，所以秦始皇陵墓中的水银原料有相当一部分是来自贵州万山的丹砂。万山的丹砂和水银，当是跨长江、溯嘉陵江而上，沿米仓道或金牛道越过巴山，经汉水，再通过褒斜道、傥骆道或子午道这些"千里栈道"，就源源不断地运到了关中。除了秦始皇墓有大量水银外，秦汉时期陕西宝鸡益门二号墓也发现大量朱砂用作防腐；在河南发现宋代时间墓葬中中东人生产用来治病的"朱砂丸"；在福州发现宋代墓葬中一位士兵在重庆战死后用水银防腐运回故里……这些朱砂水银，几乎都来自万山。中医认为，朱砂聚天地灵

---

① 根据万山镇政府调研资料和官方资料整理。

气，是安神、镇惊的灵丹，因此常以朱砂入药。魏晋名士自风流，鲁迅先生在《魏晋风度及文章与药及酒之关系》中提到的五石散盛行于名士之间，其中便有丹砂。以朱砂为颜料作画，虽历经千年仍鲜红如初。朱砂在帝王朱批（钦点状元、丹书铁券）、佛学、风水（葬墓）、美容还有染指当中亦有广泛的应用。

二是全国罕见的矿山文化。唐宋时期，万山就有向朝廷进贡丹砂的历史记录。1368 年（明初洪武年间），朝廷在大万山设立两个朱砂场局，并招收 500 余人开采朱砂，在中国形成了最初的汞矿规模开采。之后的 600 年，汞资源的开采权几度易主，经历过"二田争砂"（田琛与田宗鼎）惊心动魄厮杀、经历过英法水银公司的掠夺、经历过军阀和土匪的把持。1950 年人民政府接管汞矿，南下干部、转业军人、工程技术人员、知识分子、工人，从全国 20 多个省市聚集到万山，奉献了自己的青春和热血，万山也因此发展壮大。此后 50 年，中央直属企业原贵州汞矿累计生产汞 3.2 万吨、朱砂 1647.03 吨、钛汞合金 14.438 吨、氯化汞 694.749 吨、氯化汞触媒 2350.894 吨。特别是 20 世纪 50 年代末 60 年代初，万山采取部队建制，以连为单位进行生产作业，停人不停工，整个矿区成了天天灯火通明的不夜城，工人不分昼夜加班加点地生产，经过连续超负荷生产，上交水银 4544.5 吨，偿还大量苏联外债，为国家顺利度过困难时期做出了巨大贡献和牺牲，周恩来同志把万山的汞深情地称为"爱国汞"。2001 年 10 月，因资源枯竭，贵州汞矿被迫实施政策性关闭破产，万山区居民一度生活困难，特别是 2008 年 1 月，又遭遇百年一遇的特大凝冻灾害，习近平同志一行驱车 400 多千米到矿区看望慰问群众，指导抗凝救灾。2009 年，万山镇被列为全国资源枯竭型城市，万山这座曾被誉为"小香港"的城市，终究没有摆脱矿尽城衰的命运，一度陷入经济发展停滞不前、城镇建设原地踏步的尴尬境地。千年丹都废渣遍地，满目疮痍，地质地貌受到极大损坏，生态环境极为脆弱。2013 年习近平同志又专题批示万山转型发展，万山正式进入"城市异地转型、产业原地转型"发展新时期。为扭转这一局面，万山镇以小城镇建设为契机，2015 年 7 月，引资 20 亿元打造"千年丹都·朱砂古镇"，实现从资源枯竭型城镇向产业兴镇、生态美镇华丽蜕变，建成为百姓富、生态美的宜居宜业宜游新城。汞矿开采和冶炼的矿山文化蕴藏独特的人文和自然景观，提醒着工人上下矿嘹亮悠长的号子仿佛穿越时空而来，抵达耳畔，让人们记住艰难而富有激情的岁月。地下矿道层层叠叠，绵延纵横，总长 970 千米，比世界第一汞矿的西班牙阿尔玛登汞矿还多出 200 千米，是当之无愧的"地下长城"。万山多深切的悬崖峡谷，经年的开采致使悬崖绝壁密布矿洞洞口，景区有被列为国家重点文物保护单位的黑硐子以及距今 600 多年历史的古代采矿遗址——云南梯。万山镇全面启动朱砂古镇建设以来，已有 5 名副国级领导、10 名省部级领导干部、100 余名市厅级领导干部前来朱砂古镇观摩调研，山东、江苏、云南等地客商及邻近区县党政、人大、政协先后来考察交流学习 90 余次①。

朱砂古镇是万山镇的核心景区，也是国家矿山公园汞矿区的原址地，目前由贵州铜仁吉阳旅游开发有限公司经营开发。

公司董事长周剑凭先生认为万山镇的成功转型是多重因素综合发力的结果，万山镇具有其他地方无法比拟的优势：一是政治的高度，二是历史的深度，三是文化的广度，其产品具有唯一性、不可复制性、产品多样性。万山镇是习近平同志牵挂的地方，中华人民共和国成立时期为国家做出了巨大贡献，全国人民欠万山一句"谢谢"，习近平同志在最困难的时候送来温暖，有了好转以后，又做了重要批示。朱砂古镇在习近平同志新思想的指导下对万山镇进行转型，着重打造成新时代的爱国主义教育基地，做成文化和旅游结合的典范、文化和社会价值观结合的典范。万山镇文化底蕴深，小镇不是化腐朽为神奇，是发现了璞玉，并进行了雕琢。镇内朱砂文化、矿山文化体量大、生命力强、可持续，这里有文化、有产品——朱砂原产地、有景观——仙女峰、有气候优势——清凉万山、有政府的大力支持与关怀、有精品酒店放下山庄、有适合各层次广大客户群、有典型的地貌特征——喀斯特地貌。目前公司正在重点打造的《那个年代》旅游项目，将以 20 世纪五六十年代为缩影，围绕 20 世纪五六十年代的人做怀旧文化小镇②。

归纳起来，万山镇转型发展的典型经验如下：

一是产业转型，由朱砂采矿业向朱砂工艺与旅游文创业转型。朱砂是万山镇在全省、全国唯一性的特色资源，曾经有"世界朱砂看中国，中国朱砂看万山"的说法。朱砂，早已成为万山镇的名片，但是"二产"朱砂早已枯竭，万山镇也早已列入全国资源枯竭型城镇。在此背景下，万山镇通过整理挖掘朱砂文化特色资源，建设集旅游工艺品研发、培训、生产、检验、销售、展示于一体的全国朱砂软红宝石工艺产业园，重新打造了一个崭新的"朱砂王国"，将朱砂文化和朱砂产品相结合，实现年产值近 5.8 亿元，创税 4000 万元以上，带动就业约 5200 人的"朱砂产业链"。现已建成全国最大的朱砂工艺品线上线下交易中心，并在北京、杭州、湖南、上海、江西等省市开设了专卖店。朱砂文化产业也带动全镇全域旅游、文旅影视发展壮大，由单一朱砂产业向多元发展转

型。万山镇成功入选全国第二批特色小城镇之后,进入新的健康发展阶段,走出了一条"朱砂文化产业引导、资源枯竭城市转型"的变废为宝绿色发展之路。2018年,全镇工业生产总值达到22亿元,农业总产值达到3500万元,固定资产投资达到9亿元,财税收入达到14500万元。2017年以来,万山镇接待游客达400万人(次),旅游综合收入突破10亿元,特色小城镇建设红利不断释放,居民人均收入由2017年的27767元增长到2018年的30405元,居民收入增幅达9.5%,增速连续三年位居贵州省前列。

二是城镇转型,从"卖资源"向"卖文化"转变。万山曾是高度依赖朱砂矿资源的城镇。因资源枯竭,矿山政策性关闭后,万山一度陷入经济发展停滞不前、城镇建设原地踏步的境地。千年丹都废渣遍地,满目疮痍,地质地貌受到极大损坏,生态环境极为脆弱。但万山并未就此沉沦,而是以小城镇建设为契机,一方面大力进行道路、房屋等基础设施建设和生态治理修复,另一方面依托朱砂矿开采遗址和地形地貌,对废弃矿道、矿区建筑进行连片集中开发,打造全国第一个以山地工业文明为主题的矿山休闲怀旧小镇。2015年,万山镇引入江西吉阳集团,按照5A标准对原废弃汞矿遗址进行连片开发,投资20亿元建设中国第一个以山地工业文明为主题的矿山休闲怀旧小镇——朱砂古镇,建成博物馆、玻璃栈道、万亩红枫林等景点,形成"东有凤凰古城,西有朱砂古镇。北看香山红叶、南望万山红遍"的旅游格局。对原汞矿生活区进行改造,建成规模宏大的影视城,让游客真切地感受不同时代的脉搏,追寻不同年代的记忆。景区仅开园1年,游客就突破200万人次,实现了从人迹罕至的老旧矿区向商贾不暇、车流不息的魅力古镇的转变。2018年5月19日,万山朱砂古镇斩获"最具魅力旅游小镇"荣誉称号。2018年6月,朱砂古镇入选文化和旅游部印发的《2018年文化产业项目手册》。2018年9月21~23日,梵净山"我的乡愁"微电影节在万山镇举办。2018年9月,在第七届全省小城镇发展大会上,万山镇荣获小城镇建设先进单位称号。2018年"十一"国庆黄金周,朱砂古镇"那个年代"步行街以别具一格的视角打造乡愁怀旧文化,"那个年代"步行街因特色怀旧旅游成为亮点,被央视特别报道。2018年,朱砂古镇放下山庄项目获IDA金奖(国际设计大奖)。万山镇把汞矿遗址打造成为全国唯一的朱砂文化产业的精品典范和矿业遗址的绝版,实现了从"卖资源"向"卖文化"、从第二产业向第三产业华丽转变,走出了一条变废为宝的绿色发展之路,为其他资源枯竭型城市的转型发展提供了万山方案和万山经验。

三是面貌转型,将工业矿区转变成休闲宜居小区。转型之前,万山镇基础设施破旧不堪,矿区人烟寥寥,公共服务接近瘫痪。转型之后,万山镇先后建成卫生院、敬老院、幼儿园、市民广场、农贸市场、体育场馆、寄宿制学校、水电通信、广播电视、健身娱乐、污水处理、垃圾清运等一大批公共服务设施；镇内 6 个社区所有居民区全部实现绿化、亮化、美化，形成季季见绿，处处是景的美好环境。镇内现有工商银行、邮政银行、农村信用社等 8 个金融网点、农村淘宝等 8 家电子商务平台、2 个农贸市场、2 个商业综合体、2 个休闲公园、8 个停车场、9 个广场。污水处理厂、自来水供水系统已经建成，新建或改扩建环城路、汞都大道、万山红大道、万山公园大道、土坪至四新塘公路 4 条主干道、3 条次干道、2 条观光路；建成"保障房" 2800 套，矿区采空区、地质灾害隐患区、棚户改造区的居民实现了应搬尽搬；沿街空中管线全部接埋入地，城区所有道路和住宅小区全部美化亮化。2018 年至今，又相继建成朱砂大观园、悬崖酒店、酒吧街、游客服务中心、玻璃天桥、高空滑索、微电影基地项目、放下山庄等一批特色鲜明的朱砂文化展示销售中心和实施老城区污水管网项目、矿山修复治理项目等重大民生项目。基于朱砂古镇旅游观光业发展迅猛，镇域内接待条件无法同步跟上发展步伐的现状，由贵州铜仁吉阳旅游开发有限公司投资，将老旧矿工宿舍改造成民宿宾馆并进行亮化美化改造，提升特色小城镇形象，助推朱砂产业、全域旅游持续发展。

四是环境转型，从满目疮痍的汞矿区转变成环境宜人的绿色小镇。万山镇转型之前，矿渣遍地，山体满目疮痍，矿区建筑破旧不堪。转型之后，万山镇按照"突出特色、完善功能、提升品位、美化环境"的原则，将辖区分为申遗保护区、特色文化街、转型工业园区、棚户房改造区、市民休闲区等。近几年，万山累计投入 4 亿余元对历史遗留的矿渣、炉渣引起的地质环境污染进行生态治理，对矿区裸露地貌进行生态植被修复，对矿渣裸露区进行绿化；对采砂遗留的地质灾害区进行生态修复，修建挡渣坝、挡渣墙及矿渣渗沥废水处理等工程；新增耕地 106 亩、非耕地 181 亩、种植红枫 10000 余亩。同步完成了城区主街道道路提级改造、立面改造工程。安装城市路灯 3800 盏，栽培风景树 2456 棵，添置新型垃圾桶 1000 个，不断加快特色小城镇建设步伐。软环境方面，成立万山镇综合执法队，组建集文旅、市场监管、城管、消防、交通、安监、食药监等功能为一体的综合执法队，开展联合执法，整个镇域内秩序良好、干净整洁、风清气正。通过政府主导、招商引资、借钱拆迁、土地流转等方式，充分利用投资商的资金，有效解决政府净地出让前期拆迁资金不足问题，先后引入江西吉阳公司、韩国公司、二十二冶集团等实力企业，共计投资 10 亿元参与特色小城镇建设。利用大数据战略行动，开发建设了铜仁首个社会服务 GIS 信息管理系统，将全镇 6 个社区细化成若干网格，把各类基础信息和服务信息全部汇聚入网,实行一网总控指挥、一格一员管理,探索出"多元化参与、信息化统筹、网格化管理、精细化服务"的新型社区管理模式。

五是体制机制转变,从常规管理向高质量的特色小镇管理模式转变。创新管理体制上,成立万山镇景区综合执法队,组建旅发、市场监管、城管、消防、旅游、消协、安监、食药监等综合执法队,并单独设立景区派出所,按照"景镇一体,融合发展"的思路,推行"镇区统筹发展""镇村联袂进步"管理体制,市场监管、财政、国税、地税等部门在万山镇设分局,财政实现统一管理、统一预决算,结合"小部制"改革,设立"三办三中心",增设镇级规划建设专业领导,综合设置国土资源和规划建设环保办公室,将审批权限下放到镇级管理;交警、城管等在镇内设立中队,工行、邮政银行、农商行等金融机构已在镇内设分支机构,倾力服务万山镇发展。投融资体制上,通过政府主导、招商引资、借钱拆迁、净地出让等方式,充分利用投资商的资金,有效解决政府净地出让前期拆迁资金不足问题,先后引入江西吉阳公司、阳光媒体集团、韩国公司、二十二冶集团等实力企业,共计投资10亿元参与小城镇建设。小城镇社会管理上,利用大数据战略行动,开发建设了铜仁首个社会服务GIS信息管理系统,将全镇六个社区细化成若干网格,把各类基础信息和服务信息全部汇聚入网,实行一网总控指挥、一格一员管理,探索出"多元化参与、信息化统筹、网格化管理、精细化服务"的新型社区管理模式。项目建设体制上,随着小城镇建设稳步推进,为大力提升拆迁速度,有效化解拆迁矛盾,万山镇在社区创新推行"三审一拆"模式,即对拆迁协议中涉及的房屋面积、附属设施、装饰装修情况实现被拆迁户一审、社区党支部二审、第三方审计公司三审后,进行房屋拆除并妥善安置,拆迁矛盾大幅减少,纠纷得到有效化解。

按照规划,万山镇下一步将紧扣"朱砂文化产业、资源枯竭城市转型"的特色发展主题,到2019年底,全镇工业生产总值预计达24.4亿元,城镇居民人均可支配收入预计达3.34万元,人均公共绿化面积达到24平方米,社会消费品零售总额预计达6亿元,财政税收突破3亿元,朱砂文化产业带动旅游年接待游客达300万人(次),产业结构不断优化升级,让"千年丹都·朱砂古镇"更特更靓,享誉世界,争创世界资源枯竭型城市成功转型特色小城镇典范。2019年将完成七个重点项目:一是2019年8月完成辰砂王主题酒店建设,总投资2.2亿元;二是2019年6月完成特区老街怀旧改造工程,总投资1.8亿元;三是2019年7月底完成矿山生态修复治理项目,总投资1900万元;四是2019年8月完成"那个年代"一条街业态打造,总投资3000万元;五是2019年5月完成三角岩、土坪污水管网及供电改造升级,总投资1600万元;六是2019年7月底完成葡萄酒庄建设，总投资 2000 万元；七是 2019 年 8 月完成三角岩一连、二连矿区房屋提级改造及环境绿化美化，总投资 1000 万元。

万山镇推荐信息表见表 5-2。

表 5-2　万山镇推荐信息表

<table>
<tr><td rowspan="8">基本情况</td><td>地形</td><td colspan="4">☑山区　□平原　□丘陵　□水网　□其他____</td><td colspan="3">区位　□大城市近郊　☑远郊区　□农业地区</td></tr>
<tr><td>功能类型</td><td colspan="7">A. 商贸流通型　　B. 工业发展型　　C. 农业服务型　　D. 旅游发展型　　E. 历史文化型
F. 民族聚居型　　G. 其他（请注明）　　D. 旅游发展型　　G. 转型升级型</td></tr>
<tr><td>镇域常住人口（人）</td><td colspan="3">32600</td><td colspan="3">镇区常住人口（人）</td><td>28119</td></tr>
<tr><td>镇 GDP（万元）</td><td colspan="3">192500</td><td colspan="3">镇所属县 GDP（万元）</td><td>419300</td></tr>
<tr><td>城镇居民人均年可支配收入（元）</td><td colspan="3">25404</td><td colspan="3">农村居民人均年可支配收入（元）</td><td>8200</td></tr>
<tr><td>公共财政收入（万元）</td><td colspan="7">18000　　，其中：可支配财政收入　8000</td></tr>
<tr><td>全社会固定资产投资（万元）</td><td>2015 年</td><td>45076</td><td>2016 年</td><td>52104</td><td colspan="2">2017 年第一季度</td><td>23100</td></tr>
<tr><td>民间资本固定资产投资（万元）</td><td>2015 年</td><td>20135</td><td>2016 年</td><td>30201</td><td colspan="2">2017 年第一季度</td><td>7900</td></tr>
</table>

<table>
<tr><td rowspan="2">基本情况</td><td>房地产开发投资（万元）</td><td>2015 年</td><td>3106</td><td>2016 年</td><td>1100</td><td colspan="2">2017 年第一季度</td><td>650</td></tr>
<tr><td>已获称号</td><td colspan="7">国家级称号：☑全国重点镇　□中国历史文化名镇　□全国特色景观旅游名镇
□美丽宜居小镇　　□国家发展和改革委员会新型城镇化试点镇
□财政部、住房和城乡建设部建制镇试点示范
□其他（请注明）____
省级称号：　贵州省 100 个示范小城镇、贵州省卫生镇、全省小康镇</td></tr>
</table>

<table>
<tr><td rowspan="9">主导产业发展</td><td>主导产业类型</td><td colspan="3">朱砂产业</td></tr>
<tr><td>主导产业产品品牌荣誉、称号</td><td colspan="3">国家级　红菱牌朱砂　；省级____；地市级____</td></tr>
<tr><td>主导产业产值在省、市同类行业镇中排名</td><td colspan="3">省级排名　1　；地市级排名　1</td></tr>
<tr><td>年份</td><td>2015</td><td>2016</td><td>2017 年第一季度</td></tr>
<tr><td>主导产业年投资额（万元）</td><td>12030</td><td>15135</td><td>2000</td></tr>
<tr><td>主导产业产值（万元）</td><td>35017</td><td>52084</td><td>15200</td></tr>
<tr><td>主导产业吸纳的就业人员（人）</td><td>3000</td><td>3510</td><td>4023</td></tr>
<tr><td>直接或间接带动周边农民就业（人）</td><td>2103</td><td>3247</td><td>3662</td></tr>
<tr><td>2015 年至 2017 年第一季度已立项或建设的产业项目（可按照实际自行增加项目）</td><td colspan="3">名称　朱砂工艺品产业园，建设用地面积　30　公顷，总投资　30000　万元</td></tr>
</table>

续表

美丽环境建设	土地利用	2015 年底建成区面积 700 公顷，2016 年新增建设用地 1.15 公顷，2017 年计划新增建设用地 1.5 公顷，至 2020 年规划建设用地面积 6.5 公顷
	2015 年至 2017 年第一季度建设的住房、商业项目	①自建房：数量 0 套，新增建设用地面积 0 公顷，总投资 0 万元； ②商品房：数量 260 套，新增建设用地面积 0.33 公顷，总投资 4680 万元； ③保障房：数量 900 套，新增建设用地面积 0.4 公顷，总投资 12000 万元； ④商业综合体：数量 1 个，新增建设用地面积 0.53 公顷，总投资 35000 万元
	2015 年至 2017 年第一季度实施的生态环境治理、综合环境整治和美丽乡村建设项目（可自行增加项目）	①名称万山镇主干道绿化亮化景观工程，建设内容对沿线进行绿化亮化景观建设，总投资 5000 万元； ②名称万山红大道绿化工程，建设内容对道路两旁绿化亮化，总投资 7500 万元； ③名称朱砂小镇大门两侧边坡绿化工程，建设内容对朱砂×小镇大门两侧裸露的边坡进行绿化，总投资 1800 万元； ④名称"万山红"六绿攻坚工程，建设内容在朱砂小镇区域内荒山种植红枫 10000 亩，总投资 3000 万元； ⑤名称万山镇风貌改造工程，建设内容对郭家红绿灯至地磅房沿线可视范围内房屋外立面进行风貌改造，总投资 5000 万元； ⑥名称朱砂小镇地质环境治理工程，建设内容修建挡渣坝、挡渣墙及汞渣渗沥废水处理，并对废渣进行固化、荒山进行绿化，总投资 18000 万元
传统文化保护	拥有非物质文化遗产	国家_____ 项；省级 1 项（鼟锣）；市级_____ 项
	保留地域特色文化	☑民俗活动 □特色餐饮 □民间技艺 □民间戏曲 □其他特色_____
	2015 年至 2017 年第一季度建设的文化活动中心场所	数量 5 个，新增建设用地面积 1.3 公顷，资金投入 3500 万元（包括非遗活化、民间技艺传承场所等）
	2015 年至 2017 年第一季度举办的文化活动（可自行增加项目）	①名称 CCTV《美丽乡村快乐行》、CCTV《发现之旅》，参与人次 12000 人，级别 国家级 ；②名称 贵州卫视《论道》，参与人次 1000 人，级别 省级 （级别从国际级、国家级、省级、地市级、县级、镇级中选择）

续表

自来水卫生达标率（%）	100	生活污水达标排放率（%）		92	
生活垃圾无害化处理率（%）	100	宽带入户率（%）		98	
绿化覆盖率（%）	57	公共区域 Wi-Fi 全覆盖		☑是 □否	
有污水处理设施的行政村比例（%）	100	垃圾得到有效治理的行政村比例（%）		100	
市政基础设施运维管理费用（万元）	2015 年	50	2016 年	84	2017 年第一季度	32
大型连锁超市或商业中心（处）	2	银行（信用社）网点（个）		8	

服务设施建设	2015 年至 2017 年第一季度建设的基础设施和公共服务设施（可自行增加项目）	①名称 苹果园至十八坑道路改扩建工程 ，建设规模 5 千米 ，总投资 450 万元； ②名称 土坪至四新塘公路改扩建工程 ，建设规模 3 千米 ，总投资 260 万元； ③名称 三角岩路网改扩建工程 ，建设规模 6.7 千米 ，总投资 800 万元； ④名称 矿山公园广场项目 ，建设规模 建筑面积 3000 平方米 ，总投资 500 万元； ⑤名称 朱砂小镇生态停车场项目 ，建设规模 596 个停车位 ，总投资 2566 万元； ⑥名称 朱砂小镇游客服务中心建设项目 ，建设规模 建筑面积 5532 平方米 ，总投资 10000 万元； ⑦名称 朱砂小镇大门建设项目 ，建设规模 建筑总面积 1874.5 平方米 ，总投资 1800 万元； ⑧名称 犀牛井幼儿园项目 ，建设规模 建筑总面积 2300 平方米 ，总投资 750 万元； ⑨名称 朱砂小镇五星级悬崖宾馆项目 ，建设规模 建筑总面积 16000 平方米 ，总投资 5000 万元； ⑩名称 万山镇博爱医院项目 ，建设规模 建筑总面积 5000 平方米 ，总投资 5000 万元； ⑪名称 万山镇主干道强、弱电入地工程 ，建设规模 建筑总面积 16000 平方米 ，总投资 2000 万元； ⑫名称 商贸中心改扩建工程 ，建设规模 用地总面积 16000 平方米 ，总投资 3000 万元； ⑬名称 悬崖游泳池建设项目 ，建设规模 用地总面积 2500 平方米 ，总投资 1500 万元

续表

体制机制创新	编制了有关规划（可多选）	①总体规划；②控制性详细规划；③专项规划
	已编制的规划是否包括（可多选）	①镇职能定位；②产业发展和布局；③镇村联动发展措施；④传统文化保护措施；⑤镇区风貌塑造；⑥重点地段的详细设计；⑦建设高度和强度控制；⑧近期建设项目库
	是否设立了下列机构（可多选）	①综合执法机构；②"一站式"综合行政服务；③规划建设管理机构
	创新措施和取得成效	①规划建设管理创新：措施 <u>成立万山镇规划管理委员会</u> ，成效专职进行规划管理工作，规范镇域范围内建设活动 ； ②社会管理服务创新：措施 <u>开发建设了铜仁首个社会服务 GIS 信息管理系统，将全镇 6 个社区细化成若干网格，把各类基础信息和服务信息全部汇聚入网，实行一网总控指挥，一格一员管理，探索出多元化参与、信息化统筹、网格化管理、精细化服务的新型社区管理模式，成效实现了信息多跑路，群众少跑路的目标，群众的安全感、获得感、幸福感显著增强</u> ； ③镇村融合创新：措施 <u>实施镇村联动全覆盖，成效推进城乡一体化发展</u> ； ④其他创新：措施 <u>房屋拆迁中实施"三审一拆"制度，成效拆迁矛盾大幅度减少</u>；措施 <u>培育农村淘宝等 8 家电商发展，成效使我镇电子商务产业从无到有、蓬勃发展</u>
	2015 年至 2017 年第一季度实施的 PPP 或政府购买服务项目（可以自行增加项目）	项目名称 <u>无</u> ，建设内容_____，总投资_____万元

资料来源：特色小镇申请原表，由万山镇政府提供。

2. 典型案例二：借"水势"打造"国际亲水度假小镇"的三道堰镇

三道堰镇位于成都市近郊，郫都区北部，距离成都中心城区 16 千米，是成都最重要的饮水源地，徐堰河和柏条河贯穿全境，是川西平原唯一一座两河穿镜的小镇。三道堰镇是一座具有千年历史的川西古老小镇，是历史上有名的水陆码头和商贸之地。全镇总面积 19.86 平方千米，建成区 2.1 平方千米，常住人口 3.2 万，辖 2 个社区 6 个村，2016 年底城镇居民人均可支配收入 39075 元，农村居民可支配收入 22210 元，镇财政收入 4819 万元，地区生产总值 7 亿元，固定资产投资 7 亿元，新型城镇化率 63%。近几年，三道堰镇围绕国际化都市新区和特色小镇建设同步发展的战略部署，按照区域"双创高地，生态新区"的定位和"全域旅游化、全产业链旅游化、全要素旅游化"理念，着力推进"国际亲水度假小镇"和城乡建设，先后被评为国家级 4A 景区、全国宜居小镇、全国环境优美乡镇，被列为四川省"百镇建设行动"试点镇，市、区特色小城镇建设示范镇，2017 年 10 月，入围第二批国家特色小镇。青杠树村被评为全国十大最美乡村、中国美丽休闲乡村，2016 年 11 月，时任中共中央政治局常委、全国人大常委会委员长张德江在视察时，对青杠树村美丽乡村建设和集体经济发展组织给予了高度肯定。

2015 年以来，三道堰镇以城镇化建设为核心，结合传统文化的挖掘和传承，通过主抓产业培育、环境整治、基础配套、公共服务和新村建设，城镇发展取得了如下成效：一是小城镇规划建设定位提档升级。以成都建设国家中心城市和郫县撤县设区为契机，以统筹城乡改革示范建设为统筹，以"保、改、建、腾、塑"为路径，依托独特的水系，生态等资源优势，优化编制特色镇建设的各项规划，着力将三道堰镇打造成田水相依、城水相映、景水相融、人水相亲的"国际亲水度假小镇"。二是特色小镇品质不断提升。先后投入 2.7 亿元，挖掘三道堰悠久的水文化、农耕文化、民俗文化等历史文脉，提炼文化符号，完成惠里、水乡街、码头水月等特色街区改造；按照小街区规划理念，打造 12 条小街巷；实施引水入镇，形成"水在城中流，人在水中游"的城乡景区形态。三是美丽乡村建设成效卓著。青杠树村、三堰村、程家船村以土地整理项目为载体，按照"小组微生"的要求，完成农民新居 22 万平方米，改善 5100 余人生产生活条件，完成土地复垦验收 370 亩，同时，以青杠树村为龙头，启动实施了"五村连片"幸福美丽乡村建设。四是城乡环境治理效果优良。以保护成都饮用水为目标，实施退楼显水工程，拆除临河建筑 3 万平方米；将沿河 10 万平方米公共空间返还公众，关闭污染养殖场、农家乐 140 家，治理黑臭河流 4条，生态搬迁 110 户。全面建成沿河 2000 余亩生态湿地，贯通两河四岸 28 千米一级巡查道、4 千米二级巡查道，建设截污沟 10 千米。五是土地改革破解资源瓶颈。抓住农村土地改革试点契机，积极探索农村集体经营性建设用地入市，全面激活农村土地资产，促进农村集体经济发展，促进农民多元增收，截至目前，已完成 6 宗约 119 亩集体经营性建设用地入市，实现土地出让收入约 7420万元。

归纳起来，三道堰形成了如下特色：

第一，打造了特色鲜明的产业体系。一是主导产业特色鲜明。围绕"一核、一环、五片"的功能布局规划，成功创建三道堰和青杠树村两个国家级 4A 景区，实现年旅游游客 500 万人次，旅游总收入 2.5 亿元，近三年接待旅游人口年均增长率为 54.3%，旅游收入年增长率为 33.6%。三道堰镇充分利用"双 4A"景区的辐射带动力，整合镇、村及社会资本的资金资源，着力打造"惠里"特色商业街，年接待省内外游客数量达 200 万余人次，年营业额已超 5000 万元，现已成为三道堰镇的核心商圈。二是产业发展环境日趋完善。大力推进旅游向品牌化、特色化、标准化和规模化方向发展，强化都市农业观光旅游、体验休闲、教育示范、生态涵养等多种功能，并结合农业供给侧结构性改革要求，支持鼓励发展多种形式的家庭农场、现代农庄和乡村酒店，实现了一三产业互动，推动了休闲农业与乡村旅游有效融合，进一步拓展了产业空间。目前，全镇共建成 18 家乡村酒店，建成"花田喜事"水生植物观赏园，"蕃米"创意农场、"酷菜"智慧农场等一批现代农场，新增优质粮油、生态种养殖基地 3900 亩，打造"香草湖""土米"等农业天府品牌。三是"一三"产业融合势头强劲。通过小城镇建设，小镇基础设施配套更加完善，空间承载更有力，投资环境得到优化，中国数码港、成都传媒集团等企业先后入驻，项目涉及旅游、商贸、酒店和乡村会展等行业。恒大健康集团、兴蓉集团、万科地产等纷至沓来。

第二，建成了和谐宜居的美丽环境。一是城镇风貌和谐统一。镇区整体风貌、色彩、风格和谐统一，街巷空间错落有致，小镇出入口、广场、重要交叉口等节点特色鲜明，充分体现了川西地域特色和水乡文化的传承与重塑。二是镇域环境优美宜居。镇区内有导堰公园、乐水公园、城北公园等，新建两河生态湿地 2000 余亩和滨水绿道 35 千米，城镇绿地总面积达到 98 公顷，城镇公共绿地面积 60 公顷，城镇绿地率 39.2%，公共绿地面积达到 27.98 平方米/人。三是美丽乡村连片发展。以青杠树村为核心，连片建设幸福美丽乡村，涉及 5 个村，面积 13.9 平方千米，占全镇总面积的 70%，涉及人口 12763 人，占总人口的 54%，预计总投资 9.23 亿元。项目实施将形成一村一特色，一核一环四片的旅游产业功能分区，城乡环境综合整治效果更好。

第三，彰显特色传统文化。作为都江堰精华灌区，徐堰河、柏条河镇域内水域面积超过 93 公顷，河岸线长达 35 千米，渠系纵横，川西林盘众多。在镇域发展建设规划中，立足充分保护利用水系及林盘资源，以"保、改、建"三种方式延续川西林盘风貌特色，同时积极引导特色餐饮农家乐提档升级，加大竹编、棕编、草编等民间技艺的旅游市场发展力度，着力修缮青塔寺等历史文化遗迹，发展壮大国家非物质文化遗产蜀绣基地——蓉绣坊。在梳理镇域文化资源的同时，结合旅游市场开发，优化端午节龙舟会、迎春灯会、泼水节、踏青会等传统节庆活动，强化镇域旅游文化底蕴。

第四，体制机制充满活力。围绕"国际亲水度假小镇"和"中国最美乡村聚落"特色小城镇建设要求和理念，着力优化规划布局和空间资源，理顺"生态保护、规划管控和产业发展"之间的关系，建立完善各类管理的机制体制，激活和鼓励社会资本资金积极投入镇域建设，探索启动PPP建设模式，引进社会资金1.2亿元，实施了新景观廊桥建设及景观营造。

未来几年，三道堰将围绕古蜀文化、努力打造"国际亲水度假小镇"和"中国最美乡村聚落"。围绕"产村相融、景镇一体"的理念，大力抓好培育优势产业，提升生态环境，启动国家5A景区的创建。一是推进产镇融合，加快经济发展。重点抓好台湾大汉农业园、澜山国际度假村、砚园国际会议会展、新景观廊桥、新廊桥商业中心广场、"五村连片"幸福美丽乡村等项目建设。二是建设生态示范样板，加强水源保护及生态搬迁项目。改造城镇老旧院落和棚户区，实施水乡街立面、桥北片区风貌整治，形成新型城镇化社区。三是完善配套设施，启动环城道路和旅游环线建设，建成炮通、程家船—秦家庙和青塔—古堰三座跨河通行桥，建立景区管理系统、信息速查系统、旅游自助终端、城市管理平台系统，实现采集数据的可视化和规范化。启动引水入镇工程，完成城镇区域15千米自流水网建设。四是文化传承，彰显特色魅力。挖掘三道堰悠久的水文化、农耕文化、民俗文化，包装策略龙舟节、泼水节、踏青节、迎春灯会等重大活动，创建创意田园、创享家园、创客公园，培育新市镇创新创业文化。

三、云贵川地区历史文化型特色小镇的同质化问题审视

历史上，云贵川地区是土司制度和羁縻制度的主要实施区域，土司文化、三国文化、黔中文化等历史文化在这里发生或发源，历史遗址遗迹众多，重要历史人物层出不穷，这为当今很多小城镇的发展留下了宝贵的文化遗产和历史文化资源。

（一）历史文化型特色小镇同质化程度的总体研判

据统计，云贵川地区国家级历史文化名镇12处，分别是保山市腾冲市和顺

镇、楚雄州姚安县光禄镇、大理州剑川县沙溪镇、成都市大邑县安仁镇、宜宾市翠屏区李庄镇、广元市昭化区昭化镇、成都市龙泉驿区洛带镇、眉山市洪雅县柳江镇、贵阳市花溪区青岩镇、安顺市西秀区旧州镇、黔东南州雷山县西江镇、红河州建水县西庄镇。此外，还深入调查了巍山古城、丽江古城、大理古城、建水临安古城、盐津豆沙关南丝路古镇、泸西城子古镇、宁洱那柯里（那勐勐）茶马古道小镇、凤庆鲁史茶马古文化小镇 8 处历史文化底蕴深厚的省级特色小镇。从产业发展来看，这些小镇基本上都选定了旅游产业或文创产业作为小镇发展的主导产业，总体判断，历史文化型特色小镇在建设发展过程中的趋同化现象存在，但并不严重，主要特征如下：

一是资源差异性比较明显，但产业开发模式存在雷同现象。国家级历史文化名镇强调重大历史价值和纪念价值，云贵川地区历史文化名镇主要有古村镇群落、革命历史型、传统文化型、乡土民俗型、商贸交通型、民族特色型等典型传统风貌，这些名镇往往具有独特个性，资源差异性比较明显。以国家历史文化名镇为依托的特色小镇，其文化资源特色鲜明，但在商业化和旅游发展过程中存在模式雷同现象，多数历史文化名镇采用"门票+旅游纪念品"模式，门票收入是主要收入来源，纪念品的生产、销售多数采用规模化和标准化方式，由工厂统一生产，然后分点销售，这样生产出来的旅游纪念品缺乏个性，难以起到"纪念"作用，游客缺乏购买欲望。一些小镇采用"免门票+娱乐城"模式，通过古镇内的门店出租，吸引各种业态进入，形成"吃在古镇、住在古镇、行在古镇、游在古镇、购在古镇、娱在古镇"的商业开发模式，这种方式的综合经济效益很好，但引来了很多仿造古镇、鱼目混珠。如云南丽江古城、阆中古城、成都锦里等知名景区，每天都车水马龙、人声鼎沸，产业业态也非常丰富，综合经济效益很好，但近年来，模仿者和跟随者众多，仿古建筑和人造古城愈演愈烈，对古镇古城旅游产生了很大的冲击。调查发现，有部分国家级历史文化名镇和省级历史文化名镇由于远离大都市，游客寥寥无几，门店开店率很低，与此形成鲜明对比的是，一些仿造古镇和"人为古镇"，由于地处大都市近郊（或就在城市之中），人气爆棚，"夜经济"非常火爆，给人一种"劣币驱除良币"的感觉。

二是历史文化名镇文化个性突出，但传承和保护模式雷同。国家历史文化名镇遵循"保护第一，开发第二"的宗旨，保护的主要对象和内容主要有以下几点：保护和延续古城、古镇的传统格局、历史风貌及与其相互依存的自然景观和环境；保护历史文化街区和其他有传统风貌的历史街巷；保护文物保护单位和不可移动文物；保护传统风貌和历史建筑；保护名镇内的古井、围墙、石阶、铺地、驳岸、古树名木等；保护非物质文化遗产以及优秀传统文化。其中既有实物物质的保护，又有文化环境的保护，还包括空间关系的维护。但一些历史文化名镇在文化文物、遗址遗迹的保护过程中，模式单一，缺乏创新，要么通过"画地为牢"的方式"圈起来"保护，要么重修重建进行"破坏性"保护。调查发现，有些历史遗迹和建筑破旧不堪，甚至成为危房，拆也不敢拆，建也不敢建；一些历史文化名镇过度商业化，破坏了其整体建筑风貌，破坏了文化传承的生境，有些古建筑风貌点缀在现代化建筑之中，不伦不类。

三是地域明确型历史文化小镇开发有序，但公共历史文化属性型小镇存在文化产权纠纷和同质化竞争现象。调查中发现，地域性明确的历史文化型特色小镇个性突出，而且很少出现同质化情况，如名人故里、重大历史事件发生地等具有很强的"排他性"和"垄断性"，但是公共文化性质的历史文化型特色小镇很容易出现同质化竞争，如茶马古道、丝绸之路等分布地域广泛，沿线地区很多特色小镇都借此名来打造景区和项目。此外，还有一些没有明确"产权"的历史文化，也容易产生同质化竞争，比如一些特色小镇，善于捕捉模糊性的历史和文学记忆，借助历史人物、历史典故、文学作品中有关人物、地域、故事记录的模糊性，创造性地设计旅游项目和创意项目。如陶渊明的《桃花源记》中描述了一个世外桃源景象，但是没有说明地点在哪，或许本身就是一种想象的情景。如贵州和湖南对夜郎文化遗址之争非常激烈，湖南新晃县斥资50亿元打造"夜郎古国"，贵州省学界、政府界纷纷撰文反击，称夜郎国遗址在贵州。贵州省域内也有多个地区号称是夜郎古国遗址地，如贵州长顺县广顺镇、贵州毕节赫章可乐、贵州遵义桐梓县等。

（二）典型个案剖析

1. 典型案例一：依托黔中文化和建筑风貌打造旅游文化度假区的青岩镇

青岩镇位于花溪区南部，距贵阳市区29千米，距花溪区12千米。始建于明洪武十一年（1378年），至今已有600多年的历史；行政辖区92.3平方千米，辖17个行政村、2个居委会、104个自然村寨；总人口3.5万，其中，少数民族占38%，主要为苗族、布依族。青岩镇位于黔中腹地，处于黔中经济区的核心区，是贵阳市南部发展轴上的重要节点，也是整个大贵阳都市区的历史文化旅游和休闲度假窗口，是贵阳市文化旅游的"王牌名片"。青岩镇区位条件优越，通过南环高速、贵惠高速、花安高速（贵安第二高速）3条区域高速路网连接黔南州、贵安新区及贵阳主城区,黔中路、贵惠大道 2 条城市快速道连接贵阳主城区及贵安新区,对外交通便捷。青岩镇是中国历史文化名镇、中华诗词之乡。青岩镇三面环水、一面靠山、披山带河、形势险要,被当地少数民族称为"王荣城",按布依语译成汉语就是"兵城""营盘"之意,作为贵阳南大门,交通方便,粮米充足,故明清两代都把青岩作为重要军事据点。青岩镇在历史文化方面具有如下鲜明特点:第一,它是黔中文化代表。明洪武六年(公元1373年),中央王朝为控制西南边陲,置贵州卫指挥使司,在青岩驻军建屯,史称"青岩屯"。洪武十四年(公元1381年),朱元璋派30万大军远征滇黔,大批军队进入黔中腹地后驻下屯田,"青岩屯"逐渐发展成为军民同驻的"青岩堡"。青岩古镇人文荟萃,在漫长的历史长河中,出过许多历史名人,诸如黔中名人周渔璜、经略台湾的周钟瑄、贵州历史上第一个文状元赵以炯、民主革命斗士平刚等。青岩古镇自建成之日起,就成为川黔滇茶马古道上的重镇,商贾云集,至今保存大量明清时代的青瓦木屋、石板铺路、古街石巷。2013年川滇黔茶马道青岩段被公布为全国重点文物保护单位。第二,文化建筑和风貌保存完好。古镇整体风貌布局以东、西、南、北街形成十字交叉。街道全以当地青石板铺面,蜿蜒曲折,拾级而上,街巷相同,两旁建筑的天际轮廓线高低错落,街道空间幽雅得趣。古镇内共有文保单位19处,设计精巧、工艺精湛的明清古建筑交错密布,寺庙、楼阁画栋雕梁、飞角重檐。基本保留了明清时期修建九寺、八庙、八牌坊、五阁、二祠、一院、一宫、一楼组成的古建筑群,与古城墙、古驿道、石板街面、青瓦木屋交相辉映。镇内现居住着11个民族,长期以来,古镇移民数量众多,移民外来文化与本土的民族民俗文化相互融合,和谐共处,形成了青岩特有的多元文化①。

2017年,青岩镇完成地方生产总值23.72亿元,规模以上工业增加值完成2.3亿元,固定资产投资完成23.68亿元,财政总收入9688.34万元,地方财政收入6394.48万元,招商引资到位资金21亿元,旅游综合收入9.79亿元。2006年,被国家住房和城乡建设部及文物局列为"中国历史文化名镇";2013年,被国家住房和城乡建设部等七部委列为"全国重点镇";2014年,贵州省第九届旅游发展大会在青岩顺利召开;2015年,被中央精神文明建设指导委员会评为"全国文明村镇"、被住房和城乡建设部和国家旅游局列入"第三批全国特色景观旅游名镇名村示范名单"、被贵州省住房和城乡建设厅评为"2015年全省小城镇建设工作先进单位"、通过了"国家卫生城镇"验收、被住房和城乡建设

---

① 根据青岩镇政府提供资料以及研究团队实地调研资料整理。

部公布为全国第二批建设宜居小镇；2016 年，被国家住房和城乡建设部列入首批"中国特色小镇"名录；2017 年成功创建国家 AAAAA 级旅游景区。

青岩镇在特色小城镇建设过程中，形成了如下经验和特色：

一是守住发展"底气"，在活态保护上下功夫。传统文化是古镇传承和发展的"底气"，小城镇建设要做到"小而特"，必须着力保护好古镇的原住民、原真性和原生态。原住民是最完美的传承载体。第一，青岩镇重视改善原住民居住环境，对古镇内破损步道进行修缮、改造，并对青岩核心区管线进行建设，对古镇城墙内强弱电、雨污管、消防、燃气等综合管网埋设，单独铺设古镇消防管网，并对现有给水管网进行修复更换。第二，青岩镇重视增强原住民获得感。青岩古镇旅游产业的蓬勃发展带动了原住民的就业和增收，传统文化的挖掘展示为古镇居民提供丰富的精神生活，原住民主动参与到古镇保护及景区建设的过程中，共建共享，和谐共生。青岩镇严格执行保护规划，坚持整体保护的思想，点、线、面相结合，重点保护和恢复古镇原有的建筑群体空间环境气氛，做到绝对保护区全面保持传统风貌、严格控制区基本保持传统风貌、环境协调区大体保持传统风貌；重视恢复重建历史建筑，遵循古镇原有肌理，对古镇内的古建筑、古城墙等重点文物，按照保护规划的相关要求进行维护和修复，恢复重建药王庙、黑神庙，提升改造寿佛寺广场、两湖会馆，重新布展状元府、周恩来父亲故居；加强对典型民居的保护，邀请文化、建筑方面专家拟定历史建筑挂牌保护方案，委托上海同济大学阮仪三工作室编制《青岩古镇传统民居保护修缮及环境治理实用导则》，对一些风貌不符合的民居进行立面整治，改善维护古镇形象，完成古镇内立面整治 60 户。第三，小镇发展与民俗风情、民族技艺融为一体。青岩古镇悠久的历史铸就了独特的民俗风情，有端午"游百病"、苗族"四月八"、布依族"六月六"、春节舞龙花灯等节庆活动；有玫瑰糖制作工艺、糯米酒酿造工艺、纸扎工艺、双花醋酿造工艺、素席制作工艺、竹雕制作工艺等民间技艺；有地戏、花灯戏、舞龙舞狮、布依族古歌等民间戏曲。镇内非物质文化遗产共八类，其中省级两类、市级四类、区级三类；非物质文化遗产省级传承人两名，给予资金支持及传承培训等。

二是提升小镇"气质"，在文化传承上下功夫。文化是小镇的灵魂，特色是小镇的名片。青岩镇在特色小镇建设过程中，下力气留住历史记忆、保护文化元素、彰显"青岩"风格，让自然与人文各美其美、美美与共。青岩古镇聘请相关专家对古镇历史文化进行研究，完成《青岩历史文化挖掘整理项目设计大纲》《青岩历史文化资料类编》，涵盖青岩的军事文化、景观和建筑文化、红色文化、民族民俗和宗教文化等，初步拟定 40 个历史文化原点及说明，将文化研究成果逐步转化为文化旅游产品。编辑出版《青岩细语》系列丛书，从不同的角度反映青岩的历史和文化，丰富了青岩的文化内涵。组织开展了各类文化活动，传播古镇传统文化。每年社区群众普遍参与的文化节庆活动、宗教活动、民俗活动等约 18 次，参与人次达 10 万。成功举办"花溪之夏"艺术节、2016 中国青岩·古镇峰会等大型活动，弘扬中国传统文化。古镇注重特色营销和整体策划，借助多彩贵州、爽爽贵阳的强势宣传，打响"山水兵城、黔中古镇"旅游文化品牌，加大旅游营销宣传力度。重点打好"状元牌""红色牌""军事牌"系列文化品牌，编辑出版青岩系列丛书，加强宣传载体建设。拍摄电视形象宣传片，制作央视《美丽乡村快乐行》《记住乡愁》等大型栏目。青岩镇注重推动文化与旅游业融合发展，推出特色旅游产品、开发民族服饰，使青岩传统文化传承下去。注重"大事件"营销，以活动"造势"，逐步提升青岩整体影响力。青岩镇召开了 2014 年贵州省第九届旅游发展大会，举办了 2015 年国际马拉松赛、2016 年中国青岩·古镇峰会、CTCC 中国房车锦标赛、"花溪之夏"艺术节、2017 年 CRCC 国际锦标赛、2017 年理查德·克莱德曼钢琴音乐会、国际旅游小姐大赛，拍摄了央视《记住乡愁》大型纪录片。

三是释放发展"活力"，在产业培育上下功夫。青岩镇注重培育主导产业，立足自身资源禀赋、区位条件、发展基础，因地制宜大力发展旅游产业，围绕"食住行游购娱"旅游基础要素、"商养学闲情奇"旅游发展要素，强化产业支撑，培育市场的内生动力，突出产城景融合发展。旅游产业发展让古镇保护"活"了起来。作为中国历史文化名镇、国家 5A 级旅游景区、全国特色景观旅游名镇、省级旅游风景名胜区，青岩镇以旅游兴镇、生态立镇，着力打造全域旅游先行示范区。现已建成"寻坊"北门文化旅游综合体、F3 赛车场等项目，一批集文化体验、避暑养生、休闲度假等业态于一体的文化旅游商业项目正在实施，以休闲度假为核心的文、体、卫、商、旅综合体初步形成。优化商业业态让旅游商品"亮"了出来。编制《青岩古镇商业业态规划》，建立为旅游配套服务的商业网点体系，提升商业品质，积极开发高品位的旅游商品和旅游纪念品。调优产业格局让就业机会"多"了起来。围绕旅游业优势进行升级转型增效，促进产业结构由"三一二"模式向"三二一"优化，三次产业比调整为 0.17∶0.20∶0.63，三产增加值年均增长 12.53%。旅游业发展带动就业人口 10560 人，就业人口高中及大专以上学历人员比例占 85%。

四是凸显古镇"格局"，在产城融合上下功夫。在小城镇建设发展中，重点抓好省级示范小城镇"8+X"项目，统筹生产、生活、生态三大布局，提高城镇发展的宜居性，实现生产空间清洁高效、生活空间宜居适度、生态空间山清水秀。交通网络体系建设方面，青岩镇区域主干路网有 8 条（贵惠高速、花安高速、南环线、田园南路、青燕线、北部环线、东早路、桐惠线），支路网 3 条（青马路、青黔线、交通路），道路总长约 52 千米。现有电瓶车（11 千米）、自行车（32 千米）慢行系统，形成景区步行游览、景区慢行系统和景区过境交通环线的"三环"交通体系。交通体系的提升，实现了青岩古镇连接省内外高速公路辐射全省的交通新格局和通往龙洞堡国际机场的便捷性；实现了湿地公园、孔学堂景区与青岩景区的联动融合发展；实现了开辟青岩古镇景区从 0.8 平方千米扩建至 4.8 平方千米内部新游线，为迎接"高铁时代""快旅慢游"奠定了良好基础。公共设施建设方面，按照全域旅游标准，青岩古镇完善了公共设施功能布局，新建停车场 4 个，总占地面积 6.8 万平方米，停车位 2000 个；修建和改造游客服务中心 2 个（即南、北门游客服务中心）；按照旅游公厕三星级标准，新建和改造旅游公厕 12 个；全面实施智慧旅游系统建设。通过基础设施项目建设，极大地实现青岩景区扩容增容和满足大数据下游客的旅游出行需求，使青岩古镇成为品味人文、体验风情、休闲度假的贵州省旅游集散地。公共服务体系方面，新建青岩中学、小学、幼儿园，新建青岩敬老院、农贸市场，扩建青岩卫生院、青岩水厂。镇区内商业设施完善，建有两座综合超市、三处仿古商业街。景区做到 Wi-Fi 全覆盖，快递网点全覆盖，建立"一站式"综合行政服务，实现智慧旅游城市管理。古镇内按照防灾规划建设防灾设施，完善消防体系，镇区内设有消防通道和应急避难场所，配备有管理规范的专职消防队。同步完成青岩污水处理厂及垃圾收集系统全覆盖，自来水供水率 100%、污水处理率 100%、生活垃圾处理率 100%。

五是破解改革"难题"，在创新发展上下功夫。青岩镇把开放带动、创新驱动作为特色小镇建设发展的主要动力，以人与人、人与社会和谐共生，持续繁荣为发展理念，统筹政府、社会、居民三大主体，提高各方推动城镇发展的积极性。"五规合一"理念让产业项目能落地，统筹各个专项规划，综合考虑生态环境、城镇功能、文化特色、建设管理等因素，组织编制《青岩景区旅游规划》《青岩古镇保护规划》《青岩镇总体规划》《青岩镇土地利用总体规划》《青岩镇林地保护利用规划》，实现五个规划的协调统一，使项目落地和实现土地价值成为可能。"四位一体"思路让发展资金有保障，按照"立足自身，争取支持，借力平台，依托市场"的"四位一体"思路，用足、用活上级政策以及资金支持完善基础设施的同时，借助市、区融资平台，发挥市场主体作用，继续加大融资和招商引资力度，促使城镇建设和产业发展形成良性互动。借助全省旅游产业发展大会、省级示范小城镇建设、创建国家 5A 级旅游景区等契机，争取政策资金、融资资金投入约 50 亿元。引进旅游龙头企业 7 个，旅游招商引资项目 14 个，已投产达产 10 个，资金投入约 60 亿元。实施"1+N"体系让管理平台更优质。"1+N"旅游综合执法体系：由旅游景区管委会主导，下设警察、法庭等多个执法部门，设立目标考核体系，实施联动合力管理，落实旅游交通警察、旅游城管、旅游司法调解等机制。"1+N"联席会议制度：建立联席会议制度，涵纳规划、住建、国土、发改、财政、文化、旅游、招商等政府部门及银行、企业、平台公司、社会组织等参与，定期研究产业发展中的重点和难点，促进部门间协作。"1+N"产业融合机制：围绕"旅游+"，深入实施"田园变公园、园区变景区、产品变商品"工程，扎实推进"旅游+N"融合发展，以旅促商、以旅兴农。

六是优势产业"引领"，在镇村联动上下功夫。按照城乡统筹、区域共享、统一规划、合理布局、适度超前的原则，以人为本，推进以人为核心的城镇化，牢牢把握"美丽乡村"，以"清洁乡村、产业乡村、人文乡村"建设为抓手，全力推进镇村环境整治和农村特色化建设，大力发展生态观光农业。打造"清洁乡村"。在农村生活污水处理方面，先后完成 25 处人工湿地农村污水设备。在垃圾收集和转运方面，实现村收集、镇转运，全镇配备齐全垃圾收集设备设施。在推广农村清洁能源方面，实现村村通电，逐步取代原有的污染能源。打造"生态乡村"。乡村生态住房秉承绿色建筑理念，利用乡土的可再生绿色建材。加快水果、蔬菜、花卉等生态农产品生产基地建设，建成无公害蔬菜基地 1.9 万亩，水果基地 1.09 万亩。打造乡村休闲活动场所及小型绿地共 35 处，做到村村有绿地，处处是景观。打造"产业乡村"，布局建设山王庙田园综合体、龙井农耕文化科普示范园、达夯农旅一体采摘示范园等一批现代休闲农业观光项目，带动村民发展休闲农业，构建了"农业+旅游+村落"的农业农村发展新模式。

特色小镇的生命力在于"文化"，驱动力在于"产业"，可持续性在于"生态"。按照规划，青岩镇将按照全面彰显"生态自然美、人文特色美、经济活力美、社会和谐美、政治清明美、生活幸福美"的中国特色"美丽城市"内涵标准，秉持"产城互动"发展理念，努力打造功能齐全、产业发达、环境优美、特色鲜明、宜居宜业的世界知名的特色小镇。

近年来，青岩镇积极转型，从单一观光型古镇向全域旅游统筹发展的中国国际特色旅游小镇转型，努力打造旅游目的地小镇、旅游集散地小镇、旅游度假区小镇。预计 2020 年，将建成青岩大景区，辐射带动黔陶、高坡、马铃、燕楼等花溪南部片区发展，成为贵州花溪全域旅游的中心，以"两基地一度假区"为抓手，建成集文化、休闲、娱乐、体验为一体的休闲度假区，将建成国家级旅游文化度假区。青岩镇基本信息见表 5-3。

表 5-3　青岩镇基本信息

镇名称	青岩镇		所属省、市、县	贵州省、贵阳市、花溪区
地形	☑山区　□平原　☑丘陵		区位	☑大城市近郊　□远郊区　□农业地区
功能类型	A. 商贸流通型　　B. 工业发展型　　C. 农业服务型　　☑. 旅游发展型 ☑. 历史文化型　　F. 民族聚居型　　G. 其他（请注明）			
镇域面积（平方千米）	92.28	镇区建成区面积（平方千米）		22.07
镇域常住人口（人）	34321	下辖村庄数量（个）		104
镇区常住人口（人）	13086	镇区户籍人口（人）		13134
本镇就业总人口（人）	10560，其中：来自于周边农村的就业人口　　2188			
镇 GDP（万元）	167468	镇所属县 GDP（万元）		4949685 （该数据含小河经开区，共 26 个乡镇、社区）
城镇居民人均纯收入（元）	26532	公共财政收入（万元） 其中：本级公共财政收入（万元）		区 301209（镇 12574.54）
农村居民人均纯收入（元）	13739			区 137032（镇 9811.08）
市政基础设施建设投资（万元）	45000	上级补贴（万元）		区 164177（镇 2763.46）
全社会固定资产投资（万元）	2013	121890	2014	359059	2015	324060
民间资本固定资产投资（万元）	2013	58325	2014	134133	2015	201534

已获称号	国家级称号： ☑全国重点镇　☑中国历史文化名镇　☑全国特色景观旅游名镇 ☑美丽宜居小镇　□国家园林城镇　□全国环境优美乡镇 ☑国家发展和改革委员会新型城镇化试点镇　□财政部、住房和城乡建设部建制镇试点示范 ☑其他 省级称号： ☑省级重点镇、中心镇、示范镇　☑省级卫生乡镇　□省级美丽宜居镇　□其他 镇域内是否有传统村落？□是　☑否　数量：□中国传统村落；□省级传统村落 镇域内是否有美丽宜居村庄/美丽乡村？　☑是　□否 其他（请注明称号名称及哪级认定）：省级认定"全省民族团结进步创建活动示范乡镇"；中央精神文明建设指导委员会评为"全国文明村镇"；省级评为"中华诗词之乡"；省政府列为"100个旅游风景区"及"100个示范小城镇"

规划	镇规划区面积（平方千米）：92.28	控制性详细规划编制面积（平方千米）：　22.07
	镇规划区是否编制了与特色小镇相关的专项规划？ ☑是　□否	规划名称：《花溪区青岩镇总体规划》（修编）、《贵州省一百个示范小城镇控制性详细规划》、《青岩镇概念性规划》、《贵阳市花溪区青岩历史文化名镇保护与整治规划》、《青岩镇风情小镇规划》

续表

<table>
<tr><td colspan="2">年份</td><td>2013</td><td>2014</td><td>2015</td></tr>
<tr><td rowspan="9">产业</td><td>主导产业类型</td><td>休闲旅游、传统文化、历史建筑文化、军事文化、饮食文化</td><td>休闲旅游、传统文化、美丽宜居、历史建筑文化、军事文化、饮食文化</td><td>休闲旅游、传统文化、美丽宜居、历史建筑文化、军事文化、饮食文化</td></tr>
<tr><td>主导产业企业数量（个）</td><td>157</td><td>204</td><td>238</td></tr>
<tr><td>主导产业企业年投资额（万元）</td><td>121890</td><td>350590</td><td>320000</td></tr>
<tr><td>主导产业产值（万元）</td><td>66380</td><td>88447</td><td>105190</td></tr>
<tr><td>主导产业吸纳的就业人员数量（人）</td><td>3890</td><td>4980</td><td>5220</td></tr>
<tr><td>龙头企业大专以上学历就业人数</td><td>7850（其中高中文化以上7083人、大专文化以上767人）</td><td>8510（其中高中文化以上7522人、大专文化以上988人）</td><td>9540（其中高中文化以上8458人、大专文化以上1082人）</td></tr>
<tr><td>主导产业产品品牌荣誉、称号</td><td colspan="3">国家级历史文化名镇、全国特色景观旅游名镇、全国第二批建设宜居小镇、4A级景区；省级风景名胜区；市、县级_____</td></tr>
<tr><td>主导产业产值在省、市、县同类行业镇中排名</td><td colspan="3">省排名_____；市排名__第一__；县排名第一</td></tr>
<tr><td>全镇当年新增注册公司数量（个）</td><td>40</td><td>47</td><td>34</td></tr>
<tr><td rowspan="5">基础设施</td><td>是否通二级以上公路</td><td>☑是 □否</td><td>停车位数量（个）</td><td>2530</td></tr>
<tr><td>自来水供水率（%）</td><td>100</td><td>自来水卫生达标率（%）</td><td>100</td></tr>
<tr><td>生活垃圾无害化处理率（%）</td><td>100</td><td>生活污水达标排放率（%）</td><td>100</td></tr>
<tr><td>宽带入户率（%）</td><td>90</td><td>街头小公园、绿地</td><td>16处，绿化覆盖率40%，人均公共绿地15.2平方米</td></tr>
<tr><td colspan="2">主要灾害设施（防洪、排涝、消防等）名称</td><td colspan="2">有消防管网、消防车、排洪沟渠；并成立消防中队；有疏散场地</td></tr>
</table>

续表

基础设施	有污水处理设施的行政村比例（%）	64.7（共有7个村有污水理设施，4个村、2个居委会纳入市政污水管网）	垃圾得到有效治理的行政村比例（%）	100（17个村全部实现村收—镇运—区处理）
用地	各类产业用地面积（公顷）	111.19	镇区人均建设用地面积（平方米）	85.53
公共服务	小学（所）	7	是否为市级以上重点小学	□是 ☑否
	初中（所）	1	是否为市级以上重点中学	□是 ☑否
	高中（所）	1（现合并到溪南高中）	职业学校（所）	0
	医院等级	市级示范卫生院，甲等卫生院	养老服务设施（处）	1
	银行（信用社）网点	4 个；分属银行花溪农村商业银行；花溪村镇建设银行；贵阳银行；花溪邮政储蓄银行；农商行青岩支行各村设17个金融网点		
	大型连锁超市或商业中心（处）	3（超市2、商业街1）	三星标准以上酒店（个）	5
	快递网点（个）	7	公共区域 Wi-Fi 全覆盖	☑是 □否
文化传播	非物质文化遗产	国家___项；省级 2 项；市级 3 项；县 3 项		
	地域特色文化	☑民俗活动 ☑特色餐饮 ☑民间技艺 ☑民间戏曲 ☑其他特色 宗教活动		
	文化活动中心/场所（处）	8	举办居民文化活动类型	4（类）
	文化传播手段（多选）	☑广播电视 ☑网站 ☑微信 ☑短信 ☑其他		
社会管理	镇级组织机构设置（镇政府及下设办公室）	党政办公室、经济发展办公室、社会事务办公室、社会治安综合治理办公室、安全生产监督管理办公室、卫生和计划生育办公室、综合行政执法办公室、国土资源和规划建设环保办公室、农业综合服务中心、人力资源和社会保障服务中心、科技宣教文化信息服务中心、林业绿化站		

续表

社会管理	近 3 年曾获得县级以上表彰			"2015 年全省小城镇建设工作先进单位"、全省民族团结进步创建活动示范乡镇	
	是否有综合执法机构	☑是	□否	是否"一站式"综合行政服务	☑是 □否
	是否有规划建设管理机构	☑是	□否	镇政府工作人员数量（人）	146
	是否核发乡村规划许可	☑是	□否	其中：有编制的人员数量（人）	102
				规划建设管理人员数量（人）	11
	是否有 PPP 项目			☑是 □否 项目名称花溪区文化馆、图书馆、体育健身中心、地下车库及辅助配套设施	
	是否有政府购买服务项目			☑是 □否 项目名称环境卫生和生活垃圾收运市场化服务	

资料来源：青岩镇申报第一批国家特色小镇的申报原表，由青岩镇政府提供。

2. 典型案例二：依托明清建筑与历史文化打造文博文创产业的安仁镇

安仁镇位于成都平原西部，距成都 39 千米，双流国际机场 36 千米，大邑县城 8.5 千米，下辖 28 个行政区（社区），幅员面积 57.29 平方千米，城镇规划区面积 10.64 平方千米，2017 年建成区面积 6.853 平方千米。全镇总人口 7.65 万，城镇人口 4.85 万，城镇化率达 63.8%。2017 年全年实现地税累计入库 5767 万元，增长率为 3.16%，县级实得 2628.13 万元，增长率为 4.66%；国税累计入库 1467.13 万元，增长率为 9.65%。农民人均纯收入 19300 元，增长率为 11.5%。招商引资到位资金 24560 万元，固定资产投资完成 62513 万元。2017 年安仁古镇（民国风情街区）共接待国内游客 314 万人次，国内旅游综合收入 54405 万元，同比分别增长 12% 和 35%；刘氏庄园共接待国内游客 160.53 万人次、国内旅游收入 51342.6 万元、门票收入 2272.62 万元，同比增长分别为 14%、41% 和 22%；建川博物馆聚落共接待国内游客 97 万人次，国内旅游收入 30115.8 万元，门票收入 1995.42 万元，同比增长分别为 2%、17% 和 5%。

近年来，安仁镇坚持"以人为本、四化同步、生态文明、文化传承"的新型城镇化发展思路，充分利用得天独厚的历史文化资源优势，以文博产业为引领，以旅游度假为载体，实现了文化旅游与特色小镇建设融合发展，镇域空间布局、承载能力、产业支撑、公共服务、生态保护得到全面提升。先后获得"中国历史文化名镇""中国博物馆小镇""中国文物保护示范小镇""国家园林城镇"和"全国特色小镇"等多项荣誉称号。安仁镇狠狠抓住文创文博特色，大力推动文创文博文旅产业发展，先后成功举办了大地之声音乐节、成都美食旅游节、2017年建川博物馆全国红色收藏交流会、国际慢食协会"慢村共建"暨全国农民合作论坛、"2017穿起旗袍去安仁"、2017年菁蓉创享会、"尼泊尔国家文物展"、"2017年安仁论坛"、"安仁圣诞狂欢party"、第六届"超级蓝"大邑安仁蓝莓采摘节、首届成都儿童音乐节、安仁乐道中秋长桌宴等活动，吸引首届"安仁双年展"落户安仁，改造永久保留的"安仁双年展"主场馆——"宁良LOFT"，打造了游客可深度互动参与的民国风情全体验活动，景区影响力不断增强，游客接待量呈现持续增长的态势。建川博物馆聚落、华侨城双年展先后亮相纽约纳斯达克大屏广告，安仁文化品牌在成都市建设国际天府文化交流中心行动中的影响力进一步增强。2017年以来，先后被中央、省、市等媒体报道100余次，其中平面媒体报道21篇次，电视媒体报道6次，网络媒体报道360余篇次[1]。

安仁镇按"一心、两区、双轴、多点"布局。"一心"指以安仁镇区为依托拓展形成的公共核心，是旅游服务的重心及居民生活的中心。"两区"指斜江河北侧的江北文博古镇旅游发展区和斜江河南侧的"江南拓展区"。"双轴"指以东西向的斜江河滨河带为发展主轴，形成以安仁文博古镇、唐场川西水乡、元兴农业公园为主要内容的精品景观带。"多点"指镇域内北侧、西南、东南三处新型社区点以及以"王林盘"为代表的川西林盘聚居点。

经过多年的发展，安仁镇小城镇建设形成了如下特色和经验：

一是坚持规划先行，科学布局小镇发展。坚持"跳出安仁规划安仁，放眼未来定位安仁"，将全镇发展定位和空间布局融入全县、全市乃至全省、全国发展的大格局中去谋划，先后邀请四川城镇规划设计研究院和中国城市规划设计研究院科学编制城镇总体规划、镇区控制性详细规划，确立了"一心、两区、双轴、多点"的发展布局，统筹优化土地利用、产业发展、基础设施配套等资源配置，提升规划的针对性和实效性。结合安仁独有的历史文化资源，编制形成了以文博旅游产业为核心，高端规模农业和都市观光农业为依托的产业发展规划，牢固树立了"以人为本、四化同步、生态文明、文化传承"的特色新型

---

[1]　根据安仁镇政府提供资料及研究团队调查资料整理。

城镇化发展思路。

二是坚持文化引领，实现文旅融合发展。安仁浓缩了川西近代史的百年风云，历史文化底蕴比较深厚，在促进和发展特色小镇建设中，坚持把历史文化的保护和传承放在首位，着力强化古镇核心保护区、历史建筑、传统村落和林盘的保护，保留了"望得见山、看得见水、记得住乡愁"的历史文脉和安仁记忆。通过大力实施"文博品牌化"战略，进一步放大川西古镇文化、公馆建筑文化、博物馆文化，以文旅融合方式不断聚集文博资源，着力打造文博旅游产业链，实现古镇文化旅游资源的全域开发。目前，安仁拥有全国闻名的重点文物保护单位、国家4A级旅游景区——刘氏庄园，中国最大的民间博物馆聚落、国家4A级旅游景区——建川博物馆聚落及省（市）级文物保护单位刘湘公馆和刘文辉公馆。镇域内有保存完整的中西合璧民国老公馆27座，文保单位16处，建成有抗战系列、电影系列、党史系列以及涉及社会发展、传统文化等各类主题博物馆（含展示馆）32座，藏品800余万件（国家一级文物166件）。现存文物的价值、规模以及拥有博物馆的数量，在全国小镇中尚处唯一。2016年，全镇共接待游客658.3万人次，国内旅游收入62153.2万元，同比分别增长114.2%、122.1%。

三是坚持全域统筹，实现产城融合。充分发挥安仁"链接城市、辐射农村"的独特地位和作用，坚持把城乡统筹、协调发展的理念贯穿于特色镇建设的始终，做到全域规划、镇村统筹、产镇相融、农旅结合，初步实现城镇建设、镇域发展全域全程规划；产业发展、基础设施、公共服务配套到村，实现了安仁从传统农业镇向现代文化旅游小镇转变。近年来，先后投入资金3.6亿元改造和完善市政公用配套设施，新修村组道路120千米；光纤到户率和宽带入户率均达到78.3%以上；城乡居民清洁能源的使用率达到66%，人均绿地面积28.86平方米，基本实现了镇域居民"服务更完善、设施更俱全、生活更便捷"目标。2018年，全镇实施重点项目12项，涉及基础建设、产业发展和林盘保护三个领域，总投入40多亿元。

四是坚持四态合一，实现转型升级发展。安仁在推动特色小镇发展的路径上，始终坚持"文态个性化、形态特色化、业态多样化、生态优美化"多元融合理念，在保留自己独有特征，彰显地域文化魅力的同时，坚持以特色产业为引领，一张蓝图画到底，既注重文化事业与文化产业双轮驱动，又突出文化与旅游深度融合发展，促进了城乡文化与经济的均等发展，实现了以文化旅游带动实现就地新型城镇化，并同步实现生态的可持续发展与经济发展的绿色化。近年来，通过实施文化产业项目、农村土地综合整治项目，就近转移安置农村人口 3 万余人，城镇化率达 63.8%，同比增长 3.4%；农民人均纯收入达 19300 元，同比增长 22.6%，城镇居民可支配收入达 28570 元，同比增长 21.3%。

安仁镇在培育创建"中国特色小镇"上虽然取得了一定成效，但是作为西部内陆地区的一个小镇，在发展中依然面临基础设施配套不足、产业基础薄弱、资金和用地等亟待解决的困难和问题。首先是公共服务等基础设施配套不足。受土地存量等因素制约，镇域发展空间和辐射范围小，小镇核心区基础设施滞后，水、电、路等网络薄弱，基本满足当前镇区人口的需要，但受益范围有限，建设成本相对较高。其次是文旅产业基础薄弱。文化旅游产业发展虽然对全镇经济结构调整和经济增长起到了一定作用，但是提供的产品相对单一、附加值不高、竞争力不强，还停留在简单的观光旅游阶段，缺乏有力的产业支撑，很难吸引人员、信息、资金等资源要素的集聚，制约了特色镇的持续发展。再次是资金用地等综合保障明显不足。公共服务配套设施建设资金筹措渠道单一，仅仅依靠政府有限的财政资金投入和上级少量的专项资金支持不足以改善小镇基础设施落后面貌。同时，随着重大项目的落地实施，项目发展与用地矛盾日益突出，城镇经济发展缺乏土地资源，严重制约了项目引进和经济发展。最后是文博专业性人才相对缺乏。在特色小镇发展的关键时期，需要吸引一些专业的创意人才，而本土的非物质文化遗产的技艺传承同样需要发展，传承人的培养工作亟待解决。

按照规划，安仁镇将坚持全域统筹、产镇相融的发展理念，以重大项目建设为抓手，大力推动文博产业、环境治理、创新创业、基础设施和体制机制的大发展。第一，继续围绕特色产业这个核心，加快推进文博产业转型升级。抓政策机遇，牢牢把握安仁获批国家级特色镇这一重大发展机遇，加快推进安仁 5A 级景区创建提升和世界级博物馆小镇、国际旅游目的地建设，全力实现控制性详规全覆盖，着力完善功能布局，提升发展后劲。2018 年成功创建国家 5A 级旅游景区，2019 年提档升级镇域基础设施和公共服务配套，2020 年文博产业形成集群发展效应，2021 年初步建成国际文化交流中心，2022 年建成具有国际知名度的世界博物馆小镇。抓项目落地，加快推进华侨城集团、观坊·文旅小镇和影视学院产业园等重大文化旅游项目建设，大力发展文博旅游、影视教育、会展服务、文化创意及相关配套服务产业，加快形成文博旅游特色产业体系，壮大全镇经济总量，以大项目、大产业拉动特色镇大发展。抓配套建设，加快引进北大培文幼儿园、德甲多特蒙德足球培训学校等高端教育以及医疗卫生、道路交通等公益项目建设，进一步提升集镇水、电、通信等配套基础设施建设水平，着力解决特色镇发展中存在的困难和问题。第二，继续抓住产业带动这个关键，加快推进特色小镇全域发展。深挖安仁特色资源和特色文化，强化产业带动，积极吸引社会资本参与特色小镇建设，努力破解资金难题。精心包装策划项目，紧紧围绕国家以及省市县"十三五"规划和特色小镇支持政策，积极储备和包装城中村改造、斜江河南岸新区市政管网配套项目、城镇基础设施改造、海绵城市以及水环境治理等项目的前期策划包装，力争获得国家政策性银行融资支持。拓展资金来源渠道，积极吸引社会资金参与特色镇建设，采取政府与社会资本以 PPP 模式合作开发，积极争取上级相关奖补资金和项目倾斜资金，打通政府资金、社会资本和金融机构三方融资渠道，充分取长补短，共担风险，共享利益。针对性招商选资，依托博物馆聚落、公馆群、民国风情街、四川电影电视学院、孔裔国际公学等影视教育资源优势，采取以商招商、以"链"招商，重点承接符合安仁发展定位、发展前景好的项目，积极引进战略投资者到我镇投资高端教育、文化创意、旅游度假、会展服务、民俗传播、现代农业等项目，重点推进华侨城集团"文化+旅游+新型城镇化"十大产业项目的服务和促建工作。第三，继续把握保护传承这个根本，加快推进产镇一体融合发展。强化规划管控，在已有的安仁镇总体规划的基础上，结合特色镇建设和重大产业项目落地，进一步加快完成集镇区控制性详细规划修编，以规划为龙头，科学确立集镇功能定位，进一步加强集镇土地和建设开发利用管制，合理确定集镇开发规模，做到科学有序合理发展。同时，充分考虑环境承载能力与游客适度规模，尽量减少旅游活动对于生态环境所造成的不利影响。强化资源管控，积极整合土地资源，对新增建设用地规模实行总量控制，在满足集镇配套公共事业用地基础上，提高城镇建设用地利用率，做到合理集约利用土地，切实发挥土地资源对特色小镇建设的基础保障和支撑作用，确保特色镇建设健康发展。强化文化保护与传承，在保护原有文化本底的基础上，积极导入和培育具有高科技含量和高艺术水准的原创文化内容产业，树立安仁独有的文化内涵，形成高端文化创意产业园区，带动"博物馆+""文化旅游+"等相关的科技、旅游、商业、生态、农业、教育、家居等现代新型城镇化产业的转型升级和快速发展，实现以文博产业为核心，多产业融合互动的发展体系。2018 年四川省大邑县安仁镇重大项目实施计划见表 5-4。

表 5-4　2018 年四川省大邑县安仁镇重大项目实施计划

序号	项目类型	具体内容	投资额
1	基础建设	元兴场道路改造项目（对安仁镇元兴场兴民路、政通街、商贸街约 1500 米道路进行改造）	995 万元

续表

序号	项目类型	具体内容	投资额
2	基础建设	有轨电车环线项目（在原有轨道线路的基础上，将电车的轨道与建川博物馆及老街连通，形成环线，总共约2800米）	电车+轨道建设总投入5299万元
3		天福街、中兴街、仁和街道路升级改造	100万元
4	产业项目	安仁完成国家"5A"级景区创建	15亿元
5		华侨城安仁项目（斜江河以北约8.7平方千米的城镇区域；斜江河以南约8平方千米的区域作为储备发展区域）	总概算投资100亿元（五年内）
6		大匠之门文化中心——安仁博物馆（建筑具有复合功能展示四川文化人物、四川文化通史、旗袍文化、刺绣文化和安仁历史五个博物馆场馆）	12284万元
7		万里茶道博物馆项目（打造集茶文化展示、制作体验、衍生产品研发销售及商务活动、会展论坛服务于一体的场馆空间）	2628万元
8	林盘保护	潘林盘、李林盘、龙湾——慢食村落项目	约1.5亿元
9		郑林盘——仁和之村建设项目	7000万元
10		张湾林盘——锦绣安仁项目	约2.3亿元
11		玉皇观林盘——"小组微生"项目	8000万元
12		蒋林盘——果蔬动漫项目	30000万元

资料来源：根据安仁镇政府提供资料整理。

3. 典型案例三：打造西部第一客家小镇的四川龙泉驿洛带古镇

洛带古镇坐落在龙泉山脉中段的二峨山麓，镇域面积43平方千米，城镇规划区12.36平方千米，建成区3平方千米；常住人口5万，户籍人口2.9万，90%为客家人。古镇建于三国蜀汉时期，传说因蜀汉后主刘禅的玉带落入镇旁的八角井中而得名，镇上居民中客家人有2万多人，占全镇人数的90%。洛带区位条件较为优越，是距离成都市中心最近的古镇，距成都市中心15千米，距双流国际机场35千米，距离正在建设的天府国际机场30千米；有成渝等4条高速，五环路等4条大道穿境而过，规划中的3条轨道交通直达。洛带是"中国历史文化名镇",汉时成街、三国兴市,唐宋有关典籍中正式出现洛带镇名称,千年未更名,"一街七巷子"格局千年未变。拥有宋真宗赐名"瑞应禅院"——千年燃灯古寺等古建筑,是成渝古商道桥头堡,自古为巴蜀名镇,文脉传承千年。洛带有"西部客家第一镇"之称,1686年,康熙颁诏,客家人"湖广填川"迁徙洛带,形成客家文化特色。拥有明清客家建筑群50余万平方米,国家级文保单位四大会馆享誉全国,客家祠堂近50个,客家文化博物馆12个,客家文化非物质文化遗产11项,客家古村落2个,本地居民至今保持客家乡音,2005年成功举办第20届"世界客属恳亲大会"。洛带是国家文化产业示范基地、四川省文创产业示范基地、成都建设"西部文创中心"的重要区域,是中法(成都)生态园、中德产业园的国际文化交流板块。2016年地区生产总值26.6亿元,公共财政收入1.74亿元。洛带是成都龙泉山森林公园的核心区域,森林覆盖率达57%,山区部分森林覆盖率达90%以上,城镇人均公园绿地面积19.5平方米,东干渠、黄家河、莲花河水系贯穿全境。经过多年的发展建设,洛带形成如下特色①:

一是文化旅游、文化创意和商务会展产业"三驾齐驱"。基于独具特色的客家历史文化资源,洛带以"西部客家小镇"为特色主题,重点培育了客家文化旅游、文化艺术创意、商务会展博览等特色产业。客家文化旅游产业方面,洛带古镇是国家4A级景区。以"一街七巷子"古街为代表的观光游、以博客小镇客家建筑大观园为代表的博览游、以中国艺库艺术文创为代表的度假游、以宝胜等客家古村落农耕文化为代表的体验游,5年来旅游空间从0.6平方千米拓展到2平方千米。文化艺术创意产业方面,洛带是国家文化产业示范基地。先后引进社会资金45亿元,吸引500余家文创企业、文创品商店、民宿客栈等集聚,吸引赵树桐、张修竹等20余名文艺名家名人工作室落户,初步形成文化产品研发、制造、体验、消费产业链。商务会展博览产业方面,洛带是成都近郊商务会展博览首选地。2015年以来,第三届中国汽车财经论坛、全国科研类飞行器挑战赛、中法(成都)生态园国际合作投资推介会、首届中国(西部)特色小镇创新发展论坛等近百场商务会展博览活动相继在洛带举办。通过特色产业的发展,洛带年均接待游客500余万人次,2015~2017年实现旅游收入31亿元、文创收入7亿元,实现新增就业5000余人,人均增收4000余元,农村就业人口占全镇就业人口的40%以上。

---

① 根据四川龙泉驿洛带镇政府提供资料整理。

二是文化传承与创新"双管齐下"。洛带出台《洛带镇文物保护制度》,投资 1600 万元,对广东会馆、湖广会馆、江西会馆、川北会馆等国家级文保单位进行修缮保护;投资 1200 万元,对 1 万平方米的客家古建筑进行修复整治;投资 2000 万元,新建土楼非物质文化遗产展览馆、百家姓氏博物馆、泥邦陶瓷艺术博物馆等 9 个。实施以客家文化为特色的中华传统文化传承工程,先后组建了客家艺术团、客家少儿舞龙队、客家童狮队等队伍,成立民中川剧、传统木偶戏等非遗传承讲习所,培育专兼职客家文化服务志愿者 500 余人;连续 17 年举办客家水龙节、客家清明祭祖等大型民俗活动;参加国内外客家文艺演出、学术交流活动 50 余次,多次获国内外大奖。成立客家研究院,编辑出版《凝聚的乡愁》《洛带诗画》《洛带印象》,与四川客家研究中心联合编辑出版《四川客家通讯》。与中央电视台《记住乡愁》《走进中国地理坐标》及《美丽中华行》栏目合作制作景区纪录片,《西望成都》《千年客韵》《长江》等凤凰卫视、广东卫视专题节目纷纷到洛带实地取景。受邀参加首届中国特色小镇创新发展圆桌研讨会并发言,《人民日报》《环球时报》纷纷报道。

三是体制机制灵活有效。规划建设管理创新方面,坚持多规合一,系统编制和修订完善《洛带镇城镇建设控制性详细规划》《洛带镇历史文化保护规划》,构建"一镇一区两园"空间构架(洛带古镇、文旅产业发展区、中法生态园、中德产业园)。社会管理服务创新方面,上级政府将洛带作为乡镇行政管理体制先行试点镇,四川省将洛带列为全省"百镇建设行动"试点镇、省级特色小镇,每年给予 500 万元以上资金补助。成都市将洛带列为全市统筹城乡改革示范镇、市级特色小镇,每年给予 200 万元以上资金补助。龙泉驿区将洛带列为"扩权强镇"试点镇,每年给予 4000 万元支持发展文化旅游、文化创意产业。实行基础设施建设优先政策、建设用地指标重点保障政策、税收超额全部返还政策、高层次人才引进倾斜政策、干部人才重点培训培养政策。将 158 项行政管理事项下放到镇,建立省级标准"一站式"便民服务中心,设立城管执法分局、洛带交警中队和洛带消防队。积极鼓励扶持建立行业协会、艺术团体、研究机构等各类社会组织 15 个。经济发展模式创新方面,引进现代物业管理公司,实行公共服务外包,近 3 年年均支出购买服务 1900 万元。积极实施政企合作,先后与财信、川旅文投、泰信等合作实施生态移民工程,实现 6000 名群众进城安居兴业。积极创新投融资体制,将 8 个项目纳入拨改组、2 个项目纳入 PPP 投资模式项目库。

四是基础设施建设提档升级。2015~2017 年,洛带累计投资 10 亿元,完成城乡道路新改建、水电气设施提档、智慧景区建设、城镇功能完善、环境景观整治等工程,实现了道路新、功能齐、城镇美、景区靓。投资16亿元,完成五洛路道路洛带段、同洛片区旅游通道等道路工程,新改建城乡道路63千米。投资600万元,建成人行游步道1.2千米、自行车健身环线3.5千米。投资3000万元,完成镇区天然气、电力线路等改造。投资500万元,实现景区Wi-Fi、视频监控全覆盖,建成信息发布管理、游客实时计数系统等智慧景区平台。投资800万元,新建双槐等5个停车场,停车位达5100余个。投资1200万元,按照防洪标准对镇域沟渠、河流做提升完善,自来水普及率100%,全面实行雨污分流。公共服务设施建设方面,2015~2017年累计投资5亿元,建成洛带图书馆(原文化部评为:最美基层图书馆)、综合文化站、草坪运动区、府兴幼儿园、利民商圈等公共服务民生工程,实现了学有良教、病有适医、老有颐养、住有安居。投资600万元,建成集排练厅、图书阅览室、青少年活动室等于一体的综合文化活动中心。投资400万元,建成集篮球场、羽毛球场、网球场、五人制足球场、游泳池等于一体的草坪运动区。投资300万元,完成镇公立卫生院改造,扩建1390平方米的公共卫生楼。投资3025万元,建成府兴幼儿园,新增525名幼儿学位。此外,还建成了5万平方米集休闲、娱乐、餐饮、购物等于一体的博客小镇、中国艺库商圈。

按照规划,洛带将紧扣"西部客家小镇"特色主题,萃取客家文化精髓,博汇文化艺术活力,到2020年,努力建成"西部客家文化之都、当代艺术文创重镇",力争成为产业强劲、文化浓郁、环境优美、配套完善、机制良好的国际文化旅游目的地。进一步推进文旅产业加快发展,到2020年,计划实施6大类32个项目、投资总金额30亿元。如安驿美食城、湿地公园二期、客家公园修缮、三道财神步道、鲜花小镇建设、交通枢纽及游客集散中心等。进一步推进客家文化传承发展,持续实施客家文化挖掘开发、保护传承、弘扬传播工程,实施客家名人引进计划,筹建西部客家文献中心、客家迁徙大型雕塑、策划排演天下客家实景剧,举办客家高峰论坛、客家歌会等。进一步推进综合治理深化发展,深入实施"四改六治理",完成府兴街、上场口等风貌整治;统筹推进黄家河、莲花河等河道改造;巩固省级安全社区创建成果,推进"平安洛带"建设。进一步推进体制机制创新发展,立足充分调动企业、商家、业主,共建、共创、共享景区,采取政府补贴一部分、企业承担一部分、商家出资一部分措施,发挥政策杠杆作用,全面推进文创产业发展(见表5-5)。

表 5-5   四川省成都市龙泉驿区洛带镇基本信息

<table>
<tr><td rowspan="11">基本情况</td><td>地形</td><td colspan="4">☐山区　☐平原　☑丘陵　☐水网　☐其他</td><td>区位</td><td colspan="3">☑大城市近郊　☐远郊区　☐农业地区</td></tr>
<tr><td>功能
类型</td><td colspan="8">A. 商贸流通型　　B. 工业发展型　　C. 农业服务型　　☑D. 游旅发展型
☑E. 历史文化型　　F. 民族聚居型　　G. 其他（请注明）</td></tr>
<tr><td colspan="3">镇域常住人口（人）</td><td colspan="2">50000</td><td colspan="2">镇区常住人口（人）</td><td colspan="2">30000</td></tr>
<tr><td colspan="3">镇 GDP（万元）</td><td colspan="2">270000</td><td colspan="2">镇所属县 GDP（万元）</td><td colspan="2">10392000</td></tr>
<tr><td colspan="3">城镇居民人均年可支配收入
（元）</td><td colspan="2">35849</td><td colspan="2">农村居民人均年可支配收入（元）</td><td colspan="2">24334</td></tr>
<tr><td colspan="3">公共财政收入（万元）</td><td colspan="6">17396，其中：可支配财政收入 17396</td></tr>
<tr><td colspan="3">全社会固定资产投资（万元）</td><td>2015 年</td><td>192000</td><td>2016 年</td><td>207000</td><td>2017 年第一季度</td><td>43807</td></tr>
<tr><td colspan="3">民间资本固定资产投资（万元）</td><td>2015 年</td><td>65900</td><td>2016 年</td><td>79800</td><td>2017 年第一季度</td><td>25798</td></tr>
<tr><td colspan="3">房地产开发投资（万元）</td><td>2015 年</td><td>18305</td><td>2016 年</td><td>54310</td><td>2017 年第一季度</td><td>14503</td></tr>
<tr><td colspan="2">已获
称号</td><td colspan="7">国家级称号：☑全国重点镇　☑中国历史文化名镇 ☐全国特色景观旅游名镇
☐美丽宜居小镇　☐国家发展和改革委员会新型城镇化试点镇
☐财政部、住房和城乡建设部建制镇试点示范
☑其他：国家 4A 级旅游景区、国家文化产业示范基地、中国民间艺术之乡、全国版权示范园区、国家级生态乡镇、全国文明镇
省级称号：四川省"百镇建设行动"试点镇、四川省特色小镇、四川省历史文化名镇、四川省卫生乡镇、四川省安全社区</td></tr>
</table>

<table>
<tr><td rowspan="9">主导产业发展</td><td colspan="2">主导产业类型</td><td colspan="3">历史文化旅游型</td></tr>
<tr><td colspan="2">主导产业产品品牌荣誉、称号</td><td colspan="3">中国历史文化名镇、国家 4A 级旅游景区、国家文化产业示范基地、中国民间艺术之乡、全国版权示范园区；四川省历史文化名镇、四川省花果山风景名胜区、四川省特色小镇；成都市历史文化名镇、成都市市级特色小镇</td></tr>
<tr><td colspan="2">主导产业产值在省、市同类行业镇中排名</td><td colspan="3">省级排名第 1；地市级排名第 1</td></tr>
<tr><td colspan="2">年份</td><td>2015</td><td>2016</td><td>2017 第一季度</td></tr>
<tr><td colspan="2">主导产业年投资额（万元）</td><td>23982</td><td>58513</td><td>24803</td></tr>
<tr><td colspan="2">主导产业产值（万元）</td><td>103100</td><td>105660</td><td>42780</td></tr>
<tr><td colspan="2">主导产业吸纳的就业人员（人）</td><td>3500</td><td>3640</td><td>980</td></tr>
<tr><td colspan="2">直接或间接带动周边农民就业（人）</td><td>4820</td><td>5520</td><td>1480</td></tr>
</table>

续表

主导产业发展	2015年至2017年第一季度已立项或建设的产业项目（可按照实际自行增加项目）	①博客小镇，建设用地面积55公顷，总投资250000万元 ②中国艺库，建设用地面积7公顷，总投资120000万元 ③蔚然花海，建设用地面积70公顷，总投资80000万元 ④空中看洛带，建设用地面积20公顷，总投资20000万元 ⑤安驿美食城，建设用地面积6公顷，总投资50000万元
美丽环境建设	土地利用	2015年底建成区面积290公顷，2016年新增建设用地10公顷，2017年计划新增建设用地20公顷，至2020年规划建设用地面积440公顷
	2015年至2017年第一季度建设的住房、商业项目	①自建房：210套，新增建设用地面积6公顷，总投资6300万元 ②商品房：3800套，新增建设用地面积8公顷，总投资76000万元 ③保障房：1021套，新增建设用地面积5公顷，总投资23400万元 ④商业综合体：3个，新增建设用地面积3.6公顷，总投资30000万元
	2015年至2017年第一季度实施的生态环境治理、综合环境整治和美丽乡村建设项目；2015年至2017年第一季度实施的生态环境治理、综合环境整治和美丽乡村建设项目	①十条街道风貌整治项目，对古镇风貌协调区十条街道进行风貌综合整治，总投资30000万元 ②生态水体治理项目，对镇域黄家河、莲花河、鸳鸯湖、湿地公园等河道水体进行综合整治，总投资10000万元 ③湿地公园建设项目，建成约300亩洛水湿地公园示范区，总投资8000万元 ④老旧院落及城中村改造项目，对2个老旧院落和4个城中村进行改造，总投资1000万元 ⑤景观绿化项目，实施"大树进镇、鲜花上街、绿草覆盖"，新增公共绿地8万平方米，总投资2000万元 ⑥景区电力、天然气改造及亮化项目，对核心景区电力、天然气进行改造提升和夜晚亮化，总投资2400万元 ⑦幸福美丽新村建设项目，完善提升农村道路基础设施，推进公交、市政、文体等公共服务延伸到每个村落，总投资5000万元 ⑧环境污染治理项目，对镇域35个养殖场、7个24门窑以下砖厂及113家违法排污企业进行关闭或调迁，总投资2000万元 ⑨环境综合整治项目，将全镇纳入清扫保洁范围，网格化设置环卫设施，年均投入1700万元
传统文化保护	拥有非物质文化遗产	国家0项；省级2项；市级4项；区级6项
	保留地域特色文化	☑民俗活动　☑特色餐饮　☑民间技艺　☑民间戏曲　□其他特色
	2015年至2017年第一季度建设的文化活动中心场所	建设文化活动场所4个，新增建设用地面积3公顷，投入资金1370万元

续表

传统文化保护	2015 年至 2017 年第一季度举办的文化活动（可自行增加项目）	①全国飞行器设计大赛，参与 12000 人次，国家级 ②第二十九届、第三十届、第三十一届成都国际桃花节系列活动，参与 350000 人次，市级 ③成都菁蓉创享会·文化产业创客嘉年华活动，参与 20000 人次，市级 ④"风雅颂"首届西南地区国学诗歌大赛，参与 2000 人次，市级 ⑤太极拳文化活动，参与 6000 人次，市级 ⑥第十届市民艺术节，参与 10000 人次，区级 ⑦第十五届、第十六届客家水龙节，参与 50000 人次，区级 ⑧中法生态艺术节，参与 5000 人次，区级 ⑨"金鸡唱晓送新春·客家民俗送吉祥"元旦、春节系列文化活动，参与 10000 人次，区级 ⑩天下客家团年饭·情满车都客家风宴，参与 8000 人次，区级 ⑪客家清明祭祖节，参与 3500 人次，区级 ⑫客家农耕文化采摘节，参与 6000 人次，区级 ⑬客家女儿节，参与 1000 人次，区级				
服务设施建设	自来水卫生达标率（%）	100		生活污水达标排放率（%）		100
	生活垃圾无害化处理率（%）	100		宽带入户率（%）		75
	绿化覆盖率（%）	48.6		公共区域 Wi-Fi 全覆盖		☑是 □否
	有污水处理设施的行政村比例（%）	85		垃圾得到有效治理的行政村比例（%）		100
	市政基础设施运维管理费用（万元）	2015 年	500	2016 年	550	2017 年第一季度 150
	大型连锁超市或商业中心（处）	3		银行（信用社）网点（个）		9
	2015 年至 2017 年第一季度建设的基础设施和公共服务设施（可自行增加项目）	①同洛片区旅游通道联网工程，新建城乡道路 63 千米，总投资 120000 万元 ②五洛路道路洛带段建设，新建 6 千米道路及隧道，总投资 40000 万元 ③健身步道建设，建成人行游步道 1.2 千米、自行车健身环线 3.5 千米，总投资 600 万元 ④停车场建设，建成双槐停车场等 5 个，停车位达 5100 余个，总投资 800 万元 ⑤能源改造建设，完成镇区天然气、电力线路等改造，总投资 3000 万元 ⑥智慧景区建设，实现景区 Wi-Fi、视频监控全覆盖，建成天翼对讲可视化平台、综合信息发布管理平台、景区游客实时计数系统，总投资 500 万元				

续表

服务设施建设	2015 年至 2017 年第一季度建设的基础设施和公共服务设施（可自行增加项目）	⑦水利设施建设，按照防洪标准对镇域沟渠、河流做提升完善，实施自来水增容，全面实行雨污分流，总投资 1200 万元 ⑧消防设施及应急避难所建设，建成 1 个镇级消防站、10 个村级微型消防站、3 处地质灾害避难所、5 处应急避难所，总投资 500 万元 ⑨镇综合文化活动中心建设，建成集数字电影院、排练厅、图书阅览室、青少年活动室、美术室、棋盘竞技室、室外篮球场、羽毛球场等于一体的综合文化活动中心，总投资 600 万元 ⑩草坪运动功能区建设，建成集篮球场、羽毛球场、网球场、五人制足球场、游泳池等于一体的草坪运动区，总投资 400 万元 ⑪公立卫生院改造建设，完成 1390 平方米的公共卫生楼扩建，总投资 300 万元 ⑫府兴幼儿园建设，占地 15 亩，新增 525 名幼儿学位，总投资 3025 万元 ⑬博客小镇、中国艺库商业建设，建成 3 万平方米集休闲、娱乐、餐饮、购物等于一体的商圈，总投资 60000 万元
体制机制创新	编制了有关规划（可多选）	①总体规划；②控制性详细规划；③专项规划
	已编制的规划是否包括（可多选）	①镇职能定位；②产业发展和布局；③镇村联动发展措施；④传统文化保护措施；⑤镇区风貌塑造；⑥重点地段的详细设计；⑦建设高度和强度控制；⑧近期建设项目库
	是否设立了下列机构（可多选）	①综合执法机构；②"一站式"综合行政服务；③规划建设管理机构
	创新措施和取得成效	①坚持理念模式创新。总结探索形成"绿色发展、特色发展、互动发展、全域发展"之路，积极促进产镇融合、镇村融合、文旅融合、文创融合，着力打破就城镇说城镇、就产业说产业、就文化说文化、就旅游说旅游的传统发展模式，促进了镇域快速发展和城乡居民大幅增收。洛带的探索，被国家行政学院列为新型城镇化下、历史文化旅游发展的典型案例 ②坚持规划建设创新。专门设立规划建设办公室，配备 9 人。立足构建"一镇一区两园"（洛带古镇、文旅产业发展区、中法生态园、中德产业园）空间构架，坚持多规合一，系统编制和修订完善《城镇建设控制性详细规划》《洛带镇历史文化保护规划》，使历史建筑、整体风貌得到了有效保护，镇区规模、开发秩序得到了有效管控

续表

体制机制创新	创新措施和取得成效	③坚持社会管理制创新。龙泉驿区将洛带作为乡镇行政管理体制改革试点镇,将158项事项下放到镇,建立"一站式"便民服务中心,设立景区交警中队和消防队,落实编制、配备专职人员。鼓励扶持建立行业协会等社会组织15个,引进现代物业管理公司,实行公共服务外包,近3年年均支出购买服务1900万元 ④坚持城乡统筹创新。依托土地增减挂钩政策,实施生态移民工程,帮助4000余名山区群众下山进城安居兴业,从根本上改变了生产生活方式,为成都深化统筹城乡综合配套改革,努力打造统筹城乡升级版打开了新思路、提供了新示范 ⑤坚持支持扶持创新。近3年,区财政每年专项拨付4000万元用于文化旅游、文创发展,实行税收超额全部返还政策、高层次人才引进倾斜政策、干部人才重点培训培养政策,每年投入近2亿元用于基础配套建设,推动了特色小镇建设
	2015年至2017年第一季度实施的PPP或政府购买服务项目(可以自行增加项目)	①洛带镇环卫保洁作业,对洛带镇全域进行环卫保洁,政府购买服务,总投资2400万元 ②洛带古镇景区物业管理,对古镇景区进行物业化管理,政府购买服务,总投资700万元 ③洛带镇土地管护,对洛带镇全域土地进行管护,政府购买服务,总投资1000万元

资料来源:由洛带镇政府提供。

四、云贵川地区农业服务型特色小镇的同质化问题审视

云贵川地区的农耕文明比较发达,山地农业和林下经济等具有独特的土壤、海拔、水环境、气候、光照等自然条件和资源优势,因此以特色农业为基础发展起来的特色小镇具有很强的竞争力,但云贵川地区山同脉、水同源,农业发展的自然条件具有极强的相似性,因此部分特色小镇的农业产业和项目也存在一定的相似性。

(一)农业服务型特色小镇同质化程度的总体研判

云贵川地区的农业服务型特色小镇在支柱产业定位上主要集中在茶、蔬菜、

水果、花卉、中药材、苗木等领域，目前有国家级特色小镇9个，临沧市双江县勐库镇以普洱茶及关联产业，甘蔗及关联产业为特色；昭通市彝良县小草坝镇以天麻及关联产业、竹笋及相关食品产业为特色；普洱市孟连县勐马镇以橡胶、茶叶、咖啡种植及加工产业为特色；雅安市雨城区多营镇以藏茶文化创意研发产业为特色；遂宁市安居区拦江镇以莲花种植及其关联产业为特色；资阳市安岳县龙台镇以柠檬种植加工产业为特色；六盘水市六枝特区郎岱镇以综合性的山地高效农业为特色；贵阳市开阳县龙岗镇以富硒农特产品与加工产业为特色；贵安新区高峰镇以优质大米及关联产业、生态农业为特色。此外，还调查了2个省部级农业服务型特色小镇，景迈普洱茶小镇以普洱茶产业、茶旅观光文创为特色；通海杨广智慧农业小镇以智慧农业服务，农业科创文化展示、冷链物流等为特色。整体判断，云贵川地区的农业服务型特色小镇基本上都以独特的农业资源特色为基础进行建设，同质化程度较低，但也存在部分同质化的项目。具体特征如下：

一是农业资源禀赋依赖性特征明显，但茶产业及生态农业等方面存在同质化建设项目。云贵川地区由于独特的水资源、气候资源以及土壤资源等，形成了很多高品质且无法复制的农业特色产品，如普洱茶、湄潭茶、藏茶等茶系列；三七、天麻等中药材系列；竹笋、橡胶、咖啡、柠檬等特色经济系列。这些特色农业具有高度的地域依赖性，离开了一定的地域，其产品品质和产量都将下降，因此，其他地方进行模仿与剽窃也变得非常困难，这在一定程度上保障了区域差异性发展路径。从调查情况来看，特色农业中的茶产业及服务、高山蔬菜、花卉等方面仍然存在一定的同质化现象。比如以茶种植、加工以及服务产业为支柱的特色小镇有以湄潭茶闻名的贵州永兴镇、以藏茶产业为支柱的四川雅安市雨城区多营镇、以普洱茶产业为主题的云南景迈普洱茶小镇和普洱市孟连县勐马镇。尽管这些小镇的茶品牌、茶文化有差别，但茶旅、茶园观光、茶文创等项目不可避免会出现雷同现象，其商业模式和开发模式也是基本相同的。对于懂茶、品茶、好茶的游客来说，茶与茶之间的口感、品味不同，不同的茶旅小镇是完全不同的特色小镇，但对于一般的游客而言，他们的消费感知并无多大差别。此外，以高山花卉、高山蔬菜作为重要支撑产业的特色小镇比较多，这些小镇海拔较高，蔬菜以及花卉的品质较好，而且晚熟，与常规市场形成时间错位，因此很受市场欢迎，但是云贵川地区高海拔山区众多，高山生态农业类产品品质差别不大，产业布局雷同现象在一定程度上存在。

二是农业种植环节的差异性较大，但在农旅融合方面存在一定的趋同化现象。由于云贵川特色农业品种非常丰富、自然条件差异性很大、各地的生产方式也不相同，因此，在种植环节是个性化的。有些蔬菜和花卉在盆地、丘陵、高山上都有种植，但种植方式和成熟时间有差别，有的特色小镇采用大棚技术，有些采用人工技术，有些采用现代科技，有些采用传统种植方式，有些主推早熟品种，有些主推晚熟品种，基本上保持了因地制宜的种植方式。但是在横向的产业融合，以及纵向的产业链方面存在一定的趋同化现象，比如农业观光及农旅融合方面，多数农业服务型特色小镇都设计了相关项目。一些小镇以打造大型的"花节"（荷花节、桃花节、梨花节等）为主旋律做农旅产业，从表面看这是一种很好的项目设计，将农业的观赏性、生产性、体验性都融为一体，全方位挖掘其价值，实现了农业与旅游的融合发展。但是近几年来，全国"潮流式"的花节花样百出，大量同质化的花节项目接二连三地涌现，已将游客的审美情趣消耗殆尽。每到三四月，全国各地花开如海，各种赏花节庆，花谷活动轮番登场，而游客则是火一时冷一时，火一地冷一地。云贵川地区部分小镇借助得天独厚的气候、土壤等自然条件，以及宣传攻势，获得了短期的成功，但多数小镇的赏花项目成为"跟风者"的脚注，亏钱赚吆喝而已。

云贵川地区农业服务型特色小镇尽管存在上述问题，但总体上具有较强的竞争力，也涌现了不少典型和示范小镇。

（二）典型个案剖析

1. 典型案例一：借助自然资源条件打造全国知名"富硒"农业的贵阳市龙岗镇

龙岗镇属省会贵阳市管辖，地域面积205.5平方千米，人口4.3万。距省城54千米，位于贵阳市半小时经济圈内。集镇发展已有400余年，是开阳县次中心城镇和县域南部经济、文化、商贸中心，已入选全国重点镇，是省级生态文明城镇和卫生镇，2017年入选第二批中国特色小镇目录。龙岗镇拥有全域性的喀斯特地貌，旅游资源富集，年平均优良天气达98.5%，夏季平均温度22.5℃，是名副其实的避暑胜地。镇内土壤富含"生命元素·抗癌之王"——硒元素，是开阳县富硒农产品核心基地和贵州省城重要保供基地，贵州省唯一的对台产业园——贵州开阳台湾产业园紧邻集镇。近年来，龙岗镇在特色小镇建设过程中形成了如下特色①：

一是特色产业形态以"富硒"为动能支撑。龙岗镇依托生态优势和产业底

① 资料由贵州省开阳县龙岗镇政府提供。

蕴，以"富硒"和"深呼吸"作为产业主导方向，使产业赋予特色小城镇以人为本的发展内涵。在富硒方面，加快有机特色农业发展，实现蛋、奶、猪、茶、油、米、蔬等富硒农产品成规模、亮品牌。先后打造省级现代高效农业示范园区2个，建成国家级蛋鸡养殖示范企业和省级生猪养殖企业各2家，是全省目前最大的禽蛋生产基地；引进贵州三联乳业建设奶牛场2个，4500头澳洲纯种奶牛已足量产奶；建成5个国家级标准化茶产业基地，规模达8万亩，力争打造全省最大的富硒茶叶生产示范基地，"南贡河"茶叶通过欧盟462道指标检测远销德国等地；发展5000亩无公害蔬菜基地，建成2000亩有机富硒大米研发基地和优质稻示范基地，"硒味园"大米获中国质量认证中心有机食品认证。发展中药材种植2000余亩，今年，引进贵州益佰制药一期投资5亿元，打造集种植、观光、加工、研发为一体的中医药食材健康项目，已启动建设，到2019年，将形成中药材种植基地2万亩。在深呼吸方面，先后引进国内及以色列资金64.4亿元，深度开发省级风景名胜区紫江地缝。完善美丽乡村、现代高效农业示范园区的服务配套，稳步推进"田园综合体"，打造了南贡河、黔茗湖等一批乡村旅游示范点、康体养生园、风情度假区、农事体验区，实现"乡村让城市更向往"。目前，全镇禽蛋、牛奶、茶叶供应占贵阳市消费市场一半份额。2016年，全镇农业总产值达7.6亿元。

二是优化镇区空间，提升小镇宜居品质。针对老镇区人口密度过大的状况，小镇积极加快老城改造，推进新城建设，有序疏散人口，拉开城镇发展空间。老镇区方面，累计投入5.8亿元，完成交通路网改造、风貌环境整治、生态走廊景观河道整治和棚户区改造等工程，先后疏散3800余人进入新区。新镇区方面，依托台湾产业园实施"新区拓展"，先后开发了三批房开项目4万余平方米，将老镇区部分功能疏解进入新镇区，使新镇区既与老镇区共享，又与台湾产业园发展融为一体，让新镇区更加彰显发展活力，实现新老镇区品位互补、功能互补、区域互动。目前，集镇区建成面积达3.5平方千米，集镇人口突破2.5万，集镇绿化率达38%，人均公共绿地面积14.4平方米。同时，加快以镇带村、镇村融合，建成8个美丽乡村示范点，通过以点串线、以点带面，优化整体空间环境，实现了城乡共建共美。

三是做深镇域文化，提升小镇文化品位。小镇充分挖掘龙岗底蕴深厚的民俗人文农耕历史，特别是在老镇区改造提升中，依托山水脉络和历史底蕴，对"客籍会馆"等市、县级文保单位予以原汁原味保护，对历史形成的交易市场、古井、古巷、古宅、古庙等加以修缮，保留了一批感受得到乡愁的道路地理名称，让老镇区更加彰显文化古韵，猪牛集市交易影响力仍覆盖县域南部和周边瓮安、贵定等县部分乡镇。充分挖掘和传承地方特色文化，建成市民文化广场和森林体育公园，每年举办布依族"六月六"歌会、元宵舞龙花灯、采茶会和千人农民象棋、书法、民乐大赛等，让物质富与精神富相得益彰。

四是夯实基础设施，提升小镇服务功能。立足于"宜居、宜业、宜游"，小镇着力做均公共资源，完善城镇配套功能。"十二五"以来，累计投入资金25亿元，实施示范小城镇"8+X"主要基础设施项目32个。高标准完善了水、电、路、讯、气、绿化等基本保障要素，建成投用了广场、公园、灯光篮球场、4A级标准农贸市场等生活休闲设施，集镇路网长达17千米，通信网络实现镇域全覆盖；新建和改扩建水厂2座，日供水能力为4400吨；建成污水处理厂1座，建设污水管网12千米，污水收集能力覆盖集镇及周边4个行政村，日处理污水3000吨；完成9年一贯制中学和小学寄宿制学校工程建设，新建幼儿园1所；完成镇卫生院甲等改扩建工程，引进民营医院2家；引进金融机构5家，物流企业6家，发展综合超市13家，发展小微企业200家，正在建设商业步行街和引进企业投资建设四星级酒店；完成可供养260余人的龙岗敬老院建设；完成48套保障性住房并已全部分配入住；建成垃圾转运站1个，设置各类垃圾箱200个，并设置86个垃圾收集斗基本覆盖自然村寨，8台垃圾车实现垃圾"日产日清"，生活垃圾处理率达100%。集镇公共服务水平进一步提升。编制了公共事件总体应急预案，设置综合应急队伍和民兵应急队伍各1支，2016年，全县群众安全感满意率达98.78%。

五是用活政策机制，提升小镇发展活力。在示范小城镇建设中，小镇坚持"30年不落后"理念，不断完善规划体系，完成了"多规合一"编制和所有村庄整治规划，加强规划管控，并根据发展需要适时修编。目前，正委托同济大学开展第三轮修编。完成了省级试点乡镇行政管理体制改革工作，实行"镇园合一"管理体制；进一步畅通小城镇管理体制。贵阳市委选派1名市委副秘书长到镇挂职支持小城镇建设。市、县先后出台了支持龙岗小城镇产城互动、支持以龙岗引领整县推进小城镇建设等一系列政策、举措，有力推进了小城镇建设进程。2015年、2016年，在全省143个示范小城镇综合绩效考核中排第26位。抢抓中国共产党贵阳市委员会、贵阳市人民政府专门出台支持台湾产业园发展意见的契机，县级层面相应出台一系列支持招商引资和企业发展的优惠政策措施，目前，以富硒绿色食品加工、现代医药制造为重点，已建成孵化中心1个，引进8家企业入驻，开展果酒、桑葚、茶叶、中药饮片饮料等健康产品加工研发，园区总产值达10亿元，直接和间接带动劳动力就业1.6万余人，同时，把产业当作脱贫攻坚的根本举措，着力推动产镇互动，加快产业兴镇、产业富民步伐，实现百姓富、生态美的有机统一。2016 年，全镇从业人员达 1.5 万人，农民人均纯收入达 13688 元，低收入人口全部越过 4300 元，其中 40% 达到 6500 元标准，实现了高一格脱贫，快一步致富，人民群众幸福指数持续提升。

按照建设规划，预计 2019 年，龙岗镇国民生产总产值达到 101762 万元，公共财政收入 9594 万元，城镇居民人均年可支配收入 45900 元，农村居民人均年可支配收入 22160 元，富硒产业园区建设基本成型，富硒产业产值 25 亿元，全镇总人口达到 5.8 万，城镇人口 3.7 万，城镇化率达 63.79%，成为全国知名富硒特色小镇。具体举措，一是加大改革创新力度。创新发展理念，探索新的投融资模式，优化机构设置，完善编制配备，扩大镇级经济社会管理权限。二是狠抓项目建设。提升基础设施承载能力，提高公共服务水平，改善民生保障设施。三是注重产业引导。加强主导产业专业化发展，加快高效农业园区和台湾产业园区融合发展。四是强化城镇管理。创新城镇管理模式，实施城镇精细化管理，加大城乡统筹力度。

特色小镇推荐信息表——贵州省开阳县龙岗镇见表 5-6。

表 5-6　特色小镇推荐信息表——贵州省开阳县龙岗镇

<table>
<tr><td rowspan="17">基本情况</td><td colspan="2">地形</td><td colspan="6">☑山区 □平原 □丘陵 □水网 □其他</td><td>区位</td><td colspan="2">☑大城市近郊 □远郊区 ☑农业地区</td></tr>
<tr><td rowspan="2">功能类型</td><td colspan="9">☑A. 商贸流通型　B. 工业发展型　☑C. 农业服务型　D. 旅游发展型</td></tr>
<tr><td colspan="9">E. 历史文化型　F. 民族聚居型　G. 其他（请注明）</td></tr>
<tr><td colspan="3">镇域常住人口（人）</td><td colspan="3">44561</td><td colspan="2">镇区常住人口（人）</td><td colspan="3">25405</td></tr>
<tr><td colspan="3">镇 GDP（万元）</td><td colspan="3">58916</td><td colspan="2">镇所属县 GDP（万元）</td><td colspan="3">2081400</td></tr>
<tr><td colspan="3">城镇居民人均年可支配收入（元）</td><td colspan="3">29236</td><td colspan="2">农村居民人均年可支配收入（元）</td><td colspan="3">13688</td></tr>
<tr><td colspan="3">公共财政收入（万元）</td><td colspan="8">5412.83，其中：可支配财政收入 3180</td></tr>
<tr><td colspan="3">全社会固定资产投资（万元）</td><td>2015 年</td><td colspan="2">186354</td><td>2016 年</td><td colspan="2">235381</td><td>2017 年第一季度</td><td>53624</td></tr>
<tr><td colspan="3">民间资本固定资产投资（万元）</td><td>2015 年</td><td colspan="2">61258</td><td>2016 年</td><td colspan="2">83652</td><td>2017 年第一季度</td><td>26327</td></tr>
<tr><td colspan="3">房地产开发投资（万元）</td><td>2015 年</td><td colspan="2">1700</td><td>2016 年</td><td colspan="2">3200</td><td>2017 年第一季度</td><td>800</td></tr>
<tr><td colspan="3">已获称号</td><td colspan="8">国家级称号：☑全国重点镇　□中国历史文化名镇　□全国特色景观旅游名镇
□美丽宜居小镇　□国家发展和改革委员会新型城镇化试点镇□财政部、住房和城乡建设部建制镇试点示范　☑其他：中国富硒农产品之乡（请注明）
省级称号：省级示范小城镇，省级卫生镇，省级生态镇</td></tr>
</table>

续表

<table>
<tr><td rowspan="8">主导产业发展</td><td colspan="2">主导产业类型</td><td colspan="3">富硒农特产品：蛋、牛奶、生猪、茶叶、蔬菜、中医药食材种植和加工</td></tr>
<tr><td colspan="2">主导产业产品品牌荣誉、称号</td><td colspan="3">国家级：无公害农产品；省级：无公害粮食产地；地市级</td></tr>
<tr><td colspan="2">主导产业产值在省、市同类行业镇中排名</td><td colspan="3">省级排名：第一名；地市级排名：第一名</td></tr>
<tr><td colspan="2">年份</td><td>2015</td><td>2016</td><td>2017 年第一季度</td></tr>
<tr><td colspan="2">主导产业年投资额（万元）</td><td>17300</td><td>24200</td><td>11400</td></tr>
<tr><td colspan="2">主导产业产值（万元）</td><td>52000</td><td>65600</td><td>21600</td></tr>
<tr><td colspan="2">主导产业吸纳的就业人员（人）</td><td>4550</td><td>4800</td><td>1800</td></tr>
<tr><td colspan="2">直接或间接带动周边农民就业（人）</td><td>14200</td><td>16000</td><td>4200</td></tr>
<tr><td></td><td colspan="2">2015 年至 2017 年第一季度已立项或建设的产业项目（可按照实际自行增加项目）</td><td colspan="3">①名称：台湾产业园，建设用地面积 120 公顷，总投资 480000 万元；②名称：龙岗中医药食材交易中心，建设用地面积 16 公顷，总投资 50000 万元；③名称：硒味园食品加工厂房，建设用地面积 2.67 公顷，总投资 7600 万元</td></tr>
<tr><td rowspan="3">美丽环境建设</td><td colspan="2">土地利用</td><td colspan="3">2015 年底建成区面积 330.36 公顷，2016 年新增建设用地 19.64 公顷，2017 年计划新增建设用地 26.27 公顷，至 2020 年规划建设用地面积 560 公顷</td></tr>
<tr><td colspan="2">2015 年至 2017 年第一季度建设的住房、商业项目</td><td colspan="3">①自建房：数量 536 套，新增建设用地面积 8.04 公顷，总投资 27800 万元②商品房：数量 248 套，新增建设用地面积 4.1 公顷，总投资 6840 万元③保障房：数量 294 套，新增建设用地面积 2.2 公顷，总投资 4880 万元④商业综合体：数量 1 个，新增建设用地面积 2.13 公顷，总投资 6000 万元</td></tr>
<tr><td colspan="2">2015 年至 2017 年第一季度实施的生态环境治理、综合环境整治和美丽乡村建设项目（可自行增加项目）</td><td colspan="3">①名称：龙岗镇棚户区环境综合整治及配套基础设施，建设内容：农村住宅环境综合整治和配套基础设施，总投资 7600 万元②名称：龙岗镇一村、二村、大水塘村、坝子村、大鸭村美丽乡村，建设内容：农村住宅环境综合整治，总投资 12000 万元</td></tr>
<tr><td rowspan="4">传统文化保护</td><td colspan="2">拥有非物质文化遗产</td><td colspan="3">国家 0 项；省级 0 项；市级 1 项。</td></tr>
<tr><td colspan="2">保留地域特色文化</td><td colspan="3">☑民俗活动 □特色餐饮 ☑民间技艺 □民间戏曲 □其他特色</td></tr>
<tr><td colspan="2">2015 年至 2017 年第一季度建设的文化活动中心场所</td><td colspan="3">数量 13 个，新增建设用地面积 1.44 公顷，资金投入 1120 万元（包括非遗活化、民间技艺传承场所等）</td></tr>
<tr><td colspan="2">2015 年至 2017 年第一季度举办的文化活动（可自行增加项目）</td><td colspan="3">①名称：贵州新华社摄影家协会龙岗现场采风，参与人数 100 余人，级别：省级。②名称：水东布依 6 月 6 歌会，参与人次 2100 余人，级别：市级</td></tr>
</table>

续表

服务设施建设	自来水卫生达标率（%）	100			生活污水达标排放率（%）		100	
	生活垃圾无害化处理率（%）	100			宽带入户率（%）		92	
	绿化覆盖率（%）	38			公共区域 Wi-Fi 全覆盖		□是 ☑否	
	有污水处理设施的行政村比例（%）	60			垃圾得到有效治理的行政村比例（%）		100	
	市政基础设施运维管理费用（万元）	2015 年	274	2016 年	462	2017 年第一季度	215	
	大型连锁超市或商业中心（处）	5			银行（信用社）网点（个）		5	
	2015 年至 2017 年第一季度建设的基础设施和公共服务设施（可自行增加项目）	①名称：路网建设 17 千米、体育文化设施等，建设规模：面积 416912 平方米，总投资 43450 万元 ②名称：政务服务中心、敬老院、医院、学校、文化长廊、公园、停车场等，建设规模：面积 12200 平方米，总投资 16460 万元						
体制机制创新	编制了有关规划（可多选）	☑总体规划；☑控制性详细规划；☑专项规划						
	已编制的规划是否包括（可多选）	☑镇职能定位；☑产业发展和布局；☑镇村联动发展措施； ☑传统文化保护措施；☑镇区风貌塑造；☑重点地段的详细设计； ☑建设高度和强度控制；☑近期建设项目库						
	是否设立了下列机构（可多选）	☑综合执法机构；☑"一站式"综合行政服务；☑规划建设管理机构						
	创新措施和取得成效	①规划建设管理创新：成立龙岗镇国土资源和规划建设环保办公室，整合资源、提高办事效率和为民服务质量；②社会管理服务创新：城镇综合管理采用社会资本运作管理方式，提高了城镇管理规范水平						
	2015 年至 2017 年第一季度实施的 PPP 或政府购买服务项目（可以自行增加项目）	①名称：台湾产业园区标准厂房，建设内容：加工厂房 51000 平方米，总投资 23650 万元；②名称：小城镇基础设施项目，建设内容：路网、体育文化公园、停车场等基础公共服务设施，总投资 36400 万元						

资料来源：由龙岗镇政府提供。

2. 典型案例二：借助独特自然资源打造"世界天麻原产地"的彝良县小草坝镇

小草坝镇位于云南省昭通市彝良县的北面，距离县城 29 千米，全镇六个村 117 个村民小组 27518 人，辖区面积 218 平方千米。其中林地有 14 万亩，森林覆盖率达 87.6%，境内最高海拔 2226 米，最低海拔 905 米，平均海拔 1710 米，是一个低纬度高海拔的高寒山区农业镇。小草坝镇因其独特的自然资源优势，被誉为"世界天麻原产地"。2017 年 6 月被列入第二批全国特色小镇名录。小草坝镇依托天麻、竹笋等资源禀赋以打造世界特色健康旅游小镇为目标，按照世界天麻产业集散中心、天麻及珙桐科创中心、世界天麻特色康养中心的定位，倡导健康产业的发展机遇，积极借智借力，聘请国内外知名设计机构对特色小镇进行高起点、高水准的概念性规划编制和设计。彝良小草坝天麻小镇总规划面积 3.58 平方千米，南起彝牛公路，北至小草坝景区的景前区，西起金竹林，东至小草坝集镇，核心规划面积 1 平方千米，位于彝良县小草坝镇小草坝村和金竹村，规划投资 10 亿元。小镇建设初期，投资主体有深圳世彭汇股份有限公司、四川好医生药业集团、彝良小草坝旅游开发公司等，2018 年，小镇成功引进云南银河泰瑞科技有限公司作为天麻小镇总投资主体，项目公司注册名称为"彝良特色小镇产业发展有限公司"，初始注册资金 1 亿元，股权结构为彝良县旅游开发有限责任公司出资 3000 万元，持股 30%，云南银河泰瑞科技有限公司出资 7000 万元，持股 70%。彝良小草坝天麻小镇创建以来，已经完成了 3.9 亿元的投资（2018 年完成 1.3483 亿元），政府投入 0.128 亿元，投资主体投入 3.818 亿元，主要工程有小草坝枫叶大酒店、景区停车场及游客服务中心、景区栈道及厕所、小镇至两河庆林自行车赛道、"溪谷花田"景观工程、天麻"两菌"实验及生产中心、好医生双乌天麻产业园、大彭养生庄园、小草坝天麻国际交易中心、彝良茂丰天麻产业开发有限公司本地优质天麻两种两菌培育项目、万物生百万生态土鸡加工等项目。经过几年的建设和发展，彝良小草坝天麻小镇形成了如下特色①：

第一，天麻产业化初现雏形。小草坝天麻在周铉教授十多年的辛勤耕耘下，改写了天麻只能野生不能种植的历史。近年来，小草坝镇相继引进 6 家企业开发天麻产业，其中全国知名企业 2 家，省级龙头企业 2 家。组建天麻专业合作社 175 个（运行较好的合作社 54 个，其中省级示范社 4 个），天麻产业协会 4 个，引进天麻产业开发公司 6 家，打造有机天麻种植基地 8 万余亩，"公司+协会+基地+农户"的产业化模式基本形成。彝良县小草坝天麻国际交易中心项目占地面积

---

① 根据小草坝政府提供的资料以及调查资料整理。

90 余亩，项目位于小草坝镇金竹村，计划总投资 2 亿余元，主要建设鲜天麻交易中心（电子交易、研发检测中心），含特色产品商业街（天麻深加工展示交易）、酒店、生活服务区、冷库、两菌生产示范区及其他附属设施。目前项目建设基础设施等已经完成建设，到目前为止项目累计完成投资 1.5 亿元，预计 2019 年底全部完工。云南好医生小草坝双乌天麻产业园项目占地 100 余亩，项目位于小草坝镇景前区大树村民小组，计划总投资 8700 万元，主要建设天麻系列健康功能性食品有效成分提取"GMP、QS"车间，标准化保健品（软胶囊、胶囊、口服液、片剂、酒及饮料）。目前地勘、图审、基础等前期工作已完成，项目累计完成投资 2811 万元。现代农业产业示范园项目位于"溪谷花田"至两河一带，计划总投资 5 亿元，招商引资云南帅源生物技术开发有限公司落户小草坝建设，建设期限为 3 年。目前已完成林地流转 1665 余亩并移交企业建设使用，其他工作稳步推进中。

第二，"天麻"品牌效应逐步形成。在强化天麻种植的基础上，近年来，彝良县致力于打造小草坝天麻品牌，做好小草坝天麻精深加工文章，努力延长天麻产业链，提高人民群众的经济收入。随着天麻种植规范化、科技化、产业化的不断深入，小草坝的天麻种植基地获得国家有机产品认证证书，彝良县获得国家有机产品认证示范县、"服务精准扶贫国家林下经济及绿色产业示范基地"、云南省绿色食品"十大名品"等荣誉称号；在"2018 年第六届全国天麻会议暨中国天麻产业发展高峰论坛"上，彝良县荣获"全国天麻生产先进县"殊荣，成功创建"全国森林康养基地试点""森林云南"建设省级示范基地。天麻超高压保鲜、微波散射、FD 冷冻干燥及线上交易走在世界前列。云南省打造世界一流绿色品牌评比中，彝良县天麻入选绿色食品"十大名品"。好医生公司参与制定的《中医药——天麻药材》国际标准已于 2019 年 3 月正式发布实施，对推动天麻标准化、国际化发展起到重要的引领作用。2017 年，小草坝镇举办了"第五届全国天麻会议暨中国（小草坝）天麻产业发展高峰论坛"，迅速打响了小草坝天麻品牌，提升了其品牌价值。

第三，天麻产业的服务平台逐步完善。建成了小草坝天麻科技示范园、中国天麻博物馆，引进四川好医生医药集团、深圳"世彭汇"股份有限公司和大彭庄园股份有限公司，启动好医生小草坝双乌天麻产业园、小草坝天麻国际交易中心和大彭养生庄园等重点项目建设。与中粮集团深圳运营中心、阿里巴巴平台、南宁（中国—东盟）商品交易所合作，启动天麻产品上线交易、跨境交易和期货交易等前期工作。

第四，带动其他项目与产业发展。小草坝镇以天麻产业为主导产业，同时带动乡村旅游、其他生态农业产业的发展。2015 年彝良全面启动了小草坝景区开发建设工作，目前已累计完成投资 5.5 亿余元，小草坝枫叶大酒店、停车场、游客服务中心、景区后河公路已建成投入使用；景区环河公路、定风草湖环湖路、两河庆林至彭家林公路、"溪谷花田"景观工程、大彭养生庄园等项目正在紧锣密鼓地建设。"溪谷花田"景观工程项目占地 340 亩，项目位于小草坝镇景前区，总投资 3866 万元，目前项目建设配套建设河道驳岸景观、游步道、栈桥、围栏等基础设施建设已完成，花卉栽种已基本完成。大彭养生庄园项目建筑用地 67 亩，项目位于小草坝镇景前区，计划总投资 1.2 亿元，打造集小镇禅养、休闲、娱乐为一体的修养中心，目前项目水保、地灾评估、地勘、施工设计、建设场地平整工作、挡墙堡坎已完成。天麻特色种植园、临湖客栈及旅游服务中心建设、彭祖祠、养生主题酒店、办公楼及彝良农耕文化展厅已启动建设并累计完成项目投资 2500 万元。小草坝镇微农庄客栈加油站停车场建设项目。项目位于小草坝镇小草坝村毛家寨组彝牛二级路旁，占地 30 余亩，总投资 3500 万元，主要建设地方特色微农庄及加油站，招商引资彝良县闽投商贸有限责任公司落户小草坝建设，建设工期 2.5 年。项目于 2018 年 10 月 12 日同小草坝镇人民政府签订招商引资建设协议，项目第一期投资 1100 万元，其中加油站需在第一期建设完成投用，期限一年，第二期投资 2400 万元，项目于 2018 年 12 月 8 日破土动工建设。彝良县万物生百万生态鸡加工项目位于彝良县小草坝镇小草坝村，项目建设占地 25 余亩，总投资 3800 万元，招商引资昭通市众生农业开发有限公司落户小草坝建设，主要从事生态鸡养殖及鸡肉产品研发深加工，建设工期 2.5 年。项目于 2018 年 10 月 12 日同小草坝镇人民政府签订招商引资建设协议，根据招商引资建设协议镇政府已完成项目"三通一平"交付企业。借助天麻小镇的创建和宣传，小草坝旅游观光游客明显增加，阿路林山庄、南山农庄、天然居、农家小院、湖畔人家等特色农家乐应运而生。

归纳起来，小草坝镇的典型经验如下：一是挖掘特色，彰显魅力。彝良小草坝天麻小镇将闻名世界的小草坝天麻作为主打品牌，彰显小镇的唯一性和独有性，这种唯一性和独有性对小镇招商引资时商家的关注度、建成运营后目标市场的青睐度都将起到重要作用。二是以人为本，产业为重。彝良小草坝天麻小镇坚持以人为本、以小镇为载体、以宜居为目标，一方面聚力培育发展特色天麻产业群，辅以发展生态观光旅游，确保小镇长远发展有产业支撑；另一方面着力抓好小镇生态、易达、智慧等公共服务能力建设，促进产业联动、产镇融合发展，让小镇与企业、居民形成利益共同体，实现小镇能吸引人、留得住人。三是吃透政策，精准规划。彝良小草坝天麻小镇依托独具特色且具备一定发展基础和发展潜力的天麻产业，以天麻种、产、销为主导产业，融合开发生态旅游资源，计划通过三年的建设，将小镇打造成天麻交易第一镇、天麻康养第一镇、天麻科创第一镇。

小草坝镇特色小城镇建设情况见表5-7。

表5-7　小草坝镇特色小城镇建设情况

项目	主要指标	申报年份年底	2018年底
基本情况	镇区建成区面积（公顷）	60.93	89.2
	镇区主导产业建设用地面积（公顷）	28	85
	镇域常住人口（万人）	2.6623	27518
	镇区常住人口（万人）	0.3993	0.5580
	其中：镇区常住外来人口（万人）	0.023	0.051
	GDP（亿元）	5.929	7.3
	公共财政收入（万元）	592.49	909.39
	全社会固定资产投资（万元）	23716	47450
	其中，吸纳社会资本（万元）	7114	28470
特色产业发展	最具特色资源类型	A. 特色产业：☑1. 农业　□2. 工业　☑3. 服务业 B. 特色文化：☑1. 传统文化　☑2. 民族文化 □3. 红色文化　☑4. 其他特色文化天麻 C. 特色景观：□1. 自然遗产　☑2. 风景名胜 □3. 地质公园　□4. 其他特色景观＿＿＿＿	
	特色资源内容及影响	特色资源内容：＿天麻、竹笋、白芸豆＿ 影响级别：☑A. 世界级　B. 国家级　C. 省/区域级 D. 市县级	
	特色产业总产值（万元）	42000	65000
	申报至今特色产业累计投资（亿元）	10	
	特色产业集聚相关企业（家庭农场、合作社等）个数（个）	45	
	特色产业吸纳的就业人数（人）	2358	5000
	其中：吸纳周边农民就业人数（人）	1230	3500
	发展较好的产业项目 （可根据实际增加）	1. 名称＿枫叶国际大酒店＿，员工＿32＿人，年产值＿238＿万元，总投资＿15000＿万元； 2. 名称＿溪谷花田＿，员工＿16＿人，年产值＿/＿万元，总投资＿4800＿万元； 3. 名称＿天麻种植产业＿，员工＿5340＿人，年产值＿30000＿万元，总投资＿14200＿万元	

续表

项目	主要指标	申报年份年底	2018 年底
房屋建设	累计商品房用地面积（公顷）	0	0
	累计商品房建筑面积（万平方米）	0	0
	累计商品房开发投资（万元）	0	0
	镇区建成区申报至今新建、改扩建的住房及商业项目	1. 自建房： 0 户，建筑面积 0 万平方米，用地 0 公顷，总投资 0 万元 2. 商品房： 0 套，建筑面积 0 万平方米，用地 0 公顷，总投资 0 万元 3. 保障房： 101 套，建筑面积 2.2725 万平方米，用地 2 公顷，总投资 4545 万元 4. 商铺或商业综合体：建筑面积 0 万平方米，用地 0 公顷，总投资 0 万元	
宜居环境和服务设施建设	生活垃圾日均处理量（吨）	6	10
	生活污水日处理能力（立方米）	有无污水处理厂 □有 ☑无，处理能力日均	
	生活污水日处理量（立方米）	50	150
	公共厕所（座）	6	9
	公园及休闲健身广场个数（个）	4	12
	市政基础设施运行维护费用（万元）	18	36
	综合环境整治、基础设施和公共服务设施提升等项目（可根据实际增加）	1. 名称 彭庆路 ，总投资 1283 万元，开工时间 2018 年 2. 名称 景区后河公共路，总投资 1524.9 万元，开工时间 2015 年 3. 名称 电力设施迁改工程，总投资 170.9 万元，开工时间 2018 年	
传统文化保护	文化活动场所	个数： 2 个，总占地： 0.03 公顷；室内场所总建筑面积 200 平方米	个数：5 个，总占地： 0.03 公顷；室内场所总建筑面积 500 平方米
	非物质文化遗产个数（个）	国家级 0 个，省级 0 个，市级 0 个	
	申报以来新增文化活动场所（包括非遗活化、民间技艺、地方特色展示场所）（可根据实际增加）	1. 名称花海文化广场，建筑面积 300 平方米，投资 80 万元，开工时间 2017 年 2. 名称天麻博物馆，建筑面积 600 平方米，投资 800 万元，开工时间 2016 年	

续表

项目	主要指标	申报年份年底	2018 年底
传统文化保护	申报年以来举办文化活动情况，级别从国际、国家、省、市、县级中选取（可根据实际增加）		共举办文化活动 __5__ 场，1350 人次参与。代表性活动例如： 1. 名称 __中国小草坝天麻产业发展高峰论坛会__，__400__ 人次参与，级别：__国家__，举办时间：__2017 年__ 2. 名称 CCTV《匠心》栏目走进山益宝开机仪式，__300__ 人次参与，级别：__国家__，举办时间：__2018 年__ 3. 名称复旦附属儿科医院赴彝良开展学术活动，__150__ 人次参与，级别：__国家__，举办时间：__2018 年__ 4. 名称 2018 点赞中国·记录影像 40 年暨第四届万峰林微电影盛典，__320__ 人次参与，级别：__国家__，举办时间：__2018 年__ 5. 名称重庆火锅协会第五届理事会暨彝良县绿色生态农产品产销会，__150__ 人次参与，级别：__省级__，举办时间：__2019 年__
规划建设管理与体制机制创新	镇总体规划编制审批情况		编制时间：__2016__ 年 __9__ 月；审批时间：_____ 年_____ 月
	镇容镇貌管理机构		名称 __小草坝环卫服务中心__，人员数量 __30__ 人，设立时间 __2018__ 年
	村镇规划建设管理人员人数（人）	3	10
	申报以来新增政府购买服务项目（可根据实际增加）		☑A. 无　　B. 有：_____ 个，总投资_____ 万元。其中： 1. 名称_____，投资_____ 万元 2. 名称_____，投资_____ 万元
	申报以来新增的 PPP 项目（已完成或正在实施的 PPP 项目，进展情况需分别填写政府、社会投资额。可根据实际增加）		☑A. 无　　B. 有：_____ 个，总投资_____ 万元，其中社会投资_____ 万元。例如： 1. 名称_____，总投资_____ 万元，目前进展为_____ 2. 名称_____，总投资_____ 万元，目前进展为_____ _____
申报完成后实施项目情况	项目情况介绍，包括建设主体、规模、投入资金、进展成效和下一步计划等，并附相关照片		1. 实施效果较好的产业发展项目 5 个：枫叶国际大酒店、天麻科技示范园（含天麻博物馆）、彝良县小草坝天麻国际交易中心、小草坝村竹产业样板基地、云南好医生小草坝双乌天麻产业园

续表

项目	主要指标	申报年份年底	2018 年底
申报完成后实施项目情况	项目情况介绍，包括建设主体、规模、投入资金、进展成效和下一步计划等，并附相关照片		2. 实施的道路垃圾处理、污水治理等基础设施建设项目：景区后河公共路、彭庆路旅游公路、溪谷花田景观工程、游客接待客服务中心 3. 开展的节庆、文化活动项目：中国小草坝天麻产业发展高峰论坛会、CCTV《匠心》栏目走进山益宝开机仪式、复旦附属儿科医院赴彝良开展学术活动、2018 点赞中国·记录影像 40 年暨第四届万峰林微电影盛典、重庆火锅协会第五届理事会暨彝良县绿色生态农产品产销会

资料来源：由小草坝镇政府提供。

五、云贵川地区工业发展型特色小镇的同质化问题审视

云贵川地区工业发展型特色小镇数量不多，工业类型既有传统的食品工业、农产品加工工业，又有现代制造业、新材料、无人机、大数据、生物医药等高科技工业。

（一）工业发展型特色小镇同质化程度的总体研判

按照特色小镇的产业属性，结合调查情况显示，云贵川三省有国家级工业发展型特色小镇七处，分别是遵义市播州区鸭溪镇、成都市郫县德源镇、泸州市纳溪区大渡口镇、南充市西充县多扶镇、德阳市罗江县金山镇、巴中市平昌县驷马镇、遵义市仁怀市茅台镇。此外，还调查了省级工业发展型特色小镇鹤庆新华银器艺术小镇等五处。从工业产业规律来讲，工业发展以规模化和标准化为特征，产品同质化是必然的，产品竞争主要是价格竞争、服务竞争、产品性价比竞争。从云贵川地区特色小镇的工业发展情况来看，三省的产业定位保持了较好的差异化发展格局，但局部领域也存在一定的同质化竞争现象，如白酒工业。总体判断，三省工业发展型特色小镇定位准确，差异化发展优于其他类型，具体特征如下：

一是小镇工业类型丰富，特色突出，同质化程度低。所调查的八个工业发

展型特色小镇中,既有传统工业类型,又有现代科技型工业类型,差异性发展特征明显。以现代制造业和科技产业为主导的小镇有三个,主要依托小镇域内的工业园区或者产业园区,布局新材料、电子信息、大数据等现代科技制造业,如成都市郫县德源镇主要布局大数据、无人机、新材料等新兴产业;南充市西充县多扶镇布局精密仪器制造、生物医药、食品精深加工产业;德阳市罗江县金山镇布局军民融合产业、电子信息、机械加工和新材料。有三个特色小镇以白酒工业为依托,如泸州市纳溪区大渡口镇主要以浓香型白酒工业为基石,打造酒镇酒庄和酒旅产业;遵义市仁怀市茅台镇以酱香型白酒及关联产业、白酒工艺旅游与白酒文创产业为主导;遵义市播州区鸭溪镇以白酒及酒循环产业、电及电循环产业为主导。巴中市平昌县驷马镇以大蒜海椒食品加工产业为主要产业类型,鹤庆新华银器艺术小镇以银器手工产业为主要类型。这些特色小镇在产业选择上遵循了资源禀赋原则和相对优势原则,彼此之间的竞争性较少,很好地诠释了因地制宜发展小镇产业的宗旨,唯一缺陷是,部分特色小镇的产业支撑对镇域内工业园区(产业园区)的依赖性较强,而工业园区或产业园区的行政级别往往高于(至少平级)特色小镇,因此,全镇一盘棋的产业布局、就业拉动、宜居宜业、生态环保等建设内容需要做更多的协调工作。

二是部分小镇的产镇融合与产业定位相似,但区域合作互补模式值得推广借鉴。调查的八个特色小镇中,白酒产业主导的小镇有三个,定位相似,产品相似等问题在一定程度上存在。茅台镇、大渡口镇、鸭溪镇都从事白酒生产和销售,彼此之间在客户、原材料、包装及广告服务等方面产生竞争。此外,以白酒工艺、白酒历史、白酒文化为依托开发出来的酒旅、文创产业也存在相似之处,在产镇融合、酒镇定位方面大同小异,如果不能在创意上有所区别,这些小镇将出现重复建设的风险。但可贵的是,所调查的白酒小镇中,茅台镇生产的酒以酱香型白酒为主,大渡口镇生产的白酒以浓香型为主,鸭溪镇主要从事酒产业循环,重复利用酒糟资源,产品差异较大,而且茅台镇和鸭溪镇两个特色小镇凭借空间距离近的优势正在打造区域合作模式。茅台镇距离鸭溪镇只有58千米,两个小镇一个从事白酒生产销售,一个从事酒糟重复利用,相辅相成,共生共赢。茅台酒厂总部设在茅台镇,并在鸭溪镇成立贵州茅台酒厂循环经济产业投资开发有限公司,由于茅台镇地理环境所限,土地指标基本饱和,没有更多土地空间来处理酒糟问题,因此将酒糟运往鸭溪镇进行重复利用生产天然气、肥料、生物蛋白饲料、生物煤等产品,实现循环发展。特色小镇之间这种互动合作模式具有很好的推广价值和借鉴意义。

(二) 典型个案剖析

1. 典型案例一：依托国酒文化打造世界知名酒文化风情小镇的茅台镇

茅台镇地处贵州省西北部，赤水河中游，北靠历史名城遵义，南邻四川泸州，是连接川黔的重要枢纽，是红军四渡赤水的地方，因盛产以"国酒茅台"为代表的酱香美酒，被誉为"世界酱香型白酒主产区""中国第一酒镇""中国国酒之心"和"中国酒都核心区"。镇域面积 224.8 平方千米，下辖 22 个村 6 个社区，人口 10.66 万。2016 年 5 月，贵州省第十一届旅游产业发展大会在茅台主会场圆满召开，拉开了茅台镇工业旅游产业"井喷式"发展的序幕；2016 年 7 月，根据仁怀市行政区划调整，原二合镇、苍龙街道青草坝村、合马镇罗村和大同村、三合镇卢荣坝村、大坝镇尧村、高大坪镇尧坝村融入茅台镇，迎来大茅台大发展时代；2016 年 10 月，茅台镇成功入选第一批中国特色小镇。2017 年，全镇完成地区生产总值 558 亿元，财政总收入 10.10756 亿元。实现农村居民人均纯收入 13525 元；城镇居民可支配收入 37610 元；全镇共有有证企业 227 家，酿酒作坊 1280 家；实现游客 414 万人次，旅游总收入 35.1 亿元。2016 年入选国家第一批特色小镇名单，2017 年成功创建成国家 4A 级旅游景区，居中国综合实力百强镇第 83 位，获"国家卫生镇""全国文明村镇"荣誉称号，获"2017 年度中国十大品质休闲基地"。

经过多年的发展，茅台镇积累的主要经验如下：

第一，立足定位科学的规划引领。茅台镇建设始终坚持高标准、高质量的规划引领，坚持将小城镇建设、国家 5A 级景区打造、世界自然文化双遗产申报工作融合开展，以特色小镇建设为基础，按照 5A 级景区创建和申遗工作要求丰富内容，着力文化整理，特色打造，力求还原茅台古镇，建设特色酒文化旅游目的地。按照定位、定性、定量、定界的"四定"原则和"国酒之心·神秘茅台"城镇定位，突出历史、文化和山水特色的彰显与传承，编制完善《茅台镇修建性详细规划》《茅台镇创建国家 5A 级旅游景区规划》《茅台镇特色街区商业业态规划》及给排水、道路、绿化、亮化、强弱电等专项规划。开展村庄规划编制工作，实现镇域规划全域化、全覆盖，搭建"一轴一带六片"的城镇空间结构。规划总面积达 21.76 平方千米，核心区规划面积由 2.02 平方千米扩大到 5.4 平方千米。

第二，着力覆盖全面的项目建设。2012 年以来，围绕"特色鲜明、功能齐备、设施完善、生活便利、环境优美、保障一体、宜业宜游"的目标,按照"一年出形象,两年大变样,三年基本建成"的工作思路,以路网、市民广场、卫生院、敬老院等基础民生项目建设为重点,茅台镇统筹实施"产业壮大、环境整治、交通疏解、旅游开发"四大类项目71个、总投资256.89亿元,其中产业壮大项目14个、总投资147.84亿元,环境整治、交通疏解、旅游开发项目共计57个、总投资109.05亿元。

第三,强化切实有效的要素保障。在群工保障方面,建立"组团包保"机制,强化征地拆迁及群工维护保障。根据项目分布和行政区划结构,将所有项目划分成六大组团,组建项目群工专班,有针对性地开展项目群工工作。建立"群工110"机制,组建"群工110"指挥中心,制定相关值班值守制度,完善群工事件处置流程,明确所有在建项目遇到群工问题,立即报告"群工110",指挥中心立即通知一线群工人员现场处置,半小时内不能处置的,由项目分管领导现场处置,一小时内不能处置到位,由指挥长带领项目群工专班现场处置,一小时内不能处置到位,则立即启动维护性施工,确保当天的群工问题当天消化。采取"网格化"工作模式,坚持做到"热心、耐心、细心、贴心、爱心、公心"的"6心"工作法,深入各征拆户讲政策、讲发展,拉家常、话拆迁、融关系、增感情,用真情实意争得群众对项目建设的支持。截至目前,茅台镇建设已累计完成征地11800余亩,拆迁房屋6419户80万余平方米,搬迁坟墓2447所,落实产权调换和划地安置70余万平方米,搬迁人口5300户约23000人。在资金保障方面。2012年以来,贵州省级各部门累计投入专项资金5.87亿元,遵义市整合项目,调剂资金,投入专项资金近9亿元,并充分利用遵义市级平台并组建茅台旅投公司作为融资平台,积极协调国有商业银行和地方股份制银行融资筹措项目建设资金,目前已融资17亿元。此外,通过政府主导、毛地招商、借钱拆迁、净地出让等方式,充分利用投资商的资金,有效解决政府净地出让前期拆迁资金不足问题,全面保证土地的出让价值,引入中建四局、中国同源集团、上海家化宏宇文化公司等实力企业,共计投资115.8亿元参与小城镇建设,缓解了资金压力。

第四,培育特色鲜明的产业形态。助力特色支柱产业发展,政府累计完成征用土地9000余亩,拆迁房屋423栋10.2万平方米,搬迁坟墓821所,安置征地户就业1788人,协调服务茅台酒技改扩能等系列项目。政府以"美化、绿化、亮化、硬化、净化"五化为重点,开展地方白酒企业规范整合示范点建设,积极组织企业参加各类推介会、展销会,帮助企业拓展市场。谋划茅台特色旅游产业发展,着力开展景区景点建设,强力推进文化旅游项目建设,精心打造文化旅游景观，着力开展文化工程建设，积极开展各类文化活动，谋划开展文化旅游营销，积极配合省住房和城乡建设厅、文化和旅游厅做好世界自然文化遗产申报和国家5A级旅游景区申报工作，规划建设智慧旅游大数据平台，大力发展文化旅游产业。积极对接茅台集团，开展茅台旅游景区整体开发营运，推进厂镇一体化发展。2016年5月，第十一届贵州省旅游产业发展大会在茅台主会场圆满召开，掀开了茅台镇文化旅游产业"井喷式"发展的序幕。旅游产业发展大会后，茅台镇将工作重点转移到旅游推荐和宣传上来，积极对接国内外知名旅行社，共商茅台镇文化旅游产业发展路径，通过系列活动聚人气、聚商气。2016年国庆节、重阳节，通过举办"嗨醉茅台"国际音乐周和重阳节祭水大典等活动，期间实现天天"万人"游茅台盛况。

第五，建设和谐宜居的美丽环境。按照精致、精细、精美的目标扎实推进山地特色城镇建设。茅台镇紧紧围绕"精彩、精品、精致"要求，举全镇之力，着力在"形态、生态、文态、业态"上打破旧面貌，实现新变化。全力推进项目建设和环境综合大整治，按照清末民初黔北民居风格高标准改造民居风貌，积极探索建立以城市管理、安全管理、社会管理和网络管理"四管合一"的城镇精细化管理机制，实现干净整洁、井然有序，形态茅台焕然一新。高标准进行镇区重要节点的绿化景观提升，通过规划建绿、拆建还绿、见缝插绿、立体营绿、破硬增绿等多方式增加绿化量，实现鲜花拥簇、绿树成荫，呈现茅台城在林中、城在景中的景象，生态茅台引人入胜。着力通过情景再现、街头杂耍等方式，生动呈现茅台多元文化，展现茅台古镇风韵；创新载体，全面抓好市民素质提升，充分展现茅台人民群众良好精神风貌，文态茅台流连忘返。着力引入特色美食、精品购物、餐饮休闲、主题客栈、白酒品鉴、酒文化体验等体验性商业业态，高标准实施和提升重点街道业态布局；高水准规划布局灯笼、店招、花车，高水平营造浓厚的旅游商业氛围，业态茅台华灯璀璨。按照特色、宜居、生态要求扎实开展美丽乡村建设。2013年以来，茅台镇累计投入资金约2亿元开展"四在农家·美丽乡村"示范点创建，基本建成杨湾村、中华村、岩滩村三个镇村联动示范点，2016年新增镇村联动示范点元木岩村。实现镇村联动示范点村村有规划引领，确保美丽乡村建设科学性；村村水、电、路、讯、房、寨齐全，确保人民群众基本生活有保障；村村有垃圾收运和污水处理设施，确保美丽乡村人居环境改善；村村有自身特色产业，确保人民群众有可靠的收入来源。

第六，弘扬彰显特色的传统文化。茅台镇有"蜀盐走贵州，秦商聚茅台"的厚重盐运文化、"风来隔壁三家醉，雨过开瓶十里香"的神秘国酒文化、"战士双脚走天下，四渡赤水出奇兵"的红色经典，可谓自然天成、匠人匠心、无可复制。茅台镇充分挖掘、收集、整理茅台国酒文化、长征文化、古盐运文化、地方民俗文化，打造茅台文化旅游"一首歌、一部剧、一台戏、一本书、一个节'五个一'"工程。谋划实施国酒文化主题展演项目，建设1915 庆典广场，打造"云上酱香"茅台镇酱酒文化及电子商务体验馆，复原"茅酒之源"，升级改造 4A 级中国酒文化城，彰显醇厚国酒文化；建设茅台渡口大桥、红军过茅台陈列馆，升级改造四渡赤水纪念园，弘扬灿烂红色文化；布置盐运主题雕塑，复原永隆裕盐号，展示厚重盐运文化；建设川剧院、杨柳湾戏楼，开展常态化民俗表演，建设茅台人家民俗文化客栈，呈现多彩民俗文化。

第七，加强便捷完善的设施服务。2012 年以来，茅台镇新建或改扩建外环路、环茅路、茅园路、银滩路等主干道 6 条、次干道 5 条、支干道 6 条，建成道路总面积 623536 平方米，人均道路面积约 17.8 平方米，所有建成道路均安装有节能路灯、绿化、垃圾收运设施，给水、雨水、污水、电力、通信等管线与道路同步规划、同步建设、同步竣工验收，实现了路面整治、雨污分流、排水畅通、路旁有荫，茅台镇内部交通网络便捷完善。茅台镇现有中茅快线、坛茅快线、省道 S208 线等外部交通联络线，此外，茅台机场正在加紧建设，预计年内建成通航，规划途经仁怀市的泸遵城铁已进入选址阶段，未来的茅台镇将具有更强的外部交通通达性。除完善便捷的交通网络外，茅台镇高标准建设卫生院、敬老院、农贸市场、市民广场和公园、污水处理设施和垃圾收运设施、体育场、公共停车场、供水供电等公用基础设施，各项公共服务水平得到改善，人民生活质量得到提高。

第八，开创充满活力的体制机制。创新管理体制上，成立茅台古镇文化产业园区负责茅台旅游景区运营管理，按照"厂镇一体，融合发展"的思路，推行"镇园合一"管理体制；工商、国税、地税、财政等部门在茅台镇设分局，将审批权限下放到镇级；武警、消防、交警等在镇内设立中队，组建 100 人的旅游警察队伍，建行、工行等金融机构已在镇内设分支机构，倾力服务茅台镇发展。完善人才培养机制上，与高等学校、职业院校开展合作，按照城镇建设实际需要，委托培养城镇建设所需各类紧缺人才，引进规划建设、环境保护、旅游管理等专业人才；加强现有领导、干部的业务培训工作，选派优秀干部到先进小城镇开展挂职工作；依托茅台古镇文化创意园、茅台镇云上酱香创客平台以及空港创意园，积极落实各类优惠政策，引进高层次人才，全力打造创新创业平台。

新时代的茅台镇已进入产业转型升级、酒旅良性互动融合发展的快速通道，旅游产业逐步进入良性发展阶段并初具规模，茅台机场通航带来新的人流形成新的消费需求，茅台古镇文化产业园、仁怀名酒工业园、仁怀空港经济区三大经济增长极良性互动的大茅台发展格局初步形成，茅台镇正在向着中国最具活力最具实力特色小镇、世界知名酒文化风情小镇、国际性旅游目的地的目标大步迈进。2018 年，茅台镇围绕"贵州第一、全国一流、世界知名"的战略定位，以小城镇带动大农村，"活一产、强二产、升三产"，实现一产大增效、二产大增质、三产大增速，促进一二三产融合互动高质量发展目标，不断推进大茅台充分融合平衡发展，着力大招赤水河谷"谷底见鱼、谷中见粮、谷顶见绿"茅台生态样本，奋力向美丽生态宜居小镇、世界知名酒文化风情小镇、国际性旅游目的地推进。

2. 典型案例二：以工业循环经济立镇的遵义市鸭溪镇

鸭溪镇位于贵州省遵义市播州区西部，全镇国土面积 121.4 平方千米，辖 7 村 2 社区 227 个村民组，总人口 76524 人，其中集镇人口达 4.5 万人，集镇城区面积 9 平方千米，城镇化率达 62.33%，是黔北（遵义）四大名镇之一。鸭溪自古隶属播州府辖，起源于春秋战国时期鳖国，定名于明朝初年，鸭溪是古川盐入黔必经之地，是最重要的陆路驿站，受地理区位的影响，黔北文化和巴蜀文化在此交汇融合，历来文人荟萃、文化底蕴浓厚，鸭溪是清代三巨儒之一郑珍（郑子尹）的故乡。与莫友芝共同编纂的《遵义府志》被梁启超誉为"天下第一府志"。鸭溪历来文化氛围浓厚。民国时期，花灯剧《月望郎》获遵义府优秀奖；花灯剧《牵牛郎郎要结亲》被评为遵义市非物质文化遗产；全镇有太极、舞蹈等健身俱乐部 10 余个 2000 余人，另有棋牌、篮球、信鸽、钓鱼等民间体育组织 10 余个 300 余人。鸭溪是红军长征途中的重要驿站。红军在这里成立了鸭溪区临时苏维埃政府、土地革命委员会、武装游击队。绿树掩映中的汪家屋基记录了朱德、毛泽东等老一辈无产阶级革命家在鸭溪的运筹帷幄。他们在这里召开了具有历史转折意义的鸭溪会议，为四渡赤水、跳出重重包围、北上会师奠定了基础。

鸭溪先后荣获"全国重点镇、中国最具特色魅力镇、中国特色镇发展创新最佳案例、全国综合实力千强镇、全省文明乡（镇）、省级生态乡（镇）、省列省级示范小城镇、遵义卫星城"等称号。2017 年入选国家第二批特色小镇名录。2013 年至 2017 年连续五年荣获贵州省 100 个示范小城镇考核前 10 强。2016 年、2017 年、2018 年连续三年获得"全国综合实力千强镇"荣誉称号，2018 年成功申报"中国凉粉之乡"，2018 年荣获"黔北最美乡镇"。鸭溪全镇有工业企业132 家，具有酒、电、特种汽车、建材四大支柱产业，其中规模以上企业达 20家。鸭溪商业繁荣、文化彰显、和谐宜居，地处贵阳、遵义、仁怀、金沙的重要腹地，依托餐饮文化建成了鸭溪餐饮一条街，现已入驻鸭溪豆豉火锅、黄家牛肉、鸭溪凉粉、祥刚鱼等饮食餐饮，并很快成为鸭溪对外宣传的名片。文化气息浓、彰显特色的乐理，杨柳村等城乡统筹示范区已成为农村观光旅游的好地方。鸭溪历史悠久，文化深厚。长征时期，红军途经鸭溪，在汪家屋基召开了远近闻名的鸭溪会议。鸭溪也是川盐入黔的必经之地，近300年来广大贫苦百姓以背盐求生，创造出凄惨的《背盐歌》，大量花灯剧广为流传，其中《牵牛郎郎要结亲》，被列入遵义市非物质文化遗产。鸭溪中学也是遵义市播州区人才培养的摇篮，桃李天下，人杰地灵。鸭溪交通便利，设施完善。鸭溪是遵义西部的重要咽喉要道，属于贵阳龙洞堡机场、遵义新舟机场、仁怀机场一小时经济圈。326国道、遵义一环、杭瑞高速等重要交通枢纽穿镇而过，镇内交通便捷，已建成集镇主干道2条，次干道6条，科学规划"四纵四横"道路交通网，并有序推进。卫生条件良好，鸭溪有3家医院，床位300余张，系播州区西片区8个镇（乡）经济文化中心，现已开工建设国家综合二级播州区第三人民医院，床位200张。已建设完成了功能齐全的雷家坡广场、河滨广场、子尹广场、雷泉广场4个广场，总面积25000平方米，雷家坡森林公园总面积达1500亩，群众休闲娱乐地方多。

鸭溪城镇建设成果得益于定位准确、目标可行、规模适宜、管控有效的城市规划。2017年，鸭溪围绕建设中国特色小镇的总体要求，以工业发展型生态循环产业特色小镇打造鸭溪镇，紧紧依靠集镇以东的茅台循环产业园和凯山特种车辆产业园以"绿色、生态、环保、低碳"的理念做好产业循环；紧紧依靠集镇以西的电及电循环产业园和中小企业孵化园，充分利用电厂蒸汽、粉煤灰、循环水及电等引进科技含量高的企业入驻产业园，同时将电厂的蒸汽提供给集镇学校、医院、居民供热取暖，现管道已全部铺设完成，实现电厂剩余产能的循环利用，保护了生态。大力促进集镇工业、商贸、物流、交通网络发展，进一步巩固商业繁荣、工业基础稳固的核心区地位。

目前，鸭溪镇在以下几个方面形成了自身的特色和优势：

一是酒及酒循环产业园。利用茅台酒厂生产废弃的酒糟再次综合利用，发展翻（碎）沙酒、天然气、固（液）体有机肥及农业板块等循环经济产业，每年处理约25万吨废弃酒糟，每年产沼气6000万立方米，提纯天然气3600万立方米，生产固体有机肥约100000吨，液体有机肥50000吨，生产二氧化碳约2400万立方米。该项目作为EC2-APEC低碳城镇项目中欧友好城市缔结五个备选项目之一，2015年5月李克强同志率队到欧洲联盟参加签约仪式。茅台生态循环经济产业示范园循环经济示意图见图5-1。

二是电及电循环产业园。按照创新的发展思路，鸭溪电厂结合利用自身的

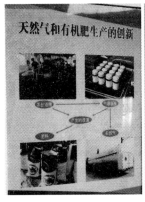

图 5-1　茅台生态循环经济产业示范园循环经济示意图
（贵州茅台酒厂循环经济产业投资开发有限公司）

地域和综合能源优势，与鸭溪镇通力合作，充分利用电厂生产产生的废渣、废气，着力打造集电、水、蒸汽、粉煤灰、脱硫石膏、电力等综合能源服务为一体的综合智慧能源服务基地。发展建材工业，实现煤炭—电—建材的良性循环，依托鸭溪电厂粉煤灰综合开发加气砌块砖、石膏加工、生物造纸、泡沫包装、陶瓷生产，现已入驻循环经济企业6家，既保护了生态环境，又实现产值5亿元以上，解决3000余人就业问题。

三是特种汽车产业园。境内贵州航天特种汽车及新能源车制造基地，主要依托贵州航天特种车有限责任公司生产基地，生产的绿色电动汽车、旅游观光车、特种专用车等拥有自主知识产权，房车也正在研发过程中。

四是中小企业孵化园。主要依托贵州和平经开区建设的14万平方米标准厂房引进中小加工企业，形成以包装、五金、小商品生产以及现代服务业为主的新型加工制造业基地。预计年产值可达10亿元，年税收可达3000万元，解决1500余人就业问题。

生态循环产业发展的同时，鸭溪镇结合"大扶贫""互联网+"政策，开拓性地创新工作。区级权限下放195条，镇级直接办理下放的相关权限；学校实行联合办学政策，实行师资资源共享；公私医院联合办院，遵义医学院与华溪医院实行联合办院，整合资源、远程医疗等；建立镇级公共服务平台，向贵州卫星城建筑（集团）有限公司购买技术、建设、劳务、商贸等服务；缔结友好乡镇，通过义乌市福田办事处的合作，成功打造鸭溪商贸城；自主招商，每年到浙江、重庆等地开展招商工作；拓展融资渠道，完成区城投公司鸭溪分公司的组建工作并投入运营，解决了资金瓶颈；积极发展投资建设模式，按照PPP

模式建设的播州区第三人民医院顺利推进。通过特色小镇培育和打造，全镇小康社会主体指标显著提高。2016 年，全镇地区生产总值 47 亿元，完成全社会固定资产投资 66 亿元，完成工业总产值 64 亿元，实现城镇居民人均可支配收入 28713 元，农村居民人均可支配收入 13784 元，城镇化率 62.33%，全社会小康实现程度 98.37%。卫生服务体系指数、文化教育、社会安全指数、生态环境指数均大幅上升，群众幸福指数和满意度进一步增强。

贵州省遵义市播州区鸭溪特色小镇基本信息见表 5-8。

表 5-8　贵州省遵义市播州区鸭溪特色小镇基本信息

<table>
<tr><td rowspan="13">基本情况</td><td>地形</td><td colspan="3">□山区　□平原　☑丘陵　□水网　□其他</td><td>区位</td><td colspan="3">☑大城市近郊　□远郊区　□农业地区</td></tr>
<tr><td>功能类型</td><td colspan="7">A. 商贸流通型　√B. 工业发展型　√C. 农业服务型　D. 旅游发展型
E. 历史文化型　F. 民族聚居型　G. 其他（请注明）</td></tr>
<tr><td>镇域常住人口（人）</td><td colspan="3">68754</td><td>镇区常住人口（人）</td><td colspan="3">40652</td></tr>
<tr><td>镇 GDP（万元）</td><td colspan="3">470000</td><td>镇所属县 GDP（万元）</td><td colspan="3">2781000</td></tr>
<tr><td>城镇居民人均年可支配收入（元）</td><td colspan="3">28713</td><td>农村居民人均年可支配收入（元）</td><td colspan="3">13784</td></tr>
<tr><td>公共财政收入（万元）</td><td colspan="7">37200，其中：可支配财政收入 5120</td></tr>
<tr><td>全社会固定资产投资（万元）</td><td>2015 年</td><td>702400</td><td>2016 年</td><td>691200</td><td colspan="2">2017 年第一季度</td><td>68400</td></tr>
<tr><td>民间资本固定资产投资（万元）</td><td>2015 年</td><td>519000</td><td>2016 年</td><td>511500</td><td colspan="2">2017 年第一季度</td><td>50000</td></tr>
<tr><td>房地产开发投资（万元）</td><td>2015 年</td><td>49500</td><td>2016 年</td><td>91300</td><td colspan="2">2017 年第一季度</td><td>31100</td></tr>
<tr><td>已获称号</td><td colspan="7">国家级称号：☑全国重点镇　□中国历史文化名镇　□全国特色景观旅游名镇
□美丽宜居小镇　□国家发展和改革委员会新型城镇化试点镇　□财政部、住房和城乡建设部建制镇试点示范
☑其他（请注明）中国最具特色魅力镇、中国特色镇发展创新最佳案例奖、全国综合实力千强镇
省级称号：全省文明乡（镇）、省级生态乡（镇）、省列省级示范小城镇、遵义卫星城</td></tr>
<tr><td rowspan="3">主导产业发展</td><td>主导产业类型</td><td colspan="6">绿色循环产业</td></tr>
<tr><td>主导产业产品品牌荣誉、称号</td><td colspan="6">国家级：鸭溪电厂、航天特种汽车、茅台产业园；省级：粮油储备库、亚溪陶瓷、祥辉建材等 20 家</td></tr>
<tr><td>主导产业产值在省、市同类行业镇中排名</td><td colspan="6">省级第一；地市级第一</td></tr>
</table>

续表

年份	2015	2016	2017 第一季度
主导产业年投资额（万元）	231700	156000	17000
主导产业产值（万元）	570000	630000	140000
主导产业吸纳的就业人员（人）	1764	2156	1805
直接或间接带动周边农民就业（人）	22101	20145	21415
主导产业发展	2015 年至 2017 年第一季度已立项或建设的产业项目（可按照实际自行增加项目）	①鸭溪一小宿舍楼 8000 平方米 900 万元 ②茅台循环经济产业园复糟白酒生产线 450000 平方米 300000 万元 ③茅台循环经济产业园生物燃气厂 126 亩；19556 万元 ④茅台循环经济产业园生物有机肥厂 126 亩；15019 万元 ⑤茅台循环经济产业园园区基础设施建设项目 78000 平方米；12500 万元 ⑥贵州鸭溪酒业有限公司年产 3 万吨扩能工程；2000 亩 16000 万元 ⑦鸭溪酒业公司综合大楼 18900 平方米；1200 万元 ⑧酒糟仓储、加工及销售项目 20 亩；8000 万元 ⑨茅台产业园 2 万吨包装线及广场建设项目 12000 万元 ⑩中小企业孵化园 15 万平方米；30000 万元 ⑪贵州航天特种专用车生产线技术改造项目 936 亩；53000 万元 ⑫钢结构生产线项目 6000 万元 ⑬水洋湾货运物流中心 100000 万元 ⑭鸭溪镇公共租赁住房建设项目 8564 平方米；855 万元 ⑮贵州航天特种车有限责任公司公租房 10800 平方米；1295 万元 ⑯一心棚户区改造项目 81000 平方米；16000 万元 ⑰凤凰庄片区棚户区改造项目 19019.07 平方米；5000 万元 ⑱鸭溪镇杨柳片区棚户区改造工程 139921.8 平方米；24000 万元 ⑲大中型水库移民搬迁安置项目 90000 平方米；15000 万元 ⑳风情一条街 8430.6 平方米；2400 万元 ㉑北部新城 A1 区 1 号楼 65000 平方米；11700 万元 ㉒北部新城 A2 区 50000 平方米；16000 万元 ㉓北部新城 C 区 525748.88 平方米；120000 万元 ㉔达锦园二期 5000 平方米；1000 万元 ㉕龙泉银座商业房建设 17663 平方米；4000 万元 ㉖北部新城 B 区商业项目 54912.9 平方米；12000 万元 ㉗财溪印象（一期）17402.2 平方米；3000 万元		

续表

主导产业发展	2015 年至 2017 年第一季度已立项或建设的产业项目（可按照实际自行增加项目）	㉘白酒仓储、加工及销售项目 20 亩；8000 万元 ㉙5 万吨粮食储备库建设项目 12000 平方米；11000 万元 ㉚黔元山泉水有限公司二期工程 8000 万元 ㉛友和兴达商混站建设项目 1200 万元 ㉜兴黔保养场 20 亩；600 万元 ㉝金鑫源电子有限公司厂房建设 10000 平方米；2000 万元 ㉞扶贫开发易地搬迁安置点建设项目 57 亩；20000 万元 ㉟北部新城 C 区（思恒水岸一期）525748.88 平方米；20000 万元 ㊱北部新城商圈建设及打造 1000 万元 ㊲小商品市场打造 26000 平方米；2000 万元 ㊳贵州鸭溪酒业有限公司年产 3 万吨扩能工程 2000 亩；50000 万元 ㊴电厂综合产业区 1500 亩；50000 万元 ㊵年产 8 万吨生活用纸项目 14000 平方米；12000 万元 ㊶一六公司厂房建设项目 3000 平方米；5000 万元 ㊷贵州安隆泡沫包装制品有限公司厂房建设项目 3000 平方米；5000 万元 ㊸新能源车生产线 20000 万元 ㊹北部新城 A2 区二期 94822.66 平方米；20000 万元 ㊺玉成食品厂片区棚户区改造工程 20000 平方米；12000 万元
美丽环境建设	土地利用	2015 年底建成区面积 900 公顷，2016 年新增建设用地 60 公顷 2017 年计划新增建设用地 60 公顷，至 2020 年规划建设用地面积 600 公顷
	2015 年至 2017 年第一季度建设的住房、商业项目	①自建房：680 套，新增建设用地面积 3 公顷，总投资 5000 万元 ②商品房：600 套，新增建设用地面积 3 公顷，总投资 12000 万元 ③保障房：3000 套，新增建设用地面积 20 公顷，总投资 45000 万元 ④商业综合体：1 个，新增建设用地面积 2 公顷，总投资 30000 万元
	2015 年至 2017 年第一季度实施的生态环境治理、综合环境整治和美丽乡村建设项目（可自行增加项目）	①杨柳城乡统筹示范区，建设内容：人居环境改善项目、景观景点建设，总投资 7800 万元 ②石溪农村旅游示范点，建设内容：文庙、接待中心等，总投资 4000 万元 ③白腊坎稻+旅游项目，人居环境改善项目，总投资 1200 万元
传统文化保护	拥有非物质文化遗产	国家项；省级项；市级项✓
	保留地域特色文化	☑民俗活动 ☑特色餐饮 ☑民间技艺 ☑民间戏曲 ☑其他特色
	2015 年至 2017 年第一季度建设的文化活动中心场所	数量 1 个，新增建设用地面积 0.7 公顷，资金投入 3200 万元
	2015 年至 2017 年第一季度举办的文化活动（可自行增加项目）	传统节日文化活动 16 次，12000 人次参加

续表

自来水卫生达标率（%）	99		生活污水达标排放率（%）		97	
生活垃圾无害化处理率（%）	91.5		宽带入户率（%）		88	
绿化覆盖率（%）	49		公共区域 Wi-Fi 全覆盖		☑是 □否	
有污水处理设施的行政村比例（%）	55.56		垃圾得到有效治理的行政村比例（%）		100	
市政基础设施运维管理费用（万元）	2015 年	360	2016 年	380	2017 年第一季度	450
大型连锁超市或商业中心（处）	6		银行（信用社）网点（个）		7	

服务设施建设	2015 年至 2017 年第一季度建设的基础设施和公共服务设施（可自行增加项目）	①商业步行街西段　5904 平方米；600 万元 ②酒业大道二期 38160 平方米；10000 万元 ③幸福路 750 平方米；300 万元； ④长征西路 520 平方米；876 万元 ⑤民用天然气建设项目 10 亩；21000 万元 ⑥鸭中人行天桥 24 米；600 万元 ⑦青少年教育基地 2000 平方米；1800 万元 ⑧镇村联动（城乡一体化）项目 3000 亩；19000 万元 ⑨四星级公共厕所 200 万元 ⑩工业大道 57798.364 平方米；12000 万元 ⑪饮食文化街新建道路 4500 平方米；200 万元 ⑫新华路风貌整治 1200 万元 ⑬高标准农田整治项目 1600 万元 ⑭遵义县第三人民医院 8000 万元 ⑮农业服务中心 500 平方米；150 万元 ⑯帝标大酒店 22743.5 平方米；10000 万元 ⑰青少年教育基地及城镇规划展览馆 2000 平方米；1000 万元 ⑱城乡统筹镇村联动拓展区建设项目 3000 亩；12000 万元； ⑲大岚路鸭中路延伸工程 7200 平方米；600 万元 ⑳鸭溪至乐山大道建设项目 108000000 平方米；15000 万元； ㉑茅台产业园工业污水处理厂 3000 万元 ㉒酒业大道东段 I 标 15120 平方米；9000 万元 ㉓区镇一体化办事服务中心建设 2000 平方米；1000 万元 ㉔第二中心幼儿园建设项目 6000 平方米；1200 万元 ㉕殡仪馆建设项目 4000 平方米；2000 万元 ㉖小雨幼儿园建设项目 12 亩；1000 万元 ㉗杨柳村社区服务综合体系建设 500 万元 ㉘电子商务平台建设项目 600 万元 ㉙集镇智能管理系统建设 500 万元 ㉚集镇绿化工程 600 万元；

续表

服务设施建设	2015 年至 2017 年第一季度建设的基础设施和公共服务设施（可自行增加项目）	㉛客车站建设项目 2400 平方米；800 万元 ㉜鸭溪镇北环线建设项目 27600 平方米；15000 万元 ㉝华东路升级改造工程 10000 平方米；6000 万元 ㉞特色小镇培育项目 1200 亩；60000 万元 ㉟鸭溪镇后水河集镇段治理工程 2000 米；2000 万元 ㊱鸭溪镇南环线建设项目 1200000 平方米；1500 万元 ㊲326 国道改造线 60000 平方米；4000 万元 ㊳整镇推进综合整治项目 40000 万元 ㊴鸭溪镇第三小学 100000 平方米；6000 万元 ㊵小雨幼儿园异地新建项目 8000 平方米；3000 万元 ㊶鸭溪镇第三农贸市场 1000 平方米；200 万元
体制机制创新	编制了有关规划（可多选）	①总体规划；②控制性详细规划；③专项规划
	已编制的规划是否包括（可多选）	①镇职能定位；②产业发展和布局；③镇村联动发展措施；④传统文化保护措施；⑤镇区风貌塑造；⑥重点地段的详细设计；⑦建设高度和强度控制；⑧近期建设项目库
	是否设立了下列机构（可多选）	①综合执法机构；②"一站式"综合行政服务；③规划建设管理机构
	创新措施和取得成效	①规划建设管理创新，综合设置了国土资源和规划建设环保办公室等机构，多行业实行了一站式服务。配备了一名规划建设专业的镇级领导职数，党政领导配置总人数 12 人 ②社会管理服务创新，按照十条意见，区相关职能科局经济社会管理权限下放共 195 项
	2015 年至 2017 年第一季度实施的 PPP 或政府购买服务项目（可以自行增加项目）	①杨柳村城乡统筹镇村联动示范区，村庄综合整治、基础设施建设、景观节点，总投资 7800 万元 ②酒业大道人行天桥，"C"型全钢结构行人天桥，总投资 600 万元 ③鸭溪青少年教育基地，本土六大文化教育展示，总投资 1200 万元

资料来源：由鸭溪镇政府提供。

3. 典型案例三：以双创为特色打造国际创客小镇的郫都区德源镇

德源镇，别名菁蓉镇，位于成都市郫都区南大门，东连高新西区，南邻温江，西北与友爱街道、郫筒街道接壤。相传大禹治水途经此地，掘井七眼，解百姓干旱，后人感念其恩德，立庙祭祀，故又名大禹庙。德源镇镇域面积 30.7

平方千米，城镇规划区 8.7 平方千米（建成区面积 2.7 平方千米）工业港南片区 3 平方千米，划给高新区"5+2"区域 7 平方千米，农村区域 12 平方千米。成都现代工业港南片区、菁蓉镇创新创业核心区、新经济产业园均位于境内。现有 4 个行政村、7 个涉农社区，常住人口 7.2 万，其中外来人口 4 万余人（华南理工大学、西南航空职业学院、五冶大学 19000 人，创客及其他流动人口 21000 人）、城镇居民 2.4 万人、农村居民 0.8 万人。2010 年 7 月，为富士康生活配套区项目建成 2.6 平方千米城市新区，但后来由于重大产业化项目转移，闲置房源 140 余万平方米。2015 年，为解决小镇"空心化"危机，德源镇依托存量房源和周边高校富集的科教优势，规划建设具有全球影响力的创新创业小镇，大力实施"创业天府·郫县行动计划"，将双创载体空间命名为"菁蓉镇"，探索实践一条由"空心小镇"到"创客乐园"的特色小镇发展之路。德源镇先后荣获全国首批双创示范基地、第一批中国特色小镇、全国大学生创业示范园、四川省大数据产业基地、四川省环境优美示范镇、四川省书香之镇、四川省卫生乡镇。2016 年 4 月 25 日，李克强同志视察德源镇，称赞"空置宿舍巧变创客空间，好比新经济借壳传统产业'上市'"。德源镇经过几年的发展，逐步形成了如下特色①：

第一，凸显双创产业形态，促进产城融合发展。以菁蓉镇为品牌形象的双创特色，是德源镇特色小镇的独特"名片"。产业形态上始终聚焦"菁蓉镇"，确立了建设国际创客小镇的发展定位。高端招引双创项目，利用闲置房源改造创业公寓、孵化器等载体 55 万平方米，引聚专业孵化器 35 家、创新创业项目 1263 个，引进高层人才 21 名，引进基金 22 只，引进技术平台 38 家。以项目实施带动新经济培育工程，大数据、无人机、生物医疗、VR/AR 技术、文化创意等新兴产业迅速集聚，初步形成镇域经济增长新引擎。助推新经济产业园建设，现开工建设项目有华通创志、中国数码港成都大数据产业园、阿尔刚雷等 5 个，跟踪在谈项目有国信优易大数据基地、西南交大成果转化基地等 12 个，预计投资规模将达到 100 亿元，提升了转型升级和创新创造的"含金量"。着力发展现代服务业，融合特色小镇的双创功能、文化功能、社区功能，引进成都航空旅游职业学校、成都华商理工培训学校等 4 所中高职学校，聚集师生员工 1.1 万余人。加快促进与西南交通大学、电子科技大学等 9 所高校的合作共建，引进培育项目 151 个，催生了校地融合和高校科研成果转化落地。

第二，优化双创生态环境，营造宜居宜业氛围。德源镇全域按景区进行包

① 资料由四川省郫都区德源镇政府提供。

装,打造和谐宜居的美丽环境。突出优化城镇景观设计,充分融入创新创业元素,完成城镇楼宇风貌改造、街区绿化、引水入镇、光彩工程,整体打造环境氛围,建成千亩生态艺术公园,打造百亩创客公园。提升外部生态景观,改造建设村组道路11.5千米,整治沟渠水系9千米;建成7000亩大蒜连片种植基地和1000亩连片粮经基地,建设1500亩春舞枝成都花世界旅游观光景区,原生态保护具有川西林盘特色院落组团50多个和天府田园风光,引导农民做大做强大蒜、做蒜香稻米合作社,规划建设彩色油菜花田、荷花、稻田养鱼、亲子小农园等观光体验项目。持续开展城乡环境"四改六治理",形成大公园、大景区。突出城乡环境综合治理,重点实施旅游干线、农村主干道及城镇主干道路"三线美化"行动,推行"巧媳妇"清洁之家众创活动,城乡环境明显改善,获得四川省环境优美示范镇。

第三,传承地方特色文化,提升城镇风貌品位。充分发掘德源传统文化和双创文化底蕴,提升镇域文化软实力,获得四川省书香之镇称号。注重传统文化传承创新,举办了独具德源乡土文化特色的东林寺"抢童子"大庙会及大蒜节,改建了大禹文化广场,并创作微电影、话剧7部,打造德源特色文化品牌活动。注重文化服务载体创新,建成1700平方米镇综合文化站,培育专、兼职文化服务志愿者500多人,自编自办了《德源信息报》、郫县菁蓉镇微信平台,组建了德馨民乐文艺社、布谷鸟合唱团等10多支群众性文体团队。注重新兴文化传播创新,围绕双创文化特色,举办了"国际友城青年音乐节"、全国第二届《创业英雄汇》海选等高品质双创文化活动。征集优选了菁蓉镇LOGO,发布并传唱了《菁蓉创业之歌》《菁蓉创客之歌》。

第四,实施全域设施配套,提升城镇综合功能。坚持交通先行,开通连接县内19所高校的环线公交、音乐巴士和3条到机场、车站的交通快线。提升公共配套品质,基本实现镇域无线Wi-Fi全覆盖。引入石室蜀都中学、泡桐树小学等市级优质教育资源,改建了镇公立卫生院,新建创业服务超市、多功能体育场馆等设施,构建起"10分钟公共服务圈"。优化生活配套服务,完成3万平方米商业改造升级,初步形成创客餐饮文化特色街区;建成镇级便民服务中心和11个便民服务站,全方位提升了居民、创客的服务水平。按照国际化标准配套完善教育、医疗、体育等设施,供水、污水处理、垃圾处理、综合防灾设施达到标准要求,确保产业园区的双电源保障(德源一变、德源二变),合作污水处理厂一、二期已建成投运,日处理能力100000立方米,引进成都市知名学校成都石室中学、成都市泡桐树小学,推进与德源中小学资源整合,加快菁蓉镇医疗卫生服务中心建设。

第五，注重体制机制创新，激发城镇发展活力。创新城镇建设规划机制，高标准、系统性实施总体设计、专项规划编制，指导管控小城镇建设品质。试点推行农村集体建设用地入市改革和农民有偿退出宅基地改革，推进农村社区化治理，最大限度释放城乡资源市场活力。创新社会治理服务机制，大力培育社工服务组织，启动城乡居民就业创业"双千计划"，推荐就业 2000 余人次。创新党群服务机制，实施双创党群"一站五中心"阵地建设、"一格三员"网格化管理和"五联三服务"运行机制。创新市场运作机制，加快实施美丽新村绿道环线等民生工程，整体包装规划建设菁蓉湖、菁蓉中心等重大项目。建立全国首家双创人才智库，建立实训基地、"双创人才超市"。深化商事制度改革，试点开展全程电子化网上登记，支持开展电子营业执照工作。

德源镇以国家双创示范基地建设为契机，围绕"双创乐园、宜居德源"发展定位，坚持"四态合一"理念，以双创产业"国际化、专业化、市场化、全域化"为主线，坚持"主导产业高端前瞻、城乡环境生态和美、文化传承推陈出新、配套服务现代便捷、体制机制充满活力"五条路径，加快建设高端产业和现代城镇相互融合、宜居小镇和美丽新村交相辉映的国际创客特色小镇。2018 年完成栀木河生态环境整治项目和 10 个美丽院落建设项目，完成 8000 亩高标准农田整治，做强 7000 亩大蒜基地及水稻核心示范区建设。提升全域德源路网通达性，实现与高新西区、温江区的互联互通。运用小街区规制、海绵城市、综合管廊及美丽新村等新理念，建成 120 万平方米的双创载体空间。计划到 2020 年底，在双创载体、双创政策、双创平台、双创资本、双创成果、双创氛围六大领域实现突破，逐步形成功能完善、成效突出的创新创业支撑体系。聚集创新创业人才 3 万~4 万人，引进创新项目 1500 余个、孵化器 100 个，承接成果转移 100 项（家）以上。产业方面，重点引进发展大数据和新一代信息技术及关联产业、新材料、新能源、生物医药、高端医疗设备、无人机、VR&AR、影视文化创意等多个新经济领域和高校科研成果转化基地，集中力量打好项目攻坚战。高品质规划建设"四个菁蓉"，打造四川"百镇建设"特色小镇绿色发展样本。

4. 典型案例四：立足生物医药与食品工业的西充多扶田园小镇

多扶镇地处西充县与南充市之间，毗邻南充市顺庆区地界，是西充"东大门"，是西充融入南充、成都、重庆等地的"桥头堡"，幅员面积 34.9 平方千米，辖 15 个行政村、3 个社区，城镇建成区 10.2 平方千米，常住人口 4.9 万。多扶镇交通便捷发达，国道 212 贯穿城镇，广南高速开口于镇区，距县城 10 千米、南充市区 16 千米，属成渝两小时经济圈。近年来，多扶镇重视产城一体发展，镇内有机葡萄、中药材、特色花卉等现代农业蓬勃发展，多扶古镇、华严禅境、影视文化、凤凰山开发等项目全面建设，生物科技、医药制造等新型产业同步推进。在加快融入"西部绿谷、蜀地西充"发展浪潮中，多扶镇已经成为产城一体、两化互动、三产联动、统筹城乡主战场。按照总体规划，2017 年，多扶镇完成城市生活污水处理厂建设、启动农贸市场规划建设、2500 亩珍稀药材的基地建设、启动川东北康养中心建设项目、启动古镇二期建设、完成下街棚户区改造、启动太极制药二期建设、加快幸福美丽新村建设，启动工业园区拓展区建设。2018 年，全面完成华严禅境、古镇二期、科技孵化园、上街棚户区改造、太极制药二期等项目。到 2020 年建成区规模达 13 平方千米，人口规模达 6.63 万，城镇化率达 81.5%，国民生产总值突破 150 亿元，城镇居民人均可支配收入和农村居民人均纯收入在 2015 年基础上实现翻番①。

南充市创新驱动发展试验区西充园区位于多扶镇内，园区总体规划面积 24 平方千米，以精密制造、生物医药、食品精深加工、文化创意为主导产业。现已建成总面积 8.5 平方千米（含常林产业园 1.5 平方千米、多扶产业园 5 平方千米、生态文化旅游产业园 2 平方千米)②。入驻企业 60 余户，其中规模以上企业 48 户，高新技术企业 16 户，上市企业 4 户，提供就业岗位 8000 个。2016 年总产值达 111 亿元，预计到 2020 年可实现销售收入 300 亿元，年创利税 50 亿元。多扶产业园区于 2009 年 3 月成功列入四川南充四大专业园区，2013 年跻身省级循环经济示范产业园、新型工业化示范基地。园区现已形成生物医药、精密制造、有机食品精深加工三大产业集群，创新驱动发展试验区西充园区已成为县域经济快速增长的重要引擎。常林产业园区于 2006 年动工建设，现已入驻绮香纱丝业、光友粉丝、永丰塑胶等 20 余家企业。多扶产业园区 2009 年 2 月启动建设，拆迁民房 29.2 万平方米，建成园区干道 40 千米，治理园区河道 5.5 千米，迁建和新安装管线（网）90.5 千米，修建还房工程 30 万平方米，提供工业用地 9000 余亩，完成投资逾 15 亿元。园区承载功能完善，有在校学生达 10000 余人的南充技师学院、日处理能力达 2 万吨的污水处理厂、县人民医院多扶新区医院、西充中学多扶校区、垃圾中转站、停车场、公共卫生间等要素保障平台。目前，已入驻太极制药、星河生物科技、四川旷达、通光光缆、九天真空、展登服饰、金圆管桩、四川宏森有机食品、久盛通讯等 40 余户企业。其中，太极

---

① 资料由四川省南充市多扶镇政府提供。
② 资料由南充市创新驱动发展试验区西充园区管委会提供。

制药、星河生物科技、通光光缆和四川旷达为上市公司。2016 年新签约德仁和、东方桑葚酒、立民制冷科技、药食同源等 6 户企业已于 2017 年入驻园区。2017 年园区大力发展集群招商，形成"一谷、两园、三基地"的格局，构建完整的产业链，带动上下游产业融合发展，为西充绿色工业崛起提供强有力的要素保障。

多扶镇先后被评为国家级重点镇、四川省"百镇建设行动"试点镇、省级卫生镇、省级安全社区、省级环境优美示范镇、南充有机食品加工基地、四川省新型工业化产业示范基地、四川省新型工业化重点培育基地。2016 年，多扶镇入围国家级第一批特色小镇名单，经过多年的建设发展，多扶镇逐步形成了如下特色：

一是一城山水半园区。作为南充市集中布局的有机食品加工园区，多扶食品加工园实行统一规划、统一建设、统一管理，规划面积 14 平方千米，目前已建成 5 平方千米，占城镇总面积的 50%。园区产业突出有机食品加工主导产业，立足南充九县市区农业发展特点，特别是西充二荆条辣椒、有机水稻、充国香桃、西凤脐橙、竹娃娃竹笋等优势农产品发展实际，延伸产业链条，二荆条辣椒、状元豆制品、多扶油脂、老船王、忘情水火锅系列等食品加工企业蓬勃发展；星河生物科技、宏森双胞菇农产品生产企业如火如荼；招引太极制药、广东保健源、川东北康养等知名企业，大力推进城市医疗健康产业发展。突出科技人才支撑，推进院企合作、园校合作，积极培育引进专业技术人才，园区现有本科学历技术人才 90 人、研究生 20 人、博士生 6 人。突出品牌打造，出台招商引资优惠政策、产业发展鼓励政策、品牌创建奖励政策等，推进优势优先，不断放大产品影响力，提高产品市场占有率。太极制药进入全国 500 强、二荆条辣椒获得国家地理标志、九天真空企业参与神舟七号实验舱研制生产、星河科技企业金针菇、杏鲍菇产品远销东南亚市场。2015 年，整个园区年产值达到 80 亿元，就近就地吸纳农民工 1.8 万余人，实现人均增收 2.2 万元。突出园区投资环境建设，水、电、气、视、讯、路等基础设施全面到位，绿化美化亮化全面配套，教育医疗卫生等公共服务一应俱全。

二是和谐美丽宜居城。多扶镇作为南充生态后花园和对外开放的"桥头堡"，在城镇风貌、城市环境、乡村建设等方面加强了建设，因地制宜、统一规划、提档升级。注重城镇风貌的协调统一，结合凤凰山脉走势、九龙潭 4A 级风景区建设，按照"一轴""二心""四区"城市整体框架，凸显明清建筑风格、川东北民居特色，打造"城在山中、景在城中、山水相依"的丘陵特色田园小镇。注重城市环境的清爽整洁，按照"引绿入城、绿满城廓"理念，大力推进城市绿化、湿地建设、河道治理、美化亮化、污水处理、垃圾收集等民生工程建设，城市绿化率达35%。注重乡村建设的幸福美丽，坚持"生态打底、产业为基"原则，遵循"看得见山、望得见水、记得住乡愁"理念，结合国土挂钩、易地扶贫搬迁等项目，集中打造"穿斗小青瓦、白墙坡屋顶、房前经果园"幸福美丽新农村建设。目前，建成幸福美丽新村10个，西三井村荣获全国文明村镇，凤凰山村获得全国妇联基层组织建设示范村。

三是古今文化相辉映。多扶镇文化底蕴厚重，为小镇增添了无穷魅力。唐代宗密始祖何炯出生于鹭鸶沟村、修行于圭峰禅院，读书亭、观月楼、泉水池、龙眼井等历史遗迹思古忧今、历历可寻；大西王张献忠殉难于凤凰山，将军石、点将台、应战门、练兵场、跑马岭等大量古战场遗迹传承历史、供人凭吊；围绕"天下福镇、中国多扶"主题，挖掘多扶"福、佛"文化内涵，明清建筑风格的多福古镇、投资18亿元的华严禅境、规划占地26平方千米的影视文化产业园等重大项目建设，让古今文化相互交织、相互辉映；群众文化蓬勃发展，建成休闲广场6处、文化活动中心4个、安装健身器材50余件；多扶小学获得"多彩西充、幸福家园"文艺演出一等奖。

四是市政配套一体化。多扶镇作为南（充）—西（充）同城一体发展重要节点，在城市规划、市政建设、交通发展、城市管理等方面统一对接、同步推进、统筹完善。完善市政基础，全面完善市政标识、道路体系、公交站点、停车场所等市政基础设施建设，日处理2万吨污水处理厂正常运行，建成垃圾压缩站1处，生活垃圾无害化处理达到100%，硬化黑化道路60余千米；全面建成"多扶—南充、多扶—西充"公共交通体系，城市之间人流、物流、信息流互通水平大大提升。突出功能配套，加快优质教育体系建设，配套张澜技师学院、西充中学多扶校区、多扶小学、各种特色幼儿园；以孝文化为内核，建成"西充敬老第一院"；西充人民医院多扶分院正式运营。注重公共服务建设，张澜梓馨三星级酒店、农商行、农业银行、邮政银行服务网点科学布局，网络快递、电子商务等发展迅猛，城市品位不断提高。建立城镇综合防灾体系，做好防灾规划、配备专项人员、完善管理制度、强化物资保障，近年来，无安全灾害事故发生。

五是体制机制显活力。多扶镇在体制机制方面不断改革创新，让城市建设更高效、更规范，不断焕发生机和活力。坚持多规融合机制，以"西充多规合一试点县"建设为契机，按照"规划一张图、发展一股劲"的要求，推进城市建设、土地利用、社会经济、乡村旅游等多种规划深度融合，实现城市建设依规有序发展。坚持高效服务机制，全面建成西充县政务中心多扶分中心，建设、发改、国土、税务等部门纷纷入驻，为企业、群众提供优质高效的"一站式"综合服务，被评为人民满意文明窗口，获得社会一致好评。创新政策保障机制。出台相关激励政策，积极推进人才引进、市场服务、品牌建设等，对企业品牌创建、上市发展等给予资金奖励，促进优势企业加快发展，不断增强企业适应市场的竞争力。创新管理服务机制，制定多扶镇扩权强镇改革试点工作实施方案，下放行政收费、行政审批、行政执法等权利203项；建立村建环卫中心、市场监督管理等机构，不断提高城市的幸福指数。

按照《多扶镇总体规划》及《多扶镇"十三五"发展规划》，多扶镇将按照一二三产融合发展，统筹城乡互动的思路，抓好工业园区拓展区规划建设、市政基础设施建设、公益性公共设施建设及健康文化旅游产业园区建设，到2020年建成区规模达20平方千米，人口规模达6.63万，城镇化率达81.5%，国民生产总值突破150亿元，城镇居民人均可支配收入和农村居民人均纯收入在2015年基础上实现翻番。目前，多扶镇已经完成城市生活污水处理厂建设并投入试运营、压缩垃圾站的迁建、启动多扶镇农贸市场规划建设、镇区基础配套设施建设、广东宝健源农业科技公司2500亩珍稀药材的基地建设及医养体验集合的乡村休闲旅游建设、启动川东北康养中心建设项目、启动古镇二期建设、完成下街棚户区改造、全面完成西充中学多扶校区建设、启动太极制药二期建设、完成部分建档立卡贫困户易地搬迁、启动工业园区拓展区建设。近几年重点将以创新驱动发展试验区为载体促进工业发展，拓展园区规模，完善园区条件，招引能耗低、科技含量高的成长型企业入园发展；以旧城改造和房区建设为载体加强城市建设。全面完成下街建设、配套基础设施。基本完成上街棚户区改造。完成场镇雨污管网建设及绿化、亮化、美化工程，全面提升城镇承载能力；加强影视文化产业发展。全面完成古镇建设，大型游乐场、山地运动场、川北医学院附属医院健康产业园、华严圣景等项目；发展影视农庄及观光休闲农业。对现有的三叶草羊业养殖、李晓荣特色果业等产业进行提档升级，在12、13、14、15、16村招引业主发展影视农庄及观光休闲农业；按照南充市总体规划和城市建设发展，高坪机场所处区位已不符合规划发展要求，市政府致力于南西蓬同城发展，西充县委、县政府和县级相关部门正积极争取，力推南充新机场在多扶落地，届时将助推多扶镇经济发展，社会经济将迈上新的台阶。

四川南充市多扶镇基本信息见表5-9。

表 5-9 四川南充市多扶镇基本信息

镇名称	多扶镇		所属省、市、县	四川省南充市西充县	
地形	□山区 □平原 ☑丘陵		区位	□大城市近郊 □远郊区 ☑农业地区	
功能类型	A. 商贸流通型 ☑B. 工业发展型 C. 农业服务型 ☑D. 旅游发展型 ☑E. 历史文化型 F. 民族聚居型 G. 其他（请注明）				
镇域面积（平方千米）	34.9		镇区建成区面积（平方千米）		10.2
镇域常住人口（人）	52350		下辖村庄数量（个）		18
镇区常住人口（人）	49678		镇区户籍人口（人）		45428
本镇就业总人口（人）	19402，其中：来自于周边农村的就业人口 6600				
镇 GDP（万元）	1010000		镇所属县 GDP（万元）		1510000
城镇居民人均纯收入（元）	20021		公共财政收入（万元）		8210
农村居民人均纯收入（元）	9865		其中：本级公共财政收入（万元）		
市政基础设施建设投资（万元）	18000		上级补贴（万元）		
全社会固定资产投资（万元）	2013 年	53000	2014 年	78000	2015 年 96000
民间资本固定资产投资（万元）	2013 年	41000	2014 年	60000	2015 年 75000

| 已获
称号 | 国家级称号：
☑全国重点镇 □中国历史文化名镇 □全国特色景观旅游名镇
☑美丽宜居小镇 □国家园林城镇 □全国环境优美乡镇
□国家发展和改革委员会新型城镇化试点镇 □财政部、住房和城乡建设部建制镇试点示范
□其他
省级称号：
☑省级重点镇、中心镇、示范镇 ☑省级卫生乡镇 □省级美丽宜居镇 □其他
镇域内是否有传统村落？□是 ☑否 数量：□中国传统村落；□省级传统村落
镇域内是否有美丽宜居村庄/美丽乡村？ ☑是 □否 |

规划	镇规划区面积（平方千米）：34.9	控制性详细规划编制面积（平方千米）：___20___
	镇规划区是否编制了与特色小镇相关的专项规划？☑是 □否	规划名称：___健康文化旅游产业园___

	年份	2013	2014	2015
产业	主导产业类型	有机食品加工	有机食品加工	有机食品加工
	主导产业企业数量（个）	32	128	130
	主导产业企业年投资额（万元）	18000	46000	68000
	主导产业产值（万元）	30000	826000	1010000
	主导产业吸纳的就业人员数量（人）	2500	11200	18078
	龙头企业大专以上学历就业人数	96	98	116
	主导产业产品品牌荣誉、称号	国家级 _2_ ；省级 _1_ ；市、县级		
	全镇当年新增注册公司数量（个）	10	96	2

续表

基础设施	是否通二级以上公路	☑是　□否	停车位数量（个）	2450
	自来水供水率（%）	100	自来水卫生达标率（%）	100
	生活垃圾无害化处理率（%）	100	生活污水达标排放率（%）	100
	宽带入户率（%）	70	街头小公园、绿地（处）	6
	主要灾害设施（防洪、排涝、消防等）名称		防洪堤、城镇综合管网、消防栓、消防池	
	有污水处理设施的行政村比例（%）	70	垃圾得到有效治理的行政村比例（%）	100
用地	各类产业用地面积（公顷）	700	镇区人均建设用地面积（平方米）	30
公共服务	小学（所）	1	是否为市级以上重点小学	□是　☑否
	初中（所）	1	是否为市级以上重点中学	☑是　□否
	高中（所）	1	职业学校（所）	1
	医院等级	二甲	养老服务设施（处）	6
	银行（信用社）网点（个）	3　；分属银行 农业银行；农商行； 邮政银行		
	大型连锁超市或商业中心（处）	3	三星标准以上酒店（个）	1
	快递网点（个）	4	公共区域 Wi-Fi 全覆盖	□是　☑否
	地域特色文化	☑民俗活动　☑特色餐饮　☑民间技艺　☑民间戏曲 ☑其他特色：宗密文化		
	文化活动中心/场所（处）	6	举办居民文化活动类型	（类）
	文化传播手段（多选）	☑广播电视　☑网站　☑微信　☑短信　☑其他		
社会管理	镇级组织机构设置（镇政府及下设办公室）	12 个		
	近 3 年曾获得县级以上表彰	省级卫生镇、省级安全社区、县先进集体等		
	是否有综合执法机构	☑是　□否	是否"一站式"综合行政服务	☑是　□否
	是否有规划建设管理机构	☑是　□否	镇政府工作人员数量（人）	50
	是否核发乡村规划许可	☑是　□否	其中：有编制的人员数量（人）	41
			规划建设管理人员数量（人）	10
	是否有 PPP 项目	☑是　□否　项目名称：华严禅境		
	是否有政府购买服务项目	☑是　□否　项目名称：居家养老		

资料来源：由南充市多扶镇政府提供，为 2016 年国家第一批特色小镇的申报数据。

六、云贵川地区民族聚居型特色小镇的同质化问题审视

云贵川地区少数民族村镇数量较多，特色也非常鲜明，尤其是在国家和各省特色小镇建设政策的推动下，涌现出了一大批典型且富有成效的民族特色小镇。

(一) 民族聚居型特色小镇同质化程度的总体研判

据调查，云贵川地区国家级民族聚居型特色小镇 3 个，分别是傣、傈僳、德昂、彝、回等民族聚居区的保山市隆阳区潞江镇；白族聚居区的大理白族自治州大理市喜洲镇；花腰傣族与彝族聚集区的玉溪市新平县戛洒镇①。此外，三省有省部级民族聚居型特色小镇 30 个左右，实地调查了其中 8 个，分别是苗族文化代表的屏边滴水苗城；彝族支系阿细人聚居区的弥勒可邑小镇；佤族文化代表的临沧翁丁葫芦小镇；回、彝、苗聚居区的凤龙湾小镇；布依族文化代表的鲁布革布依族风情小镇；佤族、拉祜族聚居区的西盟佤部落小镇；傈僳族文化代表的怒江傈僳风情小镇；藏族文化代表的梅里雪山小镇。综合判断，民族聚居型特色小镇同质化问题主要表现为以下几个方面：

一是以单一民族文化为依托的特色小镇，特色鲜明，个性更加突出，多民族散杂居特色小镇往往与其他民族类特色小镇存在趋同化现象。在调查的 11 个民族聚居型特色小镇中，有些小镇以单一民族文化为特色，比如大理白族自治州喜洲的白族文化，屏边滴水苗城的苗族文化，弥勒可邑小镇的彝族阿细人文化属于单一的民族文化核心，这些小镇的文化项目、文化体验、文化表征都具有很强的区分度和个性特征。散杂居型民族特色小镇往往与其他特色小镇存在一定同质化现象，如保山市隆阳区潞江镇和新平县戛洒镇都主推傣族文化，着力傣族文化旅游项目；凤龙湾小镇与屏边滴水苗城都主推苗族文化项目；临沧翁丁葫芦小镇和西盟佤部落小镇都力推佤族文化；保山市隆阳区潞江镇与怒江傈僳风情小镇在傈僳族文化上也存在文化重叠现象。虽然文化的同质现象不一

---

① 贵州西江镇以千户苗寨闻名，属于苗族民族聚居型特色小镇，但是它属于国家级历史文化名镇，因此在分类时将其纳入历史文化型特色小镇类型，以免重复。

定带来特色小镇必然的失败，但对于文化体验者和游客来讲，同质化带来了审美疲劳，降低了审美体验，折扣了特色小镇的"新、奇、异"特征。

二是同一民族文化在多个特色小镇（或村寨）"遍地开花"现象存在，彼此之间存在激烈的竞争。2018年，云南省提出在未来三年里，确保每个世居少数民族各建成一个特色小镇。目前云南省有彝族、白族、哈尼族、壮族、傣族、苗族、回族、傈僳族、拉祜族、佤族、纳西族、瑶族、景颇族、藏族、布朗族、布依族、阿昌族、普米族、蒙古族、怒族、基诺族、德昂族、水族、满族、独龙族等世居少数民族；贵州省有苗族、布依族、侗族、土家族、彝族、仡佬族、水族、回族、白族、瑶族、壮族、畲族、毛南族、满族、蒙古族、仫佬族、羌族等世居少数民族；四川省有彝族、藏族、羌族、苗族、回族、蒙古族、土家族、傈僳族、满族、纳西族、布依族、白族、壮族、傣族等世居少数民族。三个省共有的民族有彝族、白族、壮族、苗族等，两个省共有的民族有布依族、水族、回族、傈僳族、纳西族、藏族、蒙古族、布朗族、满族等。云贵川三省都很重视民族文化资源的旅游开发，将少数民族文化作为核心要素和特色资源打造特色小镇，文化同源而地理分布上又比较分散的民族文化资源不可避免地导致项目雷同化开发，景区同质化建设。有些少数民族空间分布呈现"一核多点"（核心聚居区和散杂居并存，如壮族主要分布在广西，但云贵川地区壮族散杂居也不少，蒙古族、回族也存在类似情况），有些少数民族空间分布呈现"多核并存"（如苗族、彝族、傣族等）情况。这种情况下，壮族、蒙古族、回族文化内涵的旅游型特色小镇既出现在云贵川地区，又同时在广西壮族自治区、内蒙古自治区、新疆维吾尔自治区等多个省区存在。调查的特色小镇中，苗族文化、傣族文化、彝族文化、傈僳族文化、藏族文化等民族文化的重叠性较大。尤其是以苗族文化打造的村镇数量很多，如西江千户苗寨、朗德上寨、芭莎苗寨、屏边滴水苗城、凤龙湾小镇等都以苗族文化为特色。此外，全国范围内有几十个具有一定规模的苗寨村寨在主推苗族文化，打造苗族乡村旅游项目。此外，彝族聚落、傣族聚落、佤族聚落等也非常热衷于打造特色村镇，从事民族旅游项目的开发。这些民族聚居区乡镇中，有些已经是国家级特色小镇和省级特色小镇，有些在建设的路上，有些正在规划之中，由此导致了民族类特色小镇"千军万马挤独木桥"的现象。如果抛却商业化和功利化因素，这些民族村镇居民在建筑、服饰、饮食、信仰等方面的同质化现象都是无可厚非的，毕竟他们是同一个民族族群，是历史形成的产物，也是他们该有的生活方式，同质化现象不等于同质化竞争。但是将同质化的文化资源作为商业开发和产业发展的资本，就必然会导致重复建设和经济效益低下。

　　三是相同民族文化内核的特色小镇"空间分异"现象明显，彼此空间距离越远，其同质化竞争越弱。文化是民族聚居型特色小镇的灵魂，也是吸引游客的名片，如果将相同的名片都发给同一个体验群体，其效果会大打折扣。贵州西江苗寨是我国最为典型的苗寨村落，也是目前比较成功的特色小镇之一。但是周边出现了德夯苗寨、朗德上寨、芭莎苗寨多个苗族文化景区，相比之下，这些景区的经营效果要差很多，甚至部分景区和旅游项目举步维艰，它们都以千户苗寨为模板，在努力模仿的过程中，这种趋同化格局越来越明显，对所有景区都不利。傣族村寨和聚落也存在类似的情况，新平县戛洒镇以花腰傣族文化为特色，每年以傣族泼水节、浴佛节等傣族传统文化为吸引物吸引游客，但云贵及周边地区知名的傣族村镇和景区很多（西双版纳建设有傣族风情旅游景区，泰国、老挝、缅甸、越南、柬埔寨、印度等周边国家也有很多傣族聚落），类似的傣族习俗、节庆、文旅项目也不少。调查表明，同一民族文化的旅游开发如果保持较远的空间距离，即"空间分异"时，各自的垄断性较强，同质竞争呈现弱化特征；如果空间距离很近，即"空间重叠"时，同质化竞争呈现强化特征，甚至出现恶性竞争情况。

（二）典型个案剖析

1. 典型案例一：建筑抢眼，靠文化取胜的白族民族风情第一镇的喜洲镇

　　喜洲镇位于大理市北部，距州府下关所在地 32 千米，距大理古城 22 千米，是一个有着 2000 多年历史的白族历史文化名镇。2018 年，全镇农村经济总收入完成 56.8 亿元，增长 8%；地方公共财政预算收入完成 2071 万元，增长 33%；规模以上固定资产投资完成 6412 万元；规模以下工业总产值完成 1.8 亿元；招商引资完成 2.24 亿元；农村常住居民人均可支配收入达 16348 元，增长 10%①。小镇依托喜洲特有的资源禀赋，按照国家 5A 级景区乡村旅游和全域旅游示范小镇、民族生态文化旅游创新示范区的标准建设，把喜洲古镇打造成中国最具风情的白族文化生态旅游小镇。小镇总规划面积 7 平方千米，核心区 1.5 平方千米，规划建设总投资 30.21 亿元，项目布局文化体验、时尚创意、田园养生三大产业板块。

　　喜洲古镇（白族）特色小镇项目规划建设点位于大理市喜洲镇，规划区范

---

① 资料自来喜洲镇 2019 年政府工作报告。

围包括喜洲古镇、新区以及古镇东侧直至海舌的田园空间，东至洱海岸线，南至规划环镇南路，西至大凤路，北至万花溪，总面积约 7 平方千米。其中，特色小镇核心区范围即喜洲古镇，共 1.5 平方千米，其中建设用地约 1.1 平方千米。辐射带动区范围包括喜洲新镇区、沿海村庄以及古镇东侧的田园空间，共 5.5 平方千米。小镇坚持"功能先行、培育产业、挖掘文化、改善民生、保护生态"的总体思路。从提升承载力入手，加快培育产业特色，并逐步向生活宜居、生态保护、文化传承等方面进行突破和拓展，打造民族文化浓郁、产业繁荣、生态宜居的中国白族风情第一镇。喜洲古镇（白族）特色小镇项目总投资为 30.21 亿元，其中：产业类项目投资 17.34 亿元，基础设施投资 12.87 亿元。2017~2019 年分三年实施，其中 2017 年计划投资 6 亿元，2018 年计划投资 15 亿元，2019 年计划投资 9 亿元。大理省级旅游度假区管委会于 2017 年 11 月 9 日与项目投资主体百悦投资集团有限公司签订了喜洲古镇（白族）特色小镇项目投资协议，由双方共同组建项目公司实施项目开发建设，百悦集团占股 65%，度假区占股 35%，项目公司享有特色小镇核心区项目运营权 40 年。

近年来，喜洲镇以建设"幸福喜洲、休闲胜地"为目标，加强资源环境保护和生态文明建设，加大旅游文化项目开发力度，加快旅游文化产品特色化、市场化和产业化步伐，探索低碳旅游发展模式，推动城乡一体化发展，营造优美舒适的生活环境，丰富多彩的旅游产品，独具魅力的文化体验，提升"文化大理、幸福喜洲、金花故乡、旅游胜地"的品牌形象。经过近几年的建设发展，喜洲镇形成了如下特色：

一是小镇规划富有前瞻性和引领性。喜洲白族特色小镇项目聘请上海同济城市规划设计研究院、清华大学建筑设计院文化遗产保护中心、云南省设计院等国内引领的设计单位进行规划编制。在高标准的规划引领下实施喜洲白族特色小镇建设项目，充分挖掘喜洲镇的历史民族文化及产业特色，着力打造便捷舒适、宜游宜居的旅游环境。预计三年的建设期内把喜洲建设成为"服务设施完善、产业高度融合、主题形象鲜明"的中国最具白族民族风情的第一古镇。

二是基础设施项目建设日趋完善。通过环线道路的建设解决整个古镇交通拥堵的问题；通过古镇管线入地综合配套工程，使古镇范围内"三线"得以入地，彻底解决三线杂乱无序的局面；通过街区风貌整治使古镇风貌在保护延续的基础上更具特色；通过夜景灯光的布设，增加古镇夜间游客人流量从而加大旅游业的收入。

三是文化产业与旅游融合发展步伐加快。通过将特色小镇创建与产业发展、扩大就业、土地流转、农民增收等挂钩，使创新创业迸发出活力与能量。喜洲围绕特色小镇建设举办了稻米文化艺术节、稻梦空间·传承农耕遗风,打造洱海保护生态农业插秧节、喜林苑,携手大理最擅长搞事情的柴米多,一起在充满历史文化气息的大宅子——宝成府里,举行了一场别有生趣的游园会、林登先生带领印第安纳大学凯丽商学院的 MBA 学生走进喜洲古镇等活动,充分利用当地自然资源使开发旅游产业的思路深入人心。

四是老院落保护与开发兼容。作为特色小镇考核的重要指标之一,老院落保护开发在特色小镇建设中受到了高度的重视,如杨焕南宅作为喜林苑西餐厅及文创非遗展示中心、大慈寺作为华中大学西迁纪念馆、印刷厂作为农耕文化体验中心、宝成府作为精品酒店及文化交流场所、张馨云宅邸作为古迹精品酒店、己已巳古宅花园客栈等的修缮利用,在特色小镇中将形成非遗集中展示和活态传承基地。

五是产业品牌逐步形成。小镇充分利用产业推广、文化宣传、"互联网+"等模式,拓展小镇品牌影响力。酒店品牌喜林苑依托古村落,专注于以创新的方式保护、整合与呈现原汁原味的传统文化,并以酒店为平台开展一系列的体验、学习、交流活动,为来自世界各地的客人和企业提供独一无二的文化旅游体验,将更为人性化、细致周到的理念注入各个服务环节,开创了文化遗产保护与可持续旅游相结合的发展模式。亼亽仓 1 号馆位于己已巳客栈内,为综合性人文艺术空间,会定期举办展览,亼亽仓 2 号馆(民艺手作集合仓)位于己已巳客栈旁,集合了木刻版画、羊毛毡、古法造纸、扎染等多项白族民间传统手工技艺的展示空间。天谷喜院从装修到经营,始终保持克制,为大家保留着这里历史和原生态的印记,让在浮世尘嚣中那些热爱白族历史文化的人们一同来感悟这份珍贵的留存。农场品牌田园综合体项目在开展农业观光、体验、休闲、度假等乡村旅游的同时,还发展以当地农作物为主的创意农业,打造生态农场品牌"喜米""喜油"等,使其成为整个田园综合体的重要吸引点,撬动乡村旅游市场。

喜洲镇的典型经验有以下几点:

一是一二三产业联动发展。小镇基于洱海保护的要求,依托喜洲特有的民族文化及建筑、文化旅游资源,拓展绿色有机农业、体验生态农业及观光农业,注重一产与三产联动发展,居民务农和旅游接待稳定收入、持续增长,形成独具特色的"经济产业链",社会经济全面可持续发展。对镇区大丽路以东 3000 多亩土地进行流转开展生态种植,培育产业发展新模式、新业态对产业转型升级发展起到新的引领作用。

二是县镇村基础设施、公共服务联动发展。喜洲古镇位于大理市北部,距州府所在地下关32千米，距大理古城22千米。大丽公路、国道214线大凤路穿境而过，距离小镇20千米范围有大丽高速公路邓川收费站，有接驳交通；距大理火车站31.5千米，有接驳交通；距大理机场48千米，有接驳交通。喜洲古镇周围一小时（含）交通圈内有大理古城、双廊古镇、龙尾关小镇三个特色小镇，有崇圣寺三塔（5A）、大理古城（4A）、南诏风情岛（4A）、天龙八部影视城（3A）、蝴蝶泉公园（3A）、上关花景区（3A）、张家花园（3A）七个3A以上景区。喜洲特色小镇的打造创建将是大理市休闲旅游大格局的一次新的提升，可充分利用丰富旅游资源、开发系列旅游产品将把喜洲镇打造成"参与性广、带动力强、示范性优"的重大旅游产业化项目，将全面提升大理旅游档次，并与大理州其他旅游景区景点形成良性互补，形成在资源层面上具有明显差异的休闲度假旅游区，形成互补性合作机制，进行互动式旅游经济发展。

三是政府—市场—社会多主体联动发展。喜洲特色小镇建设始终坚持政府主导、企业主体、市场化运作的原则，积极探索符合特色小镇特点长期运行的管理机制，摸索各主体协同和多功能有机融合的互利共赢实施途径，积极推进共建共治共享，为喜洲特色小镇的建设和发展打下坚实基础。

四是小城镇环境综合整治到位。2017年6月喜洲古镇综合管理中心正式挂牌成立，中心为股所级全额拨款公益一类事业单位，设"一室两所"，即综合管理中心办公室、古镇风貌保护管理站和秩序卫生管理站。大理市城市管理综合行政执法局根据《中华人民共和国行政处罚法》第十八条的规定，将喜洲古镇范围内环境卫生管理的行政执法权、市容秩序管理的行政执法权、户外广告及店面招牌管理的行政执法权委托给喜洲古镇综合管理中心行使。通过严厉打击占道经营、违规设置广告牌、私搭乱建等行为，与交警部门联合规范交通秩序，大大改善了古镇整体环境。小镇以环卫市场化运作为抓手美化古镇环境，通过购买服务方式引进环卫公司负责古镇范围内的路面清扫、垃圾清运、绿化养护等保洁工作，古镇综合管理中心建立积分考核制度，每日巡查监督古镇保洁管理情况，并对其进行考核，考核结果运用依照合同内容进行扣分扣款。群众普遍反映古镇内环境卫生、绿化得到明显改善。

五是社会化管理。喜洲镇以政府主导、市场运作为核心理念，政府负责方向政策的把握，企业负责具体实施，以"产城结合、两化互动"为基本指导思想，产业导入、产业开发运营与城镇开发建设相互促进的城市综合运营模式。注重政府对民生的需求、城市化进程的推动、生态文明环境的建设、高端资源的整合和优质产业的导入与发展，以带动城市价值、区域价值的整体提升，推动可持续发展的城市化进程，实现"产城共荣、政企双赢"的目标。由SPV公司获得特许经营权 40 年，SPV 公司负责全部运营投资和事务，政府负责管理，所取得的收益，由政府、居民、企业三方以约定比例和方式共享。

按照规划，喜洲镇争取在未来五年的建设发展中，把旅游文化产业打造成喜洲镇的战略性支柱产业，促进喜洲镇经济社会全面发展，成为国内外游客向往的国际文化休闲度假旅游目的地、云南省绿色产业经济示范区和特色文化旅游小镇建设典范、大理州旅游"二次创业"增长极、苍洱片区旅游综合改革试点的排头兵。经济目标方面，到 2019 年末，实现全镇年接待国内外游客超过350 万人次，其中海外游客超过 40 万人次，游客平均停留时间 3 天以上，旅游业总收入 20 亿元。社会目标方面，实现旅游业包容性增长，全面促进全镇的生态环境、经济结构、社会关系、新城镇化和精神文明的新变化，实现扩大就业和提升人民生活质量两大社会目标，到 2019 年新增旅游业直接就业人数 5000人，努力将旅游业建设成为人民群众更加满意的现代服务业，形成旅游与一二三产业融合发展的新局面。生态目标方面，充分发挥旅游业在建设资源节约和环境友好型社会中的独特作用，通过发展旅游业，加强喜洲古镇的保护，促进湖泊河流水资源的恢复，森林植被的恢复、培植和保育，自然环境的改善和提升，保持旅游业发展与生态建设、城镇建设、环境保护、资源保护、文物保护之间的良性循环，促使区域生态环境面貌和城乡风貌的改善，实现经济效益、社会效益、生态效益的统一。

云南大理喜洲镇特色小城镇建设情况见表 5-10。

表 5-10　云南大理喜洲镇特色小城镇建设情况

项目	主要指标	申报年份年底	2018 年底
基本情况	镇区建成区面积（公顷）	312.4	312.4
	镇区主导产业建设用地面积（公顷）	17.1	22.9
	镇域常住人口（万人）	6.7	6.8
	镇区常住人口（万人）	1.3	1.4
	其中：镇区常住外来人口（万人）	0.1	0.3
	GDP（亿元）	48.7	56.8
	公共财政收入（万元）	1334	2071
	全社会固定资产投资（万元）	33000	54507
	其中：吸纳社会资本（万元）	20000	30650

续表

项目	主要指标	申报年份年底	2018 年底
特色产业发展	最具特色资源类型	A. 特色产业：√1. 农业 2. 工业 √3. 服务业 B. 特色文化：√1. 传统文化 √2. 民族文化 3. 红色文化 √4. 其他特色文化 建筑文化 C. 特色景观：√1. 自然遗产 √2. 风景名胜 √3. 地质公园 4. 其他特色景观_____	
	特色资源内容及影响	特色资源内容：世界地质公园——苍山。全国重点文物保护单位——喜洲白族古建筑群；大理历史文化名城组成部分——喜洲历史文化街区；大理风景名胜区苍山洱海片区喜洲景区；大理苍山洱海国家级自然保护区；中国传统村落——喜洲、城北、周城、庆洞、上关五个村；国家级非物质文化遗产——"绕三灵"和周城白族扎染；4A 级景区蝴蝶泉公园、3A 级景区上关花公园。省级重点文物保护单位——圣源寺观音阁和龙首城遗址；省级历史文化名村——周城村；省级非物质文化遗产——大理洱海鱼鹰驯化技艺；完整地保留着五大民族乐舞：洞经音乐、大本曲、吹吹腔、霸王鞭、双飞燕 影响级别：√1. 世界级 √2. 国家级 √3. 省/区域级 √4. 市县级	
	特色产业总产值（万元）	67500	78732
	申报至今特色产业累计投资（亿元）	11.9	
	特色产业集聚相关企业（家庭农场、合作社等）个数（个）	2	11
	特色产业吸纳的就业人数（人）	1800	3200
	其中：吸纳周边农民就业人数（人）	850	2000
房屋建设	累计商品房用地面积（公顷）	1597	1597
	累计商品房建筑面积（万平方米）	5.84	5.84
	累计商品房开发投资（万元）	760000	760000
宜居环境和服务设施建设	生活垃圾日均处理量（吨）	47.1	55.6
	生活污水日处理能力（立方米）	有无污水处理厂 ☑有 □无，处理能力日均10000	
	生活污水日处理量（立方米）	2000	10000
	公共厕所（座）	6	33
	公园及休闲健身广场个数（个）	2	3
	市政基础设施运行维护费用（万元）		

续表

项目	主要指标	申报年份年底	2018 年底
宜居环境和服务设施建设	综合环境整治、基础设施和公共服务设施提升等项目（可根据实际增加）	1. 名称 __特色小镇机耕道路及慢行道路提升改造工程__ ，总投资 __2683__ 万元，开工时间 __2017__ 年 2. 名称 __智慧旅游管线入地综合配套工程__ ，总投资 __8000__ 万元，开工时间 __2017__ 年 3. 名称 __新建环镇东路__ ，总投资 __1180__ 万元，开工时间 __2018__ 年 4. 名称 __镇区 8 个自然村市政基础设施提升工程__ ，总投资 __6689__ 万元，开工时间 __2017__ 年	
传统文化保护	文化活动场所	个数： __3__ 个，总占地： __268__ 公顷；室内场所总建筑面积 __300__ 平方米	个数： __3__ 个，总占地： __268__ 公顷；室内场所总建筑面积 __300__ 平方米
	非物质文化遗产个数（个）	国家级 __2__ 个，省级 __1__ 个，市级_____个	
	申报年以来举办文化活动情况，级别从国际、国家、省、市、县级中选取（可根据实际增加）	共举办文化活动 __19__ 场， __36900__ 人次参与。代表性活动例如： 1. 名称 __绕三灵__ ，每年 3000 人次参与，级别 __国家级__ ，举办时间：每年农历四月二十三至二十五 2. 名称 __栽秧会__ ，每年 500 人次参与，级别 __镇级__ ，举办时间： __每年插秧季节__ 3. 名称 __火把节__ ，每年 2000 人次参与，级别 __镇级__ ，举办时间： __每年火把节__ 4. 名称 __本主节__ ，每年 2000 人次参与，级别 __镇级__ ，举办时间： __各村每年本主节__ 5. 名称 __春节文化活动__ ，每年 1800 人次参与，级别： __镇级__ ，举办时间： __每年春节__ 6. 名称 __喜洲镇第一、第二届稻米文化艺术节__ ，每年 3000 人次参与，级别： __镇级__ ，举办时间： __2017 年和 2018 年稻米收割季__ 7. 名称 __稻谷空间插秧节活动__ ，每年 1500 人次参与，级别： __镇级__ ，举办时间： __2017 年和 2018 年插秧季节__	
规划建设管理与体制机制创新	镇总体规划编制审批情况	编制时间： __2016__ 年_____月；审批时间： __2017__ 年_____月	
	镇容镇貌管理机构	名称喜洲古镇综合管理中心 ，人员数量 __23__ 人，设立时间 __2018__ 年	
	村镇规划建设管理人员人数（人）	40	47

续表

项 目	主要指标	申报年份年底	2018 年底
申报完成后实施项目情况	项目情况介绍，包括建设主体、规模、投入资金、进展成效和下一步计划等，并附相关照片		1. 实施效果较好的产业发展项目 5 个 2. 实施的道路垃圾处理、污水治理等基础设施建设项目 5 个 3. 实施的住宅建设项目清单和情况 4. 开展的节庆、文化活动 （实施项目不足 5 个的，依据实际情况提供。调研组随机各选择 1~2 个，对照申报规划及城镇总体规划开展现场调研）

资料来源：由喜洲镇政府提供。

2. 典型案例二：以花腰傣文化为特色打造养生度假胜地的新平县戛洒镇

戛洒镇地处哀牢山脉中段东麓，红河上游的戛洒江畔，是玉溪、楚雄、普洱的交通交汇处和商贸集散地，全镇有土地面积 415.6 平方千米，境内居住着傣族、彝族、哈尼族等 11 个少数民族。镇域内既有 2000 余米海拔的高寒山区，又有 510 米的低海拔河谷热坝，呈明显垂直立体气候。镇内物产丰富，盛产稻谷、玉米、甘蔗、香蕉、芒果、荔枝、竹子、烤烟等粮经作物。2018 年，全镇实现地区生产总值 43.4 亿元，全镇总人口 35723 人，少数民族人口 28943 人，占总人口的 81%。

戛洒花腰傣族风情小镇建设规划面积 3.6 平方千米，位于戛洒集镇戛洒大道东侧，核心区面积为 1 平方千米，位于规划区沿戛洒西侧，辐射带动区为关圣庙片区。戛洒花腰傣族风情小镇计划实施 23 个项目，计划总投资 15 亿元。总体定位为中国一流全天候养生度假胜地之一，滇中滇西南旅游重要交汇地，花腰傣风情全域旅游示范区，以花腰傣文化产业、哀牢山自然人文旅游及红河谷现代休闲农业为特色，全国一流的旅游休闲小镇。主要依托花腰傣民族风情浓厚底蕴，核心区以花腰傣特色文化为基底、以花腰傣文化为基调、以"田在城中，城在田中"的写意山水田园城镇格局，依托神秘哀牢山的人文环境、自然风光以及中国独特的花腰傣风情特色，哀牢山茶马古道文化和花腰古滇王国文化故事为载体，打造云南领先、争创中国一流人文旅游度假小镇，充分展现花腰傣风情小镇魅力情怀。小镇核心区达到 4A 级旅游景区标准，至 2020 年，项目投入将达到 15 亿元以上，全部由社会资本投资，完成核心区项目建设，同时产业支撑性项目投资 8.38 亿元，占总投资的 55.8%，实现企业主营收入 6 亿元。目前小镇的投资主体有 4 家，分别是新平县城镇建设投资有限公司、新平县旅游文化发展有限公司、新平中恒投资有限公司和云南建设基础设施投资股份有限公司。创建以来小镇完成投资 6.77 亿元，其中 2018 年完成投资 3.46 亿元，全部由投资主体完成投资，实施了 19 个项目。全面完成了花街延长线北段道路、东磨大桥至小槟榔园三岔口太阳能路灯安装、商贸街改造工程、关圣庙特色民居夯土建筑、金厂河桥两侧人行通道、"十三五"哀牢山旅游景区基础设施和公共服务设施、戛洒大道屋脊灯带亮化等项目建设。花街水岸—花腰傣温泉旅游度假体验区、外滩酒店、花腰傣民族文化传承园、关圣庙科技文化中心等项目正在加快建设之中①。2018 年，戛洒镇共接待游客 270.29 万人次，同比增长 20.5%；实现旅游总收入 23 亿元，同比增长 30%；接待过夜游客 91.32 万人次，同比增长 20.6%；接待海外游客 182 人次，同比增长 5.42%。关圣庙片区易地扶贫搬迁安置项目已建成民房 586 套，农户已搬迁入住。2018 年戛洒镇被国家民族事务委员会命名为"全国民族团结进步示范乡镇"。

归纳起来，戛洒特色小镇建设具有如下特色：一是民族文化符号特色，小镇以傣族民族文化为主线，将花腰傣文化融入到小镇的基础设施建设之中，实现了文化的融入。如已经完成的戛洒大道临街商铺和住户房屋都有明显的傣族文化气息，并安装了 16 尊傣洒、338 个凤凰展翅、傣卡、傣雅彩色写实雕塑等傣族特色建筑；带有花腰傣民风民俗的彩画在广场、马路两边、灯杆等地方随处可见，甚至连标识牌、外墙喷漆都带有傣族文化气息。二是在项目和产品设计上逐步开始融入傣族文化，如 2018 年国庆期间，举办了"花腰霓裳"服饰靓装大赛，以欣赏花腰傣族亮丽迎宾活动、体验花腰傣族古老、神秘迎宾仪式、参与欢快民族歌舞互动；举办了以欣赏原生态村寨花腰傣服饰的亮装彩排·画龙点睛活动、精华汇演·赛装拍卖活动；举办了以旅游产品、民族服饰、民族工艺品、花腰傣特色美食展销活动为特色的花腰傣传统民俗文化产品展示活动②。目前存在的主要问题：一是文化主线上与其他傣族村寨旅游项目有重复雷同现象；二是产业业态单一，缺乏游乐、旅游商品等产业实体，现有产业以住宿、餐饮为主；三是政府开放性不足，体制机制创新略显僵化。

---

① 根据戛洒镇 2018 年政府工作报告以及笔者实地调查资料整理。
② 来自调查与体验。

七、云贵川地区商贸流通型特色小镇的同质化问题审视

云贵川地区商贸流通型特色小镇数量较少，尤其是高速、高铁、航空等交通条件的改善之后，历史上形成的商贸流通口岸、商贸古镇已经衰退或消失，现有的商贸流通型特色小镇多数出现在国家边界线、省际边界线，也有部分农业加工业小镇将物流商贸作为重点进行打造。

（一）商贸流通型特色小镇同质化程度的总体研判

云贵川地区国家级商贸流通型特色小镇有遵义市湄潭县永兴镇、德宏州瑞丽市畹町镇和达州市宣汉县南坝镇 3 个，省部级 5 个左右。其中部分特色小镇同时属于农业服务型或者工业发展型，产业类型混合多元。根据调查情况，云贵川地区商贸流通型特色小镇要么基于特殊的地域空间（国家边界线或交通枢纽），要么基于历史发展的延续，其发展差异化比较明显，建设过程具有如下特征：

一是云贵川地区商贸流通基于本土的第一、第二产业发展，"两头在外"的物资集散型特色小镇数量较少。云贵川地区现有的商贸流通类特色小镇往往以本土产出的特色农业产品、手工艺品等为主要的商品交易类型，商品集散地经济缺乏，商贸流通的区域范围主要集中在本地和周边地区。这与农业服务型、工业发展型特色小镇的区别并不明显。相比东部地区的商贸流通型特色小镇，其商贾结构单一，货物流、客户流区域辐射范围比较狭窄。

二是以传统的商贸流通经济为主导，现代电商、微商物流模式比重较少，各特色小镇的建设模式基本相似。云贵川地区特色小镇的商贸物流经济比较传统，多数地区通过商业圈建设、物流中心建设等方式打造商贸小镇。这种模式虽然有效，但是投入大，占地多，而且资源利用率低。相比之下，东部一些物流型特色小镇，采用占地少、仓储少、流通快的电商和微商物流模式，更有效率。

三是部分小镇追求大而全的城镇建设，"摊大饼"式城市化趋同发展。调查中发现，一些商贸流通型特色小镇由于经济基础较好，商业经济比较发达，由此带动了城镇化的快速发展，进而其特色小镇发展追求"大而同"和"高而

全",向"副县级中心"转型发展,脱离了特色小镇发展的"初心"。尤其是个别特色小镇在具备一定经济基础和城镇规模之后,其建筑方式、城市规划、产业规划与县城城市化发展如出一辙。

总体来看,云贵川地区商贸物流型特色小镇由于数量少,存在的问题不是同质化本身的问题,而是创新不足的问题,但瑕不掩瑜,云贵川地区也涌现了不少质量较高的商贸流通型特色小镇。

(二) 典型个案剖析

1. 典型案例一:以湄潭茶、茅贡米为特色打造"茶海永兴·商旅古镇"的永兴镇

永兴镇始建于明万历二年(1574年),距今有400多年历史,为黔北四大商业重镇之一,全镇面积165.8平方千米,辖13村2个居委会,现有人口62000人,镇区常住人口40170人。永兴镇距遵义机场35千米、距乌江航线沿江渡码头70千米;326国道、杭瑞高速、银百高速及拟建的昭黔铁路交汇于此,是黔北通往黔东和湘西的交通要塞。永兴镇历史悠久,文化厚重,明万历年间(1574年)开市兴场,先后获得中国商业名镇、省级历史文化名镇、贵州最美茶乡、"贵州省十大魅力旅游景区"等十余项省级以上荣誉称号,于2017年入围第二批中国特色小镇。近年来,永兴镇以"拉路网、兴市场、建新区、改老城"小城镇建设和"打基础、兴产业、建民居、焕新颜"新农村建设为抓手,实现了特色小镇的快速发展。目前,城镇规划城区3.2平方千米,城镇人口1.86万人,农村居民人均可支配收入达到了12675元,全面小康社会实现程度达到94%。

在特色小镇建设过程中,形成了如下经验和成效[①]:

一是科学规划和科学定位,推进空间规划与发展布局一体化。围绕"茶海永兴·商旅古镇"发展定位,按照"居住环境秀美、旅游资源丰富、商贸集散繁荣、镇区园区一体"的目标编制总体规划和控制性详规,以及新城区修建、古镇核心区修复改造、棚户区综合整治和村庄区域景观改造等子规划,城镇规划区面积从原来的1.2平方千米拓展到8.14平方千米,着力构建宜居、宜业、宜游城镇体系,大力推进产业融合发展,打造"小而特、小而富、小而精、小

---

① 由永兴镇政府提供。

而美"的商贸旅游古镇。

二是基础设施与公共服务设施一体化建设。累计实施"8+X"项目128个，完成投资23.74亿元，先后建成市政道路、市民广场、山地公园、保障性住房、城镇污水处理厂、养老服务中心等一批标志性工程，市政基础设施和公共服务设施极大完善。大力实施美丽乡村"6+X"项目，农村饮水安全达标率达到98%，镇村生活垃圾无害化处理率达85%，一户一电表改造率达100%，实现村村通油路和客运，通电话、宽带和邮政，村庄环境整治率达82%。

三是以"四在农家·美丽乡村"和"四民社区·文明乡镇"为载体，推进建设与管理一体化。深化"富、学、乐、美"内涵，全覆盖、全景域推进"四在农家·美丽乡村"创建。累计新（改）建黔北民居5728户，实施村庄整治污点79个，建成"依山傍水、村庄城镇、自然村寨"三种模式，"黔北民居"新村示范点14个，广大农村正由"四在农家"向收入多元化、生活时尚化、居住庭院化、管理民主化的"四化农家"转变。深化"安、便、乐、康"内涵，高标准、高质量、高水平推进"四民社区·文明乡镇"创建和"平安永兴"创建，实行镇村政务服务"一站式"办公，创建服务型基层党组织。实施街道石板安装、古镇风貌整治、灯饰亮化、绿化工程，推行城镇社区网格化服务和卫生市场化管理，新增街道绿化面积18万平方米，完善文体卫等设施，广泛开展各类文明创建活动。

四是以园区景区和城镇茶业商贸为重点，推进产业与城镇发展一体化。永兴镇在茶叶种植上有独特的优势，海拔、纬度、日照、降雨量、土壤微量元素决定了永兴茶叶具有独特品质，茶水浸出物远高出国家标准。永兴镇坚持"优势在茶、特色在茶、出路在茶、希望在茶、成败在茶"的理念，1997年茶产业成为永兴镇主导产业，设茶产办，举全镇之力发展茶产业，短短20年，茶园面积从不到1万亩迅速拓展到8.36万亩。目前，全镇茶叶加工企业达125家；茶叶产值25.1亿元，综合收入45.2亿元。做精做优"中国第一米——茅贡米"原产地，种植面积达4.3万亩以上，培育壮大6家品牌米业规模企业。做特做响"中国驰名商标——老干妈发源地"全镇果蔬面积达1万亩，其中辣椒基地0.6万亩。以减少绿色工业园区为重点，推进新型工业化。园区入园企业11家，2015年实现工业产值8.5亿元，解决就业798人，带动本镇及周边4万多人致富。以"中国茶海"旅游景区为重点，推进旅游产业化。依托国内最大连片茶园"中国茶海"，按照AAAAA级标准建设茶旅景区，推动农旅、城旅、村旅、文旅一体化、全景域发展。启动小商品市场、辣椒市场、农贸市场、客货运站场等项目建设，发展农村电子商务，全镇注册企业（个体户）达1222家。

　　五是以生态建设和文化保护为灵魂,推进自然与人文融合一体。2015 年以来,永兴大力建设生态古镇,坚守发展和生态两条底线,从生态环境治理、综合环境整治、美丽乡村建设等方面着手,大力实施林业绿化、水土保持、河流生态治理等重大生态建设与环境保护工程,全力打造"山水相依、景田相望、农旅相生、产城相容"的生态永兴和美丽乡村建设,实现了天蓝、地绿、水清、气净、地洁、景美。新增林地 3000 余亩,建成花卉苗木基地 1000 余亩,建成一批河滨、山体、湿地公园,森林覆盖率高达 60%。2015 年以来,永兴镇采取政府主导的形式,在镇域范围分别实施《永兴镇中华村污水处理工程建设项目》《永兴镇农村环境提升水体打造建设项目》等一系列生态环境治理项目,覆盖了整个镇区面积以及大部分行政村和自然村,总投资达 3000 万元以上,为建设美丽宜居的中国茶海小镇打下优良的生态基础。永兴镇非常重视保护开发利用,每年开展文化活动 20 余次,其中市级大型文化活动 1 项,县级大型文化活动 2 项,传承永兴特色文化。其中古镇商贸文化、浙大西迁文化、红色文化、贡米文化资源颇有特色,目前正在复古修缮"一街八巷三宫四庙"古镇核心区,打造人文厚重、宜居宜游的文化古镇。

　　按照规划,2019 年,永兴镇将通过资源保护及完善机制体制,最终实现把永兴打造为贵州一流的集茶文化、茶休闲、茶体验为一体的茶产业综合度假基地、国家级茶业综合示范区。到 2020 年,建成永兴茶海综合示范小镇,辐射带动复兴、天城等周边片区整体协调发展,联合打造湄潭县茶文化、茶产业的中心,同时结合小城镇建设及国际慢城建设,发扬茶文化,做宽做广茶产业,把永兴打造为省内一流的集茶文化、茶休闲、茶体验为一体的茶产业综合度假基地、国家级茶产业综合示范区。

　　产业方面:一是做精农业增收益。突出茶文化,完善茶产业链条,巩固传统农业优势,科学合理规划好茶叶、水稻、果蔬等经济作物种植区域布局。抓实抓好产学研,实现质量效益最大化。实施标准化农业生产,狠抓标准化无公害茶园建设。二是做大园区增效益。以永兴产业园为平台,充分发挥园区主战场作用,大力实施工业强镇。几年之内成功申报国家龙头企业 1 家,省级龙头企业 2~3 家,园区企业达 20 家,园区企业工业产值达 5 亿元,全镇工业总产值达 10 亿元。三是做优三产增活力。充分利用资源优势,开展茶文化旅游、茶海景区旅游、乡村休闲旅游。

　　宜居方面:以永兴慢城申报为契机,完成沿线乡村提档升级。按照永兴国际慢城项目的建设标准,以全域旅游发展为契机,全面完成茅坝新农村提档升级打造,进一步深化米旅观光休闲目的地内涵,充分展示传统农耕文化。人居环境方面。一是重视生态建设，强抓景观提升。在镇域范围内全面实施山头绿化工程、新农村庭院美化工程及局部节点景观美化等，同时严格控制镇区及茶海景区等地段建设项目容积率、高度、绿化等指标，实施市政道路绿化，把道路景观打造为永兴的新名片。二是深入推进乡村建设。抓好农村环境综合整治，对各村环境卫生进行不定时督查，形成考核竞争机制。

文化传承方面和文化保护方面：重视商埠文化、浙大西迁文化、红色文化、茶文化、贡米文化、民俗文化六大文化的分类整理，综合运用，对镇区历史建筑进行修缮，对重要历史建筑如欧阳曙宅、浙大永兴分校教授住处、李氏古宅等进行养护。一是挖掘民俗文化，在永兴镇范围内对民俗文化及非物质文化遗产进行统计分类，形成独特的文化特色。二是开拓会展文化，依据永兴镇万亩茶海及万亩稻田形成的生态效应，邀请及发起会议展览类型的内容，把商贸古镇的文化结合茶文化进行拓展。

基建与脱贫方面：坚持把加强城镇基础设施建设与推动脱贫攻坚结合起来，重点改善农村道路、水利、饮用水、电网、通讯、广播电视等生产生活条件，强化农村环境综合整治、交通完善及道路绿化等项目，改善贫困人口的生产生活条件，促进人口脱贫。坚持把产业项目与扶贫开发结合起来：强化产业项目与扶贫项目统筹结合，促进项目整合实施、资金打捆使用，打造乡村扶贫产业链条。坚持把产业数据、旅游数据与贫困人口结合起来：坚持"互联网+"理念，搭建"茶海小镇永兴"微信平台，大力发展农村电商，使茶产业与其他产业线上线下结合，引导贫困群众就地创业就业，提高群众自我脱贫能力，实现共同富裕。体制机制方面，实施"1+N"产业发展合议制度，以政府为主导，涵纳规划、住建、国土、发改、财政、文化、旅游、招商等政府部门及银行、企业、平台公司、社会组织等参与，定期研究产业发展中的重点和难点，促进各部门间的合作。"1+N"融资平台建设：以政府为主导，探索建立集产业建设、旅游开发、经营、管理为一体的旅游投资和开发集团公司，形成"政府+公司"协作机制，依托各部门支持，充分吸纳社会资本，借助平台，发挥社会资本作用，强化融资带动。"1+N"产业融合机制：围绕"茶+"，深入实施"茶+旅游""茶+文化""茶+互联网"等一系列的工程，深入实施"茶（田）园变公园、园区变景区、产品变商品"等计划，以农促商，以农兴旅，围绕"大数据+"，推动信息建设。

目前，永兴镇存在如下主要问题：一是城镇基础设施建设资金不足，生态旅游发展融资和筹资难度较大，基础设施建设进度远远落后于规划速度。二是出于历史原因和观念因素，城镇管理力度跟不上城镇建设速度，存在脏乱问题，影响了城镇形象。三是商业综合体业态布局有欠缺，有关小镇特色茶、米、辣椒等农产品缺乏专业的业态布局。四是城镇管理人员人才缺乏，经验不足，规建管水平有限。五是公共服务水平远远落后于城镇人口的增长，缺乏优质的医疗、教育服务。

贵州遵义市湄潭县永兴镇传统文化保护传承概图见图 5-2，特色小镇推荐信息表——贵州省湄潭县永兴镇见表 5-11。

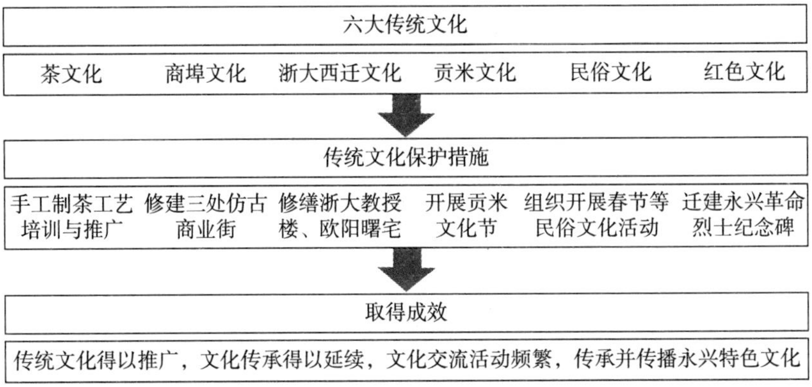

图 5-2　贵州遵义市湄潭县永兴镇传统文化保护传承概图（永兴镇政府提供）

表 5-11　特色小镇推荐信息表——贵州省湄潭县永兴镇

基本情况	地形	☐山区 ☐平原 ☑丘陵 ☐水网 ☐其他			区位	☐大城市近郊 ☐远郊区 ☑农业地区	
	功能类型	☑A.商贸流通型　B.工业发展型　☑C.农业服务型　D.旅游发展型　E.历史文化型 F.民族聚居型　G.其他（请注明）					
	镇域常住人口（人）	62000			镇区常住人口（人）		18640
	镇 GDP（万元）	66748			镇所属县 GDP（万元）		901100
	城镇居民人均年可支配收入（元）	26781			农村居民人均年可支配收入（元）		11905
	公共财政收入（万元）	1029 ，其中：可支配财政收入 625					
	全社会固定资产投资（万元）	2015 年	74120	2016 年	76082	2017 年第一季度	33800
	民间资本固定资产投资（万元）	2015 年	7970	2016 年	7350	2017 年第一季度	1350
	房地产开发投资（万元）	2015 年	12900	2016 年	14690	2017 年第一季度	9150
	已获称号	国家级称号：☑全国重点镇　☐中国历史文化名镇　☐全国特色景观旅游名镇 ☐美丽宜居小镇　☐国家发展和改革委员会新型城镇化试点镇　☐财政部、住房和城乡建设部建制镇试点示范　☑其他：中国商业名镇 省级称号：贵州省历史文化名镇、贵州省最美茶乡、30 个省级示范小城镇和 100 个省级高效农业示范园区之一					

续表

主导产业类型	以茶产业为主的生态农业及以优质大米、永兴板鸭、永兴大闸蟹、花卉苗木、果蔬种植等为辅的绿色生态产业	
主导产业产品品牌荣誉、称号	国家级：湄潭翠芽获"中国驰名商标称号"；湄潭翠芽·遵义红获意大利米兰世博会中国名茶金奖；"茅贡"牌"顶级香"优质稻米荣获"中国十大优质精米金奖"、国家地理标志保护产品；龙脉皇米获第十四届国际粮油产品及设备技术展示交易会金奖； 省级：中国茶海景区荣获贵州省十大魅力景区称号；竹香米业、龙脉皇米、御膳米业荣获省级龙头企业、贵州省名牌企业称号 市级：以茶产业为主的永兴镇产业园荣获遵义市创业示范园称号	
主导产业产值在省、市同类行业镇中排名	省级排名：第一；地市级排名：第一	

主 导 产 业 发 展	年份	2015	2016	2017 年第一季度
	主导产业年投资额（万元）	15000	25000	8000
	主导产业产值（万元）	75000	100000	30000
	主导产业吸纳的就业人员（人）	800	1200	1300
	直接或间接带动周边农民就业（人）	700	1000	1200

	2015 年至 2017 年第一季度已立项或建设的产业项目（可按照实际自行增加项目）	①名称：中国茶海生态旅游景区基础设施建设项目，建设用地面积 24.5 公顷，总投资 90900 万元 ②名称：永兴镇产业园区项目，建设用地面积 33.3 公顷，总投资 18300 万元 ③名称：永兴镇古镇核心区建设项目，建设用地面积 11.46 公顷，总投资 20000 万元 ④名称：永兴镇古镇基础设施建设项目，建设用地面积 324 公顷，总投资 5000 万元 ⑤名称：永兴镇古镇核心区西面异地安置建设项目，建设用地面积 2.6 公顷，总投资 10000 万元 ⑥名称：茅坝综合环境整治建设项目，建设用地面积：135 公顷，总投资 10800 万元
美丽 环境 建设	土地利用	2015 年底建成区 303 公顷，2016 年新增建设用地 21 公顷 2017 年计划新增建设用地 7 公顷，至 2020 年规划建设用地面积 257 公顷

续表

	2015 年至 2017 年第一季度建设的住房、商业项目	①自建房：430 套，新增建设用地面积 6 公顷，总投资 8600 万元 ②商品房：969 套，新增建设用地面积 3 公顷，总投资 12558 万元 ③保障房：992 套，新增建设用地面积 0.95 公顷，总投资 3000 万元 ④商业综合体：6 个，新增建设用地面积 7.2 公顷，总投资 12582 万元
美丽环境建设	2015 年至 2017 年第一季度实施的生态环境治理、综合环境整治和美丽乡村建设项目（可自行增加项目）	①名称：永兴镇小康村寨建设项目，建设内容：包括茅坝村道路硬化 6500 米，人行道 2000 米，流河渡村路硬化 4500 米，人行道 3000 米，永兴桥村道路硬化 4500 米，人行道 3000 米及亮化、垃圾处理、庭院硬化等，总投资 1045 万元 ②名称：永兴镇永兴桥村旅游景观工程建设项目，建设内容：占地 5000 余平方米，含荷花池水体、步道、走廊和亭子等，修建道路 1183 米，桥梁一座。总投资 660 万元 ③名称：永兴镇中华村污水处理工程建设项目，建设内容：含收集池、处理池、收集管道及雨污分离等，总投资 110 万元 ④名称：永兴镇中华村张家院子（中华）"四在农家、美丽乡村"小康村寨建设项目，建设内容：示范型小康村基础设施建设，总投资 280 万元 ⑤名称：永兴镇茅坝村茅坝村寨（茅坝）"四在农家、美丽乡村"小康村寨建设项目，建设内容：示范型小康村基础设施建设，总投资 260 万元 ⑥名称：永兴镇分水村分水村寨（分水）"四在农家、美丽乡村"小康村寨建设项目，建设内容：示范型小康村基础设施建设，总投资 250 万元 ⑦名称：永兴镇永兴桥村新农村建设示范点建设项目，建设内容：集道路、休闲设施、绿化、亮化、湿地综合景观、民居风貌整治等配套设施建设，总投资 1500 万元 ⑧名称：永兴镇中华村新农村建设示范点建设项目，建设内容：占地面积约 100 亩，集道路、广场、社区服务中心、绿化、亮化、湿地综合景观、民居风貌整治及道安置等配套设施建设，总投资 3000 万元 ⑨名称：永兴镇分水村脱贫攻坚示范点建设项目，建设内容：农民文化家园、道路硬化 500 米，茶青市场、污水处理、绿化、黔北民居 100 户等配套基础设施，总投资 2400 万元 ⑩名称：永兴镇"四在农家，美丽乡村"风貌整治建设项目，建设内容：约 150 户庭院改造、房屋立面整治，总投资 600 万元

续表

美丽环境建设	2015 年至 2017 年第一季度实施的生态环境治理、综合环境整治和美丽乡村建设项目（可自行增加项目）	⑪名称：永兴镇农村环境提升电影院建设项目，建设内容：占地面积 7 亩、房屋主体及室内设施、设备及其配套基础设施，总投资 600 万元 ⑫名称：永兴镇农村环境提升生态停车场建设项目，建设内容：占地面积 10 亩、70 个停车位及公厕、绿化、亮化、美化、给排水等配套基础设施，总投资 550 万元 ⑬名称：永兴镇农村环境提升水体打造建设项目，建设内容：占地 5 亩、水体、水车、石拱桥、观景平台、木栈道及周边打造、河道整治，总投资 500 万元 ⑭名称：永兴镇农村环境提升慢行自行车赛道建设项目，建设内容：长 22 千米、宽 4.5 米，黑沥青 3 厘米，红沥青 3 厘米，总投资 1500 万元

传统文化保护	拥有非物质文化遗产	国家 0 项；省级 0 项；市级 1 项
	保留地域特色文化	☑民俗活动 ☑特色餐饮 ☑民间技艺 □民间戏曲 ☑其他特色
	2015 年至 2017 年第一季度建设的文化活动中心场所	数量 12 个，新增建设用地面积 1.79 公顷 资金投入 2040 万元（包括非遗活化、民间技艺传承场所等）
	2015 年至 2017 年第一季度举办的文化活动（可自行增加项目）	①名称：茶产业博览会，参与人次 6 万人，级别：省级 ②名称：遵义·中国茶海山地自行车赛，参与人次 2 万人，级别：市级 ③名称：贡米文化节，参与人次 6 万人，级别：县级 ④名称："幸福生活，美丽永兴"文化活动，参与人次 8 万人，级别：县级 ⑤名称：永兴镇香会，参与人次 3 万人，级别：镇级 （级别从国际级、国家级、省级、地市级、县级、镇级中选择）

服务设施建设	自来水卫生达标率（%）	100	生活污水达标排放率（%）	100
	生活垃圾无害化处理率（%）	100	宽带入户率（%）	85
	绿化覆盖率（%）	63	公共区域 Wi-Fi 全覆盖	☑是 □否
	有污水处理设施的行政村比例（%）	100	垃圾得到有效治理的行政村比例（%）	100
	市政基础设施运维管理费用（万元）	2015 年 165	2016 年 180	2017 年第一季度 50
	大型连锁超市或商业中心（处）	36	银行（信用社）网点（个）	5

续表

服务设施建设	2015 年至 2017 年第一季度建设的基础设施和公共服务设施（可自行增加项目）	① 名称：永兴镇天然气管道建设项目，建设规模：管线长 19 千米及配套设施，总投资 2000 万元 ② 名称：永兴镇水务站建设项目，建设规模：办公楼、停车场及周边绿化，总投资 500 万元 ③ 名称：永兴镇农村环境提升生态停车场建设项目，建设规模：占地面积 10 亩、70 个停车位及公厕、绿化、亮化、美化、给排水等配套基础设施；总投资 550 万元 ④ 名称：永兴镇农村环境提升水体打造建设项目，建设规模：占地 5 亩、水体、水车、石拱桥、观景平台、木栈道及周边打造、河道整治；总投资 500 万元 ⑤ 名称：永兴镇农村环境提升慢行自行车赛道建设项目，建设规模：长 22 千米、宽 4.5 米、红色沥青（黑沥青 3 厘米，红沥青 3 厘米）；总投资 1500 万元 ⑥ 名称：永兴镇茅坝群众服务中心建设项目，建设规模：建筑面积 700 平方米服务大楼，村庄绿化、电网改造等配套基础设施；总投资 500 万元 ⑦ 名称：永兴镇茅坝村群众综合服务中心建设项目，建设规模：建筑面积 700 平方米，停车场占地面积 3000 余平方米，含征地、硬化、绿化，含庭院整治、立面改造、三改、绿化、美化等；总投资 632 万元 ⑧ 名称：湄潭县集镇山休公园建设项目，建设规模：碧玉新城后山修建亭子、步道、种植名贵植被等，水塔坡修建亭子、步道、种植名贵植被等；总投资 400 万元 ⑨ 名称：永兴镇中华村群众综合服务中心建设项目，建设规模：建筑面积 694 平方米，占地 4000 平方米，含广场、绿化、美化、亮化和健身设施等；总投资 220 万元 ⑩ 名称：永兴镇河滨广场建设项目，建设规模：广场及绿化建设，广场占地面积 5500 平方米；总投资 600 万元 ⑪ 名称：永兴镇烈士纪念塔搬迁工程建设项目，建设规模：占地 3200 平方米，建筑面积 2500 平方米的烈士纪念碑、青石广场、绿化、亮化等配套设施建设；总投资 350 万元 ⑫ 名称：永兴镇中心敬老院建设项目，建设规模：建设用地 8004 平方米，建设规模 4400 平方米，建设床位 200 个及功能配套设施建设；总投资 1600 万元 ⑬ 名称：永兴镇 2015 年保障性住房建设项目，建设规模：占地面积 1200 平方米，建筑面积 3000 平方米，建设 50 套及相关配套设施；总投资 600 万元 ⑭ 名称：永兴镇政务服务中心建设项目，建设规模：建筑面积 870 平方米及配套设施；总投资 200 万元

续表

编制了有关规划（可多选）	①总体规划；②控制性详细规划；③专项规划《永兴古镇保护规划》《永兴古镇保护区保护整治更新规划》《永兴镇土地利用总体规划》《永兴镇绿化总体规划》等	
已编制的规划是否包括（可多选）	①镇职能定位；②产业发展和布局；③镇村联动发展措施；④传统文化保护措施；⑤镇区风貌塑造；⑥重点地段的详细设计；⑦建设高度和强度控制；⑧近期建设项目库	
是否设立了下列机构（可多选）	①综合执法机构；②"一站式"综合行政服务；③规划建设管理机构	
创新措施和取得成效	①规划建设管理创新，措施：成立了国土资源和规划建设环保办公室，成效：城镇建设在土地利用和规划管理方面得到了有机的结合 ②社会管理服务创新，措施：成立了综合行政执法办公室（综合行政执法队），成立了政务中心，成效：对镇域的管理形成了联动执法，实现了集中化办公，大大地方便了群众办事，效率得到了提高 ③镇村融合创新，措施：镇村联动、产城互动，成效：带动城镇化建设，增加城镇人口，增加就业岗位 ④其他创新，措施：农村综合实验改革，成效：完成了农村集体经营性用地入市及"两权"抵押，实现了资源变资产、资金变股金、农民变股民	
2015年至2017年第一季度实施的PPP或政府购买服务项目（可以自行增加项目）	①名称：永兴镇环卫作业服务项目，建设内容：购买镇区环卫服务，保障集镇环卫作业，总投资1200万元 ②名称：永兴镇养老服务中心，建设内容：建设用地8004平方米，建设规模4400平方米，建设床位200个及功能配套设施建设，总投资1600万元 ③名称：永兴镇梨树坡，建设内容：棚户区改造及辣椒市场建设，建筑面积：54009.37平方米，总投资10000万元 ④名称：永兴镇污水厂运营管理服务，建设内容：贵州远达工程有限公司建设污水处理厂为集镇区域提供污水处理服务，总投资60万元/年	

（最左列合并单元格）体制机制创新

资料来源：由贵州省湄潭县永兴镇政府提供。

2. 典型案例二：打造"边贸经济"与"国际陆港"的瑞丽市畹町镇

畹町镇位于祖国西南边陲，自古以来是通往境外的"驿道"，是西南丝绸之路的出口，长期的积淀形成了畹町口岸贸易的文化底蕴。畹町镇与缅甸相邻，国境线长 28.64 千米，是国家一类口岸、沿边国家级口岸，也是国家"一带一路"倡议和"孟中印缅"经济走廊建设的重要节点。瑞丽畹町小镇以商贸物流为特色主导产业，依托芒满货运通道，打造集装卸分拣配送、装配流通加工及商贸业服务等产业为一体的边境口岸型国际陆港枢纽和多区融合联动发展的先导区。畹町是打造中国通往印度洋陆路通道、建设"孟中印缅经济走廊"的重要节点，是全国 17 个国家级边境经济合作区之一，是国家深化与周边国家和地区合作的重要平台。小镇依托口岸建设的多个专业市场、物流中心先后建成。瑞丽畹町特色小镇规划范围 6.57 平方千米，其中对外开放商贸物流区 3.57 平方千米，位于畹町镇混板村委员会芒满村民小组，有 3 平方千米的历史老城区。瑞丽畹町小镇建设依托瑞丽市财政建立 PPP 项目财政资金风险池，小镇总投资 58.13 亿元，投资主体为云南城投集团。特色小镇创建以来已经完成 21.46 亿元，2017 年完成投资 13.95 亿元，2018 年投资 7.51 亿元，其中投资主体投入 2.77 亿元，政府投入 12.12 亿元。目前主要实施了云南民族大学澜沧江—湄公河国际职业学院、瑞丽市畹町小镇会客厅、畹町重点项目搬迁集中安置点、畹町河提升改造项目等，目前畹町河提升改造、小镇会客厅、城区风貌改造等项目接近完成。

目前的主要建设成效与特色有三个方面：一是文化传承与发展有序。小镇注重传承历史文脉，守住小镇灵魂，在保护中发展、在发展中保护。畹町依然保存有南洋华侨机工回国抗日纪念碑、畹町桥、黑山门全歼日寇战役遗址和史迪威公路旧址等一批体现抗战历史文化的重要遗存。重大历史事件和"中缅友好纪念馆""中缅勘界会议遗址"等设施的建设，不断谱写了畹町辉煌的中缅睦邻友好和谐的外交文化篇章。小镇内有大量少数民族村寨保存完整，傣族泼水节、景颇族目瑙纵歌节等少数民族传统节日影响力不断扩大。畹町镇结合自身的特色，畹町建成了包括畹町边关文化园、南洋华侨机工回国抗日纪念碑、史迪威公路旧址、畹町森林公园等一批旅游项目，形成了畹町独特的特色旅游产业。以边关名镇、文化畹町为特色，依托抗战文化、外交文化、商贸文化，大力发展高等职业教育、文化体验主题公园、休闲度假跨境旅游，构建便捷生活圈、完善服务圈、繁荣商业圈，努力打造宜居宜业国家 5A 旅游目的地。小镇与德宏州的媒体合作开展"小城故事"征文、寻找滇缅公路筑路人、《走进乡愁》"声音里的畹町"等活动，南侨机工故事成为央视经济频道《魅力中国城》德宏竞演取胜关键，畹町获中央电视台《年度魅力小镇》荣誉。

二是生态保护有效。畹町北邻畹町国家森林公园，南抵畹町河，城镇与地形结合良好。山、水、河、田与镇区和村寨相互渗透，形成了一个推窗见绿、出门见景、百米入园、人文特色浓郁的特色小城镇整体风貌。小镇每年植树3万余株，恢复植被1500余亩；投资建设污水处理厂和城市雨污管网，城市污水处理率达到100%，投资建设垃圾中转站，将辖区垃圾回收、分拣、压缩送至瑞丽火力发电站。

三是创新边民互市贸易。畹町镇通过创新边民互市落地加工措施，探索"边民互市+加工"发展模式，使缅甸进口农副产品就地加工升值，同时使下一环节交易取得进项税后抵扣，促进了畹町进出口贸易发展，2018年边民互市交易额达12.65亿元，占进出口总额的65.8%。预计2020年，口岸贸易进出口总额达25亿元，主营业务收入达40亿元。

畹町努力打造"中缅边境经济中心""中国瑞丽重要国际陆港"，下一步将推动以芒满国际物流园、口岸商贸中心、口岸基础设施建设、边民互市市场为主的商贸物流项目，加强以文旅小镇、抗战老兵村、民族特色村、红色旅游景区为主的旅游文化项目建设。

3. 典型案例三：农工商旅一体化发展的宣汉县南坝镇

南坝镇隶属四川省东北部达州市宣汉县，位于四川盆地大巴山南麓，海拔340~1100米，全镇幅员面积143.5平方千米，辖31个村（包括社区），总人口16.2万。城镇规划面积21.14平方千米，现建城区面积6.8平方千米，城镇人口9.7万，其城镇面积、人口规模在整个川东地区屈指可数。南坝镇是川东北四大古镇之一，历史上是周边20多个乡镇的交通枢纽和物资集散地，也是经济文化中心，有"川东第一镇"之称。小镇现代农业初具规模、工业基础较好、第三产业充满活力，2016年入选第一批商贸物流型中国特色小镇目录。南坝特色小镇建设具有如下特色：

一是商贸经济发达。小镇重点发展以生产生活物资、建筑建材供应、酒店餐饮娱乐为主的商贸业；依托罗家寨天然气净化厂，积极开发天然气下游产业；紧扣精准脱贫工程，加速壮大全镇"牛、果、蔬"等特色产业。蜀宣花牛、生猪、家禽养殖大户达300户以上，形成了以圣墩青脆李、东阳柑橘为代表的产业示范带，莴笋、莲藕等时令蔬菜种植达1000亩以上，辖区鲜活农产品供应占市场需求的60%以上，培育农民专业合作社37个、家庭农场3家、观光休闲农家乐7家，建成连片设施农业1000亩。同时，以"商贸经济区"统筹实体商店与电子商务共融发展，以"互联网+农产品"为突破口，推动农村电子商务交易。大力引导涉农企业及农户参与电子商务交易。

二是城镇环境宜居和谐。南坝镇按照宣汉县副中心进行建设，重点打造商业街、园丁广场、滨河路风貌等设施。全镇推行"户集、村收、镇运"模式，采取"市场运作+政府补贴"的垃圾处理模式，保障了干净、整洁、优美的人居环境。城管方面建立了"社区+城管"的城镇秩序管理体制，探索购买社会化服务，逐步推行路灯、环卫委托管理，实现城市管理和治理的常态化。2019年5月，南坝镇率先启动了50辆纯电动出租车，方便了社区居民的出行，也是四川省达州市首个使用纯电动出租车的城镇。

三是传统文化底蕴深厚。南坝镇是红军之乡，红色文化资源非常丰富。圣灯山战斗遗址被列为县级文物保护单位，红色墓、碑、古刻、文献资料等得到有效保护，在保护的基础上，开发建设了圣灯山红色文化旅游线路。南坝镇是帝师故里，通过深入挖掘唐瑜思想内涵，现已开发了以唐瑜文化遗产为主导的系列旅游产品，全力打造"帝师故里"的旅游宣传名片。南坝是历史悠久的川东四大古镇之一。小镇根据川东民居和建筑风格，按照"老城更老"的建设思路，结合川东民居的建设风格，打造古镇一条街①。

按照现有的小城镇建设，南坝镇也存在产业点多面广、不聚焦等问题，此外，由于长期以来以宣汉县的副中心自居，因此城镇化建设的"摊子"铺得较大，这与国家级特色小镇"小而特、精而美"的建设定位渐行渐远。按照发展规划，南坝镇2030年左右将建成9平方千米的商贸物流型特色小镇，其商贸经济、城镇功能、人居环境将更进一步凸显优势。

八、云贵川地区其他类型特色小镇的同质化问题审视

由于云贵川地区自然环境差异性、历史文化类型的多样性等，所以特色小镇类型非常丰富，按照前述的特色小镇分类，还有部分特色小镇难以纳入其中，因此在本节做统一分析。

（一）其他类型特色小镇同质化程度的总体研判

其他类型特色小镇是指不包含在前面六种类型之中的特色小镇，它们在文

---

① 《宣汉：向"全国特色小镇"进发》，http：//www.dazhou.gov.cn/articvie w_20181206110 201033.html，2018年12月6日。

化类型上、产业类型上、生态类型上异于一般的历史文化型、旅游发展型、农业和工业发展型特色小镇，这些特色小镇特色鲜明，个性突出。调查了国家级特色小镇 3 个，省部级特色小镇 11 个，分别是主打彩灯文化产业，拟建中国特色彩灯小镇的四川自贡市自流井区仲权镇；打造李白诗词创意文化产业的四川江油市青莲镇；以高山休闲体育运动见长的昆明市嵩明县杨林镇；打造"文化艺术"集聚区的红河东风韵小镇；以国际 F3 赛事为引擎，打造集运动、时尚、会展、商贸为一体的红河水乡；以森林木屋体验、木结构建筑研发为主的弥勒太平湖森林小镇；以花卉生产、研发与平台建设为主的昆明斗南花卉小镇；以国际网球训练中心为核心的安宁温泉国际网球小镇；以中医药种植、研发、养生、康养以及旅游文化创意为核心内容的陆良杏林小镇；以皇家马术俱乐部、婚纱摄影基地及 O2O 信息化平台为主要内容的麒麟爱情小镇；以玛御谷独特弱碱性软水温泉资源为基础的腾冲玛御谷温泉小镇；以"七彩梦幻、四季江东"为定位，打造中国最美银杏特色的腾冲银杏小镇；打造双廊"苍洱艺术家园，梦幻文化双廊"的大理双廊小镇。归纳起来，其主要特征如下：

一是其他类型特色小镇在省域范围内保持了特色和独特性，但从西南地区及全国角度来看，仍然存在重复建设问题。比如中医药康养项目，云南省有陆良杏林小镇，贵州省有荼寿山康养小镇，四川省有峨眉半山康养小镇，全国范围内有浙江省金华市磐安县江南药镇、海南中医药康养小镇海棠湾·上工谷、湘西红枫谷康养小镇、山东安丘市大盛中医药康养小镇等多个医药康养小镇；体育运动小镇方面，云南省有以高山体育运动为主的昆明市杨林镇，贵州省有正安县天楼山户外体育运动休闲特色小镇，浙江省有六春湖高山运动小镇等；温泉小镇方面，贵州省有石阡县佛顶山温泉小镇、四川省有古尔沟温泉小镇、云南省有腾冲玛御谷温泉小镇，全国范围内的温泉小镇比比皆是。目前来看，这些小镇类型虽然全国范围内分布较多，但由于市场需求旺盛，它们以省域作为市场辐射空间足以生存下来。

二是部分特色小镇资源依赖性不强，存在被模仿和超越的潜在风险。上述类型特色小镇中部分小镇具有资源垄断性，如特殊的生态条件、气候条件、文化资源等，它们因此很难被模仿复制。但以资本密集、创意设计为主的特色小镇很容易被其他地区模仿和学习，甚至超越，如体育赛事型、婚纱摄影型、文化艺术型特色小镇。目前全国以体育赛事为核心内容的特色小镇有数十个之多，如日照奥林匹克水上运动小镇、嵩皇体育小镇、"裸心"体育小镇、海宁马拉松小镇、许家崖航空运动小镇、九龙山航空运动小镇、中山棒球小镇、安宁温泉国际网球小镇、崇礼太舞滑雪小镇等；婚纱摄影小镇有陕西的世园罗曼小镇、安徽省丁集镇、重庆爱丽丝庄园等数十个。这些小镇参差不齐，有些已经具备了较大规模和市场占有率，有些还在建设之中，彼此之间模仿不可避免，甚至还有不少正在筹建，这对于资本和技术不占优势的云贵川地区而言，其受到的竞争威胁和面临的挑战不小。

（二）典型个案剖析

1. 典型案例一：打造"国际体育文化交流殿堂"的昆明市杨林镇

杨林镇位于昆明市北麓，嵩明县境南部，北倚嵩阳镇，东邻牛栏江镇，南接宜良县，西连官渡区，集镇北距嵩明县城 12 千米，西南去昆明 47 千米，处于昆明半小时经济圈内。杨林属暖温带、北亚热带混合型季风气候，年平均气温14℃，年降雨量 866.7 毫米，全年日照 2073 小时。全镇地形由东南向西北倾斜，东南部是山岳地带，五龙山最高海拔 2569 米，西部及中部属丘陵，海拔全镇地形由东南向西北倾斜，东南部是山岳地带，西部及中部属丘陵，海拔 2167 米，北部地形低平，最低海拔 1895 米。全镇森林覆盖率达 38%。辖区面积 162.7 平方千米，总人口 64877 人，城镇人口 12920 人，其中少数民族人口 1456 人，汉族人口 63421 人。杨林是滇中文化重要发祥地之一，从西汉至今已有 2000 多年的历史，是明代和云南历代最负盛名的音韵学家、药物学家、诗人、教育家和理学宗匠兰茂的故里。兰公祠、古驿道遗址、水官桥、杨林书院遗址、七阁八庙遗址等众多文物古迹坐落其中。

2017 年，杨林镇完成招商引资 10.5 亿元，同比增长 10.5%；完成规模以上固定资产投资 9.8 亿元，增长 9.7%；完成地方一般公共预算收入 10915 万元，增长 8%；农村常住居民人均可支配收入达 13506 元，增长 8%。新增规模以上工业企业 1 户。种植大春 2.3 万亩、小春 2.41 万亩，实现粮食产量 1.43 万吨。种植蔬菜 6.1 万亩、花卉 6400 亩、烤烟 2900 亩，分别实现产值 1.65 亿元、0.67 亿元、1270 万元①。"十三五"时期，杨林镇依托中信嘉丽泽旅游区、职教园区、工业园区人流，科学规划道路链接，积极推进长嵩大道、沪昆高铁、嵩昆高速、东南绕城高速、韶关公路、杨嵩大道、昆嵩大道、长嵩大道与四营煤矿连接线等道路建设，完善提升境内通站公路、320 国道、阳先公路，景观大道等道路，拉近缩短杨林与昆明市、长水国际机场及周边的空间距离，构筑集杨

---

① 资料由杨林镇政府提供。

林公路、铁路、空运为一体的立体交通网络，吸纳昆明主城一日游，承接长水国际机场、中信嘉丽泽游客的集散地；辖区内"一镇四片区"与中信嘉丽泽、职教园区、工业园区、嵩明主城及周边地区道路有机衔接，形成通畅快捷的微循环交通系统。近年来，杨林镇大力发展商贸、物流、餐饮、住宿、休闲娱乐等第三产业；深挖杨林镇历史文化、兰茂文化，充分利用杨林名特优农业资源，规划建设集商贸、会展中心、康体、休闲、娱乐等多功能于一体的商贸文化旅游小镇；以集镇为中心，依托兰茂文化，按照古镇建筑风格，推进集镇级危房改造，打造杨林兰茂历史文化古镇；挖掘嵩明及周边土特产品，挖掘地方特色小吃，规划建设以土特产销售为主的古镇商业街；深挖兰茂医学精华，宣扬杨林历史文化，规划建设健身康体街（含中草药批发销售、休闲会所）。

国家级特色小镇嘉丽泽高原体育运动小镇位于杨林镇东北方向7千米处，总规划面积5.3平方千米，主要建设内容包括综合服务中心、大众体育中心、运动产业、医疗养生、康养度假、荷花湖运动休闲、原生态湿地休闲等板块。小镇核心区规划面积1平方千米，主要包括园区内已经建好的华美达、温德姆酒店、会议会展中心、综合运动馆、商业街等配套服务，以及即将新建的新服务中心、大众体育中心、医疗养生和教育学校区。小镇通过自主投资和引入专业体育运动、健康康养、旅游文化合作运营机构，以"体育+旅游+康养"为主导发展方向，打造集高原体育赛训、体育文化、生态旅游、康养养老为一体的"世界一流"产业复合型特色小镇，并致力于建设成为风光独特、生态优美、宜居宜业、智能智慧的"中国唯一"高原湿地体育运动特色小镇。小镇计划2017~2020年新增总投资30.1亿元，通过建设发展大众体育、民族体育、运动养生、康养养老等一系列项目，将小镇构建成国际体育文化交流殿堂和引领未来绿色低碳生活方式的健康生活目的地。小镇以中信集团、云南建设集团两家"中国500强"企业联合打造，由昆明嘉丽泽旅游文化有限公司投资建设并管理运营。小镇创建以来完成投资额14.2亿元，均为投资主体投入，其中2017年完成6.78亿元，2018年完成7.42亿元，累计完成计划总投资的47%。主要实施了赛马场工程、电影院及配套设施、环湖路建设项目、二号三号路建设项目、综合环境整治工程项目、体育场馆及其配套设施、足球训练基地、汽车摩托车运动俱乐部、自来水专线工程等一批项目。目前马拉松跑道建设项目、运动社区建设项目、体育产业综合1区、2区、配套学校、运动养生亿元等项目即将开工。近年来，嘉丽泽体育小镇建设成效与特色如下：

一是足球赛训产业逐步形成。嘉丽泽高原足球训练基地，是小镇与国内领先的体育运营企业——"朝向集团"合作建设，已完成建设占地200余亩，8块高标准训练场，足球基地自2017年11月开业以来，已经接待来自20多个国家和地区500余支足球运动队超过12万人次，举办各类足球训练、比赛千余场，荣获中国足协"2017年优秀赛区"和"2018年青少年赛事最佳赛区"等多项称号，并挂牌"昆明市青少年足球训练基地"。2018~2019年冬训期间，接待赛训3.16万人次，较上年增幅约15%，足球基地自建成运营以来累计实现营业收入5000多万元，足球赛事产业已经形成了国家知名度。特别是2018年8月在嘉丽泽举办了"MCC地中海杯"国际足球冠军赛，接待来自中国、西班牙、德国、丹麦、比利时的U13和U14年龄段的24支球队比赛，进行了48场赛事的角逐。通过赛事的举办，有力地促进了中国和国际间足球文化的交流。

二是成为马拉松赛事和汽车赛事重要选址地。2017~2018年，小镇连续两届举办"嘉丽泽湿地马拉松比赛"，嘉丽泽小镇秀美风景和湿地风光吸引了全国各地的马拉松爱好者，并被社会各界马拉松爱好者评价为"最美马拉松赛事"。在2018年的马拉松赛事上，还吸引了中国社会名人——金飞豹参加比赛，赛事被冠名金飞豹在全国各地连续参加的"秘境百马"百场马拉松赛事。2018年10月嘉丽泽小镇、嵩明县政府、中汽研（北京）汽车文化中心联合举办了国家A级赛事——"CCPC中国量产车性能大赛"，成为CCPC赛事全国首个"高原站"选址地。赛事期间同步举办了联动嵩明县花博园、药灵山的"汽车嘉年华活动"，CCTV5体育频道对赛事活动进行了全程报道。赛事的举办推动了云南汽摩运动的发展，并助推"三辆车"汽车产业落户嵩明县的进程。

三是产业拉动镇域经济发展。自嘉丽泽特色小镇创建以来，小镇获得"2017年度云南省体育旅游精品目的地""2018年度云南省体育旅游目的地""2018年中国体育旅游博览会体育旅游精品目的地"等各项荣誉。同时，小镇的建设推动了当地经济的发展，促进居民脱贫致富，2018年入园游客达80万余人次，带动周边区域经济发展，上缴税收8993.9万元，小镇的建设和运营服务充分吸收当地群众就业，目前吸收当地群众就业1070人，企业的发展不断带动周边群众增收致富，解决当地就业问题。

但调查也发现，杨林镇在特色小镇建设过程中也存在以下问题①：一是杨林镇城区与嘉丽泽高原体育运动小镇形成明显的"二元结构"现象。镇城区街道比较拥挤、市场摊贩散乱现象比较普遍，尤其是赶集期，街道两边占道现象非常严重，车辆无法通行，与此形成鲜明对比的是，嘉丽泽运动小镇像一个世外

---

① 来自调查组2019年7月在杨林镇的实地考察数据。

桃源，整洁、卫生、空气新鲜、环境宜人。二是杨林镇城区及周边基础设施较差，进镇前公路狭窄且有水坑高低不平，车辆难行，电线杆歪歪斜斜，整个镇城区找不到一家中高档宾馆。三是嘉丽泽特色小镇体育运动主营业务量偏少，且周期性明显，房地产开发偏多。

按照规划，嘉丽泽高原体育运动小镇 2019~2020 年将投资 15.9 亿元，下一阶段将通过发展大众体育、民族体育、运动养生、康养养生等一系列项目，举办和引入一批高水平、高质量的体育运动赛事，继续提升改造小镇的绿地景观、河道生态、实地修复，打造国际体育文化交流殿堂和引领未来绿色低碳生活方式的健康生活目的地。

2. 典型案例二：以"木文化"为主题的弥勒太平湖森林小镇

弥勒太平湖森林小镇地处云南红河哈尼族彝族自治州弥勒市，小镇位于弥勒市城区东部，距城区 9 千米，规划总面积 3 平方千米，核心区建设面积 1 平方千米，于 2017 年入选云南省全国一流特色小镇建设名单。小镇着力于生态修复、生态治理，规模化发展生态花木园林产业，引进国际国内知名木屋企业合作开发木屋博览园及现代木结构建筑研发，建成集生态休闲旅游、森林木屋体验、木结构建筑研发、康体养生为一体的生态健康度假小镇。小镇投资主体为云南太平湖投资开发有限公司。小镇规划面积 3 平方千米、核心区 1 平方千米，规划总投资 15.05 亿元，建设内容包括：旅游服务中心、森林花海休闲旅游区、木屋展示及房车露营区、生态木屋康养区及小镇基础设施、智能智慧配套等。目前累计完成投资 7.79 亿元，政府投入 1.603 亿元，投资主体投入 6.187 亿元。小镇以现代木结构建筑+旅游休闲产业为双引擎，以人为本、以木为形，面向东南亚创建高新木屋博览中心，依托太平湖的独特风貌和弥勒文化，发展旅游休闲产业，着力打造"木文化"主题高新旅游特色小镇。按照《弥勒太平湖森林小镇发展总体规划》，小镇将形成"一心一轴七区"的空间结构，"一心"指依靠国内外木结构知名专家和科研力量，建成西南地区唯一的高新木屋博览中心，打造木结构建筑产业技术孵化器；"一轴"指从空间上形成从小镇制高点沿太平湖的空间景观线；"七区"指七大功能区，分别是展现民风民情的小太平村民俗区、展现木文化和地域文化的世界木屋风情休闲区、提供服务配套的游客集散服务区、体现艺术创意的生态艺术展示区、提供户外运动和文化体验的森林花海休闲旅游区、体现生态理念的滨水湿地涵养区、提供游客和居民服务设施的公共服务区。

经过两年左右的建设，目前弥勒太平湖森林小镇取得了如下成效：一是生态效应明显。通过生态治理、生态修复、累计完成种植特色乡土花卉苗木 80 余万株、地被 200 余万株、草坪 15 万平方米、完成生态修复 2600 余亩，改变了原来区域内石漠化严重局面，成为生态文明示范建设单位。二是产业业态快速发展。小镇通过不断创新招商引资，政府和投资主体合作，多形式、广渠道、全方位引进企业，小镇投资建设主体以商招商，自行提供土地和展示平台，积极引进国内外知名木屋企业合作，共同搭建木屋文化交流平台，目前已经招商落户全国木屋企业达到 20 家，完成木屋展示板房 27 栋。三是游客量急剧上升。2018 年太平湖森林小镇接待游客 56 万人次，比 2017 年增长 12%，2018 年小镇酒店试运营之后，共接待过夜游客 13000 多人次，海外过夜游客有 60 多人，2017 年主营业务收入 4 万余元，2018 年主营业务收入 706 万元，其中特色产业木屋酒店产值 464 万元，花卉展收入 140 万元。带动村民盘活自有土地或房屋资产，促进农户增收，包括土地流转收入、工资性收入等，并鼓励周边农户参与苗木生产、乡村旅游产业，进一步增收致富。

按照规划进展，小镇将围绕国际生态旅游度假区目标，坚持"生态产业化、产业生态化"发展理念，坚持强化生态环境保护，全力发展花卉苗木产业，全面开展木结构建筑研发、展示、销售工作，加大招商引资力度，加强生态、康养、休闲度假等产业合作开发方面融合发展。目前在建项目主要有石漠化地质公园建设项目、国际会议中心建设与装修、三个花园的建设（盆景园、三角梅园、杜鹃园）、房车露营基地建设、木文化博览会筹备与召开、游客中心装修、生态路及周边景观建设、国际垂钓中心、温泉旅游项目、环湖道路绿化、供水与两污建设。

九、云贵川地区特色小镇同质化问题的总体评价与原因分析

（一）同质化问题的总体评价

云贵川地区特色小镇资源非常丰富，特色突出，类型多样，涵盖了特色小镇的七大门类。从调查情况来看，其同质化现象和问题可以归纳为以下几个方面：

一是同质化现象普遍存在，但同质化竞争问题并不突出。由于云贵川三省接壤，且在自然环境、历史地理方面有诸多相似之处，尤其是跨省跨界少数民族众多，民族文化存在"族同源，文同根，俗相近"的同质现象。资源特征决定小镇定位和发展路径，不少乡镇在发展思路、建设目标、产业定位上出现趋同化现象，比如海拔高、空气好、森林覆盖率高、光照时间长的乡镇往往将高山蔬菜、花卉、康养旅游等作为乡镇发展定位；民族文化较为浓厚的村镇，往往将村寨旅游、民族旅游、民族文化创意（民族歌舞表演、民族节庆等）作为产业发展方向，这就导致了乡镇与乡镇之间出现产业趋同和定位趋同现象。但同质化现象不等于同质化竞争，同质化竞争不一定出现问题。一方面，一部分乡镇的产业发展是以满足本土市场需求为主要目标的，如一些高山型乡镇利用气候、阳光、森林、土壤等自然资源开发度假休闲旅游、种植高山蔬菜及经济作物，但是其消费者主要是本地区城镇居民和村民，因此不存在同质化竞争问题。另一方面，同质化的资源没有全部转化为经济产业，而只是本地居民的生产、生活方式而已。如一些跨多省域的少数民族居民，他们的文化习俗相同是历史形成的，这是他们的基本生活方式，不能改变也无须改变，当这些"文化资源"没有用于商业开发，只是作为他们的生活生产方式时，也就不存在同质化竞争问题。最后，同质化竞争没有上升为尖锐的"问题"，云贵川省部级以上特色小镇 600 多个，同质化竞争问题是存在的，但不是特色小镇建设中最"棘手"的问题。一些特色小镇知名度提升之后，其消费者和游客结构发生了变化，逐步从以本土市场为主向以全国市场为主转变，因此省内和跨省的同质化竞争开始出现。但云贵川地域广阔，既有面向东南亚国家的国际市场支撑，又有面向西北、中部省份的邻近市场支撑。总体上，这三省特色小镇的空间分布比较合理，同质性的一些特色小镇出现了"共活"现象。

二是同质化竞争更多出现在省部级及以下层次，国家级特色小镇之间差异性明显。云贵川地区地厅级以下特色小镇数以千计，尤其是乡村旅游、特色农业型特色小镇几乎遍地开花。这些小镇的资源禀赋有特点，但放到全省和全国范围又没有明显特色，不发展不行，但作为省部级以上特色小镇来立项建设并不符合条件。在政策、资金、项目、用地指标等政策的诱惑下，一些地方政府千方百计借媒体宣传以及行政推动，一哄而上，形成"千军万马"做特色小镇的热潮，其中不乏同质竞争、重复建设的问题。从三省已经立项的省部级特色小镇来看，省内相比差异性强，省域相比存在同质化竞争问题，尤其是在康养养生、特色农业、民族文化型特色小镇领域尤为明显。这说明每个省在立项省级特色小镇时，充分考虑到了小镇在省内的资源禀赋、发展定位以及差异性发展问题,但三省缺乏联动和信息共享。云贵川地区 48 个国家级特色小镇在产业发展、文化内核、发展定位等方面保持了很好的个性独立和差异性发展,同质化现象主要存在于建设模式和商业模式方面。

三是同质化的潜在竞争将更多出现在资本密集型和技术密集型特色小镇领域,资源禀赋的同质竞争将越来越少。相比于东部省份,云贵川地区的特色小镇建设还正在起步阶段,在资本和技术方面都处于劣势。江浙地区单个特色小镇的投资规模平均超过了 30 亿元,而云贵川地区很少有超过 30 亿元建设规模的特色小镇;浙江省很多特色小镇有高校、科研院所等人才技术支撑,云贵川地区的特色小镇建设很少有科研团队的介入。调查发现,云贵川地区也有部分特色小镇走资本密集和技术密集型发展路线,比如开发电竞游戏、中医药康养等项目。这些小镇看起来具有很强的诱惑力和发展前景,其资本投入大,技术要求高,很受地方政府的青睐,但是这类特色小镇的"排他性"很弱,在社会资本充分介入的情况下,全国任何地方都可以重建一个,其同质化竞争风险远远大于资源禀赋性特色小镇。相比之下,云贵川一些资源密集型特色小镇具有很强的"扎根性",离开了本土的自然气候、生态环境、景观资源、文化历史、民族风情等资源,在全国其他地方选址建设的话,不论投入多大,技术多先进,都不能复制成功。从长远来看,资源密集型特色小镇是云贵川地区的主导,只有"扎根"本土的才是独特的,民族的才是世界的。

(二) 特色小镇同质化问题的原因分析

云贵川地区特色小镇同质化现象和竞争的背后有其内在的形成机理,归纳起来,有四大制约因素促进了同质化现象的形成,分别是资源禀赋、规划团队、行政力量、社会资本。如图 5-3 所示。

1. 资源禀赋依赖造成特色小镇同质化

资源禀赋是特色小镇形成的基础,云贵川地区很多特色小镇依靠深厚的历史文化、地域文化、民族文化而建;有些特色小镇依靠良好的自然资源和生态环境而建;有些特色小镇依靠原有的产业基础惯性而成。这些资源禀赋在特色小镇申请时起到了重要作用,但是在建设过程中也会导致发展路径依赖,甚至路径锁定,对后续的发展带来不利影响,独特性不足的资源禀赋很容易被观摩学习和模仿(如民族文化、公共文化遗产资源、气候资源等),这是造成特色小镇同质化现象的主要机理之一。但从长远来讲,资源禀赋所形成的路径依赖所造成的同质化问题可以通过合理的空间布局和结构优化来化解。

2. 设计团队依赖造成特色小镇同质化

开发设计是特色小镇的灵魂，规划团队的创新性是关键。有些规划团队每年手中的规划项目数十个，创新团队成员寥寥无几，接到任务之后，或是服务外包，或是拉郎配完成任务，供给创新严重不足，于是采取"依葫芦画瓢"的方式，将国外的开发模式照搬照抄用在国内的特色小镇之中，将发达地区的模式用在西部欠发达地区，将 A 省的模式套在 B 省的特色小镇之中，结果同一模式遍地开花，同质化成必然。无独有偶，地方政府在选择设计团队时，陷入"拥挤餐馆"陷阱（吃饭拥挤的地方就是味道好的地方），往往选择居"庙堂之高"的大学、科研院所及规划设计院，"高、大、上"几乎成必然选择，而忽略了地方性本土人才的使用，导致规划设计偏离实际、偏离本土、偏离特色，走上同质化建设的世俗道路。

3. 行政过度干预造成特色小镇同质化

行政力量的干预容易导致特色小镇的规划设计和建设风格成为"个人喜好"的产物。建设成功的特色小镇往往以"市场主导型"居多，云贵川地区特色小镇的总体规划设计仍然以政府主导为主要特点，虽然也出现了不少成功的案例，但这需要地方政府主要领导人极其高超的智慧和发展眼光。在决策的过程中，小镇的产业选择、建筑风格、项目设计、文化营造等都离不开关键领导的决策，这些干预的思维来自他们的个人素养或观摩学习后的感悟，或者"拍脑袋"行为，而真正懂行又具有创新性的领导毕竟是少数，在任期政绩的驱使下，难免会形成过度干预，比速度、比数量、比规模，而忽略发展质量，最终容易导致与其他特色小镇重复建设，陷入重复建设和同质化发展的陷阱。

4. 社会资本介入造成特色小镇同质化

社会资本是特色小镇建设的主要驱动力，但是"圈地""圈利"型开发企业是多数，或为商业地产而来，或为优惠政策而来，他们的目的是"逐利"。由于开发新的项目要花费巨资，尤其创新性项目需要承担巨大风险，因此，这些企业一旦接下特色小镇开发重任，往往会选择成熟稳妥的建设和经营模式，实现稳步盈利，很少有企业投入大量资金和精力去创新。有些开发公司信息灵通，通过低价方式和特惠招商进来之后，修修补补，做几个常规性的项目，基本不搞大投资，坐地观望，等待被政府赎回；有些善于营销宣传，等待被其他企业收购，留下陈旧的基建、破烂的道路、淘汰的项目给后来者，玩"金蝉脱壳"，给特色小镇带来"一地鸡毛"；有些企业在特色小镇规划阶段信誓旦旦做产业规划、做项目创新，但进入之后，以"圈地"做房地产为主，让不少特色小镇成为"小产业、大地产"的房地产小镇。

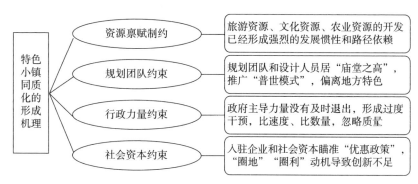

图5-3 特色小镇同质化的形成机理

第六章 发达国家和地区特色小城镇建设的经验借鉴

一、英国特色小城镇建设的经验及启示

作为工业革命的发源地，英国是第一个实现工业化和城市化的发达国家，早期的英国依靠工业的发展带动了小城镇的迅猛发展，但是城市迅速扩张的同时，也带来了一系列灾难性的后果。大量工人失业、生活困苦、住房短缺、城市环境恶化、城市治安混乱、犯罪率高涨等"城市病"愈演愈烈。1898年，建筑规划大师霍华德提出"田园城市理论"，提出了发展兼顾城市和乡村优点的"小城镇"构想，即在大城市周围建设环境优美、生态宜居的田园小城镇，这一构想对英国的城镇建设产生了深远影响。之后，英国的特色小城镇建设主要沿着两条路径演进：一是城乡要素融合的"田园城市"，二是卫星城镇建设，其战略目标是从"集约型城镇化"转变为"分散型城镇化"。下面从英国特色小城镇发展历程、建设特点及其对我国特色小镇发展的启示方面进行梳理。

（一）英国小城镇建设历程

从时间维度来看，英国小城镇建设和发展主要有两个阶段：一是"人口集中化"阶段的小城镇建设，时间段为 18 世纪中后期至 20 世纪初；二是"人口分散化"阶段的小城镇建设，时间段为 20 世纪中叶以后。

"人口集中化"阶段的小城镇建设。由于工业革命在英国开始，大量企业和人口向城市地区集中，城市规模不断膨胀，城市周边形成了很多城镇群。一些小城镇不断由小变大，形成中小城市，一些小镇处于城郊地区，演变成城市连片带，最终被城市所吸收。工业革命之前，英国的小城镇有三种类型，分别是

历史悠久、功能多样的大型小镇，商业贸易和手工业发达的市场集镇以及规模很小的微型小镇①。工业化发展时期，这三类小城镇都实现了快速发展，第一类小镇逐步演变成了中小城市，如利物浦、卡迪夫；第二类小镇由于邻近大城市，逐渐被大城市所吸收，成为大城市的一部分；第三类小镇在大城市的带动下，其产业、功能和规模都出现不同程度的快速发展，形成了特色鲜明的特色小城镇。包括冶金小城镇、煤炭小城镇、纺织小城镇、交通小城镇等类型，这些小城镇基本都具有特色产业，如冶金小镇斯温西依靠制铜产业，经过 15 年的发展，演变成一个集陶业、肥皂业、旅游业等于一体的疗养地②。"人口集中化"的小城镇发展阶段，英国小城镇与城市出现融合，形成了城镇网络。小城镇随着人口的增加，服务业、零售业、制造业出现多元发展，规模也进一步增大，城镇风貌和娱乐活动进一步繁荣。与此同时，一些传统小镇因为工业化和城市化的发展，其分布网络被打破，与乡村的差距更为明显，小镇原有的乡村属性和自然属性被打破，一去不复返。人们对"田园生活"的向往又促使小镇向"人口分散化"阶段演进。

　　"人口分散化"阶段的小城镇建设。20 世纪中叶以后，英国已经完成了高度城市化，城市化水平已经超过了 80%。之前，工业化推动的城市化过程中，一批小城镇也实现了快速的发展和繁荣，但快速推进的城镇化牺牲了生态环境、牺牲了社会公平以及乡村和农民的利益。然而那些处于都市之间的连片发展区面临着住房拥挤、环境恶劣、生活困苦等城市问题，小城镇也失去了乡村属性，农田被占用，修建成工厂和商品房，人们对以前的田园生活充满了回忆和向往。基于这种背景，英国一方面修建新城，另一方面通过政府资金和政策支持推动小城镇转型发展。新城的修建源于霍华德的"田园城市"理论，按照田园城市理论，新城融合城市和乡村的优点，具备城市功能，生活节奏慢、生态环境好、交通网络便捷、城乡一体化发展。霍华德不仅进行了理论创新，而且与公司合作新建了一批田园城市，如韦林、莱奇沃思城镇等。英国政府看到了田园城市的魅力，也介入进来，进行了三代新城建设。第一代新城建设基本按照"田园城市"兴建，但没有实现预期目标，尤其是人口偏少导致公共设施以及城市功能不完善，居民生活氛围缺失，第二代和第三代新城建设虽然城市功能逐步完善，但是建设规模已经不再是小城镇小尺度，有些新城规划人口达到了 20 多

　　① Palliser D. M., Clark P., *The Cambridge Urban History of Britain*, Cambrige：Cambridge University Press, 2000.

　　② 盖艺方、尹豪：《英国"特色小镇"的源起、发展及启示》，《风景园林》，2018 年第 8 期，第 86-90 页。

万，这与"田园城市"有了本质上的区别。一些远郊区的新城建设对原有城镇网络结构产生了重要影响，促进了城乡一体化发展和城镇基础设施建设，使得小城镇的生活方式向城市生活方式转变，运转更加有效。在立法和政府支持方面，1909年，英国政府颁布《住宅、城镇规划法》；1932年，颁布《城市规划法》，这些文件将城市和乡村都纳入规划领域，遏制城市扩展延伸至乡村，确保农业林业用地不受影响，保护乡村历史文化与建筑，有力地促进了小城镇的健康发展。2000年，英国政府计划用3年的时间，投入3700万英镑用于城镇市场建设，投入1亿英镑设计100个项目用于交通便捷、休闲服务聚焦的小城镇地区。2007年，英国启动"生态镇"计划，该计划源于英国中央财政支持，英国政府计划在2020年前，新增5万套住房（包括不少于30%的廉租房），新建10个生态镇。2007年，英国首相戈登布朗宣布该计划正式启动，2009年，共计19个生态镇计划名单出炉，政府提供6000万英镑的财政支持用于生态镇的建设。2010年，由于执政党变化，生态镇的财政支持大幅度削减，2011年，新政府对"生态镇"计划进行评估，发现已有的试点"生态镇"中，多数不符合预期目标，因此，该计划于2012年被英国新政府废止①。该计划失败的原因归纳起来有四点：一是生态镇建设标准很高，要求"零碳排放"，并且对建材、供水供电、垃圾处理等提出了严苛的技术要求，导致开发企业建设成本高涨，另外，廉租房的比例要求限制了开发商的建设积极性。二是生态镇选址区位不好，远离医院、商店、学校和公路，居民生活不便。此外，英国小城镇人口稀少，城镇功能和基础设施分散，居民出行完全依靠小汽车出行，与生态镇的预期目标相违背。三是环境保护组织和乡村文化组织强烈反对"生态镇"建设，且其协会力量很大，可以影响政府决策。反对者认为"生态镇"建设就是房地产开发，借"生态"之名而已，对乡村环境和景观破坏较大，影响居民生活。四是"生态镇"建设的体制机制不顺，与现有城市规划、土地开发有冲突，英国的土地开发程序复杂，涉及环境、土地、公众等多方主体，有些"生态镇"审批过程长达十年之久，开发商无法如期开展工作。然而针对该程序，各组织有很大争议，难以达成一致意见。英国新城建设情况见表6-1。

---

① 乔森：《英国生态镇（Eco-town）计划失败教训总结》，《小城镇建设》，2016年第8期，第9页。

表6-1　英国新城建设情况

建设时间	建城数量	新城名称	规划人口	措施与特点
第一代新城 （1946~1950年）	14座	斯蒂文乃奇	6万人	规划规模下，公共设施运营困难；人口与建筑密度较低，缺乏生活氛围；居住区和工业区功能区分明显；道路系统以汽车为主，对自行车和步行不友好；主要目的是吸收大城市过剩人口
		巴希尔顿	2万人	
		彼得利	25万人	
第二代新城 （1955~1966年）	7座	泰尔福特	9万人	规模扩大，名称从 new town 改成 new city；规划紧凑，生活氛围提升；功能区分不如第一代明显；改善公共交通，人行道与机动车道分离；目的开始考虑地区经济发展
		斯凯尔莫斯戴尔	10万人	
		华盛顿	8万人	
第三代新城 （1967年至20世纪80年代初）	10座	密尔顿·凯恩斯	25万人	规模进一步扩大；功能进一步扩大，设施更加完善；经济实力增强，就业提供、吸引投资和人才能力更强；预留大量土地，为后续产业结构转型和持续发展提供空间保障
		泰尔福特	22万人	
		中兰开夏	43万人	

资料来源：张冠增：《西方城市建设史纲》，中国建筑工业出版社，2011年版。

（二）英国小城镇建设特点

英国的小城镇分为三类：第一类是农村地区小城镇，处于农村地区，但有发达的道路交通网络，可以方便连接其他城市。小镇的职能简单，以居住休闲为主，居住人群复杂，有商人、职员、医生、退休人员、农民等，人口规模小，老龄人口比重大。这类小镇基础设施比较完备，体现以人为本，公共设施除了教堂、医院、学校、购物店和酒吧外，其他公共设施少。绿化和卫生环境特别好，城乡结合融洽，农产品绿色环保，不施化肥农药。第二类是现代化的乡村"花园城市"，主要受霍华德的花园城市理论影响，典型代表有伯明翰附近的鲍尼利、格拉斯格附近的纽兰纳克、利物浦附近的阳光城、利兹附近的索太利。这些花园城市具有较强的理想主义色彩，是严格按照规划设计而来。第三类是新城和"生态镇"。新城的社会设施很齐全，除了常规设施外，还有蔬菜地、高尔夫球场等，非常适合人类居住和工作。综合评价来看，第一类小城镇与我国农村集镇类似，但档次更高、基础设施更好，"花园城市""新城"和"生态镇"类似于我国各种类型的"特色小镇"。此外，英国的小城镇建设也以政府主导为主，政策导向性很明显，但是政府非常重视因地制宜和差异化发展，在政策护航下，英国小城镇建设得到了极大的发展，一些小镇成为了国际上知名的"特色小镇"典型案例，如伦敦的温莎小镇以英国王室文化及温莎古堡为特色；伯明翰周边的伯恩威尔小镇以基金闻名，这些特色小镇形成了差异化和个性化的发展特征。归纳起来，英国的特色小镇建设具有如下特点：

一是交通条件优势明显。英国的特色小镇偏重于布局在交通枢纽点以及区位条件较好地区，这得益于工业革命时期煤炭运输需要所建立的交通运输体系，处于交通枢纽点的小城镇得到了快速的发展。在新城建设过程中，城镇内部的交通体系也得到了快速发展，公共交通、铁路网等开始逐步完善。

二是产业集聚和历史内涵鲜明。英国早期的城市化和工业化发展中，英国小城镇在产业方面实现了良好转型，一些小镇摆脱了传统单一的产业体系，从狭小的市场拓展为多元市场体系，并涌现出不少具有产业集聚和特色主题的特色小城镇，这为英国后来的特色小镇建设奠定了良好基础。此外，英国的小城镇往往具有一定的历史积淀，多数由原来的农村集市发展演变而来。而且在政策上，英国政府非常重视就业、旅游、商业服务、住宅的有机协调和可持续发展，城乡之间的差别很少，但又没有被城市同化，当地的文化特色依然得到了保留。政府的规划控制不鼓励拆除现有建筑，只有得到规划许可，并且满足严格的条件，如建筑物不是特色建筑和历史建筑，重建建筑必须保留原建筑的住宅功能，重建建筑位置、材料、规模、形态需符合乡村景观。

三是环境优美，文旅融合。英国田园城市建设时期就非常重视环境和景观风貌，在新城建设时期，小城镇融合现代生活和乡村自然风景。政府非常重视乡村环境的建设和治理，小城镇和乡村的历史建筑、农田景观得到了有效保护，这为小城镇及乡村旅游发展奠定了基础，为文旅融合发展做好了铺垫。政府城乡规划非常重视小商店和小作坊的保护，重视在保护的基础上发展经济，在本地特色建筑氛围中形成良好的休闲及步行环境，在传统社区中构建人与历史的沟通交流。2004年，《城乡规划法》重新修订，原来的指导性法规上升为强制性法规，小城镇建设更加注重生态环境和农田保护，城镇绿带建设和宜居环境得到了法律的护航。这些政策既保证了小城镇的特色发展和个性发展，又保证了城镇发展的功能性①。

---

① 于立：《英国城乡发展政策对中国小城镇发展的一些启示与思考》，《城市发展研究》，2013年第11期，第27-28页。

四是基础设施和配套服务良好。人口分散化时期的小城镇建设过程中，人口向郊区和小镇转移，小城镇的基础设施和配套服务得到了大幅度改善，政府在住房条件、交通、水、电等基础建设方面给予了大力支持，城乡差距缩小。当出现新的小城镇建设需求时，首选地址优先考虑就业岗位、住宅、公共设施集中地区。并且地方规划文件或法规将明确标注其公共设施和新服务的位置，这被称之为"嵌入式"的城乡规划①。地方政府一般在编制规划政策时，要求"嵌入式"项目在建成区之内，或者构成建成区的延续，面积不能过大。这类项目的建设不会造成公共空间丧失，影响和破坏周边环境和土地功能。

（三）　对我国特色小镇建设的启示

一是重视本土文化特色与原有自然生态。霍华德所倡导的"田园城市"注重保护文化景观，强调在原有文化景观的基础上进行科学规划，彰显田野情调和传统文化色彩。坚持生态保护理念和遵循自然规律，合理规划，维护小城镇附近的森林、河流、山川、农田等原始生态系统。维护当地本土的历史文化、地域文化，以延续小城镇的历史脉络和文化脉络，这种重视不仅体现在规划之中，更有专项法律的保护。英国对小城镇因地制宜的建设以及对本土特色文化和自然文化的保护值得我国特色小镇建设借鉴和学习，不仅有利于小城镇差异化发展，也有利于小城镇经济、社会、文化有机统一，彰显个性。目前我国特色小镇建设还存在千镇一面现象，相互之间攀比、模仿，就地城镇化现象也比较突出，对本土个性化的人文景观和自然景观认识不够，重视不足。基于此，一方面，我国小城镇建设要加强规划和立法，重视保护保存本土特色景观和文化，对小城镇及周边乡村地区的传统建筑、田园村庄、山林绿地、湖泊河流等进行合理规划，不要盲目学习"先进"，以高楼大厦代替"陈砖旧瓦"，更不能"填湖伐木"来"造城"；另一方面，小城镇规划实施的招商引资阶段，不能放低要求，变相实施规划，对破坏本土历史文脉和自然景观的项目、建筑体等要加强管理，让本地居民参与监督。

二是重视规划立法与公众参与相互补充。英国在小城镇建设过程中，非常重视法律法规的规范和约束，每一时期都颁布有相关法规。如 1909 年颁布的《住宅、城镇规划条例》，1947 年颁布的《城镇和乡村规划法》，1990 年颁布的《城乡规划法》，2004 年重新修订《城乡规划法》，这些法律法规使得英国小城

---

① Caerphilly County Borough Council, Caerphilly Structure Plan, Caerphilly, 2003.

镇建设有法可依、有规可循。此外，英国的城镇规划很具体、很聚焦，重点专注资金来源问题、就业问题、住宅问题，目标明确，方案详细，如政府提供多少资金，其他资金怎么获取，提供多少个工作岗位，建多少住宅等问题都有详细说明。我国的特色小镇建设虽然也出台了很多指导性意见和文件，但基本上没有以立法的形式出现。规划方面，特色小镇规划往往比较宏观，落地性差，总规之后，一般都配套有土地、交通、产业等子规划，但对于资金、就业、居民居住等重大问题往往没写进规划中去。在民众参与方面，英国更强调参与方式的透明和公开，从小城镇规划制定到规划实施，都有民众参与其中，或者有民众意愿表达。英国各类规划，包括全国性城市发展规划、郡的结构和发展规划、市镇的改造规划等，都要求有群众参与，或者发放调查表格，或者听取意见会，或者网上调查，或者邀请参与讨论规划等。除了广泛征求民众意见之外，民众的意见汇总后必须向议会和公众报告，之后还有独立的规划督察，对公众意见进行了解和裁决，如意见不同，需要开庭审理，公众可以上庭申辩，最终由督察决定①。英国的这种自上而下的法律规范和自下而上的民众反馈的互动机制，并配合第三方督察机制，极大地规避了小城镇建设的后遗症，充分尊重了本土居民，容易得到群众的广泛支持。相比之下，我国的特色小镇建设，其民众参与程度不够。首先在民众意见听取、收集方面不广泛，手段也不多；其次是民众对规划内容不熟悉、不了解；最后是缺乏监督督促机制，规划实施偏离了原规划，会有人过问，但是否落实了群众意见和要求，基本没有人来管理和督促。但事物往往有两面性，英国的小城镇规划审批程序过于复杂，时间跨度很大，涉及部门很多，工作效率不高，我国特色小镇建设在规划、审批和实施方面效率要更高。

三是重视宜居与宜业相得益彰。英国的小城镇建设坚持以立法为基础、政府引导、市场调节的方式。小城镇的发展需要硬件的基础设施建设，也需要软件性质的公共服务，是物质需求和精神需求的结合体。英国政府在水电供应、医疗教育、邮电通信等方面提供了很好的设施供给服务，为小城镇建设奠定了坚实基础，同时在定居落户、稳定小镇人口方面发挥了很好的引导作用。在产业培育方面，英国政府注重挖掘当地特色，形成特色产业集群，针对产业工人出台了优惠的创业、金融服务、社会保障政策，让居民能"居有所依"。英国政府允许农民置换宅基地，并按照规划后的土地使用价格收购农民土地，保证了

---

① 佚名：《英国小城镇的发展及其对我们的启示》，《城乡建设》，2004 年第 2 期，第 69-71 页。

农民分享开发后的利益，为农民创业转型提供了一笔不错的资本①，促进了小城镇的发展。相比之下，我国特色小镇对产业工人的重视不够，对本地居民的宜业问题重视不足，尤其是工业型特色小镇还存在居住区街道脏、乱、差现象，城镇管理和配套服务跟不上的问题，工业污染依然存在。这些问题是我国特色小镇持续健康发展急需解决的问题。

二、美国特色小城镇建设的经验及启示

（一）美国小城镇建设历程

美国小城镇分为小城市和小镇，Small City 表示小城市，Little Town 表示小镇。从时间维度来划分，美国小城镇发展历程分为三个阶段：起步阶段、快速发展阶段和郊区化发展阶段。

一是小城镇建设起步阶段，时间段为 1840 年以前。1840 年以前，美国的小城镇主要分布在东北海岸，数量较少，规模也较小，以欧洲白人移民为主要居住人口。形成这种分布格局的原因主要有两个，一方面是海上贸易带动，东北海岸地区比邻大西洋，是跨越大西洋登陆美国最近最方便的区域，早期的欧洲移民也集中在东北海岸地区，便于与欧洲国家进行贸易往来，进口制成品和出口原材料。此外，费城、波士顿、纽约等港口城市在海上贸易兴起之后，对周边地区小城镇发展起到了很好的带动作用，形成了早期的东北海地区城镇群。另一方面，早期美国的交通系统并不发达，人口高密度地区和人口稀少地区之间的人口移动并不方便，人口由东北海岸向内陆地区转移比较困难，因此，美国早期的小城镇建设在空间上主要沿海岸线和港口分布。

二是小城镇快速发展阶段，时间段为 1840~1920 年。1840 年以后，美国工业快速发展，交通系统也经历了运河时代和铁路时代的重大变革。由于交通条件的改善和发展，人口、产业发生区域性转移，美国小城镇也得到快速发展。美国的水网发达，水运条件良好，且水运成本低，因此美国非常重视运河的修

---

① 于立：《英国城乡发展政策对中国小城镇发展的一些启示与思考》，《城市发展研究》，2013 年第 11 期，第 27~31 页。

建，如伊利运河联通了五大湖地区和纽约，加快了东海岸和内陆地区的联系[1]，人口从海岸地区向底特律、芝加哥、布法罗地区迁移，促进了五大湖地区的城镇带的兴起和繁荣。美国内战结束初期，国内的铁路系统还处于起步阶段，随着美国资本主义工业发展的急剧需求，原有的水运系统和不完整的铁路系统难以满足物质运输的需要，19 世纪 60 年代，《太平洋铁路法案》颁布，连接东西部的铁路开始修建，东西部的铁路网打破了原有的城镇发展格局，铁路沿线的小城镇陆续地兴盛起来。同一时期，美国联邦政府颁布的《宅地法》鼓励美国公民和入境的外国人落户到西部地区，21 岁以上的成年人只需交 10 美元即可获得西部的 160 英亩土地，耕种 5 年后即可获得土地产权。该土地政策大大刺激了人口向西部迁移，大量的工厂、农场、牧场和矿山如雨后春笋般涌现在西部荒凉的平原草地上，小城镇也因此而起。同时由于东西运输条件的改善，西部矿产、煤炭等资源的开发也形成了不少工矿小镇，如匹兹堡工矿城镇带。

三是小城镇郊区化发展阶段，时间段为 1920 年以后。电力代替蒸汽机的第二次工业革命推动美国的交通方式向汽车时代迈进。高速公路和汽车的普及改变了美国的交通运输方式，城镇的空间格局再次发生改变，居民住处选择的因素不再局限于空间距离[2]。1956 年，《联邦援助公路法》出台，计划修建四万英里的州际高速公路，城镇之间的空间格局因此发生了根本性变化，城市中心的人口增长率因此快速下降，郊区城镇人口增长率快速上升。与此同时，城市中心因为工业化的发展，地价上涨、人口膨胀、住宅紧张、交通拥挤、卫生环境严峻、文化冲突严重、治安环境恶劣等"城市病"问题开始显现。在上述双重因素的影响下，大量工厂、就业人口开始向郊区转移，卫星城镇运动蓬勃发展，如华盛顿特区附近的弗雷德里克和费雷德里克斯堡，纽约附近的布里奇波特和伯利恒，底特律周边的安娜堡[3]。

（二）美国小城镇建设特点

不到 100 年的时间，美国完成了高度的城镇化，在此过程中，小城镇体系也得到了快速发展，其中主要的原动力来自几个方面，首先是欧洲移民为小城

---

① P. L. Knox, *Urbanization: An Introduction to Urban Geography*, Prentice-Hall, Inc, 1994.

② Borchert J., "Residential City Suburbs: The Emergence of a New Suburban Type, 1880-1930", *Journal of Urban History*, Vol. 22, Issue3, 1996, 283-307.

③ 王枫云、唐思雅：《美国小城镇发展的动力体系及其启示》，《城市观察》，2019 年第 1 期，第 81-84 页。

镇发展带来活力。19 世纪以前，美国大量缺乏劳动力，大量疆土无法开拓，"移民法案"的出台吸引了大量欧洲移民进入，对美国城镇发展起到原推动力的作用，1820~1890 年，移民美国的人口保守超过了 1500 万。移民的增加加剧了美国"城市病"的出现，同时也推动了人口郊区化和小城镇的快速发展。其次是工业化为美国小城镇发展带来了直接动力。美国内战前，大部分地区处于荒凉和待开发状态，两次工业革命直接推动了美国小城镇的快速发展，一些工矿能源地区因此而成为了工矿小镇和制造业小镇。再次是交通网络的建立有力地支撑了美国小城镇建设。运河的修建促进了湖河沿线城镇的产生，铁路法案的出台促进了铁路沿线小城镇的快速兴起，公路法案的出台改变了美国城镇分布格局，带来了人口郊区化和郊区城镇化的趋势。最后是联邦政府的制度激励促进了美国小城镇发展。《移民法》的出台吸引了大量外国人涌入美国，为美国的小城镇发展带来了活力和劳动力，《国民住房法》提高了小城镇社区的宜居指数，促进了郊区住宅区的繁荣兴旺。根据小城镇的地理区位，美国小城镇分为郊区小城镇、城乡之间的小城镇和农村腹地的小城镇。郊区小城镇位于大都市区周围，类似于"卫星城"，环境优雅，配套设施齐全，上班族群体多，这类城镇的发展反映了美国都市生活方式和工作方式的改变，映射出美国都市人回归自然的向往。但郊区小城镇中也有一类科技型城镇，如硅谷，这类小城镇不同于一般的工业化城市，它不仅科技经济实力强大，生态环境也保护得非常好①。城乡之间的小城镇类型是城乡结合的纽带和桥梁，经济性和功能性非常突出，一般具有自身的特色产业优势，如加利福尼亚地区的酿酒业和皮革业小镇，这些小镇交通便利、房价低廉，吸引了很多居民在此就业和商人创业。农村腹地型小城镇一般地处较远的农村腹地，是农村地区的经济活动中心，产业以农副产品加工和地方特色产业为主，居民以农民为主。美国农村居民人数很少，人均耕地面积很大，农业现代化水平很高，农民息居在小城镇，劳作在田地，或在小城镇加工农副产品。归纳起来，美国的小城镇建设具有如下特点：

一是小城镇的设立自由开放，与县市平行存在。美国小城镇的设立比较自由，条件比较简单，只需本地居民 20% 以上联名提出并经多数居民同意，财政上能自求平衡，独立运行，并形成一个可行性报告供专家审定，当地人口 500 人以上即可。但是如果该小镇是从大城市中独立出来，就必须要征求大城市的同意，如洛杉矶市的花西山庄的独立就产生了意见不统一的情况。小城镇由州一级确定，与原来的县市平行存在，没有行政级别和规格对应，纯属社区概念。

---

① 陈强：《美国小城镇的特点和启示》，《学术界》，2000 年第 2 期，第 259-264 页。

小城镇有的不足百人，有的有数万人，条件满足市可以申请设立，当财政运行不当，也可申请破产，类似于企业法人。

二是小城镇建设分工明确，自成司法体系。美国小城镇建设涉及三大部门，即立法机构、规划委员会和规划部门[①]。小城镇建设的决策者是由居民选举组成的立法机构，决定小城镇建设的资金划拨、规划和管理等；规划委员会是法定管理机构，主要起到建议、监督和顾问的作用，同时对城镇规划工作进行审批；规划部门巨资制定小城镇发展计划、包括土地规划、分区规划以及区域合作规划等，这三个部门分工明确，相互配合。美国联邦政府不参加地方规划事务，在州授权法的基础上，各城镇自行制定地方法规，在此过程中，公众和选民的意见在城镇规划和建设中得到很大程度的体现。

三是建设目标强调以人为本，建设模式多元高效。美国的小城镇建设非常重视环境的宜居性，以人为本的建设理念得到比较充分的体现。比如美国的小城镇对污水处理、垃圾处理很重视，在基础设施配套方面与大城市相比相差不大，而且在绿地、河流和森林保护方面，处处体现自然原生性，野生动物随处可见，人与自然的和谐相处比较鲜明。小城镇建设模式方面，强调历史传承和风貌景观，对优势产业也比较重视，尤其是对本地特色的保持尤为重视，养老小镇、旅游小镇、教育小镇、退休老人小镇等模式各样，如亚利桑那州的退休老人小镇就是遵循老年退休人群的特色进行规划，根据老年人的兴趣爱好，生活方式和规律设计规划，这种建设模式吸引了众多退休老人入住。真正体现"有什么才规划什么"，而不是"规划什么才做什么"。

四是基础设施建设以地方政府为主体，民间资本参与度较高。美国小城镇建设运作资金来源于两个部分，即政府资金和市场资金。基础设施建设等公共产品主要依靠地方政府，但民间资本的参与是小城镇建设的主要推动力。如联邦政府主要建设小城镇向外的高速公路，资金来源于汽车关税、汽车消费税和汽油税。地方政府主要建设小城镇的供水、污水处理和垃圾厂，资金来源于当地纳税人的个人所得税和政府债券筹资。市场方面，开发商负责小城镇小区的开发，包括道路配套热水和电气等，资金来自开发商贷款，小区建成后向使用者收费。投资者负责小城镇公共基础设施建设、住房及其他房屋建设，资金来自个人投资和贷款。如表6-2所示。美国小城镇内部的商业规划完全由市场来运转，政府不直接参与，政府只负责审查项目是否符合相关环境和土地利用规

---

① 张颖、王振坡、杨楠：《美国小城镇规划、建设与管理的经验思考及启示》，《城市》，2016年第7期，第73-79页。

划，其他事宜由投资者决策安排。

表6-2　美国小城镇建设投资

小城镇建设投资	政府行为		市场行为	
建设投资主体	联邦政府	地方政府	开发商	投资者
主要建设内容	小城镇向外的高速公路	小城镇的供水厂、污水厂、垃圾厂等	小城镇内小区的开发，包括道路、配套热水、电气等	部分小城镇公用基础设施建设、住房及其他房屋的建设
建设资金来源	对纳税人征收汽车关税、汽车消费税和汽油税	当地纳税人的个人所得税税收；政府发行债券	开发商贷款，小区建设成后向使用者收费	个人投资和贷款

　　资料来源：张颖、王振坡、杨楠：《美国小城镇规划、建设与管理的经验思考及启示》，《城市》，2016年第7期，第73-79页。

（三）对我国特色小镇建设的启示

　　一是政府有所为，有所不为。美国小城镇在建设过程中，政府的作用是明确的，如重大基础设施建设、城镇规划引导、公共服务提供、城镇管理执行和企业合作倡导。美国先后通过《太平洋铁路法案》和《高速公路法》，并通过债券和信用基金等方式筹集资金，修建了一批铁路和高速公路，拉近了各城镇之间的空间距离。在城镇规划方面，政府非常重视规划引领，老的镇在几十年前就开始规划，新建镇首先就要做好规划，并坚持四大规划原则，即满足人们生活需求、尊重当地生活传统、绿化美化环境、塑造城镇个性。城镇政府重视弱势群体的住房和教育问题，鼓励社会资本进入教育领域，政府机构很少，工作人员不多，议员是市民选举的兼职人员，但办事效率很高，重视民众态度和意见。几乎每个小镇都有完整的管理规定，以及完善的规章制度，居民必须遵守，居民很少有违规建设情况，也尊重管理规定和公约。政府努力倡导公私合作，投资城镇污水处理和垃圾处理等大额投资项目，促进城镇发展，但对项目发展、产业选择不参与，完全由市场行为决定。相比之下，我国特色小镇建设过程中，政府参与度比较全面，不论是基础设施建设，还是小镇的产业选择，项目选择，都能见到地方政府的影子。因此，我国特色小城镇建设过程中，政府应厘清权力边界，做到不越位、不错位，市场能决定的事情就让市场来决定，在规划建设阶段，尽量充分吸收民意，科学决策，在建设管理阶段，做到依法依规管理，有所为有所不为。

二是树立精品意识，重视小城镇的内涵建设。美国的小镇建设处处体现精益求精的精神，如德斯道克小镇有座歌剧院，虽然经历了 100 余年的风雨，但是建筑结构、石雕、彩绘仍然十分精美、庄重和典雅。许多建筑经历了数十年历史，但其精细的设计和施工依然蕴藏美感和文化魅力[1]。这与国内特色小镇建设有着天然差别，国内特色小镇建筑体超过 50 年基本就成了危房，墙体开裂、掉落等现象时有出现，一些老房子、遗留下来的建筑古迹被拆除或者重修一番，而美国一些小镇的建筑体 100 余年历史的比比皆是，并且仍然在使用。此外，美国可以经常看到维护人员洗刷玻璃、油漆门窗墙面的维护人员，如西尔斯大厦每年要清洗八次，建筑风格依旧如新。美国的特色小城镇基本没有违规建筑，严格按照预定的规划进行，执法严格，违法必究，房屋楼层不高，一般为五六层，城镇建筑典雅、环境宜人、街道干净、绿化程度高，每个小镇都形成自己的特色。相比之下，国内特色小城镇建设急需加强内涵建设，不论是小镇建设本身质量的提高，还是环境的营造都需要更加精致，功能性的设施设备需提高修建质量，观赏性的设施建设需要遵循科学规律和规划设计，完善公共配套服务，提供优美的生产、生活和生态环境。

三是产业立镇，重视小城镇特色产业培育。美国小城镇建设无不具有产业支撑，有些小镇从工矿转型发展起来；有些小镇在皮革、制造、旅游方面具有很长的发展历史；有些小镇依靠科技力量，形成了现代化的科技产业，基本上没有出现就地造城、造镇的情况。相比之下，我国特色小镇建设良莠不齐，真假难辨。我国特色小镇建设不是一个行政镇的范畴，而是集生产、居住、休闲于一体的特殊空间单元，但是没有产业的支撑，就很难集聚人气。因此，对于没有产业支撑的就地造镇造城行为要坚决杜绝，对具有一定基础的小城镇，要扬长避短，因势利导。如对于交通便利、干线密集的小镇，要重视发展商贸物流和货物中转产业；对于旅游资源富集地区，要加强基础设施建设，完善配套，创新旅游项目设计；对于工矿区小城镇，应改变单一产业模式，延长产业链条，实现二三产业的融合发展；对于农业地区小城镇，要加强农副产品的加工赋值和品牌建设。

---

① 佚名：《美国小城镇规划建设管理颇有特点——建设部村镇建设司徐宗威访谈录》，《中国行政管理》，1998 年第 1 期，第 45-46 页。

三、德国特色小城镇建设的经验及启示

德国的工业化起步晚于英国和法国，但德国的工业化发展速度迅猛，伴随着工业化的发展，其城镇化建设也得到快速发展。

（一）德国小城镇建设历程

德国的城镇化发展与工业化发展基本同步，起步于 19 世纪 40 年代，时至今日，经历了两个发展阶段。

第一阶段是小城镇发展的初级阶段（19 世纪 40 年代至 20 世纪初）：大城市快速发展，小城镇发展缓慢。19 世纪 40 年代初，德国工业化开始起步，但此时德国的人口仍以农民为主，城镇规模和数量都不大，首都柏林仅有 17 万左右，汉堡 13 万人，德累斯顿 6 万人，科隆 5 万人，慕尼黑 3 万人①。而且不论是宗教、军事，还是文化、商业、工厂等都主要布局在上述城市。其他小城镇规模不大，人口较多的有巴门人口 1.3 万，埃尔班菲尔德人口 1 万，勒姆施艾德人口 7000 人，哈根人口 2000 人左右。随着工业化的快速发展，德国的城镇化进入鼎盛时期，至 1910 年，德国的城镇化率上升至 60%②。大城市不断向外扩张，周边土地被侵袭和并入，大城市人口规模在不断扩大。1875 年，德国只有 271 个城市的人口超过 1 万，而到 1910 年，这个数字达到 576 个，柏林更是成为欧洲第三大城市，人口超过了 200 万。由于大城市的"虹吸效应"，小城镇的发展相对比较缓慢，尤其受两次世界大战的冲击，德国的经济遭遇重创，城镇化发展陷入停滞。

第二阶段是小城镇快速发展阶段（20 世纪中叶开始至今）：经过两次世界大战的洗礼之后，德国的经济恢复较快，城镇化发展迅速，至 2005 年，德国的城镇化率达到 75.2%，但是城镇化的发展结构发生了变化，大城市发展步伐慢下来，小城镇发展加快。1965~1985 年，德国新增 458 个人口过万但不超过 5 万的小城镇，1985 年，德国大城市总人口仅为 1000 万左右，而生活在小城镇的人口超过 3700 万，占总人口的 61.4%③。随着中小城镇的崛起，大城市与小城镇

---

① 新玉言：《国外城镇化比较研究与经验启示》，国家行政学院出版社，2013 年版。
② 卡尔·迪特利希·埃尔德曼：《德意志史》，商务印书馆，1986 年版。
③ 蒋尉：《欧洲工业化、城镇化与农业劳动力流动》，社会科学文献出版社，2013 年版。

的差距不断缩小，小城镇的基础设施和生活便利度与大城市相差不大，而大城市在房价、环境污染、交通拥堵等方面的劣势逐步彰显，大量劳动力和企业开始选择小城镇，这为德国城镇化的平衡布局提供了基础，为"去中心化"的城镇发展思路提供了前提。

（二）德国小城镇建设特点

一是去"中心化"，小即是美的城镇化建设。德国的城镇化率超过了90%，但德国的城镇体系中，除了柏林、汉堡等比较拥挤之外，绝大多数属于中小城镇，其住宅、企业、工厂、商店分布合理①。人口超过100万的仅柏林、汉堡、科隆和慕尼黑4个城市，许多大企业并不喜欢扎堆在城市，如世界知名企业贝塔斯曼集团总部就布局在居特斯洛小镇。产业均匀分布，既避免加剧大城市"城市病"，又对小城镇及周边居民的就业和工作带来便利，形成大中小城镇均衡发展模式。第二次世界大战结束之后，德国也曾采用"摊大饼"的方式发展城镇，但后来转变思路，采用"去中心化"的方式发展小城镇。德国的小城镇在基础设施建设方面与大城市相差无几，交通、信息、物流、排污等基础设施和公共服务方面比较完备，小城镇居民到附近地区上班方便，生活工作舒适便捷②。德国"去中心化"的城镇化发展模式得到了德国法律护航的制度保证，德国宪法明确规定追求区域的平衡发展和共同富裕，并通过反对垄断和集中的立法来促进竞争，保障居民在选举、工作、教育、流动等公民权利上实现城乡一致，德国居民在城乡之间流动只需到市政登记并按时按规定缴税即可。通过行政和立法，德国建立了一系列包括社会救济、福利、保险在内的保障制度，通过收入再分配实现社会公平，缩小小城镇与大城市之间的差距。

二是呵护小城镇历史文化遗产。第二次世界大战后，德国的城镇受到重创，伤痕累累，尤其是一些大城市的建筑被摧毁，战争结束之后，德国政府通过一砖一瓦的标号和整理，让原来的建筑又得以恢复。德国战后的城镇建设进入了快速发展时期，但是在城镇化加快阶段和郊区化扩张阶段，乡镇的古建筑基本保存完好，没有出现大拆大建的现象，而且在对待200年以上的历史建设和文化遗产方面，德国重视复制性的重建，而不是仿建，通过政府定期划拨资金进行保护和修缮，保持原有小镇的历史风格和发展文脉。现在来看，德国的小城

---

① 蒋蔚：《德国"去中心化"城镇化模式的特点及实现路径》，《中国社会报》，2016年9月26日第7版。

② 吴黎明：《"小即是美"的德国式城镇化》，《宁波经济》，2014年第6期，第51页。

镇多数具有很高的历史文化价值，具有文化特色。

三是重视生态文明建设。德国的建设法典将环境保护列为重要问题，建设规划对环境保护列有具体要求，政府对建设用地规划控制严格，要求城镇建设必须有绿地、树木、花草的规划用地设计，几乎每个小城镇的绿化用地面积都超过1/3。德国民众的环保意识深入人心，民众对公共资源的爱护成为基本的共识。德国政府规定，村庄人口达到50人，即设置污水处理设备，禁止不经过处理直接排放污水，因为每个小城镇及村庄都建有污水处理设施，因此，德国的小城镇水环境得到了良好的循环①。

四是小城镇产业发展各具特色。德国幅员辽阔，但总人口不多，大城市数量很少，多数人居住在中小城镇，因此，德国非常重视小城镇的产业发展。德国小城镇的产业发展各具特色，但很少相互模仿抄袭，而且德国很重视文化底蕴和历史传统，因此，一些小镇的文化旅游产业从一开始就具备特色，无法模仿，如旅游小镇施泰瑙的格林童话节，吸引了世界各地的童话爱好者前来相聚，形成了从哈瑙至不来梅的童话旅游观光之路。一些小城镇借助现有产业发展、产业历史及手工艺形成了自己独特的产业项目，如拥有宝石城之称的伊达—欧泊斯岱小镇，因为地下宝石矿的原因，小镇通过开采加工，打造宝石饰品，吸引了游客前往定制宝石饰品。小镇每年举行"宝石节"，吸引众多宝石爱好者和游客，场面壮观，人气火爆。

（三）对我国特色小镇建设的启示

一是突出城镇个性，保护文脉传承。德国在小城镇建设过程中非常重视个性和特色，对地域性的、历史性的文化资源注重保护，随处可见历史久远的古建筑和文化遗迹，随处可见古城风貌、风景如画的城堡建筑。经过第二次世界大战以及后来的工业化，德国的城镇建筑受到较大损坏，但是政府的修缮工作及时到位，仍然保留了大量历史文化和古建筑遗产，他们对文化的保护既重实物，又重非物质文化遗产，这对于小城镇建设的个性张扬和差异化发展具有重要的基础性作用。相比之下，我国的特色小城镇建设在保护文脉方面还有很大差距，尤其在旧城保护修缮和新城建设方面，没有做评估和规划，一些地方还存在大拆大建的情况，由此导致个性化的历史建筑、古建筑永久性地消失了，新修的建筑虽然功能上更好，楼层更高，但是没有了历史味道和文化底蕴，属

① 张之秀：《德国城镇化发展经验及其对我国的启示》，山西大学硕士学位论文，2015年。

于千篇一律的"火柴建筑"。这种方式建设的小城镇失去了传统文化氛围和"乡愁",摧毁了一个小城镇的个性。因此,我国小城镇在规划建设过程中,不能一味追求现代化和都市化,不能盲目跟风,要在地域文脉和城镇个性上下功夫,只有保护好"个性"和"特色",才能展现出"个性"和"特色"。

二是挖掘特色资源,培育特色产业。德国的小城镇比较分散,但是每个小城镇都有自己的独特产业,这些产业往往不是靠模仿和规划出来的,而是依靠本地的独特资源培育出来的,有独特的手工业基础、地下矿产、某产业发展的传统等。我国特色小镇在产业培育上对本地特色资源挖掘不足,重视不够,一些小城镇建设追求高大上,追求时髦,而放弃自己的本色,这种方式容易导致产业雷同,难以持续发展。就地取材和因地制宜地选择产业是特色小城镇发展的关键,不论是文化个性还是产业个性,都不能离开本土文化、本土资源和本土居民。

三是区域平衡发展,做"无特之特"。德国的城镇化建设实行"去中心化",讲究"均衡发展,体现公平",努力消除城乡差距。正是因为德国的这种均衡发展理念,消除了"特权",通过各小城镇自己去寻找特色,由市场规则来检验特色的"无特之特"制度,最终形成了各小城镇差异化发展,各美其美的格局。我国特色小城镇建设由政府主导,尤其是西部地区表现更为明显,但是政府介入过深不利于小城镇的发展,高大上的规划设计、强行的产业植入和项目设计,并不能持续地推动小城镇发展,这恰恰是导致特色小镇同质化的重要原因。因此,我国的特色小城镇建设应充分发挥政府和市场两只手的力量,政府主要在基础设施建设和法律法规制定方面起主导作用,帮助招商引资,而不能在具体的产业选择上"越俎代庖",做到有所为有所不为,"无特之特"更胜"优特之特"。

四、日本特色小城镇建设的经验及启示

日本的城市化建设经历了三个阶段:第一阶段为缓慢增长阶段,城镇化率从1920年的18%缓慢增长至1950年的37%;第二阶段为快速发展阶段,城镇化率从1950年的37%上升到1977年的76%;第三阶段为成熟阶段,1977年以后,日本的城镇化进入缓慢增长状态,2011年城镇化率达到91.3%。

（一）日本小城镇建设的特点

日本的小城镇建设真正起步于 20 世纪 50 年代，主要通过土地流转管制、农村产业转型、市町村合并、社区营造等方式推进。

一是放宽土地流转，促进要素流动。"二战"以后的初期，日本政府加强农地制度改革，通过政府主导购买地主土地，并转给无地和少地农户耕种，建立了自耕农制度，并通过《农地法》（1950 年）对这一制度给予确定。1950 年，日本的耕地分布极为分散，耕种 1 公顷以内的农户占 77.5%①。1950 年以后，随着工业化的推进，日本的农村人口开始向大都市转移，农村人口大幅度减少，政府为了振兴农村地区，保护农业，对农业产品进行价格保护和农业机械保护。原来的自耕农制度开始显示出它的缺陷，甚至阻碍工业化和城镇化的推进，改革农地制度，解放农业生产力迫在眉睫。政府开始放宽土地流转限制，提倡土地集中耕种和规模化使用。1961 年，《农业基本法》出台，鼓励农地适度集中，实现农业规模化生产。1962 年，《农业基本法》修正后，允许进城农民委托耕种，并规定农业合作社必须从事农业生产，这保证了农业的正常生产。1970 年，日本政府取消了农村土地的购买和租用限制，土地流转限制全面放开。1971 年，《农村地区工业引进促进法》出台，鼓励工业向农村延伸，增加农村地区非农就业和农民非农收入。农村土地流转宽松政策推动了日本农业的规模化经营，为人口向城镇转移提供了条件，同时也为工业下乡提供了便利，为小城镇快速发展奠定了现实基础。通过放宽土地流转限制，实现了土地集中经营转型。在此过程中，日本的工业化进程加快，并向乡村地区扩散。

二是市町村合并促进了城镇社区的发展和转型。日本历史上经历"明治大合并"（19 世纪的明治时代）、"昭和大合并"（"二战"结束后）和"平成大合并"（2000~2007 年），第一次大合并日本的町村数量减少了 5 万多个，减少了 77.8%；第二次大合并再次减少了 6000 个町村，减少了 59.7%；第三次大合并，町和村再次减少 58.5% 和 65.6%，2007 年全国的町为 827 个，村只有 195 个②。市町村的合并极大地推进了日本小城镇的发展。首先，市町村合并促进了农村社区向城市社区的转型，为小城镇建设奠定了环境基础。其次，市町村合并过

---

①　马黎明：《多维度社会转型背景下的日本小城镇城镇化研究》，《中国名城》，2015 年第 6 期，第 87-90 页。

②　焦必方、孙彬彬：《日本的市町村合并及其对现代化农村建设的影响》，《现代日本经济》，2008 年第 5 期，第 40-46 页。

程中涌现出一批城乡一体的田园城市，日本的村类似于我国的农村，町具有都市特点，通过合并之后，就具有小城镇的特征，最终形成以城带乡的田园型城镇。再次，町村合并推动了人口素质的提高。町村合并之前，町村居民分割独立，难以融合，合并之后，居民融入到更大行政版图之中，农村居民可以接受城市化和现代化的熏陶，居民素质大幅度地提高，人口城镇化进程加快。最后，町村合并推动经济社会转型。通过町村合并，破除了城乡公共设施建设、环境保护、城乡交流的认识障碍，居民的全局意识得到加强。町村合并提升了区域形象，吸引外来资本，获得了更多发展契机，促进产业的发展，带动经济和社会结构转型。通过市町村合并加快城镇化发展是日本的独有方式。

三是特色产业助推特色小城镇发展。日本特色产业小镇发展的原动力来自政府的推动，20世纪70年代，日本政府就开始实施"工业反哺农业"的政策，不断将资金注入农村，并制定系列法规政策支持小城镇发展，如《向农村地区引入工业促进法》《新事业创新促进法》《关于促进地方中心小都市地区建设及产业业务设施重新布局》等①。日本小城镇非常重视本地资源的转化运用和特色产业培育。动漫产业和旅游融合也是日本小城镇特色产业的重要选择方向。工业化和城市化带来的诸多负面影响，让民众开始追求返璞归真的田园生活，于是，乡土文化体验和重新评价成为一种新的倾向，以动漫为载体，以乡土情怀为基础的动漫作品得到公众的喜欢，由此催生了不少动漫和旅游融合发展的特色旅游小镇。这种产业融合发展的特色小城镇为产业集聚奠定了基础，培训、教育、信息、产品供应商、动漫制作等在小镇集聚，为特色小城镇吸引了资金、人口和企业家。此外，日本的动漫文旅小镇形成了区域品牌和区域形象，也促进了小城镇的生态化和集约化发展，带动了居民就业。一些山林小镇，远离大城市，大量人口被吸引进入大城市之后，当地政府就通过发展特色农业，开发自然旅游资源的方式吸引城市人口来度假，如德岛县的上胜町是日本远离城市的边缘之地，交通不便，人口较少，且以老年人口为主，原来的柑橘产业小有名气，但经历了一场自然灾害之后，柑橘树全部冻死。经过产业转型之后，上胜町现在主要以枫叶制品产业为主，目前，其枫叶制品种类达到300多种，町内有200多人以采集枫叶为生计，每年能赚2亿多日元。又如静冈县小山町，依靠一首童谣《金太郎》及其传说，打造特色文化产业，并设计"金太郎"旅游

① 马黎明：《多维度社会转型背景下的日本小城镇城镇化研究》，《中国名城》，2015年第6期，第87-90页。

线路，将金太郎的故事设计成精品的旅游产品①。

（二）对我国特色小镇建设的启示

日本的城市化高度集中，一方面大城市人口集中度极高，另一方面农村广大地区人口出现过疏化现象。近 20 年，我国的城镇化也出现了类似的现象，农村地区人口老龄化，空心村等不断涌现，因此两国的城镇化存在很大的相似性。但从职能方面，我国和日本的特色小城镇功能不同。首先是日本的市、町、村在区域功能上远远没有我国特色小城镇那么重要，我国的小城镇建设承担着农村人口转移的"蓄水池"作用，对农村人口盲目流入大中城市起到了很好的缓冲作用。日本的小城镇没有这方面的作用和职能。其次，我国小城镇连接城乡，化解城乡二元结构矛盾，在城乡经济文化联系上起到了很好的纽带作用。但日本的乡村地区在基础设施方面已经很好，通信、交通、网络等方方面面都接近城市，因此城乡二元结构矛盾并不突出，小城镇连接城乡的纽带作用并不明显。但日本在小城镇建设方面早于我国至少 30 年，积累很多先进经验和教训，尤其是在特色个性方面，值得我国特色小镇建设借鉴学习，归纳起来主要体现在以下几个方面：

一是高度重视"一村一品"产业，产业发展个性化。日本的市、町、村建设讲究个性化和差异化发展，有旅游资源的町村重视旅游开发，有农业资源的町村从事特色农产的发展，有些町村发展博物馆、动漫等特色文化产业。如大分县的汤布院町，以风景旅游为主导，实施"一村一品"，每年的游客量达到 300 多万，年旅游收入超过了 80 亿日元，同时还带动商业和农业收入近 100 亿日元。大分县的天濑町，因森林面积多，耕地少，前期栽培香菇，后期利用温泉地热，栽种鲜花，并逐步形成了温泉和花卉产业。日本的小城镇之所以能个性化实施小城镇建设，根本原因在于他的"一村一品"是基于资源条件和区域特性的，不是无中生有的。此外，日本的小城镇建设有法规约束，地方自治性和自主性很强，每个市、町、村都有自己的建设法规，写在地方振兴的首页。这些法规有 50% 以上村民参与讨论通过，有广泛的民意基础，是否有个性和特色不仅经过专家学者的论证，而且得到村民的支持。相比之下，我国特色小城镇存在普遍的同质性问题，其中的一个重要原因是盲目跟风、东施效颦现象较

---

① 毕春洋：《有限资源，无限可能——日本小城镇的生存之道》，《北京规划建设》，2017 年第 5 期，第 46~50 页。

多，没有充分认识本地资源特色和区域区情，在科学论证阶段比较草率，民众参与度不高，规划实施阶段，难以持续坚持，甚至存在"规划规划，墙上挂挂，纸上画画""书记调动，规划重弄"现象。因此，我国特色小镇建设需加强资源禀赋导向和区域区情导向，并坚持用法律法规的"硬约束"，避免行政周期的影响。

二是实施差异化布局，多元化定位小城镇发展。日本将大城市郊区的小城镇纳入都市圈，瞄准大市场，如首都圈《整备计划》中将53个小镇纳入了"近郊整备地带"范畴，将55个镇纳入"都市开发区域"范畴。这些小镇借助大都市的市场优势，以及政府优惠政策，实现了经济快速发展；对中小城市周边的町、村，实施联合发展，20世纪90年代实施的《第四次全国综合开发计划》设定了44个定住圈。如奈良县南和定住圈，包括1市、3镇、10村，人口10.4万，其建设宗旨包括充分利用本地的森林资源和自然环境，建设工业团地，增强经济实力，建成生活环境舒适、工作环境良好的居住区等具体内容。建设方式上，日本对小城镇发展个性尤为重视。20世纪80年代以后，日本小城镇建设经历了从数量向质量转型的过程，一改之前结构趋同、资源分散的建设模式，向个性化、田园化和地方化转变。20世纪80年代开始，日本就指定了117个个性化的市镇村，20世纪90年代，又增加了22个样板市镇村，这些村在风土、地理、历史、文化等方面个性鲜明。这种整体设计，差异化发展的模式，最大程度上避免了小城镇相互模仿，同质化发展路径趋同。我国特色小城镇建设正处于快速发展时期，从中央政府到地方政府，都加强了政策倾斜和资金注入，但仍然没有规避相互模仿，相互抄袭的风气。日本的小城镇建设经验表明了一点，差异化发展要从顶层设计开始，从定位出发。

三是转变管理职能，用好"市场"和"政府"两只手。日本的小城镇建设以政府为主导，但是日本重视放权地方政府，扩大小城镇的管理权限。1999年颁布的《行政改革相关法案》就包括向地方分权、减少国家管辖事务的内容。按照《地方自治法》的规定，日本县、市、镇、村的管理权限包括"负责自治事务"和"法定委托事务"，前者主要包括与地方居民生活相关的事务，后者是国家委托的管理事务①。改革之后，市镇村的管理权限明显增加，自主管理事务占80%以上，大大增加了地方政府的创造性和能动性，加速了小城镇的快速发展。日本对地方政府的放权和分权制度对我国特色小城镇建设有重要的启迪作用，能有效解决地方政府"懒政"和"庸政"现象，促进特色小城镇创新发展，

---

① 杨书臣：《日本小城镇的发展及政府的宏观调控》，《现代日本经济》，2006年第2期，第20-23页。

独立发展和特色发展。此外，日本并没有放弃"市场"的力量，相反，在小城镇建设筹资过程中，对非公益性基建，基本都实施市场化运作和有偿使用机制，居民住房也采用商品房开发方式。近些年，日本主张"经营城镇"，出让环境管理权、道路冠名权、项目经营权以及空间使用权等，将城镇资源推向市场，让市场之手发挥力量。这种方式虽然在我国特色小城镇建设中也比较普遍，各地的 PPP 项目并不少，但在收益分配、风险承担、过程管理等方面的制度并不健全，容易造成政企矛盾和纷争，是下一步急需努力和改革的重点领域。

五、法国特色小城镇建设的经验及启示

1914 年以前，法国是一个典型的农业国家，村落、村庄、集镇分散，城镇主导社会构架，乡村作为被支配者，受到城市的剥削。直至第二次世界大战以后，法国的小城镇建设才开始快速发展。

（一）法国小城镇建设的特点

1811 年，法国乡村人口比重为 79%，1841 年比重为 70%，整个 19 世纪，法国的城市化程度远远落后于同时期的荷兰、英国和德国，直至第二次世界大战前夕，法国还有 1000 万人生活在农村，从事农业生产活动。19 世纪下半叶，工业的快速发展，为城市提供了很多就业岗位，为农村劳动力转移提供了便利。到 1911 年前后，居住在城镇的人口上升到 44.2%。在此过程中，乡村劳动力流动主要来自相对落后的地区，如西部的阿摩尔滨海省、阿列日省、科雷兹省、夏朗德省、多尔多涅省，以及南部的阿韦龙省、洛泽尔省等，人口外流率达到 15% 以上。1906~1911 年，安德尔—卢瓦尔省人口净流入比重高达 17.8%[1]。但更多的乡村移民前往邻近市镇，或受雇于乡镇工厂，地理活动范围有限，他们与村庄保持密切联系，有效地推动了城乡互动，促进乡村社会的转变。与我国 20 世纪"离土不离乡"劳动力转移极为相似。"二战"之后的 30 年，法国经济

---

① Georges Duby et Armand Wallon（dir.），"Histoire de la France Rurale"，Tome 3：Apogée et Crise de la Civilization Paysanne（1789-1914），398-399.

进入黄金时期，城镇化加速发展，到 1980 年，法国的城市人口已经达到 75%①，
这一时期，法国城市郊区化特征明显，尤其是城市人口膨胀之后所带来的"城
市病"问题推动了郊区化进程，一些城市不断蚕食周边的乡村空间和城郊地带。
但与此同时，城市工业以及人口郊区化流动也带动了乡镇工业的发展，由此导
致了工业乡镇和农业乡镇的分化，乡村地区人口开始出现回流，"乡村复兴"开
始成为新的潮流，特色小城镇变得越来越有吸引力。虽然法国的小城镇建设相
比其他发达国家要晚，但大器晚成，后来居上，其发展特征非常鲜明。

　　一是农业和乡村改造计划加快了农村基础设施建设进程。20 世纪 50 年代开
始，法国设立"乡村更新区"，陆续推出了乡村改造计划、乡村整治规划等系列
政策法规，旨在改善落后地区乡村的基础设施建设，尤其重视旅游产业和服务
业的发展。由于乡村地区的田园风光和日益完善的生活便利条件，越来越多的
城市居民选择到乡村定居和旅游，1970 年前后，法国 3 万多个乡村村庄中，有
50% 以上的村庄都在发展旅游产业，尤其是海滨乡镇更是如此②。在乡村人口回
流和基础设施建设的互动过程中，乡村文化和自然景观的保护和开发问题受到
了挑战。法国乡村中的老房子历史悠久，超过 100 年的房子数量较多，"法国农
舍"运动将空置房屋重新利用起来，成为了乡村建筑遗产，变成了文化景观和
乡村旅游景点。历史上，法国的乡村城镇化经历了两次变革，分别是 19 世纪下
半叶的"圈地运动"和 20 世纪下半叶的"乡村复兴"运动。第一次变革来自工
业化和城市的扩张，城市扩张掠夺乡村土地和生产空间，将农民赶向城市，但
也打开了乡村社会对外的大门，逐步提高了乡村地区的基础设施建设，带回了
城市的新观念、新思想。第二次变革来自"城市病"的出现和"思乡病"的泛
滥，乡村景观和魅力吸引了返璞归真的城市居民。法国的"乡村复兴"不仅在
产业发展、基础设施建设方面提升了乡镇地区的宜居宜业水平，也改变了乡村
地区的社会经济结构，尤其是农村非农人口比重有较大幅度的提高。到 20 世纪
60 年代，法国的乡镇形成了三种典型的类型③：以退休人士和农民为主的小型
老龄化村庄；从属于大城市的城郊工业乡镇；新型的、城乡互动性乡镇，包括
农业乡镇、综合性乡镇和旅游乡镇。法国政府部门将国土空间划分为城市主导

---

① Jacques Boudoul et Jean-Paul Faur，"Renaissance des Communes Rurales ou Nouvelle forme d'Urbani-
sation？"1982，Ⅲ-Ⅳ.

② Georges Duby et Armand Wallon（dir.），"Histoire de la France Rurale"，Tome 4：Lafin de la France
Paysanne de 1914ànos Jours，380-381.

③ 熊芳芳：《"乡村的复兴"：19 世纪以来法国的乡村城镇化与城乡关系的转变》，《历史教学问
题》，2018 年第 1 期，第 28-35 页。

型空间和乡村主导型空间，似乎给予了乡村和城市同等的地位。

二是土地规模经营、农业现代化助推小城镇建设。20世纪中期，法国为了推动农村土地集约化经营，实施了"加""减"法政策。"加"法规定：鼓励兄弟农场、父子农场开展联合经营，农场的法定继承人只能有一个，并且政府还组织非营利性的土地整治公司，将劣质的、零碎的土地整理成连片的标准化土地保本出售，并为大农场提供优惠政策，减免税费，促进农场规模化经营。"减"法规定：55岁以上的农民，政府给予一次性补贴，鼓励年轻人到企业做工，离开农村，政府负责培训出钱①，帮助农村居民到城镇区就业。此外，法国重视农业现代化，并借此推进城镇化建设。"二战"以后，法国将农业现代化作为发展原动力，不惜贷款将农业机械化搞上去，然后通过合理布局规划，形成商品专业化区，20世纪70年代，法国基本实现农业机械化和农业现代化。农业和农村的发展，带动了小城镇的建设，加速了法国的城镇化发展，目前，法国的城镇化率为85%，5500万人生活在城市，城市化率居发达国家前列。

三是建设低碳生态城市，打造生态社区。2008年以来，法国提出"可持续发展城市计划"旨在改善居民生活质量，保护现有资源和景观，打造生态样板社区。2008年，生态城市项目由法国能源和环境与发展部发起，各地政府自我决策，参与者向中央政府提交申请。全国19个城镇提交申请，最终13个城镇纳入了这个项目。与此同时，法国提出"生态社区"建设计划，2009~2011年，法国涌现出500多座不同特点的样板"生态社区"。法国政府要求"生态社区"必须尊重可持续发展理念，资源利用要可持续，自然环境要融入建筑，新进居民要遵守生态行为规范。

四是打造市镇联合体推进城镇化建设。20世纪60年代，法国通过多个城镇和多个村镇组成市镇联合体的方式，弥补单一市镇的职能缺失问题。市镇和村镇联合起来之后，展开经济、居住、交通、就业、环境等方面的合作，实现"利益联合"，塑造共生环境。具体类型有三种，分别是城市联合体、聚集区联合体和村镇联合体②。城市联合体要求总人口超过50万，其中至少有一个5万人口以上的城市；聚集区联合体要求区域范围内人口在5万~50万，其中包括一个1.5万人口的中心城；村镇联合体规模小，要求4.5万以上的人口规模，由乡村村镇和城镇组合形成。市镇联合体的规划管理主要通过区域协调规划和地方城市规划来实现，构建统一目标，将相似性较大的邻近村镇、市镇联合起来，

---

① 曹方超：《法国：传统农业国的城镇化之路》，《中国经济时报》，2014年12月22日第11版。

② 孙婷：《基于市镇联合体的法国小城镇发展实践及对我国的启示》，《小城镇建设》，2019年第3期，第26-30页。

协调管理①。城市联合体内各市镇将部分职能交给联合体，由联合体负责空间整治、经济发展、公墓、屠宰、水资源与环境保护、生活卫生、噪声污染，能源管理等公共产品、公共服务的供给；集聚区联合体除了履行空间整治、经济发展、社会住宅、经济政策、犯罪预防等职能外，还需在道路与停车、水资源及保护、生活卫生、能源管理、文化体育设施、保护社区利益六项基本职能中承担三项职能进行区域协同管理；村镇联合体承担空间整治和经济活动建设公共职能，此外在其他六项职能中承担一项进行协同管理，见表6-3。市镇联合体的财政来自各市镇财政支持以及部分商业活动税收，当遇到某个行政区无法解决的事务时，如涉及流域污染、人口流动管理等，就由市镇联合体集中处理，目前，法国的市镇联合体涵盖了90%的市镇，运行效果很好。

表6-3　法国市镇联合体的职能

职能	城市联合体	聚集区联合体	村镇联合体
必须履行的职能	(1) 空间整治 (2) 促进经济发展（建立经济活动区） (3) 公墓、屠宰场建设与管理 (4) 水资源及环境保护 (5) 生活卫生管理、垃圾处理、空气污染防治 (6) 噪声污染防治、能源管理	(1) 空间整治 (2) 促进经济发展（建立经济活动区） (3) 社会住宅建设 (4) 社会发展与经济政策制定 (5) 犯罪预防	(1) 空间整治 (2) 促进经济发展（建立经济活动区）
可选择的职能	无	以下六项内容选择三项： (1) 道路和停车场建设 (2) 水资源及环境保护 (3) 生活卫生管理、垃圾处理、空气污染防治 (4) 能源管理 (5) 文化和体育设施建设与管理 (6) 保护社区利益	以下六项内容选择一项： (1) 生活卫生管理 (2) 保护和改善环境 (3) 住房和生活环境政策 (4) 公路建设 (5) 文化体育设施建设与管理、小学与幼儿园的教学设施建设与管理 (6) 社会活动组织

资料来源：孙婷：《基于市镇联合体的法国小城镇发展实践及对我国的启示》，《小城镇建设》，2019年第3期，第26-30页。

---

① 喻锋、张丽君：《法国空间规划决策管理体系概述》，《国土资源情报》，2010年第9期，第6-12页。

（二）对我国特色小镇建设的启示

一是城乡联动发展推动小城镇的建设。法国的城镇化动力来自农村的快速发展，尤其是通过农业现代化建设，释放农村剩余劳动力，通过农村土地规模化经营提高土地生产效率，通过城乡互动方式建设城镇。这种建设模式值得我国城镇化建设借鉴，当前我国"乡村振兴"战略正在如火如荼地实施，将特色小城镇建设和乡村振兴行动捆绑在一起联动发展能实现城镇和乡村的双赢。

二是市镇联合体的制度设计规避了同质化竞争的问题，提高了小城镇间的协同效率。我国特色小镇建设陷入了"千镇一面"和"以邻为壑"的发展误区，相互之间的协同成本很高，且效果不佳。然而法国的市镇联合体制度却回避了区域协同成本过高问题，同一市镇联合体内，资源相似、产业相同的村镇可以通过联合体协同和统一规划，减缓恶性竞争和协同障碍。多年来，我国区域合作的提议非常多，从中央到地方进行了不少尝试，有提出成立建立"第三方协调机制"的方案，也有重新划分行政区域的方案，还有成立国家专门的协调机构的方案，但这些方案都没有取得显著成效。特色小镇之间的同质化竞争问题已经成为我国城镇化建设的顽疾，因此，法国的市镇联合体制度给我国特色小城镇建设带来新的改革方向。

三是旧城保护和科学利用是特色小城镇发展的新动力。法国的乡镇遗留了很多古城、古镇，如里尔古城区、戛纳等在历史上是名不见经传的小地方，遗留下来不少建筑和文化遗产，但经过保护性开发利用，现在成了法国典型的文化名城和特色文旅城镇。法国在新城建设过程中，对古老建筑实施了严格的保护和维修制度。20世纪60年代，里尔地区就成立了旧城修复协会，积极监督和参与旧城的维修和重新设计，并向当地居民宣传里尔历史的重要性，提高居民的文化保护意识。随着时代的变化，法国遗留下来的古建筑风貌变成了宝贵的旅游、文化创意源泉。近年来，我国特色小城镇建设开始重视旧城、古镇的保护与开发，但是就地建城、仿建古镇等现象依然存在，而对现有的古镇历史、古建筑遗迹保护不足，维修不够，开发过程中政府功利性太强，现代化的房屋修建穿插其中，破坏了原有格局。要把乡愁留下，把"特色"留下，决不能推倒重来，要从历史文脉中去寻找特色小镇建设的原动力和再造力。

六、韩国 “新村运动” 的经验及启示

20 世纪 60 年代开始，韩国通过出口导向性经济，带动工业化和城镇化的快速发展，但是这种 “赶超战略” 带来了后遗症，即城乡差距不断扩大，农业发展远远落后于工业，城乡二元结构矛盾突出。数据表明，1962～1971 年，韩国非农产业年均增长 17.9%，远远超过农业产业的 3.7%[1]。这种情况导致了两种严重后果：一是本国农产品价格低廉，与工业产品价格形成剪刀差，国外农产品涌入抑制本国农业生产；二是农民无法依靠农业生产维持生计，被迫 “流向” 城市谋生，给城市带来严重压力。为此，20 世纪 70 年代，韩国提出 “新村运动”，旨在改变乡村发展，缩小城乡差距。

（一）韩国 “新村运动” 建设的特点

韩国的 “新村运动” 自 1971 年开始，止于 1980 年，分为三个阶段[2]。第一阶段为农村基础设施建设阶段。该阶段重点是改善村民生活环境，比如修缮农村公路、居民房屋、厨房、围墙等，内容具体，见效快，因此民众积极性非常高，为后续的推进打下了基础。第二阶段为扩散阶段，空间上由农村向城镇扩散，重点是发展生产和增加收入。全国范围内进行公司新村运动、街道新村运动、工厂新村运动等全方位的新村运动，农民收入大幅度增加。第三阶段为提高阶段，重点是从文化和精神方面巩固新村运动的成果。该阶段的重点是关注农民的精神生活。也有学者认为韩国的新村运动一直持续到现在，如李水山认为，1981 年以后韩国的 “新村运动” 又分为两个阶段，国民自发运动阶段和自我发展阶段[3]。经过 “新村运动”，韩国城乡建设产生了三大重要影响：首先是农村生产生活面貌发生了质的变化。农村基础设施条件大为改善，居民生活环境焕然一新，奖勤罚懒制度的建立，调动了农民的生产积极性，并自发参与进

---

[1]　Ji Woong Cheong, ed., *Promising Education for Community, Development-Report of Multi-disciplinary seminar on the ducational Components of the Saemaul Undong*, Seoul National University Press, 1987.

[2]　宋志远：《韩国新村运动对中国东部沿海地区城镇化的启示——以山东省莱西市为例》，烟台大学硕士学位论文，2013 年。

[3]　李水山：《韩国新村运动及启示》，广西教育出版社，2006 年版。

来；农业科技得到推广普及，农业技术进步明显，农业生产结构更为优化合理。其次是城乡二元结构矛盾有效缓解，城乡差距缩小。"新村运动"释放了韩国城镇化建设的调整和提升空间，城镇化发展质量明显提高，城乡差距得到缓解，并助推韩国成为工业化和城镇化高度发达国家。最后是改善了韩国城乡生态环境。"新村运动"建设中，韩国出台了系列生态环境保护方面的政策，同步推进了农村生态环境，构建了人与自然和谐发展的美丽农村。归纳起来，韩国"新村运动"具有如下特点：

一是政府主导，从中央到地方有系统性的制度设计和推进思路。新村运动的早期由韩国政府中央主导推动，直至每个村庄，最后演化为每个村庄自律自发进行，具体由韩国中央内务部负责指导和管理，其他中央机构相互配合，下面道、郡、面、里、洞等都设立指导委员会，形成梯级指导推进机制，类似于我国中央—省—地区—县—乡镇—村的构架，这种推进制度效率高，见效快。第一年，全面支持所有村庄，主要包括修理桥、水渠水井、环境治理、污水处理等农村基础设施建设；第二年，择优支持优秀村庄，从 3 万多个村中选择16000 多个村庄继续支持；第三年，根据发展程度培养村庄，关注重点开始从基础设施建设转向农民增收，将所有村庄划分为基础村庄、自立村庄和自助村庄，后两类作为重点支持对象。经过三年的发展，村庄之间形成良好的相互竞争效应，农村基础设施、农业产业发展、农民收入增加等全面升级，城乡差距缩小，形成城乡一体化格局。

二是先易后难，循序渐进，调动村庄基层的积极性。"新村运动"先从农民看得见、摸得着的道路、农田、村舍等开始，实实在在地投入，一件件落实。经过三年的建设之后，村民能看到成果，并对村庄的发展充满希望，增强信心，形成"勤勉、自助、合作"的精神财富，最后积极自发地投入到建设中来。此外，韩国政府在完成第一轮基础设施建设之后，通过择优选择和支持方式，引导优秀者更优秀，落后村庄反省跟进，形成了一种你追我赶的新村建设热潮。

三是以教育培训为基础，培养领军人物发展农村事业。从中央到地方，韩国建立了众多研修院，培养新村运动领导、指导员、公司职员等人才。培训方法主要通过案例和新村运动先进事迹现场教学，每村选择两名威望高、能力强、有奉献精神的村民进入研修院学习，完成之后，组织村民学习，并带头实施，不计报酬得失。

四是突出特色，以农业科技为导向提高农民增收。政府成立农业科技研发、转化、推广、农民培训、良种供应等一条龙的科技服务体系。政府推广农业机械、普及特色种养殖技术，农民培训由专门的农技推广站承担，资金由政府提供。流通方面，政府设立农协会，每个村庄设立有分会，负责农产品销售和直供。同时，政府引导经济实体单位和组织参与进来，实施城乡联动，促进农民增收可持续进行。

但新村运动也存在一些不足之处，比如政策整齐划一，没有考虑不同区域的特点和特殊性，在住房改造时造成部分农民负债经营，拉大城乡差距；重视物化建设，在提高农业产量和农民增收的同时，使用了大量农药化肥，破坏了农业生态环境，影响了居民身心健康；政府长官意识过强，干预过多，居民的能动性没有被充分调动起来，影响政府形象。

（二）对我国特色小镇建设的启示

韩国的"新村运动"与我国的特色小镇建设以及"乡村振兴"战略相似，对我国城乡建设实践具有以下启示：

一是调动本土居民生产积极性，让村民成为城乡建设的真正主体。韩国早期的"新村运动"虽然以政府为主导，但是在调动农民积极性方面做了很多制度设计，在实施过程中出了很多实招。比如精神文明建设上提出"勤勉""自助""协同""奉献"等理念，有效规避了部分偷懒和"搭便车"行为。"新村运动"的主导思想是支持那些能够自助、自立的人，体现了"自助者天助"的思想。比如从第二年开始，政府就只支持做得好、积极参与的村庄，"滥竽充数"和偷懒的村庄什么也得不到。我国的特色小镇建设可学习这种方式，要千方百计地把本地居民的积极性调动起来，不能仅依靠政府的力量来主导，毕竟政府的财力、物力有限，创意也有限，只有让居民自己主动参与进来，融入进来，并充分发挥能动性和创造性，特色小镇建设才能真正做到因地制宜和百花齐放。

二是将农业产业化与特色小城镇建设融为一体，共同推进。韩国的"新村运动"非常重视农业产业发展，尤其重视开发地方特色资源，培育龙头企业。我国特色小城镇建设要重视城乡统筹发展，要在"一村一品""一镇一品"的现代农业产业化发展的基础上进行，这样发展起来的特色小城镇具有坚实基础，尤其是农业加工、商贸物流型特色小镇更是离不开本地农业产业化的支撑。随着农业产业化的推进，农业生产率提高之后，剩余劳动力转移至小城镇，会形成一批"半工半农"城乡两地居住的群体，他们将构成特色小城镇的主要建设者和参与者，并拉动特色小城镇房产、商贸、物流、交通行业的发展。

三是长远规划、分步实施，因地制宜地推进我国特色小镇建设。韩国早期的"新村运动"采取"一刀切"的方式进行，也没有经过充分的论证和准备，但好在主要是从基础设施建设入手，没有造成大的失误，这给我国特色小镇建设带来启示：理论支撑和长远规划是必要的，不可贸然进行。这些年来，我国特色小镇建设遍地开花，如火如荼，但是成功的比例并不高。其中就有定位不清、主导产业不明等原因。韩国"新村运动"和我国特色小镇建设既有类似之处，又有不同之处，前者从农村发起，从农村基础建设发起，最终实现城乡一体化，后者从小城镇发起，带动农业产业并吸收农村剩余劳动力，最终实现城乡统筹和一体化。

七、新加坡"花园城市"建设经验及对我国的启示

新加坡将"花园城市"建设定为国策，经过坚持不懈的努力，从一个积贫积弱的岛国变成世界闻名的"花园城市"，其中所积累的经验值得我国新型城镇建设学习借鉴。19 世纪 60 年代，新加坡经济瘫痪，整个社会充满贫困、失业、垃圾和混乱的气息①。在没有资源、没有人才、没有产业的情况下，新加坡将"花园城市"作为突破口，将世界一流环境作为宏伟目标进行建设。第一阶段（20 世纪 60 年代），新加坡从街道绿化和公园做起，并出台《环境公共卫生法令》，着力解决民众环保意识差的问题，并探索出"严管重罚"的环保模式，这一尝试迅速扭转了城市形象。第二阶段（20 世纪 70 年代），新加坡制定专项规划，在新开发区植树造林，在已建区域增加休闲娱乐设施，在公共建筑物引进垂直绿化，并对河道进行环境治理，搬迁上游地区的养鸡场和养猪场，关闭河岸线边的企业。第三阶段（20 世纪 80 年代），新加坡拟定园林绿化的五年规划，明确规定人均绿地指标，推行绿化填海、绿化承包制度，增设休闲设施，引进多元化的植物种类，以此提高城市绿化的科学性和系统性。第四阶段（20 世纪 90 年代），提出生态平衡公园概念，发展各类主题公园，建设公园廊道系统，组织各种绿色环保的社会公益活动。第五阶段（21 世纪至今），推行公园认养计划和公园守望计划，开发滨海湾花园，发展空中绿化，拟定"公园和河道计划书"，并于 2007 年推出"花园与滨水城市"草案，平衡新加坡城市植树空间不

---

① 蔡锡梅：《世界列国国情习俗丛书：新加坡》，重庆出版社，2007 年版。

足的问题①。归纳起来，新加坡的"花园城市"建设具有如下特点：一是低起点、高定位，将"花园城市"定位为国策强力推进。世界范围内，只有新加坡将城市建设定位得如此高，成立"花园城市行动委员会"，专门负责制定相关方案并实施，保证该国策长期运行，不动摇。二是科学论证，长远规划，实施方案具体细致。聘请知名专家科学论证，并高质量地编制系列规划，公园绿地规划十年一编，五年一修。其中"绿色和蓝色规划"非常重视城市绿地建设和城市绿化带建设，注重绿地系统点—线—面的结合。三是尊重自然，科学设计。新加坡的园林绿化尽量减少刻意修剪，很少见到整齐划一的灌木、草坪及绿篱等，台阶多采用枕木、石屑等砌筑，尽量尊重自然生长规律，保持自然风貌。此外，新加坡的园林绿化注重美化、多样化和艺术化，对城市空间设计很讲究，既有刚性的约束，又体现灵活性。四是政府主导，强化管理。"花园城市"由新加坡政府主导，每年的绿化预算中，95%来自财政拨款，其中30%左右用于绿化养护。政府明文规定，任何工程必须以绿化规划优先，并且要获得批准，否则不能开工，任何单位和个人不得任意砍伐树木。政府建立了一套系统的绿化档案制度，和一批高水平的植物工程师队伍，为城市绿化和管理提供专业支撑。

新加坡的"花园城市"建设对我国特色小城镇以及美丽中国建设有如下启发和借鉴意义：

一是法律和制度建设为绿色发展护航。新加坡在环境建设和绿色发展方面的法律体系很健全、很系统，20世纪60年代就先后制定了《环境污染控制法》《空气清洁法》等若干法律，且法律规定十分详细，对广告牌、烟气排放等小细节都详细说明，执行起来也很严格，处罚力度大，威慑力强②。有法可依，执法必严有力地规避了潜在的环境破坏行为。相比之下，我国特色小城镇的绿色环保方面还缺乏系统的法律法规建设，只有零零散散的政府条文，且执行力不强，甚至成一纸空文。一些农业和工矿小城镇还存在废气废水乱排放情况，街道脏乱不堪的现象，环保方面的规定和限制没有起到作用。鉴于此，我国特色小城镇应高度重视环保法律体系的建设，重视执法队伍的建设，严格执法但不乱执法，不钓鱼执法。

二是绿色发展规划高标准严执行。新加坡在绿色发展规划的制定上很讲究，先大规划再小规划，先规划再建设，甚至不惜重金聘请国际知名专家花数年时间对城市总体布局和空间进行谋划，规划形成后，执行比较严格，尤其是环保

① 谢新松：《新加坡建设"花园城市"的经验及启示》，《东南亚南亚研究》，2009年第1期，第52-54页。

② 成汉平、宁威：《新加坡是如何成为"花园城市"的》，《唯实》，2016年第9期，第90-94页。

绿色方面的内容是不能打折扣的。这与我国特色小城镇建设形成了鲜明的对比，我国一些小城镇建设重产业轻环境的老旧思想仍然存在，环境保护说起来很重要，做起来就成次要。虽然与现在的新加坡相比，我国特色小城镇的经济发展水平和城市发展层次还相差甚远，但与20世纪70年代的新加坡相比，我国特色小城镇的基础并不差，关键在于重不重视，执行不执行环保要求，执行多少的问题。

三是全民参与打造绿色道德机制。绿色生产、绿色消费、绿色出行是新加坡"花园城市"建设的普世价值体系，市民参与、维护、监督绿色发展。经过多年的宣传教育和道德规范，新加坡城市市民的绿色道德素养已经形成，甚至深入骨髓，街道一尘不染，城市绿地空间结构有序成为市民们审美的必需品。我国市民的绿色道德建设任重道远，特色小城镇的"环境美"不能仅仅用法律法规来推进，而是要双管齐下，法律惩恶，道德扬善，通过"负面清单"、道德谴责等多种方式提高居民的环保素养。

八、丹麦"低碳小城镇"建设经验及对我国的启示

丹麦是北欧的小国，国土面积仅4.3万平方千米，只有510万人口，也是资源比较匮乏的国家，但丹麦的生态城镇建设却很有特点，融入了文化、历史、经济和自然要素，涉及生态建设、生活方式、价值观念和政策转变等若干内容，形成了经济、社会、生态三者高度和谐的"以人为中心"的建设模式，被世界公认为低碳绿色建设比较成功的国家之一。丹麦的生态城镇建设主要包括如下内容：建立绿色账户（类似大数据），大到一个城镇，小到一个家庭和个人，绿色账户记录了日常资源消耗情况，并能为决策部门提供资源消费结构的具体资料，为后续的资源消费结构调整和循环利用提供依据。设计生态市场交易日，每个周六，商贩携生态产品在广场进行交易，鼓励生态消费和生态生产。注重学生参与，绿色账户都选择学校和学生参与，一些学校设计有生态城市的相关课程和培训，通过代际传承传递生态理念。丹麦"低碳小城镇"建设对我国新型城镇化建设具有重要启示，对我国特色小城镇的生态文明建设和个性化发展具有重要的借鉴意义。

一是丹麦的"低碳小城镇"建设重视精细化规划和个性化发展。丹麦的小城镇基础设施建设水平很高，街道的空间形态和建筑风格各异，政府对原有的

建筑、文物古迹不惜重金进行维护，且对周边的建筑协调性进行维修和科学规划，使得小城镇富有文化品位和历史沉淀感。不仅是政府和设计人员具有很高的规划水平，广大百姓也具有较高的审美水平，既是农村住宅，又展现出不同风格和特色的建筑样式，使人赏心悦目。相比之下，我国特色小城镇建设还处在初级阶段的水平，小镇建筑风格主要由政府统一步调、统一样式进行，农村民居层次不齐，传统与现代风格交叉不一，虽然我国经济发达水平还远比不上丹麦，但作为特色小城镇建设的示范区、典型区，其建筑风格可以借鉴学习丹麦的个性化，而不是大一统的"同质化"展现。

二是资源节约利用与绿色出行值得我国特色小城镇借鉴。丹麦的能源利用率非常高，甚至高出欧洲平均水平的40%，从生产、传输、物流到最终消费，都体现了能源的节约集约利用，政府通过课重税、节能协议、理念宣传等方式提倡节能。在出行方面，丹麦的自行车出行最多，其次是公共交通，小轿车最末。政府通过收取高昂停车费、拥堵费等方式限制小汽车，而对自行车出行提供低价或免费服务，这些举措大大促进了绿色出行，减少碳排放。这些方式对我国特色小镇生态文明建设、宜居环境建设具有现实的启迪意义。宜居和绿色是我国特色小镇的核心竞争力，如果失去这张底牌，特色小镇与工业园区将没有区别。

九、台湾地区"社区营造"建设经验及对大陆的启示

台湾地区的社区营造运动始于20世纪90年代，提倡从文化艺术入手，以自下而上的方式改善社区生活、凝聚社区意识、推动社区总体营造。台湾地区的"社区营造"受到日本"造町运动"、美国"社区设计"等模式的影响，经过吸收转化，台湾地区营造了多个成功社区案例，并形成了自己的模式和特点。台湾地区的社区营造不是一蹴而就形成的，而是经历了政府主导向社区主导的渐进式改革形成的。1968年，台湾地区颁布《社区发展工作纲要》，之后的社区建设主要以自上而下的政府主导为主要力量，社区建设主要依靠政府外部推动，与大陆的建设模式类似。20世纪80年代，台湾地区经历了高速经济发展之后出现了环境破坏、文化个性丧失、人际关系疏离等一系列社会问题，政府主导的社区治理模式已无力应对，在此背景下，社区营造运动应运而生，登上历史舞台。1994年，台湾地区"文建会"提出从文化艺术入手，以自下而上的方式改

善社区生活、凝聚社区意识、推动社区总体营造①，社区营造运动正式启动。台湾地区的社区营造很重视老年人群体，20世纪90年代，台湾地区进入了高龄化社会，1997年，台湾地区修订《老年人福利》《身心障碍者保护》等政策规定，提出社区养老模式，并开放民间养老院合法化经营。台湾地区社区营造虽然提倡自下而上，但政府部门参与度高，投入资金量大，如2003年，台湾地区政府提出"新故乡社区营造计划"，其中有九个政府部门参与其中，2005年推出"健康社区六星计划"，政府预算超过100亿新台币。经过多年的建设和摸索，台湾地区的社区营造运动形成了自身的特点和核心内容，可概括为"人、文、地、产、景"，"人"主要指社区居民需要、生活福利和邻里关系；"文"主要指文化资源、文化历史的传承发展及文艺活动；"地"指环境建设与可持续发展；"产"指产业和经济活动；"景"指社区景观和公共空间建设的创造。自上而下的顶层设计结合自下而上的民众参与，共同创造了台湾的"社区营造"模式，其中的经验和教训值得大陆学习。

一是建立"政府引导、社区主导、民众参与"的营造机制。台湾地区的"社区营造"是一项全员性的、普适性的建设运动，大陆地区特色小镇建设是一项"择优选择"和"精英推广"运动，两者存在些许差别，但是台湾地区"社区营造"的经验仍然值得大陆地区新型城镇化建设借鉴学习。目前，大陆地区特色小镇建设处于热潮过后的调整期，一些地方已经形成模式和经验，具有典型价值，但存在的问题也很多，尤其是对本社区居民的"挤出"现象、排斥现象时有发生，外来企业和资本的入驻如不能带动本地居民的共同参与，特色小镇建设始终难以持续成功。因此，要加快建立"政府—社区—民众"三位一体的共建机制，才能推动大陆地区特色小镇的持续发展。

二是产业立镇，"产城人文"中的"产"是关键。台湾地区投入了大量资金用于社区营造，不仅是修建基础设施建设，而且更多的是培育特色产业，尤其是重视培育社区文化创意产业。早在社区营造运动初期就设计了文化创意产业计划，并于2010年修订了文化创意产业发展实施办法，通过不懈努力，台湾地区社区的文化创意产业能够提供4万多个工作岗位，产出万亿级新台币的产值②，同时还提高了社区居民的认同感和归属感。大陆地区特色小镇的"特"重在产业特色，必须产业立镇，没有产业特色，不能称之为特色小镇，也不能发

---

① 苗大雷、曹志刚：《台湾地区社区营造的历史经验、未竟问题及启示——兼论我国城市社区建设的发展路径》，《中国行政管理》，2016年第10期，第87-93页。

② 黄耀明：《台湾社区总体营造经验对乡村振兴规划的启示》，《闽南师范大学学报（哲学社会科学版）》，2018年第3期，第88页。

挥特色小镇的功能。

三是激发本土资源,实施个性化的特色小镇建设。台湾地区的社区营造计划最大的特点是重视当地资源的挖掘和激活,克服千篇一律的营造模式,把"人、文、地、产、景"等要素塑造出个性来。近年来,大陆地区特色小镇建设涌现出了不少千镇一面的现象和千篇一律的同质化"造镇"运动,部分特色小镇刚建成就走向了衰退,经受不住市场的考验。大陆地区自然资源丰富多样,文化个性十足,特色小镇个性化建设具有坚实的基础,只有认识到个性的重要性,本土资源的独特性,建设模式的多样性,大陆地区特色小镇建设才能百花齐放地差异化发展。

十、浙江特色小镇建设经验及对西部地区的启示

2015 年开始,浙江省特色小镇建设模式开始风靡全国,机制"新而活"、产业"特而强"、形态"精而美"、功能"聚而合"、企业"大而专"是其主要特征。浙江模式对我国西部地区特色小镇建设具有重要的借鉴价值,具体表现在如下几个方面:

一是"宽进严出",分类促进。特色小镇是在建设中形成和发展的,其特色是不断演进和变化的,这是特色小镇建设的基本逻辑。浙江省特色小镇建设不分配指标,不搞平衡,符合条件则可申报,进入名单的单位将纳入年度考核,由省特色小镇规划建设工作联席会组织考核,考核合格后可享受扶持政策。考核小组根据特色打造、要素集聚、投资情况等评出优秀、良好、合格、警告、降格五个等级,以奖罚结合的制度设计促进特色小镇结构的合理化。三年之后,省统一组织验收和考核,验收合格的认定为省级特色小镇①。浙江特色小镇按照扶持—培育—储备三个层次进行分类推进,并按照示范精品、产业转型、平台建设、环境整治、生活质量等方面创建示范镇和精品镇。此外,浙江特色小镇按照产业园区类型、老城区改造类型、特色创建型、风景区型等进行分门别类的建设,这种方式为特色小镇的差异化和个性化建设奠定了基础,这些建设经验为西部地区特色小镇差异化发展提供了很好的经验。西部一些地区特色小镇

---

① 郭雨露:《他山之石,可以攻玉——浙江创建特色小镇和美丽乡村的经验借鉴与思考》,《中华建设》,2017 年第 12 期,第 105-109 页。

建设违背常理、违背城镇发展的科学规律，采用指标划分、"一刀切"的方式进行，但特色小镇本身良莠不齐，资源千差万别，需要用灵活的机制来推动。目前，西部各省市（区）都有特色小镇建设的基本设想和指导性文件，如在什么时候建设多少个、建设什么级别的特色小镇等都明确目标，但是特色小镇不是规划出来的，而是建设出来的。因此，验收时必须宁缺毋滥，重视质量而不要追求数量。

二是深挖自身资源，突出产业个性。产业发展是特色小镇的核心内容，产业有特色，小镇就有特色。浙江特色小镇重视自身优势的挖掘，擅长产业定位。如玉皇山南基金小镇利用了钱塘江金融港湾的区位优势、新天地跨贸小镇利用了电商政策和商业集群优势、德清地理信息小镇利用国际论坛会议和信息产业园的优势、乌镇互联网小镇利用世界互联网大会地址的机遇等，这些特色小镇扬长避短，充分利用区位、政策、重大会议论坛、重大项目布局等有利条件，促进小镇的产业定位，实现了扬长避短。西部地区相比沿海发达地区，在区位条件、产业基础、国际前沿信息等方面有明显劣势，但西部地区有更多的文化资源、自然资源优势，在"一带一路"倡议的推动和长江经济带的建设过程中，政策机遇期已经来临，国际市场拓展和交流合作的机会也会越来越频繁。因此，西部地区的特色小镇不能盲目跟风、一味地学习东部发达地区的先进经验，忘记了自身的特色和区位。

三是政府引导，市场主导。特色小镇建设的启动不论是源自政府的引导，还是自身成长所致，归根结底需要经历市场的验收和时间的检验。浙江的特色小镇建设非常重视市场机制的决定性作用，政府在其中的作用主要体现在顶层设计、引导、服务和规范等方面①。在运作上，浙江特色小镇建设遵循企业主体的市场经济规则，按照政企分离模式运行，政府重在软硬环境的营造，小镇建设的主体是企业。然而西部地区各省区（市）的特色小镇建设基本上是政府主导的，部分特色小镇采用 PPP 模式，部分地区直接将开发区改头换面形成特色小镇，政府在特色小镇中的角色出现"越位"现象，不仅当裁判，还当运动员。从特色小镇长远健康发展来讲，特色小镇的建设主体要让位给企业，不论是产业发展还是项目开发，要允许企业亏损和失败，不能一出现亏损，就由政府兜底。

---

① 李明超、钱冲：《特色小镇发展模式何以成功：浙江经验解读》，《中共杭州市委党校学报》，2018 年第 1 期，第 31-37 页。

第七章　云贵川地区特色小镇建设的差异化策略

中国的特色小镇建设源于地方自下而上的新型城镇化建设实践,在国家制度安排的强力推动下,逐渐走向成熟。发达国家的小城镇建设早于我国几十年,且积累了很多先进经验和模式,这些实践表明,特色小城镇建设是自下而上的需求推动和自上而下的制度供给推动的混合产物,只有遵循个性化定位,特色小城镇才能实现可持续发展,只有在产业上具有特色,特色小城镇才能有生命力,只有实施路径上因地制宜地运作,才能实现特色小城镇的百花齐放。我国特色小镇建设起源于浙江,并在全国推广,但东西部的发展条件有很大差别,江浙一带经济基础较好,城乡融合的条件更优越,因此在特色小镇的建设方面已经走到全国前列,但其积累的经验和模式并不完全适用于西部地区。一方面,特色小镇建设的主导力存在东西部差别。江浙地区的特色小镇交通条件便利,市场经济发展已经成熟,社会资本参与特色小镇的积极性和融资能力比较强大,因此以企业为主导的特色小镇建设模式完全是可行的。但是西部地区多数特色小镇交通条件并不优越,经济发展水平有限,民间资本活跃度不足,依靠政府主导来推动特色小镇建设是无法回避的问题,尤其是初期,如果离开了政府主导,特色小镇建设难以运转。另一方面,特色小镇的需求市场存在东西部差别。东部地区依靠长三角旺盛的需求市场,可以促生出大量的文旅产业和创意产业,如莫干山的洋家乐。然而西部地区特色小镇依靠的需求市场主要来自西部省会城市和东部的入境消费者,其消费能力无法跟长三角地区相比。基于此,本书从制度安排差异化供给、产业布局差异化选择、实施路径差异化运作角度提出云贵川地区特色小镇差异化发展的策略体系。

一、制度安排差异化供给

特色小镇建设源于实践、活于创新、成于制度,其中制度安排是最重要的变量。制度选择与实施对特色小镇建设中土地流转、资金流动、人才流向起到了重要引导作用;制度强弱度直接影响各地特色小镇建设速度和效率;制度差异化决定了各地特色小镇建设的多样性和发展格局①。

(一) 中央政策的指导性与地方政策多样性的有机统一

国家层面的制度安排是我国特色小镇建设的顶层设计,站在战略谋划的高度上,具有权威性和指导性作用;地方层面的制度安排是特色小镇建设的指挥棒和路线图,重在战术设计,强调差异化和地方特色,只有两者有机统一才能促进全国特色小镇的健康发展和差异化发展。《住房城乡建设部、国家发展改革委、财政部关于开展特色小镇培育工作的通知》(建村〔2016〕147 号)对特色小镇建设的指导思想是"因地制宜、突出特色,充分发挥市场主体作用,创新建设理念,转变发展方式,通过培育特色鲜明、产业发展、绿色生态、美丽宜居的特色小镇,探索小镇建设健康发展之路,促进经济转型升级,推动新型城镇化和新农村建设"。对特色小镇的功能和形象定位是鲜明的产业形态、和谐宜居的美丽环境、彰显特色的传统文化、便捷完善的设施服务、充满活力的体制机制。这些内容为特色小镇的发展提供了基本遵循,但地方特色小镇的发展还需结合地方区情,因地制宜地制定扶持政策,出台差异化的制度体系。

众所周知,云南、贵州、四川三省尽管地域相连,民风相似,山水同源,但是其内部环境和外部环境还是存在较大差别。如云南省生态资源非常丰富、气候条件宜人,境内的民族文化多样性在全国极为典型;贵州省山地农林资源丰富,喀斯特地貌地形突出,有着极为丰富的水文资源,境内的黔中文化、土司文化等历史文化资源丰富;四川省海拔落差很大,地形地貌复杂多样,尤其是境内的四川盆地土地肥沃,农耕文明极为发达,境内的三国文化、休闲文化特色鲜明。在全国的国土规划与功能分区中,成渝地区、黔中地区、滇中地区属于重点开发区,是云贵川三省城镇化建设、产业布局、人口集聚的重点区域,也是特色小镇相对比较集中的区域;川滇森林、滇黔桂喀斯特石漠化区属于限制开发区,保护优先,特色小镇建设以布点为主;禁止开发区主要包括云贵川地区的地质公园、森林公园、风景名胜区,禁止城镇化建设和产业布局。《全国

---

① 熊正贤:《特色小镇政策的区域比较与优化研究——以云贵川地区为例》,《云南民族大学学报(哲学社会科学版)》,2019 年第 2 期,第 104-116 页。

国土规划纲要（2016-2030 年）》将贵州西部、云南北部定义为环境质量维护区，滇中、黔中地区被定义为人居生态与环境质量维护区，桂黔滇石漠化地区被界定为水土保持保护区。云贵川三省区情的统一性和差异性决定了各地区特色小镇建设的制度供给体系也要坚持统一与多元的结合。比如云南省应出台更多更实的传承发展少数民族文化的特色小镇，支持发展养生康养方面的特色小镇，重点发展生态涵养型、高山森林型特色小镇；贵州省应加强出台山地农耕及特色农业加工型、民族文化型特色小镇的扶持政策；四川省应加强历史文化和休闲度假类型特色小镇建设的扶持政策。

2017 年国家发展和改革委员会、国土资源部、环境保护部、住房和城乡建设部联合发布的《关于规范推进特色小镇和特色小城镇建设的若干意见》，明确指出特色小镇的四至范围是 3 平方千米左右规划用地面积，其中建设用地面积控制在 1 平方千米左右，只有旅游、体育和农业类特色小镇可适当放宽。不难看出这一政策虽然具有强制性和控制性，但是执行过程中存在漏洞，因为很多特色小镇是多种类型的综合体，比如可以旅游兼商贸类、农业兼工业加工类、旅游兼历史文化类、旅游兼民族文化类等，那么 3 平方千米的规划面积和 1 平方千米的建设用地面积该如何监督执行呢？从调查情况看，我国特色小镇以行政镇为单位进行建设和评审，但哪些建设属于特色小镇建设内容，哪些属于行政镇其他建设内容，两者很难划清楚边界，多数特色小镇的建设面积超过 3 平方千米的规划面积和 1 平方千米的建设用地面积。因此建议，国家层面用地均产值比代替"3+1"的用地指标规定，用文化资源禀赋值①代替文化特色的定性描述。各地区根据特色小镇的基础扬长避短，充分调动各地区制度创新和制度供给的灵活性。

（二）目标考核的多元化与特色小镇个性化的有机统一

特色小镇强调"产城人文"一体化，以及产业发展、生态宜居和文旅的融合发展，为促进该目标的实现，就必须有一套科学的考核评价体系，以此评价特色小镇的优劣和建设水平，并促进各地区特色小镇"各美其美，美美与共"的发展。2015 年，浙江推行的特色小镇提倡"非镇非区"的特殊空间单元，而

---

①　文化资源禀赋值可以用地厅级非物质文化遗产、省级非物质文化遗产、国家级非物质文化遗产、世界性非物质文化遗产 4 类的数量来综合评价，比如地厅级非物质文化遗产单项计 1 分，省级非物质文化遗产计 2 分，国家级非物质文化遗产计 3 分、世界性非物质文化遗产计 4 分，规定特色小镇文化资源禀赋总分数不能少于 3 分。

目前国家公布的两批次特色小镇是以行政镇为单元立项建设的，并划分为商贸流通型、工业发展型、农业服务型、旅游发展型、历史文化型、民族聚居型、其他七种类型。由于特色小镇类型多元，建设基础多样，区域区情各异，因此在立项建设和考核过程中，不能用一把尺子来衡量所有特色小镇，搞"一刀切"的方式来考核，否则会引导所有特色小镇趋同化。比如历史文化型和民族聚居型特色小镇，其文化特色更鲜明，但其产业功能往往要弱于其他类型特色小镇；工业发展型和农业服务型特色小镇，其产业功能比较强大，但其文化特色和宜居性要弱于其他特色小镇；旅游发展型和商贸流通型特色小镇在宜居方面往往较好，但是产业发展方面要弱于工业发展类。如果将所有特色小镇的评价指标统一化"一刀切"地进行考核，那么势必会导致：以特色产业见长的特色小镇剽窃其他地方文化，或者编造虚假文化；以特色文化见长的特色小镇会不断模仿和引进同质化的产业类型和开发项目；以生态宜居见长的特色小镇会建仿古建筑，引进不该引进的产业项目。最终的结果是自身特色定位不鲜明，文化和产业同质化程度高涨。"特"和"平"是一对反义词，"特"就意味着不能四平八稳和中庸发展，要求特色小镇在产业、文化、生态、宜居等所有方面都有"特色"是比较困难的。因此，对特色小镇的目标考核应多元化，采用"扬长避短，目标定制，多元考核"的方式，即加强考核特色小镇的"长"，对"短"的考核采用审核方式，达标即可。针对特色小镇的类型和目标定位，设置专项建设内容，最后分门别类地进行考核，从制度上引导特色小镇走差异化道路。比如文旅类特色小镇目标在吸引游客，重点建设内容是注重小镇的人文气息、生态环境与旅游品质；产业类特色小镇重点是营造招商引资环境，吸引全产业链的企业入驻，增加产业产值和居民收入；民族聚居型和历史文化型特色小镇重点是文化传承与保护，重点是营造文化生态，强化民众的文化保护意识。不同类型的特色小镇在立项建设、中期检查和最终考核阶段都应该有多元化的评价体系。

此外，特色小镇建设是一个动态过程，目标考核方式也应采取动态方式，比如在特色小镇立项评价阶段，该阶段属于事先评价和资格评审，应重点评估特色小镇规划的合理性和可行性，对"特色"因素进行权威定位，对是否符合创建标准进行综合评价。在中期考核评价阶段，应重点评价特色小镇的建设规划是否如期进行，建设进展是否违背申报立项时的目标设计，预期的年度目标是否达到。在建设周期结束时的综合评价阶段，应重点评价特色小镇的综合社会经济效益，以及在全国特色小镇的综合排名，对排名靠前的特色小镇是否继续扶持，对潜力巨大但还存在明显不足的特色小镇是否取缔其资格等问题进行审核研究。

在综合评价的基础上，特色小镇可以树典型、找标杆、建示范，但是特色小镇不能推广"普世模式"，不能用"万能钥匙"的建设方式推动特色小镇建设，只能相互借鉴、取长补短。2018年9月，《国家发展改革委办公厅关于建立特色小镇和特色小城镇高质量发展机制的通知》明确提出特色小镇要坚持遵循规律，实事求是、因地制宜和量力而行地建设。不同省区、不同地方的特色小镇类型不同、资源不同、区位不同、外部环境不同，由此形成的建设模式必然不同，A省成功的经验未必适应于B省，发达地区的成功模式未必适用于不发达地区的特色小镇区情。更甚者，即使两个地区的内外环境都相似，也不能将经验直接推广普及，必须要有选择性地吸收，否则会导致重复建设和同质化发展，"特色"将不特。

（三）特色小镇资源禀赋特征与结构性布局的有机统一

将资源禀赋特征与特色小镇的建设目标相衔接，并从类型结构上进行合理布局是实现特色小镇差异化发展的有效方式。

第一，将特色小镇建设内涵与小镇其他荣誉称号区分开来，规避"一碗饭敬多个菩萨"的现象。云贵川地区的特色小镇在入选之前多数已经具备一定知名度和省部级以上荣誉称号，如中国历史文化名镇、全国重点镇、中国民间艺术之乡、国家4A级以上景区等，这些荣誉和资源为特色小镇建设增添了光彩和底气。但是特色小镇的建设内涵不同于此，具有自身独特的建设目标。相比之下，中国历史文化名镇以保护为重点；全国重点镇强调转移农村人口，减轻大城市人口压力，重在宜居和基础设施建设；中国民间艺术之乡重在活跃基层文化生活，推动国家文化艺术事业；国家A级景区的分类是为全面维护景区品牌质量的客观评价。因此，区分特色小镇与上述各类荣誉称号的区别和联系，并出台有针对性的制度体系是特色小镇差异化发展的第一步。在特色小镇立项评审时，可以将上述荣誉称号作为门槛条件，但是建设过程和最终审核时，必须要求拿出特色小镇建设要求的新成果。

第二，规范设计入选的"门槛条件"，将特色小镇级别与资源禀赋级别一一对应。特色小镇同质化现象的出现，很大一部分原因在于"管理混乱"和"门槛缺失"。目前我国特色小镇有四个鲜明的层次：第一层次是国家住房和城乡建设部发布的国家级特色小镇，全国有403个；第二层次是国家林业局、农业部、体育总局等部委发布的特色小镇，数量过百；第三层次是各省（区、市）发布的省级特色小镇，数量过万；第四层次是各地区在建和筹建的特色小镇，数量庞大。第一层次与第二层次属于国家级水平，显示度高，社会影响力大，第三层次属于省级水平，在省内具有显示度，第四层次属于地方性水平，部分具有申请省级和国家级的潜力。资源特色是特色小镇发展的"底牌"，在"千军万马过独木桥"的背景下，一些地方没有资源禀赋，但无中生有，投机取巧也成功申请了高级别特色小镇；一些地方只有三分资源，却依靠宣传炒作，越级申请国家级特色小镇，这些情况的出现必然导致真假特色小镇鱼目混珠。因此，应建立一种"门槛条件"和对应机制，如某地要申请旅游特色小镇，首先要做资源评估。申请地厅级特色小镇，需要有地厅级以上非物质文化遗产或自然遗产；要申请省级旅游特色小镇，要求有省级以上非物质文化遗产或自然遗产（或其他相应省级资源称号）；申请国家级特色小镇，要求有国家级非物质文化遗产或自然遗产等。如申请农业发展类特色小镇，要求具备国家地理标志产品的称号方能入围建设；申请入围民族聚居类特色小镇，必须要求是民族自治乡和世居少数民族，且民族人口要超过一定比例；申请工业类特色小镇，要求地均产值、产品专利项数达到一定标准等；申请历史文化类特色小镇，要求具备对应的文物保护单位称号，省级特色小镇必须有省级文物保护单位称号，国家级特色小镇必须有国家级文物保护单位称号。这样才能保证特色小镇后续建设有潜力、有特色、有差异。

二、产业布局差异化选择

（一）遵循产业布局的空间规律，减弱同质竞争

特色小镇同质化的主要表现形式是产业同质化，产业同质化的本质是产业空间布局出现区域重叠和重复。特色小镇对外展现的产品服务、建筑风格、文化习俗都是资源禀赋的外在表现形式，同一类型的资源禀赋必然形成类似的特色小镇，形成同质化现象，但同质化现象未必没有效率。当第一个特色小镇出现时，它是"完全垄断"的，当多个类似特色小镇并存时，就形成了"寡头垄断"，同质化竞争就形成了，在没考虑空间因素的情况下，经济学理论告诉我们，竞争性产品的价格会持续下降到成本价，超额利润将丧失。但是在空间距

离因素的影响下，同质化"竞争"也可能产生超额利润，原因在于距离会产生"交通成本""时间成本"和"皮鞋成本"①。众所周知，垄断会导致效率低下，而竞争尤其是同质竞争会导致重复建设和资源浪费，因此，在特色小镇同质化竞争的背景下，如何优化特色小镇的空间布局就非常关键。本书在大量实地调研的基础上，认为特色小镇同质化问题不仅是一个无法回避的社会现象，也有着与自然界类似的科学规律。电磁辐射领域，无线电发射要使接收端精准、持续、有效地接收到强烈的信号，就必须保证发射源的功率要大，距离不能太远，中间减少干扰信号，特色小镇就类似于这样一个无线电发射源，国家级的旅游特色小镇在资源禀赋方面是毋庸置疑的，即发射源的"功率"是没有问题的，那么关键点就落在了距离和干扰信号上。实践观察表明，特色小镇同质化竞争虽然不可避免，但只要能满足以下条件，它们可能"共存"：一是相似的特色小镇要保持足够远的空间距离，这样每个特色小镇的"有效辐射"空间就足够大，在两个或多个小镇相互竞争的情况下，它们仍然能达到生存的"门槛"条件。以旅游特色小镇为例，根据国家发展和改革委员会、住房和城乡建设部的规划，到 2020 年，我国将培育 1000 个国家级特色小镇，在目前我国已经公布的 403 个特色小镇中，旅游发展和历史文化型特色小镇占比超过了 50%，按此比例，到 2020 年，我国旅游文化类特色小镇数量将达到 500 个以上，用我国国土面积除以特色小镇个数，并假设小镇以圆的方式向外辐射，每个国家级特色小镇辐射周边区域约 1.9 万平方千米，辐射半径为 780 千米。根据云贵川地区比较成功的文旅类特色小镇的空间布局来看，也印证了这个基本判断，比如大理喜洲、千户苗寨和洛带古镇之间的距离恰好形成类似等边三角形，边长约等于 780 千米。如果在这个空间范围内有多个类似特色小镇出现，对现有的旅游小镇格局发起挑战，那么旅游小镇的产品和服务价格将会下降，激烈的竞争将会把实力逊色的旅游特色小镇淘汰掉②，最终会形成新的平衡。二是"个性魅力"是旅游特色小镇的另一生存法则。特色小镇的个性魅力相当于无线电中的"发射频率"，两个相似的特色小镇对外辐射一定要"调频"，不然就会相互干扰。如果"同"不能避免，那么"异"就必须要突出，这就意味着特色小镇要不断处在创新过程中，如果创新停止，只要有其他地方模仿学习，两个特色小镇就会发生"频率冲突"，相互干扰。三是建立项目信息交流和预先发布机制，从体制机制上规避项目重复建设和同质化竞争。信息不对称是项目同质化现象的另一个原因，一

---

① 如果两个相似的特色小镇相距很远，游客往往会选择距离最近的，一是节约交通费用，二是节省路途中耽搁的时间，三是节省路途中所需的生活费用，减少皮鞋磨损。

② 近年来，云贵川三省多次出现景区门票打折，甚至免费旅游的策划活动，竞争非常激烈。

些地区在项目规划初期，往往采取信息封锁，对外界有多少类似项目在建和拟建，缺乏信息沟通和交流机制，因此很容易导致类似项目一窝蜂地涌现。因此，国家层面（或省域行政单位）针对规模较大的小镇项目，应建立项目预发布平台，在资金实际投入之前，在全国范围内（全省范围）预先公布项目信息，起到"闪灯"效应①，让后来者避免撞车。云贵川三省应建立"跨省对话"机制。如果投入大量人力、物力、财力之后，"沉淀成本"高昂，撤出来的代价太高，重复建设与同质化格局也就无法回避了。因此，三省的住房和城乡建设委员会、发展和改革委员会等部门可以建立定期"对话机制"，委托或自筹组织半官方性质的"特色小镇"研讨会，邀请相关领域的设计公司、研究机构、高等院校、地方职能部门等参加，定期释放项目建设信息，从源头上规避同质化项目的立项，防患于未然。

（二）遵循产品供需的市场规律，避免审美疲劳

特色小镇的产品和服务供给有两种类型：一类是文创产品和科技类产品，属于炫耀型产品，供给上强调以"奇"取胜，以"个性化"取胜；另一类是旅游、特色农产品、工艺品等，属于时尚型产品，强调消费群体的数量规模和消费者从众心理。从需求心理来讲，消费要么是为了炫耀，别人没用过的产品或没去过的地方，才有消费价值；消费要么是为了时尚，别人都在用的产品或都去的地方，才有消费价值；消费要么是为了实用，产品价廉物美。特色小镇的建设应遵循上述供需规律，有针对性地供给产品和服务，避免消费者的审美疲劳。如文创小镇，其产品的价值是收藏性和纪念性，消费者有"炫耀"心理，游客和消费者对"求异""求新""求奇"的消费需求很明显，因此供给上不能提供"遍在性产品"，凡是能在异地超市购买到的产品不要提供，凡是工厂规模化生产出来的产品不要提供，而是专注于生产个性化和定制化的产品。又如旅游小镇，其产品的特点是服务和体验，消费者有"集邮"心理，旅游项目依葫芦画瓢的"易地搬迁"模式难以成功。近年来，云贵川地区各种旅游项目层出不穷，但成功的不多，有些项目产生了短期的经济效益，但很快被其他地方模仿和超过，生命力不强。有些小镇旅游资源并不突出，却通过资本密集型的方式打造已经"饱和"或接近"饱和"的旅游项目，有些地方摒弃了自身独特的资源，选择时髦但竞争激烈的旅游项目，出现了"扬短避长"的现象。从春天

---

① 交通过程中，左闪向左转，右闪向右转，对后面的车起到提醒作用。

的赏花旅游项目到夏天的漂流旅游项目到秋天的采摘旅游项目，再到冬天的滑雪旅游和温泉项目，都不同程度地出现了"东施效颦"的模仿热潮。三四月到来之际，全国各地花开如海，各种赏花节庆、花谷活动轮番登场，而游客则是火一时冷一时。一些地区借助得天独厚的气候、土壤等自然条件，以及宣传攻势，获得了短期的成功，但多数地区的赏花项目只是亏钱赚吆喝而已。夏季漂流旅游项目自 1986 年 5 月在张家界茅岩河首创以来，我国的漂流旅游项目每年都在增加，时至今日，全国各地有上千个漂流旅游项目，而漂流的形式、过程和体验内容大同小异。云贵川地区是漂流项目的集聚区，近 3 年增加了 20 多个夏日漂流项目，景区之间的游客竞争非常激烈，有些夏日漂流项目基本上处于半营业半歇业状态。秋季的田园采摘体验旅游近年来非常流行，尤其是在小汽车普及率较高的中东部地区，农村道路条件也非常畅通，亲子采摘项目具有很大的诱惑力。云贵川一些特色小镇没有从体验丰富性和产业链角度加强内涵建设，仅仅从"圈地""尝新"等角度照搬照抄其他地方的模式，承担了巨大风险，却难以产生稳定的盈利。冬季的高山滑雪、温泉旅游也是近年来很多地区竞相争宠的项目，高山滑雪项目具有较强的资源依赖性，不是每个地方都能策划高山滑雪项目，温泉旅游同样如此，但是"以次充好"的温泉城不在少数，有些温泉城甚至"以假乱真"，以锅炉烧水代替"温泉"。此外，玻璃栈道旅游经历了第一代发展之后，现如今出现了"世界第一玻璃栈道""中国最恐怖玻璃栈道""全国最长玻璃栈道""5D 玻璃栈道"等多种宣传口号，尽管一些景区的玻璃栈道仍然还在盈利，但后来者已无模仿空间。可见旅游特色小镇的本质在"特"，"特"的本质是"不做唯一，就争第一"，模仿出不了特色。

因此，特色小镇在项目开发时必须从东施效颦的模仿向因地制宜的规划转变，由此实现产业和产品结构的优化。针对老年群体，加强设计怀旧型、康养型和实用型的产品，随着老年社会的到来，老年人将成为特色小镇的主要客户群体，该群体有三个特点，一是容易触景生情，怀旧过去；二是身体已经走下坡路，有强烈的康养需求；三是消费注重实用性，用钱节约。针对这些特点对症下药地开发产品将产生意想不到的效果。针对中青年人群体，加强设计奢侈型、个性化的产品，因为该群体具有收入高、舍得花钱、爱挑剔的特点，一般性的产品打动不了他们。针对青少年群体，加强教育、科普和娱乐型产品的设计，这类群体没有收入，正处于学习教育和长见识的阶段，因此不仅要打动他们，更要打动他们的长辈，才能产生真实的消费。此外，针对男性消费群体，要更注重产品的品质和品牌，针对女性消费者要更注重产品的形式和花样。

（三）遵循产品的生命周期规律，规避盲目跟从

产品生命周期理论认为任何产品都会经历培育、成长、成熟、衰退四个阶段，这四个阶段依次出现。特色小镇的产业建设从静态、动态、时间、空间上都遵循该规律，最容易产生相互模仿剽窃行为和导致同质化过程的阶段是成长和成熟阶段，创新性最强，差异化最明显的阶段是产业培育阶段和衰退阶段。因此特色小镇的产品不论是体验服务型，还是实物型，必然会经历产品的成长和成熟阶段，标准化的过程就是同质化的过程，特色小镇的产业差异化建设只有不断缩短产品成长期和成熟期，通过文化融入、生态融入等方式不断创新发展，推动进入衰退期的产品重新进入创新环节，并转入新一轮的产品培育期，才能减少产品同质化现象。特色农业和旅游类小镇是云贵川地区最为典型且数量最多的类型，产品生命周期规律特征也表现得最为明显。比如特色农业，最开始只有某一个或几个特色小镇从事生产和简单加工，产品形象、品质、品牌等经过培育之后会受到消费者的欢迎甚至热捧，该阶段的产业形态是个性化的，类似产品很少。进入成长和成熟阶段之后，大量其他小镇、农庄会模仿学习，并可能在规模上、宣传上超过之前的企业和地区，该阶段的产品价格会逐步下降，大量类似产品涌入市场，企业利润逐步降低，同质化现象显现。进入成熟期末期和衰退期后，中小型企业开始倒闭，大型企业开始转型和重新创新发展，产业业态开始出现特色农业与旅游文创融合发展，或者农业开始向饮料、医疗等精深加工业转型。特色小镇的旅游产业也存在类似的生命周期规律，部分学者将其认可为旅游目的地生命周期，但本质上两个规律是统一的。加拿大旅游学家 R. W. Butler（1980）提出的旅游目的地生命周期规律被普遍认为与实践相符，该理论认为旅游目的的兴起源于早期探险者，之后经历参与、发展、巩固、停滞、衰退等几个阶段。旅游类特色小镇既是小城镇又是旅游目的地，它遵循旅游目的地生命周期规律，在参与和发展阶段，旅游特色小镇往往以独特性著称，此时的"特色"是鲜明的，少量特色小镇凭借自然资源和文化资源，打造旅游观光和景区项目，依靠门票收入获得快速发展，该阶段的旅游产品虽然简单，但市场上类似产品少，旅游企业利润高，竞争性也不强。进入巩固阶段之后，大量其他村镇的旅游资源被激活，不论是历史文化的、民族文化的，还是自然风光的，都进入乡村旅游开发的竞争环境之中，大量类似的项目涌现出来，企业利润开始下降，游客出现审美疲劳，尤其模仿者开始出现，游客开始分流，但早期开发的旅游特色小镇仍然享受发展红利，只是游客增长率开始下降。随

着游客人数进入顶峰之后，小镇景区进入停滞和衰退期，其中的原因主要是"替代品"的不断出现，即其他地区同类旅游产品开始增多，游客的选择出现明显的多元化。一些特色小镇变成空城鬼镇，偌大的广场、整洁的道路、连片的商店依在，但人去楼空，特色小镇面临着再创新再创业的压力和动机。纵观旅游小镇开发的整个周期，其特色只停留在发现、参与和发展三个阶段，同质化情况则广泛存在于巩固、停滞、衰退三个阶段。但也存在一些特例，比如有些特色小镇进入成熟期末期之后主动寻求转型，向综合性、融合化趋势发展，比如将门票旅游、康养养老、体育休闲、商务、教育等业态融为一体，提前进入再创新阶段。也有一些特色小镇依靠世界级的旅游资源禀赋保持长盛不衰，主要通过资源"排他性"保持特色。产业梯度转移理论从另一方面阐述类似的规律，认为产业有高低端之分，空间上遵循从发达地区向不发达地区梯次转移。事实上，产业梯度转移理论是产品生命周期规律的空间表现形式，其本质上就是发达地区产业同质化竞争淘汰下来的产业转移到欠发达地区，重新延续产业生命。上述规律给特色小镇产业差异化建设带来几个启示：产业的发展必然出现同质现象，但是如果空间错位，它能延长产业生命周期；产业的发展和生命个体一样，存在"生老病死"的发展规律，产业进入成熟期后，企业竞争和产品同质最为激烈，因此，特色小镇的产业选择尽量避免进入成熟期的产业类型，一旦进入成熟期之后，就要加大创新力度和二次创业；资源排他性的产业具有更长的生命周期，特色小镇的产业选择要尽量选择资源禀赋型。

基于上述规律和特色小镇产业差异化发展，提出两点建议：一是提高地方政府官员的个人素养，普及经济学基本常识，避免项目设计盲目跟随。特色小镇关键在产业定位上有"特色"，产业定位特色的关键在政府决策者的"内涵"建设，决策者的科学素养决定了特色小镇发展的高度。因此，特色小镇的产业决策者应加强经济管理方面的科学素养，更多了解市场经济和产业发展的基本规律，而不是通过"头脑发热"或"个人爱好"来决定特色小镇的未来。二是通过资源的专用性和产品品牌立法，提高产业模仿成本。比如农业类产业应加强地理标志产品的相关立法，对模仿产品和假冒产品严格惩罚，对不符合地标产品标准的劣质产品严格清理，大幅度提高投机取巧企业的模仿成本；针对文化创意产业，加强文化产权保护，地域界限明确和民族类型明确的文化类型应建立类似"地理标志"特征的产权保护数据库，对存在明显侵权的文化旅游开发现象，文化产权地可通过法律途径维权。界限不明确，争议较多的文化类型，可建立类似于"商标法"的文化产权保护法，以论证为基础，率先获得认可的地区享受法律护航的权力，不经同意，其他地区开发同类文化旅游项目即为侵权行为。针对公共文化，如端午节、中秋节等传统中华文化，允许各地保护性地开发和转化，但不能改变文化的原真性，扭曲传统文化基因。针对影视、艺术创作、表演、现代科技类等文化创意类文化开发，要坚决整治低俗、庸俗、媚俗类文旅产品，对造假、造谣类文旅产品加强监管和法律惩罚。

三、实施路径差异化运作

特色小镇的建设主体有政府、企业和社区居民，客体有游客和消费者；产业开发的方式有单一产业开发和多元产业开发；创意的产生有注入式和原创式。上述要素的排列组合告诉我们，特色小镇建设路径应该是多种多样的，不是单一的。本书基于调研，从云贵川地区的资源禀赋以及地方政府运行现状出发，提出以下几种差异化组合路径。

（一）政府主导与企业主导经营模式的差异化组合

政府推动和企业参与是特色小镇建设的重要推动因素，两者缺一不可。我国改革开放 40 多年的经历表明，政府主导和市场主导配置资源各有利弊，各有优势。江浙地区的特色小镇建设采用政府引导、企业主体的市场运作模式，小镇内的产业业态按照市场机制运行，产生了很好的效果，成为全国各地的学习模板。但西部地区的经济社会发展和市场成熟度与东部地区相比还存在较大差距，特色小镇建设的主导模式很难模仿江浙地区，首先，西部地区特色小镇基础设施普遍还比较落后，道路建设、水电气、污水处理、小镇绿化等公共产品的供给还存在很大的缺口，离开了政府的主导，小镇很难运转；其次，西部地区市场成熟度和民间资本活跃度还比较落后，特色小镇的企业入驻和招商选商还需要政府做大量的工作；再次，西部地区政府财政收入普遍存在困难，部分特色小镇的建设资金主要来自中央和省级财政转移支付；最后，西部地区自然环境和经济发展水平差异性很大，特色小镇的建设水平参差不齐，一些政府官员和乡镇干部的个人素质有待提高，思想保守，放不开手脚①。这就注定了西部

---

① 调查组发现，云贵川地区特色小镇的发展水平与基层干部的素质和思想开放程度呈现直接相关性，发展水平较高的特色小镇，乡镇干部的个人素质明显高于其他地方，干部队伍也更年轻。特色小镇发展水平较低的地区其干部队伍老化严重、思想保守、工作消极怠慢。

地区特色小镇的建设模式是多元化的、混合的。

按照云贵川地区特色小镇的基础与现状，可以采用如下一种或多种模式的组合：一是 BT 模式（Build-Transfer，建设—移交），尤其是特色小镇的基础设施建设和公共事业领域，政府可以通过项目打包，将特色小镇的水、电、道路交通、卫生、污染处理等设施项目承包给公司，其中的建设、融资和验收都由公司负责，完成后交付给政府，政府向投资方支付总投资和合理回报，政府在项目全过程中主要行使监管权力，保证项目的顺利进行。这种方式规避了特色小镇建设过程中金融资本、产业资本以及关联市场之间的人为阻隔，化解了风险和收益不对等的问题，适合资金实力比较雄厚的特色小镇。二是 BOT 模式（Build-Operate-Transfer，建设—经营—移交），以特色小镇政府和投资方签订协议为前提，由投资方投资建设，政府机构颁发特许经营权限，允许其筹措资金建设并在一定时期内对项目进行经营管理。特许经营权期限结束后，投资方按照约定将项目交付给政府部门。这种方式的优点是既能保证市场机制发挥作用，又能让政府发挥干预作用，项目回报明确，降低了政府的财政负担和项目风险，政府与投资方的协调比较容易，缺点是特许权期间，政府失去对项目的控制，投资方风险大，适合特色鲜明、发展潜力大但政府财政紧张的特色小镇。三是 TOT 模式（Transfer-Operate-Transfer，移交—经营—移交），指特色小镇政府将已经建设好的项目通过有偿方式转让给私人企业，投资方通过有效经营收回投资并获取合理回报，合同期满之后，私人企业将项目交还给政府的方式。该模式的优点是盘活特色小镇的存量资产，缓解政府财政压力，增加小镇投资总量，提高资源使用效率，转变政府职能，难点是转让价格和国有资产评估的问题。该模式适合比较成熟但业态不完整、其他建设急需资金的特色小镇。四是 PPP模式（Public-Private-Partnership，政府—私人—合作），政府和私人以特许经营权为基础形成合作伙伴关系，承担各自的义务和风险，按照约定分享项目建设红利，形成"风险共担、利益共享、全程合作"的共同体。该模式的优点是减轻特色小镇的财政压力，减弱私人组织的投资风险，转变政府职能，充分发挥政府部门和企业管理的各自优势，取长补短。该模式适用于特色小镇建设中的交通、卫生、公共安全以及不动产管理等多个方面，适用于特色小镇早期和中期基础设施和项目建设。

上述建设方式各有利弊、各有优势，不能简单采用一种模式主导特色小镇建设的方方面面和全过程，而是在不同的发展阶段、不同的发展领域采用不同的模式，在申请和建设早期，政府的主导是不可避免的，也是必要的。等特色小镇建设进入快速发展阶段，政府要主动放权，重点培育市场主体，并逐步淡出，让市场机制发挥资源配置的作用。等特色小镇建设进入成熟期之后，应由企业主体引领小镇的发展，政府主要负责公共设施、公共服务和日常管理。云贵川地区特色小镇的发展应遵循从"大政府"到"小政府"的蜕变，从"运动员式裁判"向"纯粹的裁判"转变，在不同的发展阶段，其建设模式应该是多元混合和差异化组合。

（二）产品单一开发与多元经营模式的差异化搭配

主导产业是特色小镇建设的根本，产品单一还是多元化经营是特色小镇的重大策略。坚持产品单一模式有利于将有限的资源聚焦在一点上，有利于产品做精做专，做自己最擅长的事情，推动品牌的形成。但其缺点也很明显，单一产品模式风险较大，一旦出现不利于该产品生产、销售等方面的价格波动、自然灾害、政策导向波动、国际国内经济形势变化，那么特色小镇将面临严重产业滑坡和崩溃。如以高山蔬菜、水果、花卉等种植为主导的特色小镇害怕出现冰冻、风暴等自然灾害，也害怕市场价格的暴跌；以纯门票旅游产品为主导的特色小镇容易出现季节性的波动。此外还容易丧失投资机会，单一意味着狭窄，生存空间比较小，当新机会新市场出现时，仍然固守单一产品，可能使机会白白浪费。坚持产品多元化经营模式有利于化解风险，形成系列产品组合，增强市场竞争的选择性。但是多元化模式存在如下缺陷：管理成本上升，术业有专攻，多个领域同时经营的企业对人才的数量和质量要求很高，尤其是新开辟的陌生领域，短期内很难做到精细化管理；容易导致核心竞争力的缺失，产品多元化往往会损失产品的高精尖发展，产品容易随大流，没有核心竞争力。针对云贵川特色小镇各种类型产业发展模式选择问题，建议采用单一产品和多元产品的搭配方式，在特色小镇发展的不同阶段，入驻企业发展的不同阶段，因地制宜地选择产业经营模式。以特色农业资源为基础建立起来的特色小镇，在开始阶段应将有限的资源集中在单一产品上，以便于快速形成产品竞争力和品牌。在点上取得突破之后，可以实施横向拓展和纵向拓展，比如以酒为主导的特色小镇，最开始一定要从酒的品质、品牌做起，然后再横向拓展到酒包装、酒瓶、酒物流等领域，或者拓展到第一产业高粱、玉米的特色种植和酒文化、酒工业旅游第三产业等纵向领域。以茶叶产业为主导的特色小镇，也遵循类似的规律。以特色旅游资源为基础建立起来的特色小镇，应着力于打造"吃、住、行、游、购、娱"的全产业链和产品系列。旅游是体验型和服务性质的产品，仅有景区景点的观看不是完整的旅游体验，即使是世界自然遗产性质的旅游目的地，它也必须有配套的产业协助。旅游型特色小镇吸引游客的地方通常从某一资源特征开始,产业发展从门票收入开始,逐步演化为门票、演艺节目、文旅工艺产品、休闲避暑、旅游地产等多产业发展。以电竞游戏、电商互联网等现代科技为主导的特色小镇,宜采用单一产品发展模式。该类特色小镇缺乏地域性的资源禀赋,主要依靠资本密集和技术密集的方式形成核心竞争力,并依靠宣传策划方式聚集人气,时间一长,很容易形成模仿潮流,如果不能在技术和设备上保持领先,很快会失去竞争力。如果采用多元化产业模式,资源出现分散,该类特色小镇的创新领先地位得不到保持,不利于长远发展。商贸物流发展型特色小镇,宜采用多元化产业发展模式。商贸物流类特色小镇往往具有交通便利的优势,是区域物流、人流比较频繁的地区,各种产品形态比较丰富,产业衔接比较顺畅,而特色小镇本身主要功能不是从事生产,而是生产销售"两头在外"的搬运者,因此它的策略是做规模第一、效率第一。

综上所述,特色小镇的产业模式选择没有唯一标准答案,而是单一性产品和多元性选择的组合。云贵川地区特色小镇以旅游型和特色农业加工型产业为主导,不同的特色小镇,其支柱产业所处的阶段也不相同。有些特色小镇的产业业态很丰富,形成了全产业链,如贵州千户苗寨早些年以门票经济开始,但如今已经形成文创设计、工艺品、演艺等系统性的文化旅游产业链,业态比较丰满。有些特色小镇的产业发展还在起步阶段,产品单一性特征非常明显,如云南省某国家特色小镇,虽然历史文化底蕴非常深厚,自然环境也非常好,这些年主要打造旅游经济。古镇修建古色古香,小桥流水一样不差,但是游客萧条,广场小巷空无一人,社区居民的年轻人基本外出务工,古镇里面的门面店铺"关门率"高达90%以上。政府通过举办花节的方式,组织了一些人气,但是基本上是"昙花一现",人走茶凉。又如贵州省某国家特色小镇,它以顶级的旅游资源见长,但景区与小镇建设分离,特色小镇完全沦为景区的服务区,其生态功能、宜居功能、就业功能较弱。由此可见,不同的阶段、不同的资源就注定了不同的模式,不可以"一刀切"的方式建设特色小镇产业。

(三) 设计创意外部注入与本土原创的差异化选择

创意和创新是特色小镇建设的"魂",没有"魂",特色小镇与其他小镇毫无差别。创意从哪里来,是从外部注入还是从本土产生?这是特色小镇建设路径的重要策略问题。从特色小镇外部注入创意和创新是一种重要的途径,并具有如下几个方面的优点:外部注入的创新创意往往来自高大上的研究团队,理念紧跟发展前沿。有些特色小镇规划和项目设计邀请国际知名专家参与制定,规划理念与国际接轨；有些特色小镇邀请北大清华以及国内知名高校和规划设计院进行设计，规划宏大，走在全国前沿，其中不乏有很多创新的思想和创意的项目。外部注入创新创意能破解"不识庐山真面目，只缘身在此山中"的问题。从外部看问题，从旁观者角度进行设计能将问题看得更清楚，破解思维局限性。外部注入创新创意往往以服务外包方式进行，能回避很多内部意见分歧，政府效率更高，特色小镇建设进程更快。但外部输入创新创意也存在诸多问题：首先，创新创意外部注入方式容易导致规划设计与实际情况相脱离。国外团队，及国内知名专家团队往往在重要省会城市，远离特色小镇所在地，尽管团队见多识广、实力强大，但是对特色小镇的地域性和本土特征掌握不足，一两次考察，几天的调研写出来的创意文本和规划设计往往落地性较差，容易成为"墙上挂挂，纸上画画"的"天书"。其次，创新创意外部注入方式容易导致创意的同质化现象。有些高端的研究团队每年承接的项目数十项，但研究团队成员的创意供给严重不足，解决办法就是重复使用和服务转包。将之前的规划设计依葫芦画瓢，修修补补编制在后续承接的项目之中，一个点子遍地开花。或者将项目又转包给第三方，规划质量严重下降。最后，创新创意外部注入方式代价高。一些特色小镇花费重金请高端团队制作规划和项目设计，少则几十万元，多则几百万元，一般的特色小镇财政压力较大。创意产生的另一条路径是通过本土精英人才参与获取，任何一个特色小镇都有自己的本土精英人才，如小镇社区内的文化传承者、工艺匠人、退休养老者以及周边地区高校、科研院所的研究人员。这些人群对本土资源、习俗、地形地貌、生产生活习惯了如指掌，他们提出的创新创意观点容易转化落地，但缺点是时代性和前沿性不足，"土"气重而"仙"气不足。

面对创新创意来源的两种路径，多数地方政府选择前者，迷恋高大上，而轻视本土精英人才的参与，不论是条件好、财政支持力度大还是地处边远、财政压力大的特色小镇，基本上都会选择省级以上规划设计院和高等学府的科研团队来制定建设规划和项目设计，但建设成效与付出不成正比。基于此，提出几点建议：以头脑风暴、课题委托等多种方式整合本土精英人才的创新观点，不同群体对特色小镇有不同理解，通过头脑风暴、课题发布、小型调研等方式将本土人才的观点和创新性思维汇集起来作为后续规划设计的参照和蓝本，是一种成本小实用价值高的方式；特色小镇的规划设计请两个团队同时进行，以"货到付款""货真付款"的方式进行支付，质量较差、抄袭程度较大的设计文本只支付少量费用；设计特色小镇建设"金点子"奖金，激发创意创新的观点；由特色小镇政府成立专项，常年运行，一经政府采纳，发放丰厚的奖金，以此保持特色小镇的持续生命力和创新竞争力。

参考文献

一、官方文件

（一）全国性文件资料

[1]《关于规范推进特色小镇和特色小城镇建设的若干意见》。

[2]《关于推动运动休闲特色小镇建设工作的通知》，体群字〔2017〕73号。

[3]《关于组织开展农业特色互联网小镇建设试点工作的通知》。

[4]《国家2017年特色小镇规划建设新规定意见》。

[5]《国家发展改革委 国家开发银行关于开发性金融支持特色小（城）镇建设促进脱贫攻坚的意见》，发改规划〔2017〕102号。

[6]《国家发展改革委办公室关于建立特色小镇和特色小城镇高质量发展机制的通知》，发改办规划〔2018〕1041号。

[7]《国家发展改革委关于加快美丽特色小（城）镇建设的指导意见》，发改规划〔2016〕2125号。

[8]《国家发展改革委关于实施2018年推进新型城镇化建设重点任务的通知》，发改规划〔2018〕406号。

[9]《国家林业局办公室关于开展森林特色小镇建设试点工作的通知》，办场字〔2017〕110号。

[10]《国家新型城镇化规划（2014-2020年）》。

[11]《国务院关于深入推进新型城镇化建设的若干意见》，国发〔2016〕8号。

[12]《农业部办公厅关于开展农业特色互联网小镇建设试点的指导意见》，农办市〔2017〕27号。

[13]《住房城乡建设部 国家发展改革委 财政部关于开展特色小镇培育工作的通知》，建村〔2016〕147号。

[14]《住房城乡建设部 国家开发银行关于推进开发性金融支持小城镇建设的通知》，建村〔2017〕27号。

［15］《住房城乡建设部 中国建设银行关于推进商业金融支持小城镇建设的通知》，建村〔2017〕81号。

［16］《住房城乡建设部 中国农业发展银行关于推进政策性金融支持小城镇建设的通知》，建村〔2016〕220号。

［17］《住房城乡建设部关于保持和彰显特色小镇特色若干问题的通知》，建村〔2017〕144号。

（二）云南省文件资料

［18］《云南省新型城镇化规划（2014-2020年）》。

［19］《云南省人民政府关于深入推进新型城镇化建设的实施意见》。

［20］《云南省人民政府关于加快特色小镇发展的意见》。

［21］《云南省人民政府办公厅关于印发云南省示范特色小镇评选办法（试行）的通知》，云政办发〔2018〕97号。

［22］《云南省人民政府关于加快推进全省特色小镇创建工作的指导意见》，云政发〔2018〕59号。

（三）贵州省文件资料

［23］《关于100个示范小城镇改革发展的十条意见》。

［24］《贵州省山地特色新型城镇化规划（2014-2020年）》。

［25］《省民宗委关于加强民族特色小镇保护与发展工作的指导意见》，黔民宗发〔2016〕7号。

［26］《省人民政府办公厅关于印发贵州省100个示范小城镇建设2013年工作方案的通知》，黔府办发〔2013〕10号。

［27］《省人民政府办公厅关于印发贵州省加快推进山地特色新型城镇化建设实施方案的通知》，黔府办发〔2017〕76号。

［28］《省人民政府关于深入推进新型城镇化建设的实施意见》，黔府发〔2016〕14号。

［29］《省人民政府关于支持"5个100工程"建设政策措施的意见》，黔府发〔2013〕15号。

（四）四川省文件资料

［30］《四川省"十三五"特色小城镇发展规划》。

［31］《四川省国土资源厅印发〈关于国土资源支持新型城镇化建设的政策

意见〉的通知》，川国土资发〔2017〕111 号。

［32］《四川省人民政府关于深入推进新型城镇化建设的实施意见》，川府发〔2016〕59 号。

［33］《四川省新型城镇化规划（2014-2020 年）》。

［34］《中共四川省委 四川省人民政府关于深化拓展"百镇建设行动"、培育创建特色镇的意见》，川委发〔2017〕22 号。

二、著作

［1］K. J. 巴硕：《城市经济理论和政策》，商务印书馆，1984 年版。

［2］埃比尼泽·霍华德：《明日的田园城市》，金经元译，商务印书馆，2016 年重印版。

［3］埃比尼泽·霍华德：《明日的田园城市》，商务印书馆，2010 年版。

［4］埃德温·S. 米尔斯：《区域和城市经济学手册（第二卷）》，郝寿义等译，经济科学出版社，2003 年版。

［5］艾维·弗里德曼：《中小城镇规划》，周典富译，华中科技大学出版社，2016 年版。

［6］巴里·卡林沃斯、罗杰·凯夫斯：《美国城市规划：政策、问题与过程》，吴建新、杨至德译，华中科技大学出版社，2016 年版。

［7］彼得·霍尔、科林·沃德：《社会城市：再造 21 世纪花园城市》，吴家琦译，华中科技大学出版社，2016 年版。

［8］蔡锡梅：《世界列国国情习俗丛书：新加坡》，重庆出版社，2007 年版。

［9］陈青松、任兵、王政：《特色小镇与 PPP：热点问题 商业模式 典型案例》，中国市场出版社，2017 年版。

［10］陈炎兵、姚永玲：《特色小镇：中国城镇化创新之路》，中国致公出版社，2017 年版。

［11］城镇合理规模课题调研组：《研究城镇合理规模的理论与方法》，南京大学出版社，1986 年版。

［12］胡彬彬、李向军、王晓波：《中国传统村落蓝皮书》，社会科学文献出版社，2017 年版。

［13］蒋尉：《欧洲工业化、城镇化与农业劳动力流动》，社会科学文献出版社，2013 年版。

［14］杰克·舒尔茨：《美国的兴旺之城——小城镇成功的 8 个秘诀》，谢永琴译，中国建筑工业出版社，2016 年版。

［15］卡尔·迪特利希·埃尔德曼：《德意志史》，商务印书馆，1986 年版。

［16］李水山：《韩国新村运动及启示》，广西教育出版社，2006 年版。

［17］林峰：《特色小镇孵化器：特色小镇全产业链全程服务解决方案》，中国旅游出版社，2017 年版。

［18］刘沛林：《留住乡愁——特色旅游小镇与新型城镇化建设》，湖南大学出版社，2016 年版。

［19］丘吉尔：《城市即人民》，吴家琦译，华中科技大学出版社，2016 年版。

［20］谈月明：《浙江特色小城镇发展道路探索》，浙江大学出版社，2013 年版。

［21］瓦尔特·艾萨德：《区域科学导论》，陈宗兴等译，高等教育出版社，1991 年版。

［22］沃纳·赫希：《城市经济学》，刘世庆等译，中国社会科学出版社，1987 年版。

［23］新玉言：《国外城镇化比较研究与经验启示》，国家行政学院出版社，2013 年版。

［24］郑长德、钟海燕：《现代西方城市经济理论》，经济日报出版社，2007 年版。

［25］中国城镇化促进会：《中国特色小（城）镇发展报告 2016》，中国致公出版社，2017 年版。

［26］周红：《特色小镇投融资模式与实务》，中信出版社，2017 年版。

三、外文文献

［1］Alonso W. , "The Economics of Urban Size", *Papers of Regional Science Association*, Vol. 26, 1971.

［2］Alonso W. , *Location and Land Use*, Cambridge：Harvard University Press, 1964.

［3］Baumol W. J. , " Macroeconomics of Unbalanced Growth：The Anatomy of Urban Crisis", *American Economic Review*, Vol. 57, Issue 3, 1997.

［4］Berezkin A. V. , Myagkov M. , Ordeshook P. C. , "The Urban-rural Divide in the Russian Electorate and the Effect of Distance from Urban Centers", *Geography Economics*, Vol. 40, Issue 6, 1999, 395–407.

[5] Borchert J., "Residential City Suburbs: The Emergence of a New Suburban Type, 1880–1930", *Journal of Urban History*, Vol. 22, Issue 3, 1996, 283–307.

[6] Button K. J., *Urban Economics: Theory and Policy*, London: The Macmillan Press Ltd, 1976.

[7] Caerphilly County Borough Council, Caerphilly Structure Plan, Caer–philly, 2003.

[8] Cheshire P., Carbonaro G. and Hay D., "Problems of Urban Decline and Growth in EEC Countries: Or Measuring Degrees of Elephantness", *Urban Studies*, Vol. 23, Issue 2, 2016, 131–149.

[9] Corfield. P. J., *The Impact of English Towns* 1700–1800, Oxford: Oxford University Press, 1982.

[10] C. D. Harris, E. L. Ullman, "The Nature of Cities", *Annals of the American Academy of Political Science*, Vol. 242, Issue 1, 1945, 7–17.

[11] Deal B., Farello C., Lancaster M., et al., "A Dynamic Model of the Spatial Spared of an Infectious Disease: The Case of fox Rabies in Illiniois", *Environment Modeling and Assessment*, Vol. 5, 2005, 47–62.

[12] Dlnd Jesus, "The [re] Traditionalization of Aboriginal Territories for Tourism: A Comparative Study Between the Kadiwéu (Brazil) and The Maori (New Zealand) ", *Estudios Y Perspectivas En Turismo*, Vol. 21, Issue 6, 2012, 1389–1408.

[13] E. H. Chamberlin, *The theory of Monopolistic Competition*, New York: The Harvard University Press Cambridge, 1939.

[14] F. Ding, T. Ma, "Dynamic Relationship between Tourism and Homogeneity of Tourist Destinations", *IEEE Access*, Vol. 99, 2018.

[15] Georges Duby et Armand Wallon (dir.), Histoire de la France Rurale, Tome 3: *Apogée et Crise de la Civilization Paysanne* (1789-1914), 1977, 398–399.

[16] Georges Duby et Armand Wallon (dir.), "Histoire de la France Rurale, Tome 4: La Fin de la France Paysanne de 1914à Nos Jours, pp. 380–381.

[17] Hembry P., "The English Spa 1560–1815: A Social History", *The History of the Behavioral Sciences*, Vol. 27, Issue 3, 1991, 251–253.

[18] Howell B., "The Rural–Urban Digital Divide in New Zealand: Fact or Fable," *Prometheus*, Vol. 19, Issue 3, 2001, 231–252.

［19］ H. Hoyt, *The Structure and Growth of Residential Neighbourhoods in American Cities*, Washington D. C: Federal Housing Administration, 1939.

［20］ Jacques Boudoul et Jean-Paul Faur, "Renaissance Des Communes Rurales ou Nouvelle form e d' Urbanisation?" Ⅲ-Ⅳ.

［21］ Ji Woong Cheong, ed. , "Promising Education for Community, Development-Report of Multi-disciplinary Seminar on the Ducational Components of the Saemaul Undong", Seoul National University Press, 1987, Issueiv, 82.

［22］ John Knight, Ramani, Gunatilaka R. , "Great Expectations? The Subjective Well-being of Rural-Urban Migrants in China", *World Development*, Vol. 38, Issue 1, 2010, 113-124.

［23］ J. E. Gibson, J. D. Palmer, "Designting the New City: A Systematic Approach", *IEEE Transactions on Systems Man and Cybernetics*, Vol. 8, Issue 4, 1978.

［24］ J. V. Henderson, "The sizes and types of cities", *American economic review*, Vol. 64, Issue 4, 1974.

［25］ Kaldor, N, "The Case for Regional Policies", *Scottish Journal of Political Economy*, 1970.

［26］ Knight J. , Gunatilaka R. , "The Rural-Urban Divide in China: Income but not Happiness?", *Development Studies*, Vol. 46, Issue 3, 2010, 506 -534.

［27］ Lancaster K. J. , "A New Approach Consumer Theory", *Journal of Political Economy*, Vol. 74, Issue 2, 1966, 132-157.

［28］ Lynch K. , *Rural-Urban Interaction in the Developing World: Perspective on Development*, London: Routledge, 2005.

［29］ Marsh J. , "The Rocky and Selkirk Mountains and the Swiss Connection 1885-1914", *Annals of Tourism Research*, Vol. 12, Issue 2, 1985, 417-433.

［30］ Mc Kercher B. , "Segment Transformation in Urban Tourism", *Tourism Management*, Vol. 29, Issue 6, 2008, 1215-1225.

［31］ Michael E. Porter, *Competitive Strategy : Techniques for Analyzing Industries and Competitors : With a New Introduction*, New York: Free Press, 1980.

［32］ Morris A. E. J. and Richard Rodger, "The Victorian City: A Reader in British Urban History1820-1914", London, 1972.

［33］ Ng S. I. , Lee J. A. , Soutar G. N. , "Tourists' Intention to Visit a Country: The Impact of Cultural Distance", *Tourism Management*, Vol. 28, Issue 6, 2007, 1497-1506.

［34］Palliser D. M., Clark P., *The Cambridge Urban History of Britain*, Cambrige：Cambridge University Press, 2000.

［35］P. L. Knox, *Urbanization：An Introduction to Urban Geography*, Prentice - Hall, Inc, 1994.

［36］Ralph Turner, *The Great Cultural Traditions*, New York：McGraw - Hill, 1941.

［37］Roberta Capello, Roberto Camagni, "Beyond Optimal City Size：An Evaluation of Alternative Urban Growth Patterns", *Urban Studies*, Vol. 37, Issue 9, 2000.

［38］R. E. Park, E. W. Burgess and R. D. Mckengie, *The City*. Chicago：University of Press, 1967.

［39］Serow W. J., "Recent Trends and Future Prospects for Urban-Rural Migration in Europe", *Sociologia Ruralis*, Vol. 31, Issue 4, 1991, 269-280.

［40］Steven C. Salop, "Monopolistic Competition with Outside Goods", *Bell Journal of Economics*, Vol. 10, Issue 1, 1979, 141-156.

［41］Tangeland T., Øystein Aas, "Household Composition and the Importance of Experience Attributes of Nature Based Tourism Activity Products：A Norwegian Case Study of Outdoor Recreationists", *Tourism Management*, Vol. 32, Issue 4, 2011, 822-832.

［42］Uysal M., Chen J. S., Williams D. R., "Increasing State Market Share Through a Regional Positioning", *Ourism Management*, Vol. 21, Issue 1, 2000, 89-96.

［43］Yikalo H. A., Cabral P., "Analysis and Modeling of Urban Land Cover Change in Setiibal and Sesimbra, Portugal", *Remote Sening*, Vol. 2, Issue 6, 2010, 1549-1563.

四、中文期刊

［1］毕春洋：《有限资源，无限可能——日本小城镇的生存之道》，《北京规划建设》，2017 年第 5 期，第 46-50 页。

［2］蔡继明、周炳林：《小城镇还是大都市：中国城市化道路的选择》，《上海经济研究》，2002 年第 10 期，第 22-29 页。

［3］蔡之兵、张可云：《大城市还是小城镇——我国城镇化战略实施路径研究》，《天府新论》，2015 年第 2 期，第 89-96 页。

［4］陈强：《美国小城镇的特点和启示》，《学术界》，2000年第2期，第259-264页。

［5］成汉平、宁威：《新加坡是如何成为"花园城市"的》，《唯实》，2016年第9期，第90-94页。

［6］段禄峰、魏明：《大城市还是小城镇——我国城镇化道路再探讨》，《理论月刊》，2017年第12期，第118-123页。

［7］方明：《小城镇研究综述》，《中国社会科学》，1985年第5期，第208-214页。

［8］费孝通：《小城镇大问题——社队工业的发展与小城镇的兴盛》，《瞭望周刊》，1984年第1期，第11-14页。

［9］费孝通：《小城镇再探索》，《瞭望周刊》，1984年第1~4期。

［10］冯雨峰：《发展小城镇是我国城市化唯一正确的道路吗?》，《经济地理》，1983年第2期，第136-140页。

［11］傅崇兰：《关于"中国乡村城市化"之我见》，《中国城市经济》，1999年第1期，第55-56页。

［12］盖艺方、尹豪：《英国"特色小镇"的源起、发展及启示》，《风景园林》，2018年第8期，第86-90页。

［13］关粤、黎紫晴、梁清园等：《广西旅游型特色小镇实现差异化发展策略研究——以广西贺街镇为例》，《城市建设理论研究》，2018年第7期，第198-199页。

［14］郭雨露：《他山之石，可以攻玉——浙江创建特色小镇和美丽乡村的经验借鉴与思考》，《中华建设》，2017年第12期，第105-109页。

［15］郝华勇：《欠发达地区打造特色小镇的基础差距与现实路径》，《理论月刊》，2017年第12期，第165-170页。

［16］郝华勇：《欠发达地区特色小镇建设若干关系》，《开放导报》，2017年第6期，第70-74页。

［17］胡国雄：《也谈城市化道路》，《建设经济》，1983年第8期，第16-20页。

［18］湖北省建委调研处：《要重视小城镇的建设》，《农业经济问题》，1981年第11期，第42-44页。

［19］黄耀明：《台湾社区总体营造经验对乡村振兴规划的启示》，《闽南师范大学学报（哲学社会科学版）》，2018年第3期，第88页。

［20］焦必方、孙彬彬：《日本的市町村合并及其对现代化农村建设的影

响》，《现代日本经济》，2008 年第 5 期，第 40-46 页。

[21] 金砺：《科学、合理地调整城乡人口分布，走具有中国特色的人口城镇化道路》，《人口科学》，1985 年第 6 期，第 28-31 页。

[22] 金相郁：《最佳城市规模理论与实证分析：以中国三大直辖市为例》，《上海经济研究》，2004 年第 7 期，第 35-43 页。

[23] 李明超、钱冲：《特色小镇发展模式何以成功：浙江经验解读》，《中共杭州市委党校学报》，2018 年第 1 期，第 31-37 页。

[24] 李青：《对小城镇的再认识》，《城市问题》，1987 年第 4 期，第 22-24 页。

[25] 李青：《管视西方城市经济学和城市地理学研究的流变》，《城市问题》，2001 年第 4 期，第 8-11 页。

[26] 凌日平：《城乡统筹观与小城镇分类发展对策——以山西省小城镇发展为例》，《生产力研究》，2005 年第 10 期，第 150-151 页。

[27] 马黎明：《多维度社会转型背景下的日本小城镇城镇化研究》，《中国名城》，2015 年第 6 期，第 87-90 页。

[28] 苗大雷、曹志刚：《台湾地区社区营造的历史经验、未竟问题及启示——兼论我国城市社区建设的发展路径》，《中国行政管理》，2016 年第 10 期，第 87-93 页。

[29] 宁遽，刘雨夕：《城乡统筹背景下小城镇建设问题研究》，《黑龙江社会科学》，2015 年第 4 期，第 83-85 页。

[30] 乔森：《英国生态镇（Eco-town）计划失败教训总结》，《小城镇建设》，2016 年第 8 期，第 9 页。

[31] 秦尊文：《小城镇道路：中国城市化的妄想症》，《中国农村经济》，2001 年第 6 期，第 64-69 页。

[32] 石忆邵：《中国农村小城镇发展若干认识误区辨析》，《城市规划》，2002 年第 4 期，第 27-31 页。

[33] 孙婷：《基于市镇联合体的法国小城镇发展实践及对我国的启示》，《小城镇建设》，2019 年第 3 期，第 26-30 页。

[34] 孙自铎：《小城镇建设实践与思考》，《管理世界》，1995 年第 5 期，第 210-214 页。

[35] 王长松、贾世奇：《中国特色小镇的特色指标体系与评价》，《南京社会科学》，2019 年第 2 期，第 79-92 页。

[36] 王枫云、唐思雅：《美国小城镇发展的动力体系及其启示》，《城市观

察》，2019 年第 1 期，第 81-84 页。

［37］王瑾：《城镇化建设对城乡统筹的促进机理研究》，《生产力研究》，2005 年第 3 期，第 38-40 页。

［38］王明浩、高微：《城市经济学理论与发展》，《城市》，2003 年第 1 期，第 15-23 页。

［39］王小章：《特色小镇的"特色"与"一般"》，《浙江社会科学》，2016 年第 3 期，第 46-47 页。

［40］王新坚：《关于小城镇建设的综述》，《经济地理》，1982 年第 1 期，第 77-80 页。

［41］王振坡、张安琪、王丽艳：《生态宜居特色小镇：概念、内涵与评价体系》，《管理学刊》，2019 年第 2 期，第 45-53 页。

［42］吴国斌：《小城镇的建设大有可为》，《经济管理》，1981 年第 5 期，第 36-38 页。

［43］吴康、方创琳：《新中国 60 年来小城镇的发展历程与新态势》，《经济地理》，2009 年第 10 期，第 1605-1611 页。

［44］吴黎明：《"小即是美"的德国式城镇化》，《宁波经济》，2014 年第 6 期，第 51 页。

［45］谢新松：《新加坡建设"花园城市"的经验及启示》，《东南亚南亚研究》，2009 年第 1 期，第 52-54 页。

［46］熊芳芳：《"乡村的复兴"：19 世纪以来法国的乡村城镇化与城乡关系的转变》，《历史教学问题》，2018 年第 1 期，第 28-35 页。

［47］熊正贤：《特色小镇政策的区域比较与优化研究——以云贵川地区为例》，《云南民族大学学报（哲学社会科学版）》，2019 年第 3 期，第 104-116 页。

［48］严正：《小城镇还是大城市——论中国城市化战略的选择》，《东南学术》，2004 年第 1 期，第 60-66 页。

［49］严重敏、刘君德、孙大文等：《试论苏锡地区农业发展与中小城镇的关系》，《地理学报》，1964 年第 3 期，第 234-247 页。

［50］杨凡：《特色小镇营造"同质化"的反思与实践》，《宁德师范学院学报（哲学社会科学版）》，2018 年第 3 期，第 54-56 页。

［51］杨善民：《现代化：城乡发展的战略选择——评费孝通先生的小城镇理论》，《山东社会科学》，1990 年第 2 期，第 81-86 页。

［52］杨书臣：《日本小城镇的发展及政府的宏观调控》，《现代日本经济》，

2006 年第 2 期，第 20-23 页。

［53］叶克林、陈广：《小城镇发展的必然性》，《经济研究》，1985 年第 5 期，第 62-67 页。

［54］佚名：《美国小城镇规划建设管理颇有特点——建设部村镇建设司徐宗威访谈录》，《中国行政管理》，1998 年第 1 期，第 45-46 页。

［55］佚名：《英国小城镇的发展及其对我们的启示》，《城乡建设》，2004 年第 2 期，第 6-71 页。

［56］于立：《英国城乡发展政策对中国小城镇发展的一些启示与思考》，《城市发展研究》，2013 年第 11 期，第 27-31 页。

［57］喻锋、张丽君：《法国空间规划决策管理体系概述》，《国土资源情报》，2010 年第 9 期，第 6-12 页。

［58］张纯元：《具有中国特色的城镇化道路的探讨》，《北京大学学报（哲学社会科学版）》，1985 年第 6 期，第 11-17 页。

［59］张辉：《中国旅游发展笔谈——旅游特色小镇》，《旅游学刊》，2018 年第 5 期，第 1-3 页。

［60］张蔚文：《政府与创建特色小镇：定位、到位与补位》，《浙江社会科学》，2016 年第 3 期，第 43-45 页。

［61］张晓瑾、龙宇晓、廖江华：《特色小镇同质化与士绅化风险困境下的突围出路》，《美与时代（城市版）》，2018 年第 11 期，第 4-6 页。

［62］张颖、王振坡、杨楠：《美国小城镇规划、建设与管理的经验思考及启示》，《城市》，2016 年第 7 期，第 73-79 页。

［63］张雨林：《小城镇建设与城乡协调发展》，《中国社会科学》，1986 年第 4 期，第 169-181 页。

［64］郑志明、王智勇：《差异化小城镇发展战略思考——以湖北省为例》，《住宅科技》，2011 年第 9 期，第 18-20 页。

［65］郑宗寒：《试论小城镇》，《中国社会科学》1983 年第 4 期，第 119-136 页。

［66］周冲、吴玲：《城乡统筹背景下中国经济欠发达地区新型城镇化路径研究》，《当代世界与社会主义》，2014 年第 1 期，第 200-203 页。

［67］周大鸣：《树立文化多元理念，避免民族旅游中的同质化倾向》，《旅游学刊》，2012 年第 11 期，第 16-17 页。

［68］祝丽生：《擦亮特色小镇的"特色"名片》，《人民论坛》，2019 年第 7 期，第 50-51 页。

五、重要报纸

［1］鲍洪俊、许志峰：《新型城镇化：远离"大城市病"》，《人民日报》，2007 年 3 月 10 日第 5 版。

［2］曹方超、法国：《传统农业国的城镇化之路》，《中国经济时报》，2014 年 12 月 22 日第 11 版。

［3］冯蕾：《警惕特色小镇成房地产开发》，《光明日报》，2017 年 6 月 24 日第 2 版。

［4］傅崇兰：《论大中小城市和小城镇协调发展的理论与实践》，《中国建设报》，2003 年 1 月 27 日第 5 版。

［5］蒋尉：《德国"去中心化"城镇化模式的特点及实现路径》，《中国社会报》，2016 年 9 月 26 日第 7 版。

［6］潘苏子：《特色小镇店家关门折射同质化弊端》，《中国商报》，2018 年 6 月 15 日第 P02 版。

［7］王慧敏：《中西部有些地区凭空打造特色小镇，甚至下了硬指标》，《人民日报》，2017 年 3 月 30 日第 3 版。

［8］谢志强：《新型城镇化：中国城市化道路的新选择》，《社会科学报》，2003 年 7 月 3 日第 4 版。

［9］朱丹：《云南特色小镇创建工作有序推进 15 个小镇分获 1.5 亿元以奖代补资金支持》，《云南日报》，2018 年 11 月 15 日第 3 版。